Jon Krakauer   In eisige Höhen

Jon Krakauer
In eisige Höhen

Das Drama
am Mount Everest

Aus dem
Amerikanischen von
Stephan Steeger

MALIK

Die Originalausgabe erschien
1997 unter dem Titel »Into Thin Air« bei
Villard Books in New York.

ISBN 3-89029-205-4
Sonderausgabe 2001
© Jon Krakauer 1997
Deutsche Ausgabe:
© Piper Verlag GmbH, München 1998
Gesamtherstellung: Ebner Ulm
Printed in Germany

FÜR LINDA

*und zum Gedenken an Andy Harris, Doug Hansen,
Rob Hall, Yasuko Namba, Scott Fischer, Ngawang Topche Sherpa,
Chen Yu-Nan, Bruce Herrod und
Lopsang Jangbu Sherpa*

Von links nach rechts, vorne: Doug Hansen, Susan Allen, Jon Krakauer, Andy Harris, Rob Hall, Frank Fischbeck, Yasuko Namba. *Hinten:* John Taske, Stuart Hutchinson, Helen Wilton, Beck Weathers, Lou Kasischke, Mike Groom.

Die Menschen spielen leichtfertig mit dem Tragischen, weil sie an die Existenz des Tragischen in einer zivilisierten Welt nicht glauben.

José Ortega y Gasset

Vorbemerkung

Im März 1996 wurde ich von der Zeitschrift *Outside* nach Nepal geschickt. Ich sollte an einer Besteigung des Mount Everest teilnehmen, um darüber zu schreiben. Ich war einer von acht zahlenden Kunden einer Expedition, die von Rob Hall geleitet wurde, einem bekannten Bergführer aus Neuseeland. Am 10. Mai erreichte ich den Gipfel. Der Preis für die Besteigung jedoch war entsetzlich.

Von den fünf Teamgefährten, die es mit mir auf den Gipfel schafften, starben vier, darunter auch Hall, in einem furchtbaren Sturm. Er brach ohne Vorwarnung los, als wir immer noch hoch oben auf dem Gipfelgrat waren. Als ich schließlich das Basislager erreichte, waren neun Bergsteiger aus vier Expeditionen umgekommen, und ehe der Monat zu Ende ging, sollten drei weitere ihr Leben verlieren.

Die Expedition hatte mich zutiefst erschüttert, und es fiel mir schwer, den Artikel zu schreiben. Es gelang mir dennoch, fünf Wochen nach meiner Rückkehr aus Nepal ein Manuskript abzuliefern, das in der September-Ausgabe der Zeitschrift erschien. Danach versuchte ich die Katastrophe auf dem Everest zu vergessen und mich wieder in den Alltag einzufinden. Doch das stellte sich als unmöglich heraus. In einem Nebel verworrener Gefühle versuchte ich immer wieder, in dem, was sich da oben zugetragen hatte, einen Sinn zu finden, und grübelte in einem fort über die Umstände des Todes meiner Gefährten nach.

Der *Outside*-Text war so tatsachengetreu geschrieben, wie es mir unter den Umständen möglich war. Aber der Zeitdruck für die Veröffentlichung hatte mir unerbittlich im Nacken gesessen, die Kette der Ereignisse war hoffnungslos komplex, und die Erinnerungen der restlichen Überlebenden waren durch Erschöpfungszustände, Sauerstoffmangel und Schock extrem verzerrt. Zum Beispiel bat ich während meiner Recherche drei meiner Gefährten, einen Vorfall zu rekapitulieren, den wir zu viert hoch oben auf dem Berg mit angesehen hatten. Aber wir konnten uns selbst über solch grundlegende Fragen wie den Zeitpunkt des Geschehens und was wir gesagt hatten nicht einigen; nicht einmal darauf, wer überhaupt zugegen gewesen war. Nur wenige Tage nachdem der *Outside*-Artikel in Druck gegangen war, erfuhr ich, daß einige Einzelheiten meiner Recherchen den Tatsachen nicht entsprachen. Es handelte sich dabei überwiegend um kleine Ungenauigkeiten, wie sie sich unvermeidlich in die Arbeit eines Journalisten unter Termindruck einschleichen. Einer meiner Fehler war jedoch alles andere als geringfügig und hatte eine verheerende Wirkung auf Freunde und Familie eines der Opfer.

Kaum weniger erfreulich als die offensichtlichen Irrtümer in dem Artikel war die Tatsache, daß aufgrund von Platzmangel ein Großteil des Materials nicht verwendet werden konnte. Der Herausgeber von *Outside*, Mark Bryant, und Larry Burke, der Verleger, hatten mir für die Story ungewöhnlich viel Platz eingeräumt: Sie brachten die Geschichte in einem Umfang von etwa fünfzig Manuskriptseiten heraus – vier- bis fünfmal so lang wie ein normales Feature. Dennoch wurde ich das Gefühl nicht los, daß der Artikel viel zu kurz war, um der Tragödie gerecht zu werden. Die Everest-Besteigung hatte mich völlig aus der Bahn geworfen, und ich konnte gar nicht mehr anders, als die Ereignisse in allen Einzelheiten aufzuzeichnen, frei von den Zwängen einer vorgegebenen Zeilenzahl. Dieses Buch ist das Ergebnis dieser inneren Notwendigkeit.

Die Unzuverlässigkeit des menschlichen Verstandes in großen Höhen ist geradezu atemberaubend, was die Recherche nicht gerade erleichterte. Um mich nicht ausschließlich auf meine eigenen Wahrnehmungen und Schlußfolgerungen zu verlassen, führte ich mit den wichtigsten Personen mehrmalige, intensive Interviews. Wenn möglich versuchte ich, die Richtigkeit bestimmter Details mit den Aufzeichnungen der Funksprüche zu untermauern, die von Leuten im Basislager gemacht worden waren, wo klares Denken nicht so sehr Mangelware war. Leser, die mit dem *Outside*-Artikel vertraut sind, werden zwischen der Darstellung bestimmter Details in der Zeitschrift und jener im Buch (vor allem, was die genauen Zeitabläufe angeht) Unstimmigkeiten bemerken. Die Änderungen sind Folge der neuen Erkenntnisse, die erst nach der Veröffentlichung des Artikels ans Licht kamen.

Mehrere von mir geschätzte Autoren und Redakteure rieten mir, das Buch nicht so schnell zu schreiben, wie ich es schließlich getan habe. Sie legten mir ans Herz, zwei oder drei Jahre verstreichen zu lassen, um etwas Abstand zu den Ereignissen zu gewinnen und das Ganze vielleicht aus einer völlig anderen Perspektive sehen zu können. Ihr Rat war vernünftig, aber schließlich ignorierte ich ihn − vor allem, weil mir das, was auf dem Berg geschehen war, keine Ruhe ließ. Ich litt wie ein Tier und hoffte, daß das Schreiben dieses Buches mich vom Everest befreien würde.

Was natürlich nicht der Fall ist. Darüber hinaus bin auch ich der Auffassung, daß den Lesern nur selten damit gedient ist, wenn es einem Autor in erster Linie um Katharsis geht wie mir mit dem vorliegenden Buch. Aber ich begann in der Hoffnung, daß es etwas Gutes hätte, wenn ich mir kurz nach der Katastrophe alles von der Seele schriebe, noch in der ganzen Aufgewühltheit und Pein des Augenblicks. Ich wollte, daß mein Bericht eine rohe, ungeschönte Ehrlichkeit bewahrte, die sich mit der Zeit, wenn der Schmerz einmal abgeklungen war, vielleicht verflüchtigen würde.

Einige der Leute, die mich davor gewarnt hatten, zu überstürzt mit dem Schreiben anzufangen, hatten mir von Anfang an davon abgeraten, mich überhaupt auf den Everest zu wagen. Tatsächlich gab es sehr viele gute Gründe, die dagegen sprachen, aber eine Besteigung des Everest ist an sich ein irrationaler Akt: ein Triumph der Begierde über die Vernunft. Jeder, der ein derartiges Unterfangen ernsthaft in Erwägung zieht, ist schon beinahe per definitionem jenseits aller Einsicht.

Die volle Wahrheit ist, daß ich mir über all dies im klaren war und trotzdem auf den Everest gegangen bin. Indem ich dies tat, war ich an dem Tod sehr wertvoller Menschen beteiligt. Und das wird mein Gewissen wohl noch sehr lange belasten.

JON KRAKAUER
SEATTLE
NOVEMBER 1996

Dramatis Personae

Mount Everest, Frühling 1996*

Adventure Consultants Expedition (mit Führer)

Rob Hall	Neuseeland, Leiter und Bergführer
Mike Groom	Australien, Bergführer
Andy »Harold« Harris	Neuseeland, Bergführer
Helen Wilton	Neuseeland, Leiterin des Basislagers
Dr. Caroline Mackenzie	Neuseeland, Ärztin im Basislager
Ang Tshering Sherpa	Nepal, Sirdar der Gipfel-Mannschaft
Ang Dorje Sherpa	Nepal, Gipfelbegleiter
Lhakpa Chhiri Sherpa	Nepal, Gipfelbegleiter
Kami Sherpa	Nepal, Gipfelbegleiter
Tenzing Sherpa	Nepal, Gipfelbegleiter
Arita Sherpa	Nepal, Gipfelbegleiter
Ngawang Norbu Sherpa	Nepal, Gipfelbegleiter
Chuldum Sherpa	Nepal, Gipfelbegleiter
Chhongba Sherpa	Nepal, Koch im Basislager
Pemba Sherpa	Nepal, Helfer im Basislager
Tendi Sherpa	Nepal, Küchenjunge
Doug Hansen	USA, Kunde
Dr. Seaborn Beck Weathers	USA, Kunde
Yasuko Namba	Japan, Kundin
Dr. Stuart Hutchison	Kanada, Kunde
Frank Fischbeck	Hongkong, Kunde
Lou Kasischke	USA, Kunde

* Nicht alle der im Frühling 1996 auf dem Mount Everest anwesenden Personen sind in dieser Liste aufgeführt.

Dr. John Taske	Australien, Kunde
Jon Krakauer	USA, Kunde und Journalist
Susan Allen	Australien, Trekkerin
Nancy Hutchison	Kanada, Trekkerin

Mountain Madness Expedition (mit Führer)

Scott Fischer	USA, Leiter und Bergführer
Anatoli Boukreev	Rußland, Bergführer
Neal Beidleman	USA, Bergführer
Dr. Ingrid Hunt	USA, Leiterin des Basislagers, Teamärztin
Lopsang Jangbu Sherpa	Nepal, Gipfelbegleiter
Ngima Kale Sherpa	Nepal, Sirdar im Basislager
Tashi Tshering Sherpa	Nepal, Gipfelbegleiter
Ngawang Dorje Sherpa	Nepal, Gipfelbegleiter
Ngawang Sya Kya Sherpa	Nepal, Gipfelbegleiter
Tendi Sherpa	Nepal, Gipfelbegleiter
»Big« Pemba Sherpa	Nepal, Gipfelbegleiter
Pemba Sherpa	Nepal, Küchenjunge des Basislagers
Sandy Hill Pittman	USA, Kundin und Journalistin
Charlotte Fox	USA, Kundin
Tim Madsen	USA, Kunde
Pete Schoening	USA, Kunde
Klev Schoening	USA, Kunde
Lene Gammelgaard	Dänemark, Kundin
Martin Adams	USA, Kunde
Dr. Dale Kruse	USA, Kunde
Jane Bromet	USA, Journalistin

MacGillivray Freeman IMAX/IWERKS Expedition

David Breashears	USA, Leiter und Filmregisseur
Jamling Norgay Sherpa	Indien, stellvertretender Leiter und Filmschauspieler
Ed Viesturs	USA, Bergsteiger und Filmschauspieler
Araceli Segarra	Spanien, Bergsteigerin und Filmschauspielerin
Sumiyo Tsuzuki	Japan, Bergsteigerin und Filmschauspielerin
Robert Schauer	Österreich, Bergsteiger und Kameramann
Paula Barton Viesturs	USA, Leiterin des Basislagers
Audrey Salkeld	Großbritannien, Journalistin
Liz Cohen	USA, Filmproduktionsleiterin
Liesl Clark	USA, Filmproduzentin und Schriftstellerin

Staatliche Taiwanische Expedition

»Makalu« Gau Ming-Ho	Taiwan, Leiter
Chen Yu-Nan	Taiwan, Nepal, Gipfelbegleiter
Kami Dorje Sherpa	Nepal, Gipfelbegleiter
Ngima Gombu Sherpa	Nepal, Gipfelbegleiter
Mingma Tshering Sherpa	Nepal, Gipfelbegleiter

Expedition der Johannesburger *Sunday Times*

Ian Woodall	Großbritannien, Leiter
Bruce Herrod	Großbritannien, stellvertretender Leiter und Fotograf
Cathy O'Dowd	Südafrika, Bergsteigerin
Deshun Deysel	Südafrika, Bergsteigerin
Edmund February	Südafrika, Bergsteiger
Andy Hackland	Südafrika, Bergsteiger
Ken Woodall	Südafrika, Bergsteiger
Tierry Renard	Frankreich, Bergsteiger
Ken Owen	Südafrika, Sponsor und Trekker
Phillip Woodall	Großbritannien, Leiter des Basislagers
Alexandrine Gaudin	Frankreich, organisatorische Assistentin
Dr. Charlotte Noble	Südafrika, Teamärztin
Ken Vernon	Südafrika, Journalist
Richard Shorey	Südafrika, Fotograf
Patrick Conroy	Südafrika, Funker
Ang Dorje Sherpa	Nepal, Sirdar der Gipfel-Mannschaft
Pemba Tendi Sherpa	Nepal, Gipfelbegleiter
Jangbu Sherpa	Nepal, Gipfelbegleiter
Ang Babu Sherpa	Nepal, Gipfelbegleiter
Dawa Sherpa	Nepal, Gipfelbegleiter

Alpine Ascents International Expedition (mit Führer)

Todd Burleson	USA, Leiter und Bergführer
Pete Athans	USA, Bergführer
Jim Williams	USA, Bergführer
Dr. Ken Kamler	USA, Kunde und Teamarzt

| Charles Corfield | USA, Kunde |
| Becky Johnston | USA, Trekkerin und Drehbuchautorin |

International Commercial Expedition

Mal Duff	Großbritannien, Leiter
Mike Trueman	Hongkong, stellvertretender Leiter
Michael Burns	Großbritannien, Leiter des Basislagers
Dr. Henrik Jessen Hansen	Dänemark, Expeditionsarzt
Veikka Gustafsson	Finnland, Bergsteiger
Kim Sejberg	Dänemark, Bergsteiger
Ginge Fullen	Großbritannien, Bergsteiger
Jaakko Kurvinen	Finnland, Bergsteiger
Euan Duncan	Großbritannien, Bergsteiger

Himalayan Guides Commercial Expedition

Henry Todd	Großbritannien, Leiter
Mark Pfetzer	USA, Bergsteiger
Ray Door	USA, Bergsteiger

Schwedische Einzelexpedition

Göran Kropp	Schweden, Bergsteiger
Frederic Bloomquist	Schweden, Filmemacher
Ang Rita Sherpa	Nepal, Gipfelbegleiter und Mitglied der Filmcrew

Norwegische Einzelexpedition

Petter Neby   Norwegen, Bergsteiger

Neuseeländisch-Malayische Pumori Expedition (mit Führer)

Guy Cotter   Neuseeland, Leiter und
                                Bergführer
Dave Hiddleston   Neuseeland, Bergführer
Chris Jillet   Neuseeland, Bergführer

American Commercial Pumori/Lhotse Expedition (mit Führer)

Dan Mazur   USA, Leiter
Jonathan Pratt   Großbritannien,
                                mitverantwortlicher Leiter
Scott Darsney   USA, Bergsteiger und Fotograf
Chantal Mauduit   Frankreich, Bergsteigerin
Stephen Koch   USA, Bergsteiger und
                                Snowboarder
Brent Bishop   USA, Bergsteiger
Diane Taliaferro   USA, Bergsteigerin
Dave Sharman   USA, Bergsteiger
Tim Horvath   USA, Bergsteiger
Dana Lynge   USA, Bergsteigerin
Martha Lynge   USA, Bergsteigerin

Nepalesische Everest-Säuberungsexpedition

Sonam Gyalchhen Sherpa   Nepal, Leiter

Himalayan Rescue Association Clinic
(in Pheriche Village)

Dr. Jim Litch	USA, Arzt
Dr. Larry Silver	USA, Arzt
Laura Ziemer	USA, Angestellte der Klinik

Expedition des Indo-Tibetischen Everest-Grenzschutzes
(von der tibetischen Seite des Berges aus unterwegs)

Mohindor Singh	Indien, Leiter
Harbhajan Singh	Indien, stellvertretender Leiter und Bergsteiger
Tsewang Smanla	Indien, Bergsteiger
Tsewang Paljor	Indien, Bergsteiger
Dorje Morup	Indien, Bergsteiger
Hira Ram	Indien, Bergsteiger
Tashi Ram	Indien, Bergsteiger
Sange Sherpa	Indien, Gipfelbegleiter
Nadra Sherpa	Indien, Gipfelbegleiter
Koshing Sherpa	Indien, Gipfelbegleiter

Japanisch-Fukuokische Everest-Expedition
(von der tibetischen Seite des Berges aus unterwegs)

Koji Yada	Japan, Leiter
Hiroshi Hanada	Japan, Bergsteiger
Eisuke Shigekawa	Japan, Bergsteiger
Pasang Tshering Sherpa	Nepal, Gipfelbegleiter
Pasang Kami Sherpa	Nepal, Gipfelbegleiter
Any Gyalzen	Nepal, Gipfelbegleiter

Der Balkon, 8400 Meter hoch, 10. Mai, 7 Uhr 20. Zwei Sherpas aus dem Team von Scott Fischer stützen sich zum Atemholen auf ihre Eispickel; Andy Harris schließt zu ihnen auf. Ein Stück weiter unten ruhen sich weitere Bergsteiger aus.

Der Gipfelgrat vom Südgipfel aus gesehen, 10. Mai, 13 Uhr. Als Fischer diese Aufnahme machte, befand er sich am Ende des Zuges und blickte auf die Gruppe, die sich vor ihm zum Gipfel hochkämpfte. Direkt über dem Hillary-Step sind drei Bergsteiger zu sehen; ein vierter befindet sich auf mittlerer Höhe der Felsstufe.

Der Hillary-Step. Dieser steile Absatz im Gipfelgrat, ungefähr 70 Höhenmeter unterhalb des höchsten Punktes, ist klettertechnisch eine der schwierigsten Passagen der Standardroute.

Stau vor dem Hillary-Step, 10. Mai, ca. 14 Uhr 10. Scott Fischer nahm dieses Foto vom Fuß der Stufe aus auf. Links im Vordergrund steht Doug Hansen, der darauf wartet, am Fixseil aufsteigen zu können.

Blick über den Gipfelgrat, 10. Mai, ca. 16 Uhr 10. Fischer blickte von der oberen Kante des Hillary-Step auf Lene Gammelgaard, Tim Madsen und Charlotte Fox (von links nach rechts) hinunter, die vor ihm abstiegen.

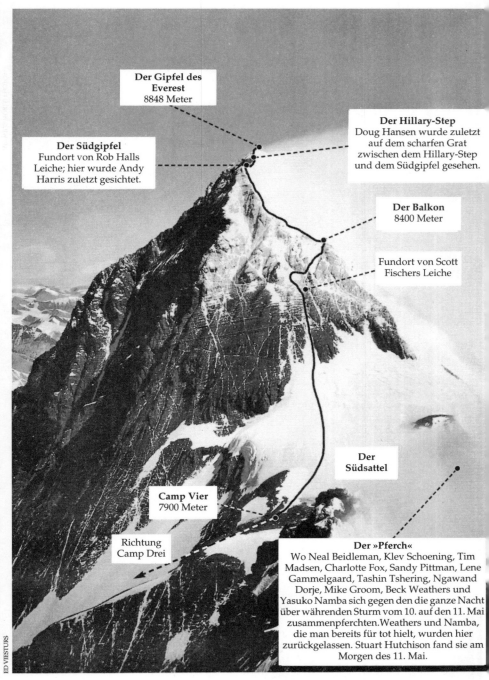

Die oberen Hänge des Mt. Everest vom Gipfel des Lhotse. Über der Spitze des Südostgrats, der Standardroute zum Gipfel, sind die Wolkenstreifen, das Markenzeichen des Everest, gut zu erkennen.

Doug Hansen, 46, USA, Mitglied in Halls Team; Postangestellter, der in zwei Jobs arbeitete, um sich seinen Traum von der Besteigung des Everest leisten zu können.

Oben: Rob Hall, 35, Neuseeland, Leiter der Adventure Consultants Expedition.

Unten: Andy Harris, 31, Neuseeland, Bergführer in Halls Team.

Oben: Scott Fischer, 40, USA, Leiter der Mountain Madness Expedition.

Unten: Yasuko Namba, Japan, Mitglied in Halls Team; mit 47 Jahren die älteste Frau, die jemals den Gipfel des Everest erreichte.

12. Mai. Stürmische Winde fegen über den Gipfel des Everest. Als Krakauer nach dem Sturm von Camp Vier aus den Abstieg begann, drehte er sich bei etwa 7500 Metern um, um sich die oberen Bereiche des Gipfels anzusehen. Dort hatten seine Freunde Hall, Harris, Hansen und Fischer ihr Leben verloren. Namba war auf dem Südsattel umgekommen, nur zwanzig Minuten vom rettenden Lager entfernt.

KAPITEL EINS

Gipfel des Everest
10. Mai 1996
8848 Meter

Man hat beinahe den Eindruck, als sei um die oberen Bereiche dieser großartigen Gipfel ein Kordon gezogen, der von keinem Menschen durchbrochen werden sollte. Tatsache ist, daß in Höhen ab 8000 Metern die Auswirkungen des niedrigen Luftdrucks auf den menschlichen Organismus dermaßen verheerend sind, daß technisch anspruchsvolles Klettern praktisch unmöglich ist und die Folgen eines leichten Unwetters tödlich sein können; nur bei idealen Witterungs- und Schneeverhältnissen besteht die geringste Aussicht auf Erfolg, und eine Seilschaft ist nicht in der Lage, sich beim letzten Kletterstück den Tag auszusuchen ...

Nein, es ist alles andere als überraschend, daß der Everest bei den ersten Vorstößen nicht erobert werden konnte. Im Gegenteil, es wäre schon äußerst erstaunlich und auch bedauerlich, wenn dies der Fall gewesen wäre, denn dies ist nicht die Art großartiger Berge. Vielleicht sind wir ein wenig arrogant geworden angesichts unserer schönen neuen Hilfsmittel, den Eisgeräten und Profilsohlen, unserem Zeitalter, der mühelosen mechanischen Eroberung. Wir haben ganz vergessen, daß der Berg immer noch die Trumpfkarte hält, daß er nur dann Erfolg gewährt, wenn er bereit dazu ist. Warum sonst behält Bergsteigen nach wie vor seine Faszination?

ERIC SHIPTON, 1938
Upon that Mountain

Ich stand auf dem höchsten Punkt der Erde, den einen Fuß in Tibet, den anderen in Nepal, und befreite meine Sauerstoffmaske von Eis. Eine Schulter gegen den Wind gestemmt, blickte ich abwesend in die unermeßliche Weite Tibets hinab.

Ganz entfernt dämmerte mir, daß die Landschaftsflucht zu meinen Füßen ein überwältigender Anblick war. Von diesem Moment hatte ich monatelang geträumt, von dem Rausch der Gefühle, der ihn begleiten würde. Aber jetzt, endlich hier, tatsächlich auf dem Gipfel des Mount Everest angelangt, fehlte mir ganz einfach die Kraft, überhaupt etwas zu empfinden.

Es war am frühen Nachmittag des 10. Mai 1996. Ich hatte seit siebenundfünfzig Stunden nicht mehr geschlafen. Die einzige Nahrung, die ich in den letzten drei Tagen hinuntergewürgt hatte, war eine japanische Ramen-Suppe und eine Handvoll Schoko-Erdnüsse. Wochenlange Hustenanfälle hatten mir zwei beschädigte Rippenknochen beschert, die jeden Atemzug zur qualvollen Folter machten. Auf 8848 Meter hoch oben in der Troposphäre gelangte so wenig Sauerstoff in mein Gehirn, daß meine geistigen Fähigkeiten sich auf die eines kleinen Kindes beschränkten. Unter den Umständen fühlte ich so gut wie gar nichts mehr, außer Kälte und Erschöpfung.

Ich war ein paar Minuten nach Anatoli Boukreev auf dem Gipfel angekommen, einem russischen Bergführer, der für eine kommerzielle US-amerikanische Expedition arbeitete, und kurz vor Andy Harris, einem Bergführer, der wie ich dem von Neuseeland aus organisierten Team angehörte. Boukreev kannte ich eigentlich nur flüchtig; Harris hatte ich jedoch näher kennengelernt, und er war mir ans Herz gewachsen. Ich schoß kurz vier Fotos von Boukreev und Harris, die sich in Gipfelposen warfen, wandte mich ab und machte mich auf den Weg nach unten. Meine Uhr zeigte 13 Uhr 17 an. Alles in allem hatte ich weniger als fünf Minuten auf dem Dach der Welt verbracht.

Einen Moment später hielt ich kurz, um ein weiteres Foto zu schießen, diesmal mit Blick hinab auf den Südgrat, die Route unseres Anstiegs. Ich stellte mein Objektiv auf ein paar Bergsteiger scharf, die sich dem Gipfel näherten. Da bemerkte ich etwas, das zuvor meiner Aufmerksamkeit entgangen war.

Nach Süden hin, wo der Himmel noch vor einer Stunde strahlend blau gewesen war, waren der Pumori, die Ama Dablam (Ama = nep. Mutter) und andere, niedrigere Gipfel rund um den Everest von einer Wolkendecke überzogen.

Später – nachdem sechs Leichen gefunden worden waren, nachdem die Suche nach zwei weiteren erfolglos abgebrochen werden mußte, nachdem die erfrorene rechte Hand meines Teamgefährten Beck Weathers amputiert worden war – fragte sich jeder: Warum, obwohl absehbar war, daß das Wetter sich zunehmend verschlechterte, schlugen Bergsteiger im Gipfelbereich die Warnzeichen in den Wind? Warum setzten erfahrene Himalaja-Führer den Aufstieg fort und führten einen Trupp relativ unerfahrener Amateure – von denen jeder satte 65 000 Dollar hingeblättert hatte, um sicher auf den Everest geleitet zu werden – in eine offensichtliche Todesfalle?

Niemand kann die Bergführer der beiden beteiligten Gruppen befragen, denn beide Männer sind tot. Ich kann nur bezeugen, daß ich an jenem frühen Nachmittag des 10. Mai nichts bemerkt habe, was auf das Heraufziehen eines mörderischen Unwetters hingewiesen hätte. Für mein sauerstoffentleertes Hirn wirkten die Wolken, die über dem sogenannten Western Cwm*, einem riesigen Gletschertal, aufzogen, harmlos, dünn und kaum der Beachtung wert. Wie sie so in der strahlenden Mittagssonne schimmerten, schienen sie sich von den paar Kondensationswirbeln, die fast jeden Nachmittag aus dem Tal aufstiegen, kaum zu unterscheiden.

Ich war ziemlich beunruhigt, als ich mit dem Abstieg begann, aber meine Sorge galt nicht etwa dem Wetter: Ein Blick auf meine Sauerstoffflasche zeigte, daß sie beinahe leer war. Ich mußte runter, und zwar schnell.

---

* Das Western Cwm, wie *Kuhm* ausgesprochen, wurde von George Leigh Mallory so bezeichnet, der es das erste Mal 1921 auf der ersten Everest-Expedition vom Lho La aus bemerkte, einem Hochgebirgspaß an der Grenze zwischen Nepal und Tibet. Cwm ist walisisch und bedeutet Tal oder Kar.

Der obere Teil des Everest-Südostgrats, ein schmaler, stark verwächteter First aus Fels und windgepreßtem Schnee, schlängelt sich etwa einen halben Kilometer zwischen dem Gipfel und der niedrigeren Graterhebung, die als Südgipfel bekannt ist. Der gezackte Grat stellt an sich kein großes technisches Hindernis dar. Das Problem liegt vielmehr darin, daß diese Route fürchterlich exponiert ist. Nachdem ich den Gipfel verlassen hatte, erreichte ich nach fünfzehn Minuten vorsichtigem Vorwärtstasten über zweitausend Meter Abgrund den berüchtigten Hillary-Step, eine markante Felsstufe im Gipfelgrat, der ein gewisses Maß an technischer Feinarbeit verlangt. Als ich mich in ein Fixseil einhakte, um mich über die Kante abzuseilen, bot sich mir ein alarmierender Anblick.

Zehn Meter unter mir, am Fuße der Felsstufe, hatte sich eine Schlange von mehr als einem Dutzend Bergsteiger gebildet. Drei waren bereits dabei, sich an dem Seil hinaufzuziehen, an dem ich mich gerade hinunterlassen wollte. Mir blieb nichts anderes übrig, als mich aus dem gemeinschaftlichen Sicherungsseil wieder auszuklinken und beiseite zu treten.

Der Stau setzte sich aus Bergsteigern aus drei verschiedenen Expeditionen zusammen: dem Team, dem ich angehörte, bestehend aus einer Gruppe zahlender Klienten unter der Leitung des berühmten neuseeländischen Bergführers Rob Hall; einem weiteren, von dem Amerikaner Scott Fischer geleiteten Team; und ferner einem nicht-kommerziellen taiwanesischen Team. Im Schneckentempo arbeitete sich der Pulk den Hillary-Step hoch, was aber in Höhen über 8000 Metern die Norm ist. Während ich nervös ausharrte.

Harris, der den Gipfel kurz nach mir verlassen hatte, schloß bald auf. Um das bißchen mir noch verbliebenen Sauerstoff zu sparen, bat ich ihn, in meinen Rucksack zu langen und den Regler meines Ventils abzudrehen. In den nächsten zehn Minuten fühlte ich mich erstaunlich gut. Mein Kopf war wieder klar. Ich fühlte mich sogar weniger müde als mit aufgedrehtem Sauerstoff. Dann, ganz plötzlich, ging mein Atem immer schwerer. Ich sah nur noch verschwommen und mir wurde schwindlig. Ich war nahe dran, bewußtlos zu werden.

Anstatt meinen Sauerstoff abzuschalten, hatte Harris in seinem vom Sauerstoffmangel beeinträchtigten Zustand den Hahn irrtümlicherweise voll aufgedreht. Die Flasche war leer. Ich hatte gerade den letzten Sauerstoff verschwendet, ohne auch nur einen Meter voranzukommen. Am Südgipfel, etwa siebzig Meter weiter unten, wartete eine weitere Flasche auf mich. Aber um dorthin zu gelangen, mußte ich genau den schwierigsten, am meisten exponierten Abschnitt der Route überwinden, und das ohne zusätzlichen Sauerstoff.

Und zuerst mußte ich warten, bis sich dieser Pulk unter mir aufgelöst hatte. Ich nahm meine mittlerweile nutzlose Maske ab, rammte meinen Pickel ins Eis und hockte mich auf den Kamm. Ich tauschte mit den der Reihe nach vorbeikletternden Bergsteigern banale Glückwünsche aus, während ich innerlich völlig verzweifelt war. »Nun macht schon, macht!« flehte ich stumm. »Während ihr Idioten hier herumtrödelt, verliere ich Millionen und Abermillionen von Gehirnzellen!«

Die meisten Leute gehörten Fischers Team an, aber am Ende des Aufmarsches tauchten schließlich zwei meiner Teamgefährten auf, Rob Hall und Yasuko Namba. Die siebenundvierzigjährige Namba, ernst und zurückhaltend, trennten nur noch vierzig Minuten davon, die älteste Frau der Welt, die je den Everest bestiegen hatte, zu werden. Und die zweite Japanerin, die auf den höchsten Gipfeln aller Kontinente gestanden hatte, den sogenannten Seven Summits. Sie wog gerade mal fünfundvierzig Kilo, aber hinter ihrer spatzenhaften Erscheinung verbarg sich eine ungeheure Entschlossenheit. Yasuko war von dem höchst erstaunlichen Maß und der unerschütterlichen Intensität ihrer Sehnsucht den Berg hochgetrieben worden.

Noch später kam Doug Hansen oben am Hillary-Step an. Doug, ein Postbeamter aus einer Vorstadt von Seattle, gehörte ebenfalls zu unserem Troß und war zu meinem engsten Freund am Berg geworden. »Wir haben's geschafft!« rief ich ihm gegen den Wind zu und versuchte dabei fröhlicher zu klingen, als mir zumute war. Doug murmelte hinter seiner Sauerstoffmaske völlig erschöpft etwas, das ich nicht verstand, schüttelte mir die Hand und schleppte sich weiter nach oben.

Ganz am Ende der Schlange tauchte Scott Fischer auf, den ich flüchtig aus Seattle kannte, wo wir beide wohnten. Fischers Kraft und Elan waren geradezu legendär – 1994 bestieg er den Everest ohne die Verwendung von Flaschensauerstoff –, ich war erstaunt, wie langsam er sich fortbewegte und wie abgekämpft er wirkte, als er seine Maske abnahm, um hallo zu sagen. »Bruuuuuuce!« keuchte er mit gezwungener Fröhlichkeit, mit dem für ihn typischen, jungenhaften Begrüßungsritual. Auf meine Frage, wie es denn so liefe, betonte er, daß er sich okay fühlte: »Nur ein bißchen schlapp heute. Hat aber nichts zu sagen.« Als der Hillary-Step schließlich frei war, hängte ich mich in das orangefarbene Seil ein, schwang mich mit einer raschen Bewegung um Fischer herum, der sich mit gebeugtem Haupt an seinem Eispickel abstützte, und seilte mich über die Felskante ab.

Als ich unten am Südgipfel ankam, war es nach drei Uhr. Über dem 8516 Meter hohen Gipfel des Lhotse wehten nun bereits Nebelschwaden, die bis zur Gipfelpyramide des Everest vordrangen. Die Wettergötter waren uns offenbar nicht mehr gewogen. Ich schnappte mir eine frische Sauerstoffflasche, klemmte sie an meinen Regler und eilte hinunter in die sich zusehends zusammenziehende Wolkendecke. Wenige Augenblicke nachdem ich vom Südgipfel gestiegen war, fing es an zu schneien, und die Sicht ging zum Teufel.

Vierhundert Höhenmeter über mir, wo der Gipfel immer noch unter einem makellosen kobaltblauen Himmel in strahlendem Sonnenlicht glänzte, trödelten und scherzten meine

Kameraden herum, um ihre Ankunft auf dem Scheitel des Planeten zu feiern. Sie entrollten Flaggen, machten Fotos und ließen dabei wertvolle Zeit verstreichen. Keiner von ihnen hatte auch nur die leiseste Ahnung, daß ein unvorstellbares Martyrium nahte. Keiner ahnte, daß am Ende jenes langen Tages jede Minute zählen würde.

KAPITEL ZWEI

Dehra Dun
1852
681 Meter

Im Winter, weit entfernt von den Bergen, entdeckte ich in Richard Hal-
liburtons Book of Marvels *das unscharfe Foto des Everest. Es han-*
delte sich um einen elendig schlechten Nachdruck, in dem die gezack-
ten Gipfel sich weiß gegen einen grotesk geschwärzten, von Kratzern
durchzogenen Himmel hoben. Der Everest selbst, der sich hinter den
vorderen Gipfeln verbarg, schien nicht einmal der höchste zu sein, aber
das war einerlei. Er war es. So ging die Sage. Der Schlüssel zu dem
Bild waren Träume, die es einem Jungen erlaubten anzutreten, auf dem
Scheitel eines windgepeitschten Kamms zu stehen, den Gipfel zu er-
klimmen, der nun nicht mehr weit war…

Dies war einer jener grenzenlosen Träume, die entstehen, wenn man
heranwächst. Ich war mir sicher, daß ich nicht der einzige war, der vom
Everest träumte. Der höchste Punkt der Erde, unerreichbar, jenseits je-
der menschlichen Erfahrung, war für viele Jungen und erwachsene
Männer da, um zu ihm aufzustreben.

THOMAS F. HORNBEIN
Everest: The West Ridge

Die genauen Details des Ereignisses liegen im dunkeln, von
Mythen umrankt. Aber es war im Jahre 1852, und stattgefunden hat es in den Büros der Great Trigonometrical Survey of
India, des britischen Landesvermessungsamtes, im indischen Dehra Dun, einem im nördlichen Bergland gelegenen
Erholungsort für Europäer. Nach der glaubwürdigsten Version der Ereignisse stürmte ein Schreiber in die Räume von
Sir Andrew Waugh, Indiens oberstem Landesvermesser, und
rief aus, daß ein bengalischer Kalkulator namens Radhanath

Sikhdar, der der Außenstelle des Amtes in Kalkutta angehörte, den »höchsten Berg der Erde entdeckt« hatte. (Zu Waughs Zeiten war ein Kalkulator eine Berufsbezeichnung und keine elektronische Rechenmaschine.)

Der betreffende Berg – von Landvermessern, die vor drei Jahren seinen Vertikalwinkel mit einem fünfzig Zentimeter großen Theodolit, einem Winkelmeßgerät, vermessen hatten, als Gipfel XV bezeichnet – ragte im verbotenen Königreich von Nepal aus dem Gebirgszug des Himalaja heraus.

Bis zu dem Zeitpunkt, als Sikhdar die Vermessungsdaten zusammengetragen und seine mathematischen Kalkulationen vorgenommen hatte, wäre niemand auf die Idee gekommen, daß an Gipfel XV irgend etwas Bemerkenswertes sei. Die sechs Vermessungspunkte, von denen aus der Gipfel trigonometrisch erfaßt wurde, lagen in Nordindien, mehr als hundert Meilen von dem Berg entfernt. Für die Vermesser war von Gipfel XV nur die oberste Spitze zu sehen. Der Berg selbst war von verschieden hohen Gebirgsgruppen, Gebirgsmassiven im Vordergrund verdeckt, von denen einige viel größer und mächtiger zu sein schienen. Aber nach Sikhdars penibel durchgeführten trigonometrischen Schätzungen, welche Faktoren wie die Krümmung der Erdoberfläche, atmosphärische Refraktionskräfte und Richtscheitabweichungen mit einbezog, erhob sich Gipfel XV 8840 Meter* über dem Meeresspiegel und war damit der höchste Punkt des Planeten Erde.

1865, neun Jahre nachdem Sikhdars Berechnungen bestätigt worden waren, verlieh Waugh Gipfel XV den Namen Mount Everest, zu Ehren von Sir George Everest, seinem Vorgänger im Amt des obersten Landvermessers. Nun hatten aber die Tibeter, die im Norden des großen Berges lebten,

---

* Moderne Vermessungen, für die Laser und dem neuesten Stand der Technik entsprechende Doppler-Satelliten-Datenübertragungswege verwendet wurden, haben diese Berechnung nur um 8 Meter nach oben korrigiert – zu der derzeit allgemein anerkannten Höhe von 8848 Metern.

bereits einen viel klangvolleren Namen für ihn – Jomolungma, was soviel heißt wie »Göttin, Mutter der Erde« –, während die Nepalesen, die im Süden angesiedelt waren, den Berg Sagarmatha nannten, »Göttin des Himmels«. Aber Waugh beschloß, diese Namen der Einheimischen geflissentlich zu ignorieren (wie auch die offizielle politische Linie, nach der örtliche oder angestammte Bezeichnungen bewahrt werden sollten), und Everest war schließlich der Name, der blieb.

Nachdem der Everest nun zum höchsten Berg auf Erden erklärt worden war, war es nur eine Frage der Zeit, bis die Menschen beschlossen, daß er auch bestiegen werden mußte. Nachdem im Jahre 1909 der amerikanische Forschungsreisende Robert Peary verkündet hatte, er habe den Nordpol erreicht, und Roald Amundsen 1911 einen norwegischen Troß zum Südpol geführt hatte, wurde der Everest – der sogenannte dritte Pol – das begehrteste Objekt im Reich irdischer Erforschung. Auf dem Gipfel zu stehen wie Gunther O. Dyrenfurth, ein einflußreicher Alpinist und Chronist des frühen Himalaja-Bergsteigens, war »eine Sache universalen menschlichen Strebens, ein Selbstzweck, bei dem es kein Zurück gibt, wie hoch die Verluste auch sein mögen.«

Jene Verluste waren, wie sich herausstellte, alles andere als unbedeutend.

Im Anschluß an Sikhdars Entdeckung von 1852 mußten 21 Menschen ihr Leben lassen, 15 Expeditionen aufbrechen und 101 Jahre vergehen, bis der höchste Punkt des Everest schließlich zum ersten Mal betreten wurde.

Unter Bergsteigern und Kennern geologischer Formationen gilt der Everest nicht gerade als ein besonders ansehnlicher Berg. Zu klotzig, zu breit und ausladend, zu groß gemeißelt. Aber was dem Everest an Schönheit fehlt, macht er mit schierer, überwältigender Masse wett.

Auf der Grenzlinie zwischen Nepal und Tibet gelegen, überragt der Berg als eine Pyramide aus schimmerndem Firneis und dunklem, geschichtetem Fels die umliegenden

Täler um mehr als 4000 Meter. Die ersten acht Expeditionen auf den Everest waren allesamt britisch, und alle versuchten den Berg von der nördlichen, tibetischen Seite aus anzugehen – weniger deshalb, weil sie in dem mächtigen Bollwerk des Berges die offensichtlichste Schwachstelle bildete, sondern vielmehr, weil die tibetische Regierung 1921 ihre lange geschlossenen Grenzen öffnete, der Zutritt zu Nepal jedoch strikt verboten blieb.

Die ersten Everest-Besteiger mußten 400 mühsame Meilen von Darjeeling aus über das tibetische Plateau trekken, um überhaupt an den Fuß des Berges zu gelangen. Damals war das Wissen um die lebensbedrohlichen Auswirkungen extremer Höhe auf den Organismus gering, und die Ausrüstung war, am heutigen Standard gemessen, geradezu lächerlich unzulänglich. Und dennoch drang im Jahr 1924 ein Mitglied der britischen Expedition, Edward Felix Norton, bis zu einer Höhe von 8573 Metern vor – nur knapp 300 Meter unter dem Gipfel –, bevor er von Entkräftung und Schneeblindheit besiegt wurde. Es war eine erstaunliche Leistung, die wahrscheinlich 29 Jahre lang nicht übertroffen wurde.

Ich sage »wahrscheinlich« wegen eines Gerüchts, das vier Tage nach Nortons Gipfelangriff durchsickerte. Beim ersten Morgenlicht des 8. Juni zogen zwei weitere Mitglieder des britischen Teams von 1924, George Leigh Mallory und Andrew Irvine, vom höchsten Lager in Richtung Gipfel aus.

Mallory, dessen Name untrennbar mit dem Everest verbunden ist, war die treibende Kraft hinter den ersten drei Gipfelexpeditionen. Er war es auch, dem während einer Dia-Vortragsreise durch die Vereinigten Staaten die ebenso berüchtigte wie geistreiche Bemerkung entfuhr: »Weil es ihn gibt«, als ein lästiger Zeitungsmann wissen wollte, warum er den Everest besteigen wollte. 1924 war Mallory achtunddreißig Jahre alt, ein verheirateter Schuldirektor mit drei kleinen Kindern. Als typisches Produkt der englischen Oberschicht war er ein Ästhet und Idealist mit entschieden romantischen Empfindungen. Seine athletische Anmut, sein Charme und sein gutes Aussehen hatten ihn zu einem Liebling von Lytton Strachey und dem Bloomsbury-Kreis gemacht. Während sie hoch oben auf dem Everest im Zelt kampierten, lasen Mallory und seine Kameraden einander laut aus *Hamlet* und *King Lear* vor.

Als Mallory und Irvine sich am 8. Juni auf den Gipfel des Everest zukämpften, war die Gipfelpyramide von Nebelbänken umwogt. Den Gefährten weiter unten am Berg war es dadurch unmöglich zu verfolgen, wie die beiden Bergsteiger weiter vorrückten. Um 12 Uhr 50 teilte sich die Wolkendecke einen Moment lang, und Kamerad Noel Odell konnte einen kurzen, aber klaren Blick auf die beiden hoch oben am Gipfelgrat werfen. Sie hinkten zwar dem Zeitplan um ungefähr fünf Stunden hinterher, bewegten sich aber »kontrolliert und schnell« auf den Gipfel zu.

Die beiden Bergsteiger kehrten in jener Nacht jedoch nicht in ihr Zelt zurück. Weder Mallory noch Irvine sollten jemals wieder gesehen werden. Ob einer oder gar beide den Gipfel erreichten, bevor der Berg sie verschluckte und sie ins Reich der Legende eingingen, ist seither Gegenstand heftiger Diskussionen.

Nach reichlichem Abwägen gelangte man zu der Auffassung, daß dies wohl eher nicht der Fall war. Wie dem auch sei, ohne handfeste Beweise wurde ihnen die Erstbesteigung nicht zuerkannt.

Nachdem Nepal jahrhundertelang nicht betreten werden konnte, öffnete es im Jahre 1949 seine Grenzen, während ein Jahr darauf das neue kommunistische Regime in China Tibet für Ausländer abriegelte. Jene, die den Everest besteigen wollten, wandten ihre Aufmerksamkeit nun also der Südseite des Berges zu. Im Frühjahr 1953 versuchte es ein umfangreiches britisches Team, das mit dem großen Eifer und dem überwältigenden finanziellen und technischen Aufwand eines militärischen Feldzugs zu Werke ging. Es war die dritte Expedition, die den Everest von Nepal aus in Angriff nahm. Am 28. Mai, nach zweieinhalb Monaten ungeheuerer Anstrengungen, wurde bei 8500 Metern ein bescheidenes kleines Hochlager in den Südostgrat gegraben. Früh am Morgen des folgenden Tages zogen Edmund Hillary, ein kräftiger Neuseeländer, und Tenzing Norgay, ein erstklassiger Sherpa-Bergsteiger, mit Sauerstoffflaschen ausgerüstet, Richtung Gipfel los.

Um 9 Uhr erreichten sie den Südgipfel und blickten ungläubig über den schwindelerregend schmalen Grat, der zu dem eigentlichen Gipfel führte. Eine weitere Stunde brachte sie an den Fuß von dem, was Hillary als das »furchtbarste Problem des Kammes« beschrieb, »eine etwa zehn, fünfzehn Meter hohe Felsstufe... Der Fels selbst, glatt und nahezu ohne Haltepunkte, hätte für eine Gruppe erfahrener Kletterer im Lake District eine durchaus interessante Sonntagnachmittag-Herausforderung dargestellt, aber hier war es eine Barriere, die in Anbetracht unserer großen Erschöpfung unüberwindbar erschien.«

Während Tenzing von unten nervös Seil nachgab, zwängte Hillary sich in die Spalte zwischen dem Felspfeiler und einer vertikal verlaufenden Schneescholle an seinem Rand. Daraufhin begann er sich Zentimeter für Zentimeter an dem hochzuarbeiten, was von da an als der Hillary-Step bekannt werden sollte. Das Klettern war mühsam; immer wieder mußte neu angesetzt werden, aber Hillary hielt durch, bis, wie er später schrieb, *ich schließlich über das obere Ende des Felsens fassen und mich aus der Spalte heraus auf einen breiten Sims ziehen konnte. Ein paar Augenblicke lang lag ich da und schöpfte Atem, und zum ersten Mal spürte ich wirklich die wilde Entschlossenheit, daß uns nichts mehr daran hindern konnte, den Gipfel zu erreichen. Ich stellte mich mit beiden Füßen fest auf den Sims und gab Tenzing das Zeichen, nachzukommen. Während ich mit aller Kraft an dem Seil zog, wand Tenzing sich die Felsspalte hoch. Oben angekommen, brach er erschöpft zusammen wie ein riesiger Fisch, der gerade nach entsetzlichem Kampf aus dem Meer an Land gezogen wurde.*

Gegen ihre Erschöpfung ankämpfend, folgten die beiden

dem nun sanft ansteigenden Grat. Hillary fragte sich *ziemlich benommen, ob unsere Kraftreserven noch reichen würden, um durchzukommen. Ich umging die Rückseite eines weiteren Felsblocks und sah, daß der Kamm vor uns wegbrach und wir weit in Tibet hineinblicken konnten. Ich blickte auf, und dort über uns war ein gerundeter Bergkegel. Noch ein paar Hiebe mit dem Eispickel, ein paar vorsichtige Tritte und Griffe, und Tensing [sic] und ich waren oben angekommen.*

Und so standen um die Mittagszeit des 29. Mai 1953 mit Hillary und Tenzing die ersten Menschen auf dem Gipfel des Mount Everest.

Drei Tage später erreichte die Nachricht von der Besteigung Queen Elizabeth am Vorabend ihrer Krönung, und am Morgen des 2. Juni stand sie in der Frühausgabe der Londoner *Times*. Der Bericht war von einem jungen Korrespondenten namens James Morris vom Everest als kodierte Funkmeldung abgefaßt worden (um zu verhindern, daß die Konkurrenten der *Times* der Zeitung zuvorkämen). Zwanzig Jahre später, nachdem er als Schriftsteller großes Ansehen erlangt hatte, würde er unter großem öffentlichen Aufsehen zum weiblichen Geschlecht übertreten und seinen Taufnamen in Jan ändern lassen. Wie Morris vier Jahrzehnte nach der bedeutenden Besteigung in *Die Everest-Krönung: Die Erstbesteigung und der Presseknüller, der die Königin krönt*, schrieb: *Man kann sich heute den beinahe mystischen Freudentaumel, mit dem das zufällige Zusammentreffen der beiden Ereignisse [der Krönung und der Everest-Besteigung] in England aufgenommen wurde, kaum noch vorstellen. Als sich die Briten endlich aus den Notzeiten erhoben, die sie seit dem Zweiten Weltkrieg heimgesucht hatten, sich aber zugleich dem Verlust ihres Weltreiches und dem unaufhaltsamen Verfall ihrer Stellung in der Welt gegenübersahen, hatten sie sich quasi eingeredet, daß die Thronbesteigung der jungen Königin ein Zeichen für einen neuen Anfang war – ein neues elisabethanisches Zeitalter, wie die Zeitungen es gerne zu nennen pflegten. Der Tag der Krönung, der 2. Juni 1953, sollte ein*

Tag der symbolischen Hoffnung und Freude werden, an dem alle britisch-patriotischen Loyalitäten in einer erhabenen Stunde ihren Ausdruck finden würden: Und, o Wunder aller Wunder, an ebenjenem Tag traf aus fernen Ländern – ja, von den Grenzen des alten Weltreichs – die Nachricht ein, daß ein britisches Bergsteigerteam... das letzte, noch verbliebene, über allem anderen stehende irdische Reiseziel für Forschung und Abenteuer, den höchsten Punkt der Erde erreicht hatte...

Jene Stunde setzte unter den Briten ein ganzes Orchester an überschwenglichen Gefühlen frei – Stolz, Vaterlandsliebe, Nostalgie für die verlorene Vergangenheit des Krieges und der Verwegenheit und die Hoffnung auf eine verjüngende Zukunft... Menschen, die das miterlebten, erinnern sich bis heute lebhaft an den Moment, wie sie, als sie an einem nieselnden Junimorgen in London darauf warteten, daß der Krönungszug an ihnen vorbeizog, die magische Meldung hörten, daß der Gipfel der Welt sozusagen ihnen gehörte.

Tenzing wurde in ganz Indien, Nepal und Tibet – alle diese Länder reklamierten ihn für sich – zum Nationalhelden erklärt. Von der Queen geadelt, sah Sir Edmund Hillary sein Konterfei auf Briefmarken, in Comicserien, Büchern, Filmen und auf den Titelseiten von Zeitschriften reproduziert – der Bienenzüchter aus Auckland mit dem Adlergesicht war über Nacht zu einem der berühmtesten Männer der Welt geworden.

Hillary und Tenzing bestiegen den Everest zehn Monate vor meiner Geburt. Ich konnte folglich nicht an dem kollektiven Freudentaumel aus Stolz und Staunen teilnehmen. Einer meiner Freunde älteren Jahrgangs verglich die das Innerste des Menschen treffende Wirkung dieses Ereignisses mit der ersten bemannten Mondlandung. Eine weitere Besteigung des Berges sollte jedoch ein Jahrzehnt später meinen Lebensweg entscheidend beeinflussen.

Am 22. Mai 1963 erreichten Tom Hornbein, ein zweiunddreißigjähriger Arzt aus Missouri, und Willi Unsoeld, sechsunddreißig und Professor der Theologie aus Oregon, den Gipfel des Everest, und zwar über den abschreckenden Westgrat des Gipfels, der bis dahin unbestiegen war. Damals war der Gipfel bereits viermal von insgesamt elf Männern erreicht worden. Aber der Westgrat war um einiges schwieriger als die beiden zuvor begangenen Routen: der Südsattel und der Südostgrat oder der Nordsattel und der Nordostgrat. Hornbeins und Unsoelds Besteigung wurde – und wird immer noch – verdientermaßen als eine der Glanzleistungen in der Geschichte des Bergsteigens gerühmt.

Am frühen Abend ihres Gipfelanstiegs überkletterten die beiden Amerikaner einen steilen, brüchigen Felsabsatz – das berüchtigte Gelbe Band. Diese Wandstufe zu überwinden verlangte ungeheuer viel Kraft und Können. Bis dahin waren in solch extremer Höhe keine vergleichbar schwierigen klettertechnischen Herausforderungen bewältigt worden. Als Hornbein und Unsoeld schließlich oben auf dem Gelben Band standen, kamen ihnen Zweifel, ob ihnen der Abstieg gelingen würde. Ihre beste Chance, lebend von dem Berg wieder herunterzukommen war, über den Gipfel zu steigen und den bereits gut ausgekundschafteten Südostgrat hinunterzuklettern – ein äußerst kühnes Vorhaben in Anbetracht der späten Stunde, des unbekannten Terrains und des im Schwinden begriffenen Vorrats ihrer Sauerstoffflaschen.

Hornbein und Unsoeld erreichten den Gipfel erst um 18 Uhr 15, als die Sonne gerade unterging, und mußten daher in einer Höhe von über 8534 Metern eine Nacht im Freien verbringen – damals das höchstgelegene Biwak der Geschichte. Es war eine klirrend kalte Nacht, glücklicherweise jedoch windstill. Obwohl Unsoeld Erfrierungen an den Zehen erlitt und diese später amputiert werden mußten, überlebten beide Männer und konnten ihre unglaubliche Geschichte erzählen.

Ich war damals neun Jahre alt und lebte in Corvallis, Oregon, wo auch Willi Unsoeld sich niedergelassen hatte. Er war ein guter Freund meines Vaters, und ich spielte manchmal mit Unsoelds Kindern – Regon, der ein Jahr älter war als ich, und der achtjährige Devi. Ein paar Monate bevor Unsoeld nach Nepal aufbrach, bestieg ich zusammen mit meinem Vater, Willi und Regon den Gipfel meines ersten Berges – ein wenig aufsehenerregender, 2750 Meter hoher Vulkan in der Cascade Range, dessen Krater heute mit einer Gondelbahn zu erreichen ist. Es ist also kaum verwunderlich, daß die Erzählungen der Heldensaga von 1963 auf dem Everest meine präpubertäre Phantasie lange beschäftigten. Während meine Freunde John Glenn, Sandy Koufax und Johnny Unitas zu ihren Idolen erkoren, waren meine Vorbilder Hornbein und Unsoeld.

Heimlich träumte ich davon, den Everest selbst eines Tages zu besteigen. Das Verlangen blieb über ein Jahrzehnt in mir wach. Später, als ich Anfang Zwanzig war, war Bergsteigen zum Dreh- und Angelpunkt meines Lebens geworden, der so gut wie alles andere in den Hintergrund drängte. Den Gipfel eines Berges zu erreichen war etwas Greifbares, eine unleugbare Tatsache, etwas Konkretes. Die drohenden Gefahren verliehen dem Ziel eine Ernsthaftigkeit, die meinem sonstigen Leben abging. Ich labte mich an dem neuen Lebensgefühl, das sich wie von allein einstellte, einfach weil ich ständig über meine normale Existenz hinausging.

Das Bergsteigen vermittelte auch ein Gemeinschaftsgefühl. Bergsteiger zu werden hieß, in eine in sich geschlossene, fanatisch-idealistische Gemeinschaft aufgenommen zu werden, die überraschenderweise unverdorben war und von der Welt im großen und ganzen kaum zur Kenntnis genommen wurde. Die alpine Kultur war von hartem Wettkampf und unverwässertem Machismo gekennzeichnet, aber die meiste Zeit über waren ihre Anhänger damit beschäftigt, gegenseitig Eindruck zu schinden. Es ging weniger darum, den Gipfel eines bestimmten Berges zu erreichen, als um die Art und Weise, *wie* man dorthin gelangte: Prestige erlangte, wer die härtesten, unzugänglichsten Routen mit minimaler Ausrüstung in Angriff nahm, und dies in der kühnsten Manier, die man sich vorstellen kann. Am allermeisten bewundert wurden die sogenannten freien Solisten: Visionäre, die alleine kletterten, ohne Seil oder sonstige Aufstiegshilfen.

In jenen Jahren lebte ich fürs Klettern, bestritt mit fünf-, sechstausend Dollar im Jahr meinen Lebensunterhalt, arbeitete jeweils so lange als Schreiner oder auf Lachsfischerbooten, bis ich das Geld für den nächsten Trip zu den Bugaboos, der Teton oder der Alaska Range beisammenhatte. Aber irgendwann mit Mitte Zwanzig ließ ich meinen jugendlichen Traum von der Besteigung des Everest fallen. Damals war es unter alpinen Kennern bereits Mode, den Everest als »Geröllhaufen« schlechtzumachen – einen Gipfel, der an klettertechnischen Herausforderungen und ästhetischem Reiz zu wenig bot, um ein würdiges Ziel für einen »ernsthaften« Bergsteiger abgeben zu können, was ja mein sehnlichster Wunsch war. Ich fing an, hochnäsig auf den höchsten Berg der Erde herabzublicken.

Dieser Snobismus beruhte auf der Tatsache, daß der Everest Anfang der Achtziger über die leichteste Route – über den Südsattel und den Südwestgrat – schon mehr als einhundertmal bestiegen worden war. Ich und meinesgleichen sprachen von dem Südostgrat immer als der »Yak-Route«. Unsere Verachtung ging ins Unermeßliche, als Dick Bass – ein wohlhabender fünfundfünfzigjähriger Texaner mit begrenzter Bergerfahrung – von einem jungen, außergewöhnlich begabten Bergsteiger namens David Breashears zum Gipfel des Everest geführt wurde – ein Ereignis, das von riesigem, völlig undifferenziertem Medienwirbel begleitet wurde.

Vorher war der Everest im großen und ganzen Elite-Alpinisten vorbehalten. Mit den Worten von Michael Kennedy, dem Herausgeber der Zeitschrift *Climbing*: »Auf eine Everest-Expedition eingeladen zu werden, war eine Ehre, die einem nur zuteil wurde, wenn man zuvor eine lange Lehrzeit an niedrigeren Bergen absolviert hatte. Es dann tatsächlich bis zum Gipfel zu schaffen, erhob einen Bergsteiger in die Staretage des Bergsteigerhimmels.« Bass' Besteigung änderte all dies. Indem er sich den Everest einverleibte, wurde er der erste Mensch, der alle Seven Summits* erklommen hatte, eine Meisterleistung, die ihn weltberühmt machte und die ganze Scharen von anderen Wochenendkraxlern dazu anspornte, seinen von Bergführern vorgetretenen Spuren zu folgen. Der Everest aber wurde damit auf unsanfte Weise ins postmoderne Zeitalter gezerrt.

»Für ältere Semester wie mich war Dick Bass eine Erleuchtung«, meinte Seaborn Beck Weathers mit seinem unüberhörbaren osttexanischen Näseln während des Anstiegs zum Basislager im vergangenen April. Beck, ein neunundvierzigjähriger Pathologe aus Dallas, war einer der acht Kunden, die der von Rob Hall geführten 1996er Expedition angehörten. »Bass bewies, daß der Everest auch für ganz normale Leute im Bereich des Möglichen lag. Ich glaube, das größte Hindernis – immer vorausgesetzt, daß man einigermaßen fit ist und nicht schlecht verdient – ist wohl, von der Arbeit freizubekommen und sich für zwei Monate von seiner Familie zu verabschieden.«

Wie die Vergangenheit zeigt, war es für die Mehrzahl der Bergsteiger bisher kein unüberwindbares Hindernis, sich

---

* Die Seven Summits, die höchsten Gipfel auf den sieben Kontinenten sind: Mount Everest, 8848 Meter (Asien); Aconcagua, 6969 Meter (Südamerika); Mount McKinley (auch Denali genannt), 6194 Meter (Nordamerika); Kilimandscharo, 5895 Meter (Afrika); Elbrus, 5642 Meter (Europa); Vinson Massiv, 4884 Meter (Antarktis); Mount Kosciusko, 2230 Meter (Australien). Nachdem Dick Bass alle sieben bestiegen hatte, führte ein kanadischer Bergsteiger namens Patrick Morrow an, daß es nicht Bass sei, der als erster die Seven Summits erklomm – sondern er, Morrow, weil der höchste Punkt Ozeaniens – die Inselgruppe, die Australien mit einschließt – nicht der Kosciusko sei, sondern der sehr viel schwierigere Gipfel der Carstensz Pyramide (auch: Gunung Jaya, 5030 Meter) in der indonesischen Provinz von Irian Barat. Nicht wenige Kritiker des Sieben-Gipfel-Konzepts haben darauf hingewiesen, daß es ein weit kniffligeres Unternehmen sei, die jeweils zweithöchsten Gipfel der sieben Kontinente zu besteigen, von denen ein paar in der Tat höchst anspruchsvolle Klettertouren sind.

vom Alltagstrott loszureißen, und auch der beträchtliche Kostenaufwand konnte sie nicht abhalten. In den letzten fünf Jahren hat sich der Publikumsverkehr auf allen Seven Summits, aber vor allem auf dem Everest, in erstaunlichem Ausmaß vervielfacht. Und um der Nachfrage gerecht zu werden, hat die Anzahl der kommerziellen Unternehmen, die Besteigungen der Seven Summits, inklusive Bergführer anbieten – insbesondere zum Everest –, entsprechend zugenommen. Im Frühjahr 1996 befanden sich dreißig unterschiedliche Expeditionen an den Flanken des Everest. Und mindestens zehn davon operierten auf der Basis eines profitorientierten Unternehmens.

Der Regierung Nepals fiel schnell auf, daß die zum Everest pilgernden Scharen ein ernsthaftes Problem in Sachen Sicherheit, Ästhetik und Umwelt heraufbeschworen. Als man sich dort mit dem Thema auseinandersetzte, fanden nepalesische Minister eine Lösung, die zwei Fliegen mit einer Klappe zu schlagen schien: Sie beschränkten die Besucherzahlen und förderten den Bargeldfluß harter Währung in die staatlichen Kassen. Sie erhöhten ganz einfach die Gebühr für Besteigungsgenehmigungen. 1991 verlangte das Tourismusministerium 2300 Dollar für eine Genehmigung, mit der ein Team beliebiger Größe sich an den Everest wagen durfte. 1992 wurde die Gebühr auf 10000 Dollar für ein Team von höchstens neun Bergsteigern erhöht; für jeden weiteren mußten noch mal 1200 Dollar hingeblättert werden.

Aber die Bergsteiger zogen trotz der höheren Gebühren unverdrossen scharenweise zum Everest. Im Frühling 1993, am vierzigsten Jahrestag der Erstbesteigung, machte sich die Rekordzahl von 15 Expeditionen mit insgesamt 294 Bergsteigern auf den Weg, um den Gipfel von der nepalesischen Seite aus zu besteigen. Im darauffolgenden Herbst erhöhte das Ministerium die Genehmigungsgebühr noch ein weiteres Mal – auf stattliche 50000 Dollar für gerade einmal fünf Bergsteiger, plus 10000 für jeden zusätzlichen Kletterer bis zu einem Maximum von sieben. Darüber hinaus erließ die

Regierung die Anordnung, daß pro Saison nicht mehr als vier Expeditionen über die nepalesische Seite genehmigt werden konnten.

Was die nepalesischen Minister dabei jedoch übersahen, war die Tatsache, daß China nur 15000 Dollar für ein Team beliebiger Größe verlangte, um den Berg von Tibet aus zu besteigen, und daß dort die Anzahl der Expeditionen pro Saison keiner Begrenzung unterlag. Die Flut der Everest-Besteiger verlagerte sich daher von Nepal nach Tibet, wodurch Hunderte von Sherpas praktisch arbeitslos wurden. Der darauffolgende Aufschrei bewegte Nepal dazu, im Frühling 1996 umgehend die Vier-Expeditionen-Beschränkung zu streichen. Und da sie schon einmal dabei waren, schraubten die Regierungsminister die Genehmigungsgebühr noch mal höher – diesmal auf 70000 Dollar für sieben Bergsteiger, plus weitere 10000 für jeden weiteren. Angesichts der Tatsache, daß 16 der 30 Everest-Expeditionen letztes Frühjahr auf der nepalesischen Seite des Berges kletterten, haben die erhöhten Genehmigungskosten wohl nicht die erhoffte Abschreckung erzielt.

Aber auch unabhängig von dem verhängnisvollen Ausgang der Bergsteigersaison im Vormonsun 1996 ist die starke Zunahme kommerzieller Expeditionen über die letzten zehn Jahre ein heikles Thema geblieben. Traditionalisten nahmen Anstoß daran, daß der höchste Berg der Welt an reiche Parvenüs verkauft wurde – von denen es einige ohne die Hilfe von Bergführern nicht einmal auf so bescheidene Gipfel wie den Mount Rainier schaffen würden. Der Everest sei, so beklagten die Puristen, gedemütigt und entweiht worden.

Jene Kritiker wiesen ebenfalls darauf hin, daß infolge der Kommerzialisierung der einst als heilig verehrte Berg nun sogar in den Sumpf amerikanischer Rechtsprechung gezerrt worden sei. Etliche Bergsteiger haben ihre Führer verklagt, weil der Gipfel bei ihrer Besteigung nicht erreicht werden konnte. Hatten sie doch königliche Summen gezahlt, um dort hinauf eskortiert zu werden.»Immer wieder gerät man an Kunden, die glauben, eine Fahrkarte mit Gipfelgarantie gekauft zu haben«, beschwerte sich Peter Athans, ein hochangesehener Bergführer, der elf Touren zum Everest unternahm und dabei viermal den Gipfel erreichte.»Manche Leute kapieren einfach nicht, daß eine Everest-Expedition nicht so läuft wie ein Schweizer Zug.«

Bedauerlicherweise sind jedoch einige Everest-Gerichtsklagen durchaus gerechtfertigt. Mehr als nur einmal haben unfähige oder unseriöse Firmen es versäumt, die vertraglich zugesicherten, entscheidenden Hilfsmittel zu liefern – wie zum Beispiel Sauerstoff. Bei manchen Expeditionen sind Bergführer ohne ihre zahlenden Kunden zum Gipfel aufgestiegen, woraus diese den bitteren Schluß zogen, daß sie nur dabeisein durften, um für die Kosten aufzukommen. 1995 brannte gar ein Leiter einer kommerziellen Expedition mit Zigtausenden Dollars seiner Kunden durch, bevor die Reise überhaupt losging.

Im März 1995 bekam ich einen Anruf von einem Redakteur der Zeitschrift *Outside*. Er schlug vor, daß ich mich einer geführten Everest-Expedition anschließen solle, die in fünf Tagen losgehen würde. Ich sollte einen Artikel über die überhandnehmende Kommerzialisierung des Berges und die sich daran entzündenden Kontroversen schreiben. Ich müßte dafür nicht selber den Gipfel besteigen. Die Idee der Redakteure war, daß ich einfach im Basislager bliebe, um die Story vom östlichen Rongbuk-Gletscher am Fuße der tibetischen Seite des Berges aus zu recherchieren. Ich zog das Angebot ernstlich in Erwägung – ich ging sogar so weit, einen Flug zu buchen und mir die erforderlichen Impfungen verpassen zu lassen –, machte dann aber im letzten Moment einen Rückzieher.

In Anbetracht der Verachtung, die ich über die Jahre hinweg gegenüber dem Everest an den Tag gelegt hatte, sollte man fast annehmen, daß ich aus prinzipiellen Gründen ablehnte. Ehrlich gesagt hatte der Anruf von *Outside* jedoch ganz überraschend eine starke, lang verschüttete Sehnsucht in mir geweckt. Ich schlug den Job allein deshalb aus, weil ich genau wußte, wie unerträglich frustrierend es wäre, zwei Monate im Schatten des Everest zu verbringen, ohne jemals über das Basislager hinauszugelangen. Wenn ich schon ans andere Ende der Welt reisen und acht Wochen fern von zu Hause und von meiner Frau verbringen sollte, dann nur, wenn ich die Möglichkeit hatte, den Berg auch zu besteigen.

Ich fragte Mark Bryant, den Redakteur von *Outside*, was er davon hielte, den Auftrag um ein Jahr zu verschieben (damit ich genügend Zeit hätte, mich für die physischen Anforderungen der Expedition in Form zu bringen). Darüber hinaus wollte ich wissen, ob die Zeitschrift bereit sei, mich bei einem der seriöseren Bergführerunternehmen anzumelden – und die 65 000 Dollar teure Gebühr zu übernehmen –, um eine faire Chance zu haben, den Gipfel tatsächlich zu erreichen. Ich ging nicht wirklich davon aus, daß er diesen Bedingungen zustimmen würde. Ich hatte in den vergangenen fünfzehn Jahren mehr als sechzig Artikel für *Outside* geschrieben, und nur selten hatten die Reisespesen für einen dieser Aufträge die Summe von 3000 Dollar überstiegen.

Bryant unterhielt sich mit dem Verleger von *Outside* und rief einen Tag später zurück. Er sagte, daß die Zeitschrift nicht in der Lage sei, 65 000 Dollar auf den Tisch zu legen. Trotzdem seien er und die anderen Redakteure der Meinung, daß die Kommerzialisierung des Everest ein wichtiges Thema sei. Falls es mir wirklich ernst damit sei, den Berg zu besteigen, dann könne er mir versichern, daß *Outside* einen Weg finden würde, mein Vorhaben zu verwirklichen.

In den dreiunddreißig Jahren, in denen ich mich als Bergsteiger bezeichne, habe ich ein paar schwierige Touren unternommen. In Alaska habe ich am Mooses Tooth eine ziemlich knifflige neue Route erschlossen, außerdem habe ich eine Solo-Besteigung des Devils Thumb geschafft, für den ich unter anderem drei Wochen allein auf einem gottverlassenen Gletscher zubrachte. Ich hatte eine Reihe ziemlich extremer Eiskletterreien in Kanada und Colorado hinter mir. In der Nähe der Südspitze von Südamerika, wo der Wind übers Land fegte wie »der Besen Gottes« – »la escoba de Dios«, wie die Einheimischen sagen –, hatte ich einen furchterregenden, fast zwei Kilometer hohen Turm aus senkrechtem, teilweise überhängendem Granit namens Cerro Torre erklettert. Von Winden mit knapp zweihundert Stundenkilometern Stärke gepeitscht, mit graupeligem Anraum überzogen, galt er einmal (jedoch mittlerweile nicht mehr) als der schwierigste Berg der Welt.

Aber diese verrückten Abenteuer lagen viele Jahre zurück, in manchen Fällen sogar Jahrzehnte, als ich um die zwanzig, dreißig war. Inzwischen war ich einundvierzig, weit über meine Kletterblütezeit hinaus, mit einem angegrauten Bart, schlechtem Zahnfleisch und fünfzehn Pfund zuviel um die Hüften. Ich war mit einer Frau verheiratet, die ich wahnsinnig liebte – und die meine Liebe erwiderte. Nachdem ich auf ein recht erträgliches Berufsfeld gestoßen war, lebte ich zum ersten Mal in meinem Leben tatsächlich jenseits der Armutsgrenze. Meine Sehnsucht nach der Kletterei war, kurz gesagt, durch eine Vielfalt an kleineren Alltagsfreuden abgeschwächt worden, die alles in allem so etwas wie Glück ausmachten.

Darüber hinaus war ich bei keiner meiner vergangenen Klettertouren auch nur annähernd in große Höhen vorgedrungen. Genaugenommen war ich niemals über 5200 Meter hinaufgekommen – nicht einmal so hoch wie das Basislager des Everest.

Als eifriger Student der Geschichte des Bergsteigens wußte ich, daß der Everest, seit die Briten sich 1921 zum ersten Mal an dem Berg versucht hatten, mehr als 130 Menschen das Leben gekostet hatte – was nichts anderes bedeutete, daß auf vier Bergsteiger, die den Gipfel erreicht hatten, ungefähr ein Toter kam – und daß viele von denen, die umgekommen waren, körperlich wesentlich besser in Form waren und weitaus mehr Erfahrung mit großen Höhen hatten als ich. Aber ich entdeckte, daß Kleine-Jungen-Träume nicht so leicht sterben, und ich pfiff auf den gesunden Menschenverstand. Ende Februar 1996 rief Bryant mich an, um mir mitzuteilen, daß es in Rob Halls nächster Everest-Expedition noch Platz für mich gab. Als er mich fragte, ob ich mir auch sicher wäre, die Sache wirklich durchziehen zu wollen, sagte ich ja, ohne vorher auch nur Luft zu holen.

KAPITEL DREI

Über Nordindien
29. März 1996
9 159 Meter

Mit schroffer Stimme gab ich ihnen ein Gleichnis wieder. Ich sagte, ich rede vom Planeten Neptun, dem stinknormalen Neptun, und nicht vom Paradies, denn zufällig kenne ich das Paradies nicht. Ihr seht also, daß ich von euch spreche, von nichts anderem, einfach nur von euch. Nun gibt es da oben einen großen dicken Felsen, und – laßt mich euch warnen – die Menschen oben auf dem Neptun sind ganz schön dumm, vor allem deshalb, weil sich jeder dort in seine eigene kleine Welt abgekapselt hat. Und ein paar von ihnen – die, auf die ich eigentlich hinauswill –, ein paar von ihnen haben sich diesen Berg in den Kopf gesetzt. Ihr werdet's nicht glauben, sagte ich, eine Sache von Leben oder Tod, da war nichts zu machen, diese Leute hatten es sich nun mal in den Kopf gesetzt, und jetzt verbrachten sie jede freie Minute damit und konzentrierten all ihre Kräfte darauf, über die steilsten Felswände der Gegend den Wolken ihrer ganz privaten Herrlichkeit nachzujagen. Und einer wie der andere kehrten sie erbaut und frischen Mutes wieder zurück. Und sie hatten dazu auch allen Grund, sagte ich, denn es war schon amüsant zu verfolgen, wie die Leute sich sogar auf dem Neptun befleißigten, ausschließlich die leichter begehbaren und vergleichbar harmlosen Steilwände hochzuhangeln. Aber wie dem auch sei, es hatte so was wie Erbauung hinterlassen, und das war tatsächlich sichtbar, sowohl in ihrem entschlossenen Blick als auch in der Freude, die in ihren Augen leuchtete. Und wie ich bereits sagte, dies alles trug sich auf dem Neptun zu, nicht im Paradies, wo es ja vielleicht – was immerhin möglich wäre – nichts anderes zu tun gibt.

JOHN MENLOVE EDWARDS
Letter from a Man

Zwei Stunden nach dem Start des Thai-Air-Fluges 311 von Bangkok nach Kathmandu stand ich von meinem Platz auf und machte mich in den rückwärtigen Teil der Maschine auf. Neben der Waschbeckenzeile, Steuerbordseite, kauerte ich mich nieder und spähte – in der Hoffnung, ein paar Berge zu sehen – durch ein kleines, hüfthohes Fenster. Ich wurde nicht enttäuscht: Da standen die gezackten Schneidezähne des Himalaja und säumten den Horizont. Den Rest des Fluges verbrachte ich wie gebannt am Fenster, über einem Mülleimer mit leeren Mineralwasserflaschen und Essensresten, die Nase gegen das kalte Plexiglas gepreßt.

Die riesige, massige Form des Kangchenjunga erkannte ich auf Anhieb. Er ist mit 8586 Metern über dem Meeresspiegel der dritthöchste Berg der Erde. Eine Viertelstunde später tauchte der Makalu auf, der fünfthöchste Berg – und dann, endlich, das unverwechselbare Profil des Everest selbst.

Der pechschwarze Keil der Gipfelpyramide hob sich deutlich ab und überragte deutlich die umgebenden Bergkämme. Weit in den Jetstream hinaufragend, riß der Berg ein mit bloßem Auge erkennbares Loch in den mit über 200 Stundenkilometern dahinfegenden Orkan, wobei er eine diesige Fahne aus Eiskristallen verströmte, die wie ein Seidenschal nach Osten wehte. Als ich diesen Kondensstreifen am Himmel so betrachtete, wurde mir schlagartig klar, daß die Spitze des Everest genau die gleiche Höhe hatte wie der unter Normaldruck gehaltene Jet, der mich durch den Himmel trug. Daß ich mir vorgenommen hatte, auf die Flughöhe eines Airbus-300-Jets zu steigen, kam mir in jenem Moment als geradezu grotesk vor. Ich bekam feuchte Hände.

Vierzig Minuten später kam ich in Kathmandu an und damit auch auf dem Boden der Tatsachen. Als ich nach Passieren des Zolls in die Flughafenhalle eintrat, bemerkte ein sauber rasierter junger Mann meine beiden riesigen Seesäcke und trat näher. »Sie sind dann wohl Jon, oder?« fragte er im singenden Tonfall der Neuseeländer, wobei er einen Blick auf ein Blatt mit fotokopierten Paßbildern von Rob Halls

Kunden warf. Er schüttelte meine Hand und stellte sich als Andy Harris vor, einer von Rob Halls Bergführern. Er war gekommen, um mich abzuholen und zu unserem Hotel zu bringen.

Der einunddreißigjährige Harris meinte, daß er noch einen weiteren Kunden erwarte, der mit demselben Flug aus Bangkok kommen sollte, einen dreiundfünfzigjährigen Anwalt aus Bloomfield Hills, Michigan namens Lou Kasischke. Es dauerte eine geschlagene Stunde, bis Kasischke schließlich sein Gepäck hatte. Während Andy und ich warteten, tauschten wir uns über einige harte Touren aus, die wir beide in Westkanada überlebt hatten, und fachsimpelten über die Vor- und Nachteile von Skiern und Snowboards. Andys spürbarer Kletterhunger und seine ungetrübte Begeisterung für die Bergwelt ließen mich wehmütig an die Zeit in meinem eigenen Leben denken, als Bergsteigen für mich das Wichtigste überhaupt war und ich mein ganzes Leben nach den Bergen ausrichtete, die ich bereits bestiegen hatte, und jenen, die ich hoffte, eines Tages zu besteigen.

Kurz bevor Kasischke – ein hochgewachsener Herr mit silbernem Haar und von nobler Zurückhaltung – aus der Schlange vor dem Zoll auftauchte, fragte ich Andy, wie oft er schon auf dem Everest war. »Um die Wahrheit zu sagen«, gestand er fröhlich, »ist es das erste Mal, genau wie bei dir. Bin neugierig, wie ich mich da oben machen werde.«

Hall hatte uns im Garuda Hotel einquartiert, einem freundlichen, schillernden Etablissement in einer engen Straße im Herzen von Thamel, Kathmandus pulsierendem Touristenviertel –, in der es von Fahrrad-Rikschas und Straßenverkäufern wimmelte. Die Wände des Garuda, das schon seit langem ein heißer Tip für Himalaja-Expeditionen ist, waren über und über mit Fotos berühmter Alpinisten behangen, die hier in der Vergangenheit übernachtet hatten: Reinhold Messner, Peter Habeler, Kitty Calhoun, John Roskelley und Jeff Lowe. Als ich in mein Zimmer hinaufging, kam ich an einem großen, vierfarbigen Poster mit der Überschrift »Himalaja-Trilogie« vorbei, auf dem der Everest, der K2 und der Lhotse abgebildet waren – jeweils der Erde höchster, zweithöchster und vierthöchster Berg. Über die Darstellung all dieser Gipfel war das Bild eines lächelnden Mannes mit Bart gelegt, in voller alpiner Montur. Die Bildunterschrift besagte, daß es sich bei diesem Bergsteiger um Rob Hall handelte. Das Poster, mit dem Werbung für Halls Bergführungsunternehmen, Adventure Consultants, gemacht werden sollte, erinnerte an Halls ziemlich eindrucksvolles Kunststück von 1994, als er alle drei Gipfel innerhalb von zwei Monaten bestieg. Eine Stunde später stand Hall leibhaftig vor mir. Er war ungefähr einsneunzig groß und dürr wie eine Bohnenstange. Sein Gesicht hatte etwas Kindlich-Unschuldiges, und doch wirkte er älter als seine fünfunddreißig Jahre – vielleicht lag es an den tiefen Furchen um die Augen herum oder an der Autorität, die er ausstrahlte. Er trug ein Hawaiihemd und verwaschene Levis mit einem aufs Knie gestickten Yin-Yang-Symbol. Eine dichte braune Haarsträhne lockte sich widerspenstig über seine Stirn. Sein buschiger Bart mußte dringend gestutzt werden.

Von Natur aus gesellig, erwies sich Hall als unterhaltsamer Erzähler von Anekdoten mit bissigem Kiwi-Humor. Gleich zu Beginn ließ er eine lange Geschichte über einen französischen Touristen, einen buddhistischen Mönch und einen äußerst zotteligen Yak vom Stapel, brachte die Pointe mit einem schelmischen Zwinkern, legte eine Kunstpause ein und warf schließlich seinen Kopf mit einem dröhnenden, ansteckenden Lachen zurück, unfähig, die Freude an seiner eigenen Geschichte zu verbergen. Er war mir auf Anhieb sympathisch.

Hall war das jüngste von neun Kindern einer katholischen Arbeiterfamilie aus Christchurch, Neuseeland. Obwohl er einen flinken, analytischen Verstand hatte, ließ er, nachdem er mit einem besonders autoritären Lehrer aneinandergeraten war, die Schule sausen und fing 1976 bei Alp Sports an, einem ortsansässigen Hersteller von Bergsteigerausrüstung.

»Er hat mit irgendwelchen kleinen Arbeiten angefangen, was an der Nähmaschine gemacht und solche Sachen«, weiß Bill Atkinson noch, ein meisterhafter Bergsteiger und -führer, der damals ebenfalls für Alp Sports gearbeitet hatte. »Aber Rob hatte außerordentliches organisatorisches Talent, was bereits aufgefallen ist, als er erst sechzehn, siebzehn war, und schon bald hat er die gesamte Herstellungsabteilung in dem Laden unter sich gehabt.«

Hall war bereits seit Jahren ein begeisterter Bergwanderer. Ungefähr zur selben Zeit, als er den Job bei Alp Sports annahm, begann er auch mit dem Fels- und Eisklettern. »Er lernte sehr schnell«, erzählte Atkinson, der Halls regelmäßigster Kletterpartner wurde, »und er hatte die Fähigkeit, sich Techniken und Geisteshaltungen von anderen anzueignen, egal, von wem.«

1980, als Hall neunzehn war, war er bei einer Expedition über den schwierigen Nordgrat der Ama Dablam dabei, ein 6795 Meter hoher Gipfel von unvergleichlicher Schönheit etwa fünfzehn Meilen südlich vom Everest. Während jener Tour, Halls erster in den Himalaja, machte er einen Abstecher zum Basislager des Everest und faßte den Entschluß, daß er eines Tages den höchsten Berg der Erde besteigen würde. Er sollte dazu zehn Jahre und drei Versuche benötigen, aber im Mai 1990 erreichte Hall schließlich als Leiter einer Expedition, der auch Peter Hillary, der Sohn von Sir Edmund, angehörte, den Gipfel des Everest. Dort angekommen, funkten Hall und Hillary sich ins neuseeländische Radio ein. Die Sendung wurde im ganzen Land übertragen, und in einer Höhe von 8848 Metern erhielten sie die Glückwünsche von Geoffrey Palmer, dem Premierminister.

Hall war zu jener Zeit bereits professioneller Bergsteiger. Wie die meisten seinesgleichen bemühte er sich, seine teuren Himalaja-Expeditionen mit Sponsorengeldern von Firmen zu finanzieren. Er war clever genug zu wissen, daß es größtmöglicher Medienpräsenz bedurfte, um die Firmen dazu zu bringen, ihre Scheckbücher zu öffnen. Er bewies in der Tat außerordentliches Geschick, wenn es darum ging, seinen Namen in die Zeitungen und seine Visage auf die Mattscheibe zu bekommen. »Yeah«, räumt Atkinson mit leisem, kritischem Unterton ein, »Rob hatte schon immer ein Gespür für Publicity.«

1988 wurde Gary Ball, ein Bergsteiger aus Auckland, zu Halls bevorzugtem Kletterpartner und bestem Freund. Ball stand 1990 zusammen mit Hall auf dem Gipfel des Everest, und kurz nachdem sie nach Neuseeland zurückgekehrt waren, heckten sie einen Plan à la Dick Bass aus, die jeweils höchsten Berge der sieben Kontinente zu besteigen – und den Schwierigkeitsgrad um eine Stufe zu erhöhen, indem sie alle sieben in sieben Monaten schaffen wollten*.

Mit dem Everest, dem schwierigsten des Septetts, schon in der Tasche, konnten sie einen großen Stromkonzern, Power Build, dafür gewinnen, die nötige finanzielle Unterstützung zu leisten, und schon waren sie unterwegs. Am 12. Dezember 1990, nur Stunden bevor ihre Sieben-Monats-Frist abgelaufen war, erreichten sie unter großem Trara in ihrem Heimatland den Gipfel des siebten Berges – des Vinson Massivs, mit 4884 Metern der höchste Punkt der Antarktis.

Trotz ihres Erfolges fingen Hall und Ball an, sich Gedanken über ihre langfristigen Aussichten im professionellen Bergsteiger-Gewerbe zu machen. »Wenn ein Bergsteiger weiter Sponsorengelder von Firmen bekommen will«, erklärte Atkinson, »muß er ständig den Einsatz erhöhen. Die nächste Tour muß noch härter und spektakulärer sein als die vorhergehende. Es wird zu einer sich immer enger windenden Spirale. Irgendwann ist der Punkt erreicht, wo man der Herausforderung nicht mehr gewachsen ist. Rob und Gary hatten kapiert, daß sie es früher oder später nicht mehr schaffen würden, echte Höchstleistungen zu bringen, oder daß sie Pech haben und bei irgendeinem Unglück draufgehen könnten.

---

* Bass benötigte vier Jahre, um die Seven Summits zu besteigen.

Sie sagten sich also, daß die Zeit gekommen sei, sich umzuorientieren und bei Hochgebirgsführungen mitzumischen. Als Bergführer geht man nicht unbedingt Touren, die riesigen Spaß machen. Die Herausforderung besteht darin, seine Kunden wohlbehalten hoch- und runterzubringen, was ein anderes Gefühl der Befriedigung verleiht. Aber es bietet eine aussichtsreichere Zukunft, als ständig Sponsorengeldern nachzujagen. Es gibt endlos viele Kunden, wenn man ein gutes Produkt anzubieten hat.«

Während der »Seven-Summits-Veranstaltung-in-sieben-Monaten« arbeiteten Hall und Ball einen Plan aus, wie sie zusammen auf kommerzieller Basis Kunden die Seven Summits hochführen würden. In der Überzeugung, daß es einen im Verborgenen schlummernden Markt von Träumern mit reichlich Cash, aber zu wenig alpiner Erfahrung gibt, um allein die höchsten Berge der Welt besteigen zu können, gründeten Hall und Ball ein Unternehmen, das sie *Adventure Consultants* tauften.

In kürzester Zeit konnten sie eine eindrucksvolle Liste von Erfolgen vorweisen. Im Mai 1992 führten Hall und Ball sechs Kunden auf den Gipfel des Everest. Ein Jahr später, an einem Nachmittag, an dem 40 Leute den Gipfel erreichten, führten sie eine Siebener-Gruppe hinauf. Als sie jedoch von der Expedition zurückkehrten, sahen sie sich unerwarteter öffentlicher Kritik seitens Sir Edmund Hillary ausgesetzt, der Halls Rolle in der zunehmenden Kommerzialisierung des Everest anprangerte. All die Scharen von Amateuren, die gegen Geld zum Gipfel eskortiert würden, polterte Sir Edmund, »erzeugten Respektlosigkeit gegenüber dem Berg.«

Hillary ist in Neuseeland eine der geachtetsten Persönlichkeiten. Sein rauhes, zerfurchtes Konterfei blickt einen sogar vom Fünfdollarschein an. Hall war betrübt und beschämt, von diesem Halbgott öffentlich gescholten zu werden, von diesem Urgestein, der einer der Helden seiner Kindheit war. »Hillary wird hier in Neuseeland als ein lebendes Nationalheiligtum betrachtet«, meint Atkinson. »Was er sagt, hat sehr viel Gewicht, und es muß wirklich weh getan haben, von ihm kritisiert zu werden. Rob wollte eine öffentliche Erklärung abgeben, um sich zu verteidigen, aber ihm wurde schnell klar, daß es aussichtslos war, gegen eine dermaßen hochgeehrte Persönlichkeit in den Medien zu Felde zu ziehen.«

Dann, fünf Monate nach dem Hillary-Gepolter, traf Hall ein noch viel schwererer Schlag: Im Oktober 1993 starb Gary Ball während einer Besteigung des 8167 Meter hohen Dhaulagiri, des sechsthöchsten Berges der Erde, an einem Hirnödem – einer Schwellung des Gehirns, verursacht durch höhenbedingten Sauerstoffmangel. Ball stieß seine letzten, schweren Atemzüge in Halls Armen aus, als er in einem kleinen Zelt hoch oben am Berg im Koma lag. Am nächsten Tag begrub Hall seinen Freund in einer Gletscherspalte.

In einem neuseeländischen Fernsehinterview im Anschluß an die Expedition beschrieb Hall mit düsterer Miene, wie er ihr bevorzugtes Kletterseil nahm und Balls Leiche in die Tiefen des Gletschers sinken ließ. »Ein Kletterseil ist dazu gedacht, zwei Leute irgendwie aneinander zu binden, und man darf es nie loslassen«, sagte er. »Und ich mußte es einfach aus meinen Händen gleiten lassen.«

»Rob war am Boden zerstört, als Gary starb«, sagt Helen Wilton, die 1993, '95 und '96 für Hall als Leiterin des Basislagers am Everest arbeitete. »Aber er hat seinen Kummer für sich behalten. Das war Robs Art – weitermachen.« Hall beschloß, *Adventure Consultants* allein weiterzuführen. In seiner systematischen Manier arbeitete er daran, Organisation und Dienstleistungen des Unternehmens weiter zu verfeinern – und er war weiter außergewöhnlich erfolgreich darin, Amateur-Bergsteiger auf die Gipfel großer, ferner Berge zu führen.

Zwischen 1990 und 1995 gingen 39 Bergsteiger, die auf dem Everest standen, auf Halls Konto – drei mehr als in den zwanzig Jahren nach Sir Edmund Hillarys Erstbesteigung. Mit vollem Recht warb Hall damit, daß *Adventure Consultants*

»der Welt führendes Unternehmen für Everest-Besteigungen sei, mit mehr Erfolgen als jede andere Organisation«. In der Broschüre, die er an potentielle Kunden verschickte, beschreibt er es wie folgt: *Sie haben also Abenteuerlust! Vielleicht träumen Sie davon, die sieben Kontinente zu bereisen oder auf dem Gipfel eines riesigen Berges zu stehen. Die meisten Menschen trauen sich ihr Leben lang nicht, ihren Träumen zu folgen, und nur selten wagten sie es, sich ihre größten Sehnsüchte einzugestehen und sie mit anderen zu teilen.*

Adventure Consultants hat es sich zur besonderen Aufgabe gemacht, Bergabenteuer zu organisieren und zu leiten. Wir sind Fachleute darin, Ihre Träume Wirklichkeit werden zu lassen, und arbeiten mit Ihnen gemeinsam daran, daß Sie Ihr Ziel erreichen. Wir werden Sie nicht einen Berg hochzerren – Sie werden hart arbeiten müssen –, aber wir können Ihnen für Ihr Abenteuer ein Maximum an Sicherheit und die größten Erfolgsaussichten garantieren.

Auf jene, die es wagen, ihre Träume zu realisieren, wartet eine Erfahrung, die mit Worten nicht zu beschreiben ist. Wir laden Sie ein, mit uns Ihren Berg zu besteigen.

1996 verlangte Hall 65000 Dollar pro Kopf, um seine Kunden auf den höchsten Punkt der Erde zu führen. Eine Menge Geld, zweifellos – mein Haus in Seattle ist mit einer ebenso hohen Hypothek belastet –, und diese Summe schloß weder den Flug nach Nepal noch die persönliche Ausrüstung ein. Kein Unternehmen verlangte so viel wie Hall – ein paar seiner Konkurrenten berechneten sogar nur ein Drittel von Halls Preis. Aber dank seiner phänomenalen Erfolgsquote hatte Hall keine Probleme, die Plätze dieser, seiner achten, Expedition auf den Everest zu füllen. Wenn man versessen darauf war, den Gipfel zu erreichen und irgendwie die nötige Kohle auftreiben konnte, war es nur logisch, sich für *Adventure Consultants* zu entscheiden.

Am Morgen des 31. März, zwei Tage nach der Ankunft in

Kathmandu, überquerte die versammelte Mannschaft der 1996 *Adventure Consultant Everest Expedition* das Rollfeld des Tribhuvan International Airport und stieg an Bord eines russischen Mi-17-Hubschraubers der Asian Airlines. Das Ding, ein zerbeultes Relikt des Afghanistan-Krieges, war mit sechsundzwanzig Plätzen so groß wie ein Schulbus und sah aus, als wäre es in irgendeinem Hinterhof zusammengenietet worden. Der Pilot verriegelte die Tür und verteilte an alle Wattekugeln, die man sich in die Ohren stopfen sollte. Und dann hob sich das dinosaurierhafte Gefährt unter Mark und Bein erschütterndem Dröhnen schwerfällig in die Luft.

Auf dem Boden stapelten sich See- und Rucksäcke sowie Pappkartons. Die menschliche Fracht saß entlang der Außenwand eingepfercht auf Klappsitzen, ins Helikopterinnere blickend, die Knie an die Brust gezwängt. Das ohrenbetäubende Dröhnen der Turbinen schloß jede Art der Unterhaltung von vornherein aus. Es war beileibe keine bequeme Reise, aber niemand beschwerte sich.

Ton Hornbeins Expedition von 1963 trat ihren langen Marsch zum Everest von Banepa aus an, etwa zwölf Meilen von Kathmandu entfernt, und wanderte 31 Tage hindurch zum Basislager. Wie die meisten modernen Everest-Aspiranten hatten wir uns dafür entschieden, den Großteil jener steilen, staubigen Meilen zu überspringen. Der Hubschrauber sollte uns im fernen Lukla absetzen, einem 2800 Meter hoch gelegenen Dorf im Himalaja. Der Flug würde uns im Vergleich zu Hornbeins Treck drei Wochen Zeit sparen, vorausgesetzt, wir stürzten nicht ab.

Ich blickte mich im Inneren des geräumigen Hubschraubers um und versuchte, mir die Namen meiner Kameraden ins Gedächtnis zurückzurufen. Abgesehen von den beiden Bergführern Rob Hall und Andy Harris war da Helen Wilton, eine einunddreißigjährige Mutter von vier Kindern, die gerade ihre dritte Saison als Leiterin des Basislagers antrat. Caroline Mackenzie – eine hervorragende Bergsteigerin und Ärztin Ende Zwanzig – war die Expeditionsärztin und würde, genau wie Helen, nicht über das Basislager hinausgehen. Lou Kasischke, der vornehme Anwalt, den ich bereits am Flughafen kennengelernt hatte, hatte sechs der Seven Summits bestiegen – ebenso wie die siebenundvierzigjährige Yasuko Namba, eine schweigsame Personalleiterin, die in der Tokioter Filiale von Federal Express arbeitete. Beck Weathers, neunundvierzig, war ein geschwätziger Pathologe aus Dallas. Stuart Hutchison, vierunddreißig, war ein vergeistigter, irgendwie unsicher wirkender Kardiologe aus Kanada, der sich Urlaub von seinem Forschungsstipendium genommen hatte. John Taske, mit sechsundfünfzig das älteste Mitglied unserer Gruppe, war ein Anästhesist aus Brisbane, der nach seinem Ausscheiden aus der australischen Armee mit der Bergsteigerei angefangen hatte. Frank Fischbeck, dreiundfünfzig, ein adretter, eleganter Verleger aus Hongkong, hatte sich dreimal mit einem Konkurrenten Halls am Everest versucht. 1994 war er bis zum Südgipfel vorgedrungen, nur einhundert Höhenmeter unterhalb des Hauptgipfels. Doug Hansen, sechsundvierzig, war ein amerikanischer Postangestellter, der 1995 mit Hall auf den Everest gegangen war und wie Fischbeck den Südgipfel erreicht hatte, bevor er gezwungen war umzukehren.

Ich wußte nicht, was ich von meinen Mitkunden halten sollte. Was Einstellung und Erfahrung anging, waren sie nicht mit den Hardcore-Kletterern zu vergleichen, mit denen ich normalerweise in die Berge ging. Aber sie schienen nette, vernünftige Leute zu sein, und in der ganzen Gruppe gab es kein einziges ausgemachtes Arschloch – zumindest keins, das seine wahre Natur während dieser frühen Phase der ganzen Veranstaltung zeigte. Dennoch hatte ich mit meinen Teamkameraden nicht viel gemein, mit Ausnahme von Doug. Er war ein zäher, drahtiger Kerl, der gerne einen draufmachte, mit einem verlebten, frühzeitig gegerbten Gesicht, das an einen alten Fußball erinnerte. Seit über siebenundzwanzig Jahren arbeitete er bei der Post. Um das Geld für die Reise zusammenzukratzen, hatte er, wie er mir erzählte, Nachtschichten geschoben und tagsüber auf dem Bau gearbeitet. Da ich vor meiner Karriere als Schriftsteller acht Jahre lang meinen Lebensunterhalt als Schreiner bestritten hatte – und weil unsere Steuerklasse uns auffällig weit von den anderen Kunden entfernte –, fühlte ich mich in Dougs Gegenwart von Anfang an wohl, während ich mit den anderen nicht so recht warm wurde.

Die meiste Zeit über schrieb ich meine wachsende Beklommenheit der Tatsache zu, daß ich nie zuvor als Mitglied einer so großen Gruppe auf einen Berg gegangen war – einer Gruppe mir völlig unbekannter Menschen obendrein. Abgesehen von einer Alaska-Reise, die bereits einundzwanzig Jahre zurücklag, hatte ich all meine vorhergehenden Expeditionen entweder allein oder mit einem oder zwei bewährten Freunden unternommen.

Beim Bergsteigen muß man sich auf seinen Partner verlassen können. Wohl und Wehe eines ganzen Teams hängen oft von dem Verhalten eines einzelnen Kletterers ab. Die Konsequenzen eines schlechtgezurrten Knotens, eines Stolperns, ausgelöstem Steinschlag oder irgendeiner anderen Nachlässigkeit hat die gesamte Seilschaft zu tragen, nicht nur derjenige, der sie begeht. Es ist also nicht weiter verwunderlich, wenn Bergsteiger sich nur ungern mit Leuten zusammentun, über deren Verläßlichkeit sie sich nicht im klaren sind.

Aber Vertrauen in die eigenen Gefährten ist ein Luxus, der denjenigen verwehrt bleibt, die sich als zahlende Kunden bei einer geführten Bergtour anmelden. Man muß sein Vertrauen statt dessen dem Bergführer schenken. Als der Hubschrauber Richtung Lukla dröhnte, wurde ich den Verdacht nicht los, daß all meine Kameraden genau wie ich inständig hofften, daß Hall Leute mit zweifelhaftem Können schon von vornherein ausgesiebt hatte und daß er gut genug war, jeden von uns vor den Schwächen des anderen zu schützen.

KAPITEL VIER

Phakding
31. März 1996
2800 Meter

Für diejenigen, die sich ein bißchen beeilten, endeten unsere Tagesmärsche zwar am frühen Nachmittag, aber nur selten, bevor die Hitze und unsere schmerzenden Füße uns zwangen, jeden vorbeikommenden Sherpa zu fragen: »Wie weit ist es noch bis zum Lager?« Die Antwort war, wie wir bald entdeckten, immer die gleiche: »Nur noch zwei Meilen, Sah'b...«

Unsere Abende waren ruhig und friedlich. Rauch stieg in die stille Luft auf und dämpfte die Abenddämmerung. Auf dem Bergkamm, auf dem wir am nächsten Morgen unser Lager aufschlagen würden, blinkten Lichter, und Wolken verdunkelten die Silhouette unseres nächsten Bergpasses. Mit wachsender Erregung dachte ich immer wieder an den Westgrat...

Es gab auch Momente der Einsamkeit bei Sonnenuntergang, aber meine alten Zweifel kamen jetzt nur noch selten in mir hoch. Dann überkam mich ein flaues Gefühl, so als läge mein ganzes Leben bereits hinter mir. Ich wußte jedoch (oder ging davon aus), daß dieses Gefühl, wenn ich einmal auf dem Berg stand, in der tiefen Konzentration des Anstiegs aufgehen würde. Und dann wiederum gab es Momente, in denen ich mich fragte, ob ich diesen weiten Weg im Endeffekt nur deshalb zurückgelegt habe, um zu erkennen, daß ich das, was ich suchte, längst hinter mir gelassen hatte.

THOMAS F. HORNBEIN
Everest: The West Ridge

Von Lukla aus führte uns der Weg nach Norden, durch die Schlucht des Dudh Kosi, ein eisiger Fluß, dessen vom Gletscherschutt getrübtes Wasser über große Felsblöcke tost. Die erste Nacht unseres Trecks brachten wir in Phakding zu, einem kleinen Weiler mit einem halben Dutzend Häusern und Herbergen, die sich auf einem Hügel oberhalb des Flusses aneinanderdrängten. Bei Einbruch der Dunkelheit wurde die Luft winterlich kalt, und als ich mich am Morgen wieder auf den Weg machte, hatte sich auf den Blättern der Rhododendronsträucher eine Schicht funkelnder Eiskristalle gebildet. Aber die Region um den Everest liegt schließlich nicht umsonst auf dem nördlichen 28. Breitengrad – gleich oberhalb der Tropen –, und sobald die Sonne hoch genug stand, um die Tiefen des Canyons zu durchdringen, stieg die Temperatur sprunghaft an. Gegen Mittag, nachdem wir einen kleinen wackligen Steg hoch über dem Fluß überquert hatten – die vierte Flußüberquerung des Tages –, strömte mir der Schweiß vom Kinn, und ich zog mich bis auf Shorts und T-Shirt aus.

Hinter der Brücke verließ der Pfad die Ufer des Dudh Kosi und stieg im Zickzack, durch duftende Pinienbestände hindurch, die steile Flanke des Canyons hoch. Mehr als zwei Meilen über uns durchstießen der Thamserku und der Kusum Kangru den Himmel. Es war schon ein großartiges Gefühl, ihre vergletscherten, von Sonnenlicht überfluteten Gipfel zu sehen. Es war eine wunderschöne Umgebung, topographisch so überwältigend, wie eine Landschaft es nur sein kann, aber es war keine Wildnis, und dies bereits seit Hunderten von Jahren nicht mehr.

Auf jedem Flecken nutzbaren Landes waren Terrassen angelegt und mit Gerste, bitterem Buchweizen oder Kartoffeln bepflanzt. Auf Schnüren gefädelte Gebetsfahnen wehten über den Berghängen, und selbst über den höchsten Bergpässen wachten uralte buddhistische *Tschorten** und Mauern

---

* Ein *Tschorten*, auch *Stupa* genannt, ist ein religiöses Monument, das, meist aus Steinen aufgerichtet, häufig heilige Reliquien enthält.

aus sorgfältig gemeißelten Mani-Steinen*. Als ich vom Fluß hinaufstieg, stauten sich auf dem Pfad Trekker, Yak-Herden**, rotgewandete Mönche und barfüßige Sherpas, die sich unter der Last von Brennholz, Kerosinkanistern oder Limonadenkästen krümmten.

Nach anderthalbstündigem Anstieg trat ich über einen breiten Rücken, ließ eine Reihe von mit Steinwällen umgebenen Yak-Weiden hinter mir und fand mich plötzlich mitten in Namche Bazaar wieder, dem wirtschaftlichen und sozialen Zentrum der Sherpas. Auf 3450 Metern breitet sich Namche in einem riesigen, wie eine gigantische Satellitenschüssel geneigten Kessel aus, der sich auf halber Höhe einer sehr steilen Bergflanke befindet. Mehr als einhundert Gebäude klammern sich wie Vogelnester an dem Hang fest, verbunden durch einen Irrgarten enger, unbefestigter Wege und Stege. Im unteren Teil des Ortes konnte ich die Khumbu-Herberge ausfindig machen. Ich schob das als Eingangstür fungierende Tuch beiseite, und an einem Ecktisch des Lokals fand ich meine Teamgefährten wieder, die Zitronentee tranken.

Rob Hall stellte mir Mike Groom vor, den dritten Bergführer der Expedition. Der dreiunddreißigjährige Groom kam aus Brisbane, Australien. Er hatte karottenfarbenes Haar und war so drahtig wie ein Marathonläufer. Von Beruf Klempner, arbeitete er nur gelegentlich als Bergführer. 1987, als er

---

* *Mani*-Steine sind kleine, meist flache Steine, in welche die Sanskritsymbole der wichtigsten Anrufungsformel der tibetischen Buddhisten »Om mani padme hum« eingemeißelt wurden. Sie werden entlang der Mitte des Weges zu langen, niedrigen Mani-Mauern aufgeschichtet. Die buddhistischen Regeln verlangen, daß *Mani*-Mauern von Reisenden immer links passiert werden.

** Genaugenommen handelt es sich bei den »Yaks« im Himalaja in der überwiegenden Mehrzahl um *Dzopkyos* – der männlichen Kreuzung zwischen Yaks und Rindern – oder um *Dzom*, die entsprechende weibliche Kreuzung. Darüber hinaus werden Yak-Kühe, sofern sie reinrassig sind, eigentlich Naks genannt. Den meisten westlichen Besuchern bereitet es jedoch große Schwierigkeiten, diese zotteligen Tiere auseinanderzuhalten, weshalb sie sie der Einfachheit halber alle Yaks nennen.

beim Abstieg vom 8586 Meter hohen Kangchenjunga gezwungen war, eine Nacht im Freien zu verbringen, erfror er sich die Füße und mußte sämtlichen Zehen amputieren lassen. Der Rückschlag tat seiner Himalaja-Karriere jedoch keinen Abbruch: Er bestieg anschließend den K2, den Lhotse, den Cho Oyu und die Ama Dablam, 1993 dann den Everest ohne zusätzlichen Flaschensauerstoff. Groom war ein auffallend ruhiger und umsichtiger Mann, in dessen Nähe man sich wohl fühlte. Er ergriff nur selten das Wort, es sei denn, er wurde angesprochen, und dann antwortete er knapp mit kaum hörbarer Stimme.

Die Unterhaltung beim Abendessen wurde von den drei Ärzten bestritten – Stuart, John und vor allem von Beck, ein Muster, das sich während der gesamten Expedition regelmäßig wiederholte. Glücklicherweise waren sowohl John als auch Beck mit bissigem Humor gesegnet, und oft konnten wir uns gar nicht halten vor Lachen. Beck hatte jedoch die Angewohnheit, von seinen Monologen in verletzende und unsachliche Tiraden gegen bettnässende Liberale abzuschweifen. Irgendwann an dem Abend machte ich den Fehler, ihm zu widersprechen: Auf einen seiner Kommentare hin entgegnete ich, daß es meiner Meinung nach ein weiser und notwendiger Entschluß wäre, den Mindestlohn anzuheben. Beck, geübt im Debattieren, kannte sich mit dem Thema bestens aus und machte Hackfleisch aus meinem täppisch vorgetragenen Bekenntnis. Mir fehlten einfach die Mittel, um nicht zu sagen, das nötige Mundwerk, um seine Argumente zu widerlegen. So blieb mir nichts anderes übrig, als die Hände in die Taschen zu stecken, meine Zunge im Zaum zu halten und wütend vor mich hin zu kochen.

Als er nicht mehr aufhörte, in seinem sumpfigen texanischen Tonfall über die vielen Irrsinnigkeiten des Wohlfahrtsstaates herzuziehen, stand ich auf und verließ den Tisch. Ich wollte mich nicht weiter demütigen lassen. Später kehrte ich in den Speisesaal zurück, ging zu der Besitzerin hinüber und bestellte ein Bier. Die kleine, zierliche Sherpani war gerade dabei, die Bestellung einer Gruppe amerikanischer Trekker aufzunehmen. »Wir sind hungrig«, verkündete ein rotbäckiger Typ in überlautem Pidgin-Englisch, einen Essenden nachahmend. »Wollen Kar-tof-feln essen. Yak-Burger. Coca-Co-la. Sie haben?«

»Möchten Sie die Speisekarte haben?« erwiderte die Sherpani in klarem, ausgezeichnetem Englisch mit leichtem kanadischem Akzent. »Wir haben eigentlich eine recht große Auswahl. Und ich glaube, es ist sogar noch was von dem frisch gebackenen Apple-Pie da, für den Fall, daß Sie welchen zum Nachtisch wünschen.«

Dem amerikanischen Trekker war es anscheinend unbegreiflich, daß diese Frau aus den Bergen mit ihrer dunkelbraunen Hautfarbe ihn in perfekt akzentuierter englischer Hochsprache anredete; er beharrte weiterhin auf seiner lächerlichen Baby-Sprache: »Speise-karte, gut. Ja, ja, wir wollen Speise-karte sehen.«

Sherpas bleiben den meisten Ausländern, die dazu neigen, sie durch die romantische Brille zu sehen, ein Buch mit sieben Siegeln. Diejenigen, die sich mit der Bevölkerungsstruktur im Himalaja nicht auskennen, gehen häufig davon aus, daß alle Nepalesen Sherpas sind. Tatsächlich leben aber nicht mehr als 20000 Sherpas in ganz Nepal, einem Staat von der Größe North Carolinas (das sind ca. 140000 km²), mit 20 Millionen Einwohnern aus 50 verschiedenen ethnischen Gruppen. Sherpas sind ein tiefgläubiges, buddhistisches Bergvolk, dessen Vorfahren vor vier, fünf Jahrhunderten aus Tibet nach Süden wanderten. Die Dörfer der Sherpas sind auf den ganzen Himalaja des östlichen Nepals verteilt, und auch in den indischen Distrikten Sikkim und Darjeeling stößt man auf größere Sherpa-Siedlungen: Das Herzstück des Sherpa-Gebiets aber liegt im Khumbu, einer Reihe von Tälern, welche der Südseite des Everest als Wasserabfluß dienen – einem kleinen, überschaubaren, ungewöhnlich felsigen Landstrich, der gänzlich ohne Straßen, Autos oder überhaupt ohne jeden fahrbaren Untersatz auskommen muß.

Da in den hochgelegenen, kalten, von steilen Felswänden umgebenen Tälern Landwirtschaft nahezu unmöglich ist, konzentrierten sich die Sherpas einst vor allem auf den Handel zwischen Tibet und Indien und auf die Yak-Zucht. Mit der ersten britischen Everest-Expedition im Jahre 1921, bei der Sherpas als Helfer angeheuert wurden, trat eine grundlegende Veränderung der Kultur der Sherpas ein.

Da das Königreich Nepal bis 1949 seine Grenzen geschlossen hielt, waren die ersten Erkundungszüge an den Everest und auch die folgenden acht Expeditionen gezwungen, sich dem Berg von Norden her, durch Tibet, zu nähern. Man kam also nie in die Nähe der Khumbu-Region. Die ersten neun Expeditionen brachen alle von Darjeeling aus nach Tibet auf, wohin viele Sherpas emigriert waren und wo sie sich unter den dortigen Kolonialherren den Ruf erworben hatten, harte Arbeiter zu sein, umgänglich und intelligent. Überdies hatten die Sherpas – die meisten von ihnen lebten seit Generationen in Dörfern in Höhenlagen von 3000 bis über 4000 Metern – den Vorzug, daß sie sich physiologisch den harten Bedingungen der hohen Gebirgslagen angepaßt hatten. Auf Empfehlung von A.M. Kellas, einem schottischen Arzt, der längere Reisen und Bergtouren mit Sherpas unternommen hatte, heuerte die Everest-Expedition von 1921 eine größere Truppe als Lastenträger und Lagerhelfer an. Eine Praxis, die seit nun schon 75 Jahren von fast allen nachfolgenden Expeditionen übernommen wurde und wird.

Seit 20 Jahren sind das wirtschaftliche Leben und die Kultur des Khumbu auf Gedeih und Verderb unwiderruflich mit dem saisonalen Zustrom der Trekker und Bergsteiger verknüpft, von denen jährlich etwa 15000 die Region besuchen. Sherpas, die Klettertechniken erlernen und hoch oben an den Bergen arbeiten – insbesondere jene, die den Everest bestiegen haben –, genießen in ihren Gemeinden hohes Ansehen. Bedauerlicherweise ist bei denen, die zu echten Kletterstars werden, die Gefahr, ihr Leben auf dem Berg zu lassen, alles andere als gering: Seit 1922, als auf der zweiten britischen Everest-Expedition sieben Sherpas bei einem Lawinenunglück umkamen, verlor eine überproportional hohe Anzahl Sherpas am Everest ihr Leben – insgesamt 53. Tatsächlich machen sie mehr als ein Drittel der Everest-Todesfälle aus.

Trotz aller Risiken herrscht scharfer Wettbewerb unter den Sherpas um die zwölf bis achtzehn Posten, die auf einer typischen Everest-Expedition zu vergeben sind. Am begehrtesten sind die etwa sechs Jobs für erfahrene Begleiter der Gipfelmannschaft, die mit einem Gehalt von 1400 bis 2500 Dollar für zwei Monate hochriskanter Arbeit rechnen können – eine lukrative Bezahlung in einem Land, das unter quälender Armut leidet und in dem das durchschnittliche Jahreseinkommen etwa 160 Dollar pro Kopf beträgt.

In der ganzen Khumbu-Region schießen immer mehr Herbergen und Teehäuser aus dem Boden, um dem wachsenden Zustrom westlicher Bergsteiger und Trekker gerecht zu werden. Vor allem wird jedoch in Namche Bazaar gebaut. Auf dem Weg dorthin überholte ich zahllose Träger, die aus den Wäldern in den Niederungen frisch geschlagene, zum Teil zentnerschwere Holzbalken heraufschleppten – Schinderarbeit, für die sie mit drei Dollar pro Tag entlohnt wurden.

Mehrmalige Besucher der Khumbu-Region sind traurig über den Tourismusboom und die Veränderungen, die er in eine Gegend gebracht hat, die von den ersten westlichen Bergsteigern als ein Paradies auf Erden, ein real existierendes Shangri-La angesehen wurde. Ganze Täler sind vom Kahlschlag betroffen, um die Nachfrage nach Holz zu befriedigen. Die Teenager, die sich in Namches *Carrom*-Spielhallen herumtreiben, tragen eher Jeans und Chicago-Bulls-T-Shirts als die malerischen traditionellen Gewänder. Und abends drängt sich die Familie vor dem Fernsehapparat zusammen und zieht sich ein Video von Schwarzeneggers letztem Opus rein.

Der tiefgreifende Wandel, den die Kultur im Khumbu durchläuft, ist sicherlich nicht nur zum besten, aber die wenigsten Sherpas beklagen sich über die Veränderungen. Dank der harten Währung der Trekker und Bergsteiger sowie der Zuschüsse internationaler Hilfsorganisationen, die von Trekkern und Bergsteigern unterstützt werden, wurde die Finanzierung von Schulen und Krankenhäusern ermöglicht, die Kindersterblichkeit reduziert und Brücken gebaut. Namche und andere Dörfer sind mittlerweile an ein hydroelektrisch betriebenes Stromnetz angeschlossen. Es zeugt von beträchtlicher Herablassung, wenn Westler den Verlust der guten alten Zeiten beklagen, als das Leben in Khumbu noch so richtig schön unverfälscht und pittoresk war. Die meisten Einwohner dieser rauhen Bergwelt wollen weder von der neuzeitlichen Welt abgetrennt sein noch von dem ungeordneten Fluß des menschlichen Fortschritts. Die Sherpas sind wahrlich nicht daran interessiert, als Fallbeispiele einer Spezies in einem Museum der Anthropologie aufbewahrt zu werden.

Ein durchtrainierter Wanderer, der bereits an die Höhe akklimatisiert ist, könnte die Strecke zwischen der Flugpiste in Lukla und dem Basislager des Everest in zwei, drei langen Tagesmärschen zurücklegen. Da aber die meisten von uns erst kurz zuvor aus Höhenlagen nahe dem Meeresspiegel angereist waren, hielt uns Hall absichtlich im Bummeltempo, so daß wir uns allmählich an die zunehmend dünnere Luft gewöhnen konnten. Nur selten wanderten wir länger als drei, vier Stunden pro Tag. Mehrmals, wenn Halls Wegplan zusätzliche Akklimatisierung verlangte, legten wir ganze Rasttage ein.

Nachdem wir einen Akklimatisierungstag in Namche verbracht hatten, nahmen wir am 3. April unseren Marsch Richtung Basislager wieder auf. Zwanzig Minuten nachdem wir die Ortschaft hinter uns gelassen hatten, eröffnete sich mir nach einer Biegung plötzlich ein atemberaubendes Panorama. 600 Meter unter mir erblickte ich den Dudh Kosi, der eine tiefe Kerbe in das ihn umgebende Muttergestein schnitt und sich wie eine schimmernde Silbersträhne aus den Schatten erhob. 3000 Meter höher schwebte im Gegenlicht der riesige Zacken der Ama Dablam wie eine Erscheinung über dem oberen Talabschnitt. Und weitere 2000 höher – die Ama Dablam wirkte dagegen wie ein Zwerg – wuchtete sich die eisige Gipfelpyramide des Everest selbst in die Höhe, fast völlig hinter dem Nuptse versteckt. Wie anscheinend immer, strömte von dem Gipfel ein breiter horizontaler Kondensstreifen, der wie eine gefrorene Rauchfahne wirkte und die ganze ungestüme Kraft der Jetstream-Winde ahnen ließ.

Ich starrte etwa eine halbe Stunde lang Richtung Gipfel und versuchte mir vorzustellen, was für ein Gefühl es wohl wäre, auf diesem windgepeitschten Scheitelpunkt der Erde zu stehen. Obwohl ich Hunderte von Bergen bestiegen hatte, unterschied sich der Everest so grundlegend von all den anderen, an die ich mich bisher herangewagt hatte, daß meine Vorstellungskraft angesichts der Härte der bevorstehenden Aufgabe versagte. Der Gipfel wirkte so kalt, so hoch und so unerreichbar. Es schien mir, als hätte ich mich zu einer Expedition auf den Mond aufgemacht. Als ich mich abwandte, um den Pfad weiter hochzuwandern, war ich zwischen nervöser Vorfreude und einer beinahe lähmenden Angst hin- und hergerissen.

Am späten Nachmittag kam ich in Tengboche* an, dem größten und bedeutendsten Kloster im Khumbu. Chhongba Sherpa, der nachdenkliche, bucklige Basislagerkoch, bot uns an, ein Treffen mit dem *Rimpoche* zu arrangieren – »dem obersten Lama von ganz Nepal«, wie er erklärte, »ein sehr

---

* Im Unterschied zu Tibetisch ist die damit eng verwandte Sprache der Sherpas keine Schriftsprache; der westliche Besucher ist also gezwungen, sich an die phonetische Wiedergabe zu halten. Es gibt keine einheitliche Orthographie von Sherpa-Wörtern oder Namen; Tengboche zum Beispiel wird häufig auch Tengpoche oder Thzangboche geschrieben. Diese oder ähnliche Unstimmigkeiten ziehen sich durch das gesamte Sherpa-Vokabular.

heiliger Mann. Erst gestern hat er eine ausgedehnte Periode stummer Meditation beendet – die letzten drei Monate hat er kein Wort gesprochen. Wir werden sein erster Besuch sein. Ein besseres Omen kann man sich nicht wünschen.«

Doug, Lou und ich gaben Chhongba jeder 100 Rupien (ungefähr zwei Dollar), um rituelle *Katas* zu kaufen – weiße Seidenschals, die dem Rimpoche überreicht werden. Dann zogen wir uns die Schuhe aus und ließen uns von Chhongba in eine kleine, zugige Kammer hinter dem Haupttempel führen.

Auf einem Brokatkissen saß im Schneidersitz ein kleiner rundlicher Mann. Er war in weinrote Roben gewandet, hatte eine schimmernde Glatze und wirkte sehr alt und sehr müde. Chhongba verbeugte sich ehrfürchtig, sagte etwas in der Sprache der Sherpas zu ihm und gab uns ein Zeichen, näher zu treten. Der Rimpoche segnete uns einen nach dem anderen, wobei er uns die Katas um den Hals hängte. Anschließend lächelte er selig und bot uns einen Tee an.»Diesen Kata sollten Sie auf dem Gipfel des Everest tragen«*, klärte Chhongba mich mit feierlicher Stimme auf.»Das wird Gott gnädig stimmen und alles Unheil fernhalten.«

Ich war mir nicht ganz sicher, wie ich mich in Anwesenheit einer göttlichen Persönlichkeit zu verhalten hatte, dieser lebenden Reinkarnation eines erhabenen, aus grauen Vorzeiten stammenden Lamas. Ich hatte schreckliche Angst, mich ahnungslos einer Kränkung schuldig zu machen oder irgendeinen anderen unverzeihlichen Fehltritt zu begehen. Während ich nervös an meinem Tee nippte, wühlte Seine Heiligkeit in einem Schränkchen an seiner Seite herum, zog ein großes, kunstvoll verziertes Buch hervor und reichte es mir. Ich wischte meine schmutzigen Hände an meiner Hose ab und öffnete es mit zittrigen Fingern. Es war ein Fotoal-

---

* Obwohl der Berg auf tibetisch Jomolungma heißt und auf nepalesisch Sagarmatha, wird er von den meisten Sherpas im alltäglichen Sprachgebrauch»Everest« genannt – auch wenn sie sich mit anderen Sherpas unterhalten.

bum. Der Rimpoche hatte, wie sich herausstellte, vor kurzem zum ersten Mal Amerika bereist, und in dem Buch waren Schnappschüsse der Reise zusammengestellt: Seine Heiligkeit vor dem Lincoln Memorial und dem Raumfahrt-Museum in Washington; Seine Heiligkeit in Kalifornien am Santa Monica Pier. Mit einem breiten Grinsen zeigte er auf seine beiden Lieblingsfotos: Seine Heiligkeit, wie er neben Richard Gere posierte, und eine Aufnahme mit Steven Seagal.

Die ersten sechs Tage des Trecks vergingen wie auf einer ambrosischen Wolke. Der Pfad führte uns an Lichtungen voller Wacholderbüsche und Zwergbirken vorbei, an Blaupinien und Rhododendronsträuchern; ferner an donnernden Wasserfällen, bezaubernden Steingärten und rauschenden Bächen. Am walkürischen Horizont türmten sich Gipfel, von denen ich schon als Kind gelesen hatte. Da unsere Ausrüstung von Yaks und Trägern geschleppt wurde, beschränkte sich der Inhalt meines Rucksacks auf eine Jacke, ein paar Schokoriegel und meine Kamera. Derart unbelastet und ohne Hast, verfangen in der schlichten Freude, ein fremdes, exotisches Land zu durchwandern, fiel ich in eine Art von Trance – aber die Euphorie hielt nie lange vor. Früher oder später mußte ich wieder daran denken, wohin mein Weg mich führen würde, und der Schatten, den der Everest über meine Gedanken warf, riß mich in das Hier und Jetzt zurück.

Wir wanderten jeder in seinem eigenen Tempo, machten häufig in den Teehäusern am Wegesrand Rast, um etwas zu trinken und mit den Durchreisenden ein paar Worte zu wechseln. Ich fand mich regelmäßig in der Begleitung von Doug Hansen, dem Postler, wieder und von Andy Harris, dem netten, gelassenen Neuseeländer, einem von Rob Halls Bergführern. Andy – von Rob und all seinen neuseeländischen Kiwi-Freunden Harold genannt – war ein großer, kräftiger Kerl von der Statur eines Quarterbacks einer Footballmannschaft. Er hatte diese typisch markanten Züge, die Männern eine Rolle in der Zigarettenwerbung einbringen.

Während des Winters arbeitete er als ein begehrter Skiführer für Helicopter-Skiing. Während der Sommermonate jobbte er für Wissenschaftler, die geologische Studien in der Antarktis durchführten, oder als Bergführer in den neuseeländischen Alpen.

Während wir den Pfad hochwanderten, erzählte mir Andy sehnsuchtsvoll von der Frau, mit der er lebte, einer Ärztin namens Fiona McPherson. Wir ruhten uns eine Weile auf einem Felsblock aus, und er zog ein Foto aus seinem Rucksack, um sie mir zu zeigen. Sie war groß, blond und athletisch gebaut. Andy erwähnte, daß er und Fiona gerade dabei seien, in den Bergen außerhalb von Queenstown ein Haus zu bauen. Einmal in Fahrt gekommen, schwärmte er mir von dem schlichten Vergnügen, Dachsparren zu sägen und Nägel zu hämmern, vor; er gab ganz ehrlich zu, daß er, als Rob ihm den Everest-Job anbot, nicht so recht wußte, ob er nun annehmen oder ablehnen sollte. »Es war schon schwierig, Fi und das Haus zurückzulassen. Wir haben jetzt gerade das Dach fertig, weißt du? Aber wer kann schon ein Angebot ausschlagen, den Everest zu besteigen? Noch dazu, wenn man die Möglichkeit hat, an der Seite von jemandem wie Rob Hall zu arbeiten.«

Obwohl Andy nie zuvor auf dem Everest gewesen war, war ihm der Himalaja alles andere als fremd. 1985 hatte er den Chobutse bestiegen, einen anspruchsvollen, 6683 Meter hohen Gipfel, etwa 30 Meilen westlich vom Everest. Und im Herbst 1994 half er Fiona vier Monate lang bei der Leitung eines Krankenhauses in Pheriche, einem düsteren, von stürmischen Winden durchfegten Nest auf über 4000 Meter Meereshöhe. Am 4. und 5. April verbrachten wir dort zwei Nächte.

Die Klinik war vom Himalaja-Rettungsdienst gestiftet worden, in erster Linie um höhenbedingte Krankheiten zu behandeln (die hiesigen Sherpas können sich jedoch dort ebenfalls unentgeltlich behandeln lassen) und um Trekker über das drohende Risiko, zu schnell zu hoch zu steigen, aufzuklären. Sie wurde 1973 gegründet, kurz nachdem vier Mitglieder einer japanischen Trekker-Gruppe der Höhenkrankheit zum Opfer gefallen waren und ganz in der Nähe den Tod gefunden hatten. Bevor es die Klinik gab, starben von 500 Trekkern, die durch Periche zogen, im Durchschnitt ein oder zwei an akūter Höhenkrankheit. Laura Ziemer – eine fröhlich-optimistische amerikanische Anwältin, die zu der Zeit unseres Aufenthalts dort zusammen mit ihrem Ehemann und Arzt Jim Litch und einem weiteren jungen Arzt namens Larry Silver in der vier Zimmer umfassenden Einrichtung arbeitete – betonte, daß diese alarmierende Todesrate nicht etwa durch Bergunfälle nach oben verzerrt worden sei. Die Opfer waren »ganz normale Trekker, die nie die üblichen Pfade verlassen hatten«.

Jetzt, dank der Aufklärungsseminare und der Notaufnahme, deren Personal aus Freiwilligen besteht, konnte die Todesrate auf weniger als einen Toten auf 30 000 Trekker reduziert werden. Obwohl die idealistischen Westler, die wie Ziemer in der Klinik in Pheriche arbeiten, kein Honorar bekommen und sogar die Reisekosten nach Nepal und zurück selbst tragen müssen, ist eine Anstellung dort mit hohem Prestige verbunden. Hochqualifizierte Bewerber aus der ganzen Welt bemühen sich dort um einen Posten. Caroline Mackenzie, Halls Expeditionsärztin, hatte im Herbst 1994 mit Fiona McPherson und Andy an der HRA-Klinik gearbeitet.

1990 – in demselben Jahr, in dem Hall zum ersten Mal den Everest bestieg – wurde die Klinik von Jan Arnold geleitet, einer vielseitigen, selbstbewußten Ärztin aus Neuseeland. Hall, der auf dem Weg zum Everest durch Pheriche kam, lernte sie kennen und verknallte sich sofort. »Ich habe Jan sofort gefragt, ob sie mit mir ausgeht, wenn ich wieder unten bin«, erzählte Hall an unserem ersten Abend in dem Dorf. »Für unser erstes Rendezvous habe ich ihr den Vorschlag gemacht, nach Alaska zu gehen und den Mount McKinley zu besteigen. Und sie hat ja gesagt.«

Zwei Jahre später heirateten sie. 1993 stieg sie mit Hall auf den Gipfel des Everest. 1994 und 1995 trekkte sie bis zum Basislager mit und arbeitete als Expeditionsärztin. Arnold wäre auch dieses Jahr wieder an den Berg zurückgekehrt, wenn sie nicht im siebten Monat schwanger gewesen wäre und ihr erstes Kind erwartet hätte. So ging der Job an Dr. Mackenzie. Am Donnerstag, unserem ersten Tag in Pheriche, luden Laura Ziemer und Jim Litch Hall, Harris und Helen Wilton, unsere Basislagerleiterin, nach dem Abendessen auf ein Glas in die Klinik ein, um den neuesten Klatsch auszutauschen. Im Laufe des Abends kam man auf die Risiken zu sprechen, mit denen eine Besteigung des Everest – auch für den Bergführer – verbunden ist. Litch kann sich noch an jedes Wort mit gespenstischer Klarheit erinnern: Hall, Harris und Litch waren sich vollkommen einig darüber, daß früher oder später eine Riesenkatastrophe, bei der eine größere Anzahl an zahlenden Amateuren draufgehen würde, »unausweichlich« sei. »Aber«, sagte Litch – der den Everest im Jahr zuvor im Frühling bestiegen hatte –, »Rob hatte das Gefühl, daß es nicht ihn treffen würde. Er hat nur Angst gehabt, ›einem anderen Team den Arsch retten zu müssen‹. Und wenn die unvermeidliche Katastrophe kommt, dann sei er sich ›sicher, daß sie auf der gefährlicheren Nordseite passiert‹« – der tibetischen Seite des Gipfels.

Am Samstag, dem 6. April, ein paar Stunden oberhalb von Pheriche, erreichten wir das untere Ende des Khumbu-Gletschers, einer zwölf Meilen langen Eiszunge, die von der Südflanke des Everest herabfließt und uns als Highway zum Gipfel dienen würde – so hoffte ich wenigstens. In einer Höhe von mittlerweile knapp 5000 Metern hatten wir die letzten Spuren von Vegetation hinter uns gelassen. Auf dem Scheitel der Endmoräne des Gletschers starrten zwanzig nebeneinander aufgestellte Monumente aus Steinen düster auf das nebelverschleierte Tal hinab: Denkmäler für die Bergsteiger, die auf dem Everest ihr Leben gelassen hatten, größtenteils Sherpas. Von nun an war unsere Welt eine windgepeitschte einfarbige Einöde aus Fels und Eis. Und obwohl wir nur in mäßigem Tempo gingen, spürte ich allmählich die Auswirkungen der Höhe. Ich fühlte mich ein wenig benommen und war ständig außer Atem.

Der Pfad lag an vielen Stellen unter einer dichten Schneedecke begraben. Als dann der Schnee in der Nachmittagssonne weicher wurde, stießen die Hufe unserer Yaks durch die angefrorene oberste Schicht, und die Tiere versanken bis zu den Bäuchen im Schnee. Die grummelnden Yaktreiber peitschten ihre Tiere vorwärts und drohten umzukehren. Gegen Abend erreichten wir Lobuje, ein kleines Dorf, wo wir in einer beengten, phänomenal dreckigen Herberge Zuflucht vor dem Wind suchten.

Lobuje war ein trostloser Ort, eine zusammengedrängte Ansammlung niedriger, baufälliger Hütten, die am Rand des Khumbu-Gletschers den Elementen trotzten. Das Dorf war rammelvoll mit Sherpas, Bergsteigern von einem Dutzend verschiedener Expeditionen, deutschen Trekkern und ganzen Herden ausgezehrter Yaks – allesamt auf dem Weg zum Basislager des Everest, das immer noch eine Tagesetappe entfernt lag. Der Stau, klärte uns Rob auf, war auf die zu dieser Jahreszeit noch ungewöhnlich dichte Schneedecke zurückzuführen, die bis gestern sämtliche Yak-Trekks Richtung Basislager verhindert hatte. Die fünf, sechs Herbergen des kleinen Dörfchens waren völlig überfüllt. An den wenigen schneefreien Stellen drängten sich Zelte auf schlammigem Untergrund. Scharen von Rai- und Tamang-Trägern aus den niedrigen Vorbergen – in ihren dünnen Lumpen und Gummilatschen arbeiteten sie als Lastenträger für verschiedene Expeditionen – übernachteten in Höhlen und unter Felsblöcken an den umliegenden Hängen.

Die drei oder vier Steintoiletten in dem Nest waren buchstäblich mit Exkrementen überschwemmt. Die Klosetts waren dermaßen ekelerregend, daß die meisten – Nepalesen wie Westler – es vorzogen, sich im Freien zu entleeren, wo immer es einen überkam. Überall lagen riesige, stinkende

Kothaufen, in die man unweigerlich trat. Der Fluß, der sich aus Schmelzwasser speiste und sich durch die Mitte der Siedlung schlängelte, war eine öffentliche Kloake.

Der zentrale Raum der Herberge, in der wir abgestiegen waren, war mit gezimmerten Wanddoppelkojen für etwa dreißig Personen ausgestattet. Ich fand ein freies Bett auf der oberen Ebene, schüttelte aus der fleckigen Matratze so viele Flöhe und Läuse heraus wie möglich und rollte meinen Schlafsack aus. An der linken Wand stand ein kleiner Heizofen aus Eisen, der mit getrocknetem Yakdung befeuert wurde. Nach Sonnenuntergang fiel die Temperatur weit unter den Gefrierpunkt, und schon bald strömten scharenweise Träger aus der bitterkalten Nacht herein, um sich an dem Ofen aufzuwärmen. Weil Dung selbst unter besten Bedingungen nur schlecht brennt und in der sauerstoffarmen Luft auf 5000 Meter über Meereshöhe noch schlechter, füllte sich die Herberge mit dichtem, beißendem Rauch, so als würden die Abgase eines Dieselbusses direkt ins Zimmer geleitet werden. In der Nacht mußte ich zweimal mit Dauerhusten ins Freie fliehen, um wieder Luft zu schöpfen. Morgens brannten meine blutunterlaufenen Augen. Meine Nase war von schwarzem Ruß verstopft, und ich bekam einen trockenen hartnäckigen Husten, den ich bis zum Ende der Expedition nicht mehr loswerden sollte.

Rob hatte für uns eigentlich nur einen Tag in Lobuje geplant, an dem wir uns nochmals akklimatisieren sollten, bevor wir die letzten sechs, sieben Meilen zum Basislager in Angriff nahmen. Unsere Sherpas waren bereits einige Tage zuvor dort eingetroffen, um für unsere Ankunft alles vorzubereiten und auf den unteren Hängen des Everest eine Route zu legen. Am Abend des 7. April kam jedoch ein erschöpft nach Atem ringender Bote mit einer bestürzenden Nachricht aus dem Basislager an: Tenzing, ein junger, von Rob angeheuerter Sherpa, war fünfzig Meter tief in eine Gletscherspalte gestürzt. Vier andere Sherpas hatten ihn dort zwar lebend wieder herausgehievt, aber er war ernsthaft verletzt, hatte sich möglicherweise den Oberschenkel gebrochen. Rob verkündete aschfahl, daß er mit Mike Groom bei Morgengrauen ins Basislager eilen würde, um Tenzings Bergung zu organisieren.»Tut mir leid, daß ich euch das sagen muß«, fuhr er fort,»aber alle anderen müssen mit Harold hier in Lobuje bleiben, bis wir die Situation unter Kontrolle haben.«

Tenzing war, wie wir später erfuhren, mit vier anderen Sherpas auf einem relativ harmlosen Abschnitt des Khumbu-Gletschers dabei gewesen, die Route oberhalb von Camp Eins zu erkunden. Die fünf Männer gingen vernünftigerweise im Gänsemarsch, hatten sich aber nicht angeseilt – eine schwere Mißachtung alpiner Grundregeln. Tenzing ging direkt hinter den anderen vier, trat genau in die Fußstapfen der anderen – und dann brach er durch eine dünne, trügerische Schneeschicht, die eine tiefe Gletscherspalte verdeckte. Bevor er auch nur schreien konnte, fiel er wie ein Stein in die gespenstischen, urzeitlichen Eingeweide des Gletschers.

Da man mit 6250 Metern zu hoch war für einen sicheren Abtransport mit dem Hubschrauber – die dünne Luft bot den Flügelblättern zu geringen Widerstand und machte Landen, Abheben oder auch nur Schweben zu einem unkalkulierbaren Risiko –, mußte man Tenzing knapp 1000 Höhenmeter zum Basislager hinuntertragen, ausgerechnet durch den Khumbu-Eisfall, einen der steilsten, tückischsten Abschnitte des gesamten Berges. Die Bergung Tenzings war also ein riesiger Kraftakt.

Rob war stets um das Wohlergehen seiner angestellten Sherpas bemüht. Bevor wir alle Kathmandu verließen, hatte er uns zusammengerufen und uns in einem ungewöhnlich strengen Vortrag ermahnt, den Sherpas gegenüber Dankbarkeit und angemessenen Respekt zu zeigen.»Die Sherpas, die wir angeheuert haben, sind weit und breit die besten in dem Busineß«, erklärte er.»Sie arbeiten unglaublich hart für nach westlichen Maßstäben wenig Geld. Ich will, daß euch immer bewußt ist, daß wir ohne ihre Hilfe absolut *keine* Chance hätten, auf den Gipfel des Everest zu kommen. Ich wiederhole:

Ohne die Unterstützung unserer Sherpas hat niemand von uns die geringste Chance, den Berg zu besteigen.«

In einer darauffolgenden Unterhaltung gestand Rob, daß er in den vergangenen Jahren immer wieder einige Expeditionsführer kritisiert hatte, weil sie nicht ausreichend für die Sicherheit der Sherpas gesorgt hatten. 1995 kam ein junger Sherpa auf dem Everest um. Hall vermutete, daß das Unglück deshalb passiert sein könnte, weil dem Sherpa »erlaubt wurde, ohne angemessenes Training hoch hinaufzusteigen. Ich bin der Meinung, daß diejenigen, die diese Trips leiten, dafür verantwortlich sind, daß so was nicht passiert.«

Im vergangenen Jahr hatte eine amerikanische Expedition einen Sherpa namens Kami Rita als Küchenjungen angeheuert. Der kräftige, ehrgeizige Junge ließ mit seinen einundzwanzig, zweiundzwanzig Jahren nichts unversucht, oben am Berg für die Gipfelmannschaft arbeiten zu dürfen. Um zu zeigen, daß man seine Begeisterung und gute Arbeit zu schätzen wußte, wurde ihm ein paar Wochen später der Wunsch erfüllt – obwohl ihm jegliche Bergerfahrung fehlte, und er nicht einmal theoretisch in den notwendigsten Techniken angelernt worden war.

Zwischen 6700 und 7600 Metern führt die übliche Route durch einen steilen, tückischen Eishang, die bekannte Lhotse-Flanke. Als Sicherheitsmaßnahme werden von den Expeditionen in dieser Steilflanke stets von unten bis oben Seile fixiert, in die sich – im eigenen Interesse – auf- und absteigende Bergsteiger mit einem kurzen Sicherungs-Strick einklinken. Kami, jung, forsch und unerfahren, fand, daß es nicht wirklich nötig war, sich im Seil einzuhängen. Als er dann eines Nachmittags eine Last die Lhotse-Flanke hinauftrug, verlor er auf dem steinharten Eis den Halt und stürzte über sechshundert Meter tief bis zum Fuß der Steilwand.

Frank Fischbeck aus meinem Team war damals Zeuge des Vorfalls geworden. 1995 war er zum dritten Mal als Kunde zum Everest gereist, mit einem amerikanischen Bergführungsunternehmen, das Kami angeheuert hatte. Frank hatte sich gerade auf dem oberen Abschnitt der Lhotse-Flanke befunden und stieg an den Seilen hoch, »als ich«, wie er mit aufgewühlter Stimme sagte, »nach oben schaue und sehe, wie da jemand Hals über Kopf runtergestürzt kommt. Wie er so an mir vorbeigefallen ist, hat er geschrien wie am Spieß und eine lange Blutspur hinterlassen.«

Einige Bergsteiger eilten sofort zu der Stelle, an der Kami liegengeblieben war, aber da war er den schweren Verletzungen bereits erlegen, die er sich auf dem Weg nach unten zugezogen hatte. Man trug seine Leiche ins Basislager hinunter, und seine Freunde brachten Mahlzeiten, um den Leichnam drei Tage lang zu füttern, eine buddhistische Tradition. Anschließend wurde er in ein Dorf in der Nähe von Tengboche gebracht und verbrannt. Kamis Mutter weinte untröstlich und schlug sich immer wieder mit einem spitzen Stein auf den Kopf, als der Leichnam von den Flammen verschlungen wurde.

Als Rob und Mike am 8. April beim ersten Tageslicht Richtung Basislager eilten, um Tenzing lebend vom Everest zu bergen, hatte Rob Kamis Schicksal unweigerlich im Hinterkopf.

KAPITEL FÜNF

Lobuje
8. April 1996
4938 Meter

*Wir zogen durch die zu allen Seiten hoch aufragenden Eissäulen von
Phantom Alley und traten in ein von Felsblöcken übersätes Tal am
Fuße eines riesigen Amphitheaters ein... [der Gletscherbruch] schlug
an dieser Stelle einen scharfen Bogen, um als Khumbu-Gletscher nach
Süden zu strömen. Wir schlugen unser Basislager bei 5425 Metern auf
der Seitenmoräne am äußeren Rand des Bogens auf. Riesige Felsblöcke
gaben dem Ort einen Anschein von Zuverlässigkeit, aber das Geröll
unter unseren Füßen belehrte uns eines Besseren. Alles, was wir sahen,
fühlten und hörten – von dem Gletscherbruch, der Moräne, den Lawinen, der Kälte –, war Bestandteil einer Welt, die nicht für menschliche
Besiedlung geschaffen war. Keine fließenden Gewässer, nichts wuchs –
wo man hinblickte, nichts als Zerstörung und Verfall... Dies sollte in
den nächsten paar Monaten unser Zuhause sein, bis der Berg bestiegen
war.*

THOMAS F. HORNBEIN
Everest: The West Ridge

Am 8. April, kurz nach Einbruch der Dunkelheit, meldete
sich plötzlich draußen vor der Herberge in Lobuje Andys
tragbares Funkgerät mit einem Knistern. Es war Rob, der ihn
vom Basislager aus mit einer guten Nachricht anrief. Zwar
hatte es eines aus mehreren Expeditionen zusammengestell-
ten Teams von fünfunddreißig Sherpas und eines ganzen Tages bedurft, aber sie hatten Tenzing runterbekommen. Sie
hatten ihn auf einer Aluminiumleiter festgebunden und ihn
dann je nach Gelände abseilen, tragen oder hinter sich her-
ziehen müssen; letztlich jedoch war es ihnen gelungen, ihn

durch den Gletscherbruch zu hieven, und er ruhte sich jetzt von den Strapazen im Basislager aus. Falls das Wetter weiter mitspielte, würde bei Sonnenaufgang ein Helikopter eintreffen und ihn ins Krankenhaus nach Kathmandu fliegen. Hörbar erleichtert gab Rob uns grünes Licht, Lobuje am nächsten Morgen zu verlassen und allein zum Basislager weiterzuziehen.

Auch wir, die zahlende Kundschaft, waren erleichtert, daß Tenzing geborgen werden konnte. Und wir waren nicht weniger erleichtert, endlich aus Lobuje rauszukommen. John und Lou hatten sich inmitten all der unhygienischen Zustände irgendeine ansteckende Darmerkrankung geholt. Helen, unsere Basislagerleiterin, hatte zermürbende, durch die Höhe verursachte Kopfschmerzen, die nicht mehr weggehen wollten. Und mein Husten war nach der zweiten Nacht in der rußig-verrauchten Herberge noch schlimmer geworden.

Deshalb sagte ich mir, daß es wohl besser wäre, diese Nacht – unsere dritte in dem Dorf – dem erstickenden Qualm zu entfliehen und in das Zelt umzuziehen, das Rob und Mike zurückgelassen hatten, als sie zum Basislager aufgebrochen waren. Andy zog mit mir um. Um zwei Uhr nachts wachte ich auf, als Andy neben mir beinahe aufrecht im Bett saß und stöhnte. »He, Harold, Mann«, sagte ich aus den Tiefen meines Schlafsacks, »alles in Ordnung?«

»Ich weiß nicht, um ehrlich zu sein. Irgendwas, was ich heute abend gegessen habe, scheint sich dort, wo es jetzt ist, nicht allzu wohl zu fühlen.« Einen Moment später riß Andy mit zitternden Händen den Reißverschluß am Zelteingang auf und schaffte es gerade noch, den Kopf nach draußen zu stecken, bevor er loskotzte. Nachdem das Würgen abgeklungen war, kauerte er mehrere Minuten lang auf allen vieren am Zelteingang. Dann sprang er plötzlich auf, flitzte ein paar Meter weiter, riß sich die Hose herunter und überließ sich einer geräuschvollen Diarrhöe-Attacke. Den Rest der Nacht verbrachte er draußen in der Eiseskälte und entlud unter heftigen Schmerzen seinen Magen-Darm-Trakt.

Am Morgen war Andy schwach, dehydriert und zitterte erbärmlich. Helen meinte, daß er vorerst besser in Lobuje bliebe, bis er wieder bei Kräften sei, aber Andy dachte nicht einmal dran. »Ich werde nicht einen Tag länger in diesem Scheißloch verbringen, kommt nicht in Frage«, verkündete er mit schmerzverzerrtem Gesicht, den Kopf zwischen den Beinen. »Ich gehe heute zum Basislager mit wie alle anderen auch, selbst wenn ich kriechen muß, verdammt noch mal!«

Um neun Uhr hatten wir gepackt und waren unterwegs. Während der Rest des Teams im flotten Tempo den Pfad hochwanderte, blieben Helen und ich ein Stück zurück, um mit Andy zu gehen, dem jeder Schritt eine Qual war. Immer wieder blieb er stehen und krümmte sich ein paar Minuten lang über seine Skistöcke, um sich zu sammeln. Dann nahm er wieder all seine Kräfte zusammen und schleppte sich weiter.

Die Route führte ein paar Meilen lang auf und ab über das lockere Geröll der Seitenmoräne des Khumbu-Gletschers und schließlich auf den Gletscher hinab. Das Eis war an vielen Stellen von Schutt, grobem Kies und Granitblöcken bedeckt, aber ab und zu kreuzte der Pfad Stellen mit blankem Eis – eine durchsichtige, gefrorene Masse, die wie polierter Onyx schimmerte. Schmelzwasser ergoß sich ungestüm in zahllosen freiliegenden und unterirdischen Kanälen und verursachte ein gespenstisch melodisches Rumpeln, das wie in einem Klangkörper im ganzen Gletscher widerhallte.

Am Nachmittag erreichten wir eine bizarre Versammlung freistehender Eistürme – der größte war gut und gerne dreißig Meter hoch. Sie bildeten die sogenannten Phantom Alley. Geformt durch intensive Sonnenbestrahlung, in einem radioaktiven Türkiston leuchtend, ragten die Türme wie gigantische Haizähne aus dem umgebenden Geröll – so weit das Auge blicken konnte. Helen – die hier bereits zigmal durchgegangen war – verkündete, daß wir es nicht mehr weit hätten.

Ein paar Meilen machte der Gletscher eine scharfe Kurve

nach Osten, und wir trotteten zum Kamm eines langge-
streckten Hangs hinauf. Vor uns breitete sich eine kunter-
bunte Stadt aus Nylon-Kuppeln aus. Mehr als dreihundert
Zelte, in denen Bergsteiger und Sherpas aus vierzehn Expeditionen untergebracht waren, besprenkelten das mit Felsblöcken durchsetzte Gletschereis. Wir brauchten zwanzig
Minuten, bis wir in der wildwuchernden Siedlung unser
Lager ausfindig gemacht hatten. Als wir die letzte Anhöhe
erklommen, kam Rob uns entgegengeschlendert, um uns zu
begrüßen.»Willkommen im Basislager des Mount Everest«,
sagte er grinsend. Der Höhenmesser meiner Armbanduhr
zeigte 5400 Meter an.

Das improvisierte Dorf, das für die nächsten sechs Wochen
unser Zuhause sein sollte, lag am oberen Rand eines natürlichen Amphitheaters, das von den bedrohlich aufragenden
Bergwänden gebildet wurde. Die Steilhänge über dem Lager
waren mit Hängegletschern bedeckt, von denen riesige Eis-
lawinen Tag und Nacht herunterdonnerten. Eine Viertel-
meile östlich, eingeklemmt zwischen der Nuptse-Wand und
der Westschulter des Everest, brach der Khumbu-Gletscher-
fall wie ein in Eis erstarrter Scherbenhaufen durch eine enge
Schlucht. Das Amphitheater war nach Südwesten hin offen,
so daß die Sonne hereinflutete. An klaren, windstillen Nach-
mittagen war es warm genug, um im T-Shirt im Freien zu sitzen. Aber sobald die Sonne hinter den kegelförmigen Gipfel
des Pumori tauchte – ein 7165 Meter hoher Berg gleich westlich des Lagers –, stürzte die Temperatur auf teilweise unter
zehn Grad minus. Wenn ich mich nachts ins Zelt zurückzog,
wurde ich von einem Madrigal aus Knirsch- und Knacklauten in den Schlaf gesungen, eine Mahnung daran, daß ich auf
einem sich ständig bewegenden Eisfluß lag.

In auffallendem Gegensatz zu der Unwirtlichkeit unserer
Umgebung standen die unzähligen Annehmlichkeiten, die
das Leben im Adventure Consultants Camp bot, dem Heim
von vierzehn Westlern – die Sherpas benutzten für uns nur

die Sammelbegriffe »Teilnehmer« und »Sahibs« – und vierzehn Sherpas. Unser Speisezelt war mit einem riesigen Steintisch, einer Stereoanlage, einer Bibliothek und mit Solarstrom betriebenen Lampen ausgestattet. Das angrenzende Kommunikationszelt beherbergte ein Satellitentelefon und -faxgerät. Die improvisierte Dusche bestand aus einem Gummischlauch und einem Eimer voll Wasser, das vom Küchenpersonal erhitzt wurde. Alle paar Tage trafen auf den Rücken der Yaks frisches Brot und Gemüse ein. In Fortsetzung einer noch aus Raj-Zeiten stammenden Tradition, die von Expeditionen jener Tage eingeführt worden war, kamen Chhongba und sein Küchenjunge Tendi jeden Morgen bei den Zelten vorbei und servierten uns Kunden eine Tasse dampfenden Sherpa-Tee an den Schlafsack.

Ich hatte viele Geschichten darüber gehört, wie der Everest von den immer zahlreicher werdenden Bergsteigerkolonnen in eine Abfalldeponie verwandelt worden war. Vor allem den kommerziell arbeitenden Expeditionen gab man daran die Schuld. Obwohl das Basislager der siebziger und achtziger Jahre tatsächlich ein großer Müllhaufen war, ist es in den letzten Jahren in einen ziemlich sauberen Ort verwandelt worden – sicherlich der sauberste, seit ich Namche Bazaar verlassen hatte. Und diese neue Reinlichkeit ist vor allem das Verdienst der kommerziellen Expeditionen.

Da sie ihr Brot damit verdienen, Jahr für Jahr Kundschaft an den Everest zu bringen, haben die Bergführer daran natürlich ein stärkeres Interesse als der einmalige Besucher. Als Teil ihrer Expedition 1990 initiierten Rob Hall und Gary Ball eine Aktion, die das Basislager schließlich von fünf Tonnen Müll befreite. Hall und ein paar seiner Kollegen haben sich ebenfalls mit der Regierung in Kathmandu zusammengesetzt, um zu überlegen, wie Bergsteiger zu Sauberkeit am Berg ermuntert werden können. Von 1996 an mußten Expeditionen zusätzlich zu der Genehmigungsgebühr viertausend Pfund Kaution hinterlegen, die nur dann zurückerstattet wurden, wenn eine vorgegebene Menge

Müll nach Namche und Kathmandu zurücktransportiert wurde. Selbst die Exkrementenfässer unserer Toiletten mußten weggeschafft werden.

Im Basislager ging es zu wie in einem Ameisenhaufen. In gewissem Sinne fungierte Halls Adventure-Consultants-Lager als Regierungssitz des gesamten Basislagers, denn niemandem auf dem Berg gebührte mehr Respekt als Hall. Wann immer ein Problem auftauchte – ein Arbeitsstreit mit den Sherpas, ein medizinischer Notfall, eine kritische Entscheidung über Aufstiegsstrategien –, kamen die Leute in unser Speisezelt getrabt, um sich Halls Rat einzuholen. Und er verteilte seine angehäuften Weisheiten großzügig, auch an seine Rivalen, die mit ihm um Kunden buhlten, vor allem Scott Fischer.

Fischer hatte bereits eine Expedition an einem Achttausender erfolgreich geführt:* dem 8047 Meter hohen Broad Peak im Karakorum in Pakistan. Das war 1995. Er hatte sich ebenfalls viermal am Everest versucht und einmal, 1994, den Gipfel erreicht, allerdings nicht als Bergführer. Im Frühling 1996 führte er seine erste Tour zu dem Berg als Leiter einer kommerziellen Expedition. Wie Hall hatte auch Fischer acht Kunden in seiner Gruppe. Sein Lager – leicht auszumachen anhand einer riesigen Starbucks-Coffee-Reklamefahne, die von einem hausgroßen Granitblock hing – war nur fünf Minuten zu Fuß den Gletscher hinunter von unserem entfernt.

Die Männer und Frauen, die eine Karriere mit dem Besteigen der höchsten Berge der Erde machen, bilden einen kleinen handverlesenen Klub. Fischer und Hall waren geschäftlich Konkurrenten; da beide prominente Mitglieder der Clique der Höhenbergsteiger waren, kreuzten sich jedoch

---

* Es gibt insgesamt vierzehn sogenannte Achttausender: Berge, die sich über 8000 Meter hoch über den Meeresspiegel erheben. Obwohl die Festlegung an sich recht willkürlich scheinen mag, haben Bergsteiger Besteigungen von Achttausendern schon immer sehr viel Prestige beigemessen. Der erste Mensch, der alle vierzehn besteigen konnte, war Reinhold Messner im Jahre 1986. Bis heute haben nur vier weitere Bergsteiger diese Meisterleistung wiederholt.

ihre Wege ständig, und in gewisser Weise verstanden sie sich als Freunde. Sie hatten sich in den achtziger Jahren in Rußland im Pamir kennengelernt und 1989 und 1994 am Everest relativ viel Zeit miteinander verbracht. Sie hatten sich fest vorgenommen, sich zusammenzutun und einen Versuch am Manaslu zu wagen – einen schwierigen 8163 Meter hohen Gipfel in Zentralnepal – unmittelbar nachdem sie ihre jeweiligen Kunden 1996 auf den Everest geführt hätten.

Die Bande zwischen Fischer und Hall hatten sich erst 1992 so richtig gefestigt, als sie sich auf dem K2 über den Weg liefen, dem zweithöchsten Berg der Erde. Hall hatte sich mit seinem *Companero* und Geschäftspartner Gary Ball an den Berg gewagt. Fischer kletterte mit Ed Viesturs, einem der besten amerikanischen Bergsteiger. Auf dem Abstieg vom Gipfel begegneten Fischer, Viesturs und ein dritter Amerikaner, Charlie Mace, Hall in einem heulenden Sturm, als er sich um den halbbewußtlosen Ball bemühte, den die Höhenkrankheit erwischt hatte. Ball schwebte in Lebensgefahr und konnte sich nicht mehr mit eigener Kraft fortbewegen.

Fischer, Viesturs und Mace halfen mit, Ball durch den Schneesturm die von Lawinen überrollten unteren Hänge des Berges hinunterzuschleppen, und retteten ihm damit das Leben. (Ein Jahr später starb Ball an einer ähnlichen Erkrankung auf den Hängen des Dhaulagiri.)

Der vierzigjährige Fischer war ein stämmiges, geselliges Kraftpaket mit blondem Pferdeschwanz, besessen von einer geradezu manischen Energie. Als vierzehnjähriger Schuljunge in Baskin Ridge, New Jersey, hatte er sich zufällig eine Fernsehsendung über Bergsteigen angesehen und war völlig hingerissen. Den Sommer darauf fuhr er nach Wyoming und machte Abenteuerferien in einer Art Wildniskurs, der von der National Outdoor Leadership School (NOLS) veranstaltet wurde. Sobald er die High-School abgeschlossen hatte, ließ er sich im Westen der USA nieder und arbeitete saisonal als NOLS-Ausbilder. Das Bergsteigen wurde zum Mittelpunkt seines Kosmos – und so sollte es bleiben.

Mit achtzehn verliebte er sich in Jane Price, eine Teilnehmerin seines NOLS-Kurses. Sieben Jahre darauf heirateten sie, ließen sich in Seattle nieder und bekamen bald Nachwuchs, Andy und Katie Rose (die neun beziehungsweise fünf waren, als Scott 1996 an den Everest ging). Jane erwarb einen Flugschein für Passagierjets und wurde Pilotin der Alaska Airlines – ein sehr begehrter, gutbezahlter Posten. Fischer war es nun möglich, sich ganz dem Bergsteigen zu widmen, und es war ebenfalls ihr Einkommen, das es ihm 1984 ermöglichte, Mountain Madness ins Leben zu rufen.

Wenn der Name von Halls Unternehmen, Adventure Consultants, seine methodische, penible Einstellung zum Bergsteigen widerspiegelte, so war Mountain Madness eine noch viel treffendere Beschreibung von Fischers persönlichem Stil. Bereits mit Mitte Zwanzig hatte er sich den Ruf erworben, einen halsbrecherischen Kletterstil – nach dem Motto: Zum Teufel mit dem Risiko – zu pflegen, der einem den Angstschweiß auf die Stirn trieb. Während seiner gesamten Bergsteigerlaufbahn, aber vor allem in jenen Anfangsjahren, überlebte er eine Reihe von erschreckenden Unfällen, die ihn eigentlich jedesmal das Leben hätten kosten müssen.

Mindestens zweimal – einmal in Wyoming, ein anderes Mal im Yosemite-Tal – stürzte er beim Felsklettern aus zirka dreißig Metern zu Boden. Als er als junger Ausbilder bei einem NOLS-Kurs in der Wind River Range kletterte, fiel er über zwanzig Meter tief ohne Seil auf den Grund einer Gletscherspalte des Dinwoody-Gletschers. Seinen berüchtigtsten Sturz aber leistete er sich wohl als Neuling beim Eisklettern: Trotz seiner Unerfahrenheit beschloß er, die vielbegehrte Erstbesteigung der Bridal Veil Falls im Provo Canyon in Utah zu wagen, eines äußerst schwierig zu kletternden gefrorenen Wasserfalls. Fischer kletterte mit zwei Spezialisten in dieser Disziplin um die Wette, verlor gut dreißig Meter nach dem Start sein Gleichgewicht und stürzte ab.

Zum Erstaunen aller, die den Vorfall mit ansahen, rappelte er sich sogleich wieder auf und trug nur relativ geringfügige Verletzungen davon. Während seines langen Sturzes hatte allerdings die Spitze seines Eispickels seinen Unterschenkel durchbohrt und schaute nun auf der anderen Seite wieder heraus. Beim Herausziehen des hohlen, röhrenförmigen Pickels kam ein großes Stück inneres Gewebe mit; das Loch, das es hinterließ, war groß genug, um einen Bleistift durchzustecken. Fischer sah keinen Grund, wegen einer solch geringfügigen Verletzung seine begrenzten finanziellen Mittel auf eine medizinische Behandlung zu verschwenden und kletterte die nächsten sechs Monate mit einer offenen, eiternden Wunde. Fünfzehn Jahre später zeigte er mir stolz die Narbe jenes Sturzes: zwei glänzende, pfenniggroße Male zu beiden Seiten der Achillessehne.

»Scott trieb sich bis zu den Grenzen seiner physischen Belastbarkeit und darüber hinaus«, erinnerte sich Don Peterson, ein bekannter amerikanischer Bergsteiger, der Fischer kurz nach dem Bridal-Veil-Sturz kennengelernt hatte. Peterson wurde für Fischer so etwas wie ein Mentor und unternahm mit ihm über die nächsten zwanzig Jahre immer wieder Klettertouren. »Seine Willenskraft war schon erstaunlich. Egal, wie stark die Schmerzen waren – er hat sie ignoriert und weitergemacht. Wenn ihm die Füße weh getan haben, ist er nicht umgekehrt. War einfach nicht seine Art.

Scott hatte den brennenden Ehrgeiz, ein großer Bergsteiger zu sein, einer der besten der Welt. Im NOLS-Hauptquartier gab es so eine Art Turnhalle, irgendein behelfsmäßiger Bau. Scott ging da rein und trainierte regelmäßig so hart, daß er sich übergeben mußte. Regelmäßig. Gibt nicht viele Leute mit so einem Antrieb.«

Die Leute fühlten sich von Fischers Energie und Großzügigkeit angezogen, seiner beinahe kindlichen Begeisterungsfähigkeit, die ganz unschuldig und ohne Hintergedanken daherkam. Unverbildet und gefühlsstark, ohne jeglichen Hang zur Nabelschau hatte er diese Art von geselliger, magnetischer Ausstrahlung, die ihm auf der Stelle Freunde fürs Leben einbrachte. Hunderte von Leuten – auch solche, die er nur ein-, zweimal gesehen hatte – betrachteten ihn als ihren Busenfreund. Darüber hinaus war er auffallend attraktiv, mit dem Körper eines Bodybuilders und den markanten Zügen eines Filmstars. Folglich fühlten sich auch viele Frauen von ihm angezogen, und er war gegenüber dem Interesse, das man ihm von dieser Seite entgegenbrachte, durchaus nicht immun.

Den schönen Dingen des Lebens alles andere als abgeneigt, rauchte er viel Cannabis (jedoch niemals bei der Arbeit) und trank auch mehr, als ihm guttat. Ein Hinterzimmer der Mountain-Madness-Büros diente Scott als eine Art geheimes Klubhaus: Nachdem er seine Kinder ins Bett gebracht hatte, zog er sich gerne mit seinen Kumpels dorthin zurück, um die Pfeife rumgehen zu lassen und sich ein paar Dias ihrer bergsteigerischen Heldentaten anzusehen.

In den achtziger Jahren gelangen Fischer eine Reihe eindrucksvoller Besteigungen, die ihm bescheidenen lokalen Ruhm einbrachten; die Bekanntheit in internationalen Bergsteigerkreisen blieb ihm jedoch versagt. Trotz größter Anstrengungen gelang es ihm nicht, einen lukrativen Sponsorenvertrag zu landen, wie ihn einige seiner berühmten Kollegen in der Tasche hatten. Er machte sich Sorgen, daß diese Top-Bergsteiger ihn nicht respektierten.

»Anerkennung war sehr wichtig für Scott«, sagt Jane Bromet, seine Presseagentin, Vertraute und häufige Kletterpartnerin, die die Mountain Madness Expedition bis ins Basislager begleitete, um Berichte ins Internet für *Outside Online* einzugeben. »Er lechzte richtiggehend danach. Er hatte eine verletzliche Seite, die von den meisten kaum wahrgenommen wurde. Es hat ihn wirklich gestört, daß er, der sich als Bergsteiger den Arsch aufriß, nicht anerkannter war. Er fühlte sich herabgesetzt, und es hat ihn gekränkt.«

Als Fischer im Frühling 1996 nach Nepal aufbrach, hatte er ein Stück mehr von jener Anerkennung erlangt, die ihm seiner Meinung nach zustand. Ein Großteil davon kam im Gefolge seiner Besteigung des Everest 1994, die ihm ohne

Flaschensauerstoff gelungen war. Fischers Team, das er die Sargarmatha-Umweltschutz-Expedition taufte, räumte damals zweieinhalb Tonnen Müll vom Berg – was sehr gut für die Landschaft war und sich als noch viel besserer Werbeschachzug herausstellte. Im Januar 1996 leitete Fischer eine im großen Stil organisierte Besteigung des Kilimandscharo, dem höchsten Berg Afrikas, als Spendenaktion für CARE, eine karitative Einrichtung. Die Aktion machte ein Plus von einer halben Million Dollar. Vor allem dank der Müllsammlungsexpedition und dieser CARE-Besteigung war Fischer, als er 1996 zum Everest aufbrach, in den Seattler Medien auffallend präsent. Mit seiner Bergsteigerkarriere ging es steil bergauf.

Fischer wurde von Journalisten natürlich immer wieder nach den Risiken gefragt, die mit dem Bergsteigen, wie er es betrieb, verbunden waren. Sie wollten wissen, wie dies mit seiner Rolle als Ehemann und Vater in Einklang zu bringen war. Fischer antwortete, daß er es schon seit längerem nicht mehr so darauf ankommen lassen würde wie noch zu seinen wilden Jugendzeiten – daß er ein sehr viel umsichtigerer, konservativerer Bergsteiger geworden sei. Kurz bevor er 1996 zum Everest aufbrach, sagte er dem Schriftsteller Bruce Barcott:»Ich bin hundertprozentig davon überzeugt, daß ich zurückkehre – meine Frau ist hundertprozentig davon überzeugt, daß ich zurückkehre. Wenn ich als Bergführer arbeite, macht sie sich um mich nicht die geringsten Sorgen, weil sie weiß, daß ich immer genau die richtigen Entscheidungen treffe. Wenn was schiefgeht, liegt das immer an menschlichem Versagen. Und genau das ist es, was ich von vornherein ausschließen will. In meiner Jugend hatte ich jede Menge Bergunfälle. Man überlegt sich jede Menge Ausreden, aber im Endeffekt ist es menschliches Versagen.«

Fischers mit vielen Reisen verbundene alpine Karriere war für seine Familie ziemlich hart, auch wenn er das Gegenteil behauptete. Er war ganz vernarrt in seine Kinder, und wenn er mal zu Hause in Seattle war, widmete er sich ihnen mit bemerkenswerter Fürsorge. Aber das Bergsteigen führte ihn regelmäßig für Monate weg von zu Hause. Bei sieben von neun Geburtstagen seines Sohnes fehlte er. Seine Freunde meinen, daß seine Ehe, als er 1996 zum Everest aufbrach, in Wirklichkeit ernsthaft gefährdet war, und die finanzielle Abhängigkeit von seiner Frau machte die Sache natürlich nicht leichter.

Mountain Madness war von Beginn an ein Unternehmen, das, wie die meisten seiner Konkurrenten, kaum mehr als kostendeckend arbeitete: 1995 machte Fischer einen Gewinn von gerade einmal 12000 Dollar. Aber die Dinge schienen sich endlich zum Besseren zu wenden, dank Fischers zunehmender Popularität und den Anstrengungen seiner Geschäftspartnerin und Büroleiterin Karen Dickenson, die durch ihr organisatorisches Talent und ihre Weitsicht Fischers Vorgehensweise nach dem Motto »Wir werden das Kind schon schaukeln« weitgehend wettmachte. Als er den Erfolg bemerkte, den Rob Hall mit Everest-Besteigungen hatte – und die Riesensummen, die er schon bald verlangen konnte –, sagte sich Fischer, daß es für ihn an der Zeit sei, auf den Everest-Markt zu drängen. Wenn er es Hall gleichtat, müßte Mountain Madness rasch in die Profitzone katapultiert werden können.

Geld an sich schien Fischer nicht sonderlich zu interessieren. Er machte sich wenig aus materiellen Dingen, aber er lechzte danach, anerkannt und respektiert zu werden – von seiner Familie, seinen Kollegen und von der Gesellschaft im allgemeinen –, und er war sich durchaus bewußt, daß Geld in unserer Kultur der Maßstab für Erfolg ist.

Ich traf Fischer 1994, wenige Wochen nachdem er erfolgreich vom Everest zurückgekehrt war, in Seattle. Ich kannte ihn nicht besonders gut, aber wir hatten ein paar gemeinsame Freunde und waren uns öfter beim Felsklettern oder auf Bergsteigerpartys über den Weg gelaufen. Er nutzte die Gelegenheit, um mir von der geführten Everest-Expedition, die er plante, zu erzählen: Ich solle doch mitkommen, versuchte er mich zu beschwatzen, und für *Outside* einen Artikel darüber schreiben. Als ich erwiderte, daß es für jemanden mit meiner begrenzten Höhenerfahrung verrückt sei, sich an den Everest zu wagen, meinte er:»Hey, Erfahrung wird echt überbewertet. Was zählt, ist deine Einstellung und nicht die Höhe. Du schaffst das. Du hast 'n paar ziemlich irre Touren durchgezogen – Dinger, die tausendmal schwieriger sind als der Everest. Wir haben Big E voll im Griff, wir haben's wirklich raus. Ich sag's dir, wir haben 'nen richtiggehenden Boulevard zum Gipfel gebaut.«

Scott hatte mein Interesse geweckt – sogar in größerem Maße, als er sich vielleicht bewußt war – und er ließ nicht locker. Jedesmal, wenn wir uns trafen, fing er mit dem Everest an und lag wiederholt Brad Wetzler, einem *Outside*-Redakteur, mit der Idee in den Ohren. Fischer zog alle Register, und nicht zuletzt deshalb machte die Zeitschrift die feste Zusage, mich auf den Everest zu schicken – wahrscheinlich, wie Wetzler andeutete, als Mitglied von Fischers Expedition. In Scotts Vorstellung war die Sache unter Dach und Fach.

Einen Monat vor meiner geplanten Abreise rief mich Wetzler jedoch an, um mir mitzuteilen, daß man sich anders entschieden habe: Rob Hall hatte der Zeitschrift ein erheblich besseres Angebot unterbreitet. Wetzler schlug also vor, daß ich mich der Adventure-Consultants-Expedition anschließen solle anstatt Fischers. Da ich Fischer kannte und schätzte und von Rob Hall damals so gut wie nichts wußte, reagierte ich anfänglich eher ablehnend. Nachdem mir jedoch Halls tadelloser Ruf von einem bewährten Kletterkumpel bestätigt worden war, sagte ich begeistert zu, mit Adventure Consultants auf den Everest zu gehen.

An einem Nachmittag im Basislager fragte ich Hall, warum er so scharf darauf gewesen sei, mich dabeizuhaben. Er erklärte mir freimütig, daß er weder besonders an meiner Person interessiert sei noch an der Publicity, die ihm mein Artikel vielleicht einbringen würde. Der ausschlaggebende Grund seien vielmehr die für sein Unternehmen so wertvollen Gratis-Anzeigen gewesen, die er durch den Deal, den er mit *Outside* abgeschlossen habe, erhalten würde. Hall sagte mir, daß er nur 10000 Dollar statt eines normalen Preises nehme. Der Rest werde mit teurem Anzeigenraum in der Zeitschrift abgegolten, deren Zielgruppe ein gutverdienendes, abenteuerlustiges, sportlich aktives Publikum ist – das Herzstück seiner Klientel. Und, viel wichtiger noch, wie Hall mir sagte:»Es ist ein amerikanisches Publikum. Achtzig bis neunzig Prozent des potentiellen Marktes für Führungen auf den Everest und die anderen der Seven Summits ist in den Vereinigten Staaten. Wenn sich mein Freund Scott nach dieser Saison als Everest-Führer etabliert hat, wird er gegenüber Adventure Consultants einen großen Vorteil haben, ganz einfach, weil er von Amerika aus operiert. Wenn wir mit ihm mithalten wollen, müssen wir uns dort mehr um Anzeigen kümmern.«

Als Fischer im Januar herausfand, daß Hall mich abgeworben hatte, platzte er fast vor Wut. Er rief mich aus Colorado an, so wütend wie nie, um mir zu sagen, daß er gar nicht daran denke, Hall den Sieg zu überlassen. (Wie Hall zuvor machte auch Fischer keinen Hehl daraus, daß sein Interesse nicht mir persönlich galt, sondern vielmehr der mit mir einhergehenden Publicity und Anzeigenwerbung). Er war jedoch letztlich nicht gewillt, mit Halls Angebot gleichzuziehen.

Als ich im Basislager als Mitglied der Adventure-Consultants-Gruppe statt mit Fischers Mountain-Madness-Expedition eintraf, schien Scott mir nicht weiter böse zu sein. Als ich ihn in seinem Lager besuchte, schenkte er mir einen Becher Kaffee ein, legte mir den Arm um die Schultern und schien alles in allem wirklich erfreut darüber zu sein, mich zu sehen.

Trotz des Komforts im Basislager wurde man ständig daran erinnert, daß man sich drei Meilen über dem Meeresspiegel befand. Der Gang zum Speisezelt brachte mich jedesmal minutenlang aus der Puste. Wenn ich mich mit einer zu raschen Bewegung aufrichtete, drehte sich mir der Kopf, und mir wurde schwindlig. Der tiefsitzende Keuchhusten, den ich mir in Lobuje geholt hatte, wurde mit jedem Tag schlimmer. An Schlaf war gar nicht zu denken, typisches Symptom einer leichteren Höhenkrankheit. Meistens wachte ich drei-, viermal auf und rang wie ein Erstickender nach Atem. Kleine Schnittwunden und Kratzer wollten nicht heilen. Ich bekam kaum noch einen Bissen runter, und mein Verdauungsapparat, der ja für die biochemische Umwandlung von Nahrung möglichst viel Sauerstoff benötigt, schien viel von dem, was ich brav hinunterwürgte, nicht verwerten zu wollen. Statt dessen begann mein Körper, sich selbst als Nahrung zu verzehren. Meine Arme und Beine waren bald so dünn wie Stöcke.

Einigen meiner Teamgefährten setzten die dünne Luft und die unhygienischen Zustände noch mehr zu als mir. Andy, Mike, Caroline, Stuart und John litten an Störungen des Magen-Darm-Trakts und mußten ständig aufs Klo rennen. Helen und Doug wurden von quälenden Kopfschmerzen geplagt. Doug beschrieb sie mir so: »Ungefähr so ein Gefühl, als ob dir jemand einen Nagel zwischen die Augen gehämmert hat.«

Dies war Dougs zweiter Everest-Versuch mit Hall. Letztes Jahr hatte Rob ihn und drei andere Kunden einhundert Meter vor dem Gipfel gezwungen umzukehren, da es spät geworden war und der Gipfelgrat unter einer dichten, lockeren Schneedecke begraben lag. »Der Gipfel wirkte soooo nah«, erinnerte Doug sich mit schmerzlichem Lachen. »Glaub mir, es ist seither kein Tag vergangen, an dem ich nicht daran denken muß.« Er hatte sich von Hall dazu überreden lassen, dieses Jahr zurückzukehren. Hall, dem es leid getan hatte, daß Doug der Gipfel verwehrt geblieben war, hatte Hansen einen kräftigen Preisnachlaß eingeräumt, quasi als Köder, um ihn dazu zu bewegen, es noch einmal zu versuchen.

Unter meinen Kameraden war Doug der einzige, der ausgedehnte Touren ohne professionellen Bergführer unternommen hatte. Obwohl kein Elite-Bergsteiger, war er dank fünfzehnjähriger Erfahrung in der Lage, im Gebirge auf sich selbst aufzupassen. Ich ging davon aus, daß, wenn überhaupt jemand aus unserer Expedition den Gipfel erreichte, Doug die besten Chancen hatte: Er war kräftig, hatte den nötigen Antrieb und er war bereits einmal sehr weit oben auf dem Everest gewesen.

Doug, der nur noch knapp zwei Monate vor seinem siebenundvierzigsten Geburtstag stand und seit siebzehn Jahren geschieden war, erzählte mir einmal im Vertrauen, daß er seither mit einer ganzen Reihe von Frauen zusammen war. Sie hatten ihn aber schließlich alle verlassen, weil sie es satt hatten, mit den Bergen um seine Aufmerksamkeit zu buhlen. Ein paar Wochen bevor er 1996 zum Everest aufbrach, hatte Doug einen Freund in Tucson besucht und dort eine andere Frau kennengelernt. Sie hatten sich ineinander verliebt. Eine Zeitlang überschütteten sie sich gegenseitig mit Faxsendungen, doch in den letzten Tagen hatte er nichts mehr von ihr gehört. »Schätze, sie hat mich durchschaut und einfach sausenlassen«, seufzte er ganz verzweifelt. »Dabei ist sie echt 'ne tolle Frau. Ich habe wirklich gedacht, das könnte was Ernstes werden.«

Später am gleichen Nachmittag kam er auf mein Zelt zu und wedelte mit einem frisch eingetroffenen Fax: »Karen Marie sagt, daß sie in die Nähe von Seattle zieht!« sprudelte es aus ihm heraus. »He! Die Sache könnte ernst werden. Ich seh jetzt besser mal zu, daß ich den Gipfel packe und den Everest endlich aus meinem Kopf bringe, bevor sie ihre Meinung ändert.«

Doug korrespondierte nicht nur mit der neuen Frau in seinem Leben; im Basislager brachte er auch viel Zeit damit zu, zahllose Postkarten an die Schüler der Sunrise Elementary School zu schreiben, einer öffentlichen Grundschule in Kent, die mit dem Verkauf von T-Shirts seine Everest-Tour finanziell unterstützt hatte. Er zeigte mir eine ganze Reihe von den Karten. »Manche Menschen haben große Träume, andere kleine Träume«, schrieb er einem Mädchen namens Vanessa. »Egal, ob deine groß oder klein sind, wichtig ist nur, daß du nie aufhörst zu träumen.«

Noch mehr Zeit widmete er den Faxen an seine beiden erwachsenen Kinder – Angie, neunzehn, und Jaime, siebenundzwanzig –, die er alleine aufgezogen hatte. Er hatte sein Zelt neben meinem aufgeschlagen, und jedesmal wenn ein Fax von Angie eintraf, las er es mir mit strahlenden Augen vor. »Himmel« verkündete er, »wer hätte gedacht, daß so ein verkorkster Typ wie ich so ein tolles Kind großzieht?«

Ich verschickte meinerseits nur wenige Karten oder Faxe. Vielmehr zerbrach ich mir den Kopf darüber, wie ich wohl weiter oben auf dem Berg zurechtkommen würde, vor allem in der sogenannten Todeszone über 8000 Meter. Ich hatte zwar erheblich mehr Erfahrung als die anderen Teilnehmer – und auch als die meisten der Bergführer –, wenn es um technisches Fels- und Eisklettern ging. Aber technische Beschlagenheit war auf dem Everest so gut wie wertlos, und praktisch alle meine Teamkameraden hatten mehr Zeit in großen Höhen verbracht als ich. Tatsächlich befand ich mich hier im Basislager – das erst an der Fußspitze des Everest gelegen war – höher als je zuvor in meinem Leben.

Hall schien dies nicht weiter zu jucken. Nach sieben Everest-Expeditionen, erklärte er, habe er einen feinabgestimmten, erstaunlich wirkungsvollen Akklimatisierungsplan entwickelt, um uns nach und nach an den geringen Sauerstoffgehalt der Luft zu gewöhnen. (Im Basislager war der Sauerstoffgehalt ungefähr halb so hoch wie auf Meereshöhe; auf dem Gipfel nur ein Drittel.) Der menschliche Körper paßt sich zunehmender Höhe auf vielfältige Art und Weise an: von erhöhter Atemtätigkeit bis zu einer Veränderung des pH-Wertes im Blut und einer radikalen Erhöhung der sauerstofftransportierenden roten Blutkörperchen – eine Umstellung, die normalerweise über mehrere Wochen geht.

Hall behauptete jedoch steif und fest, daß sich unsere Körper nach drei Touren von je sechshundert Metern übers Basislager hinaus genügend angepaßt hätten, um gefahrlos zu dem 8848 Meter hohen Gipfel vorzudringen. »Hat schon neununddreißigmal so geklappt, Junge«, versicherte Hall mir mit schiefem Grinsen, als ich ihm meine Zweifel gestand. »Und einige von den Typen, die mit mir auf dem Gipfel waren, haben genauso gejammert wie du jetzt.«

KAPITEL SECHS

Basislager des Everest
12. April 1996
5400 Meter

Je auswegloser die Lage und je größer die Anforderungen an den [Berg-steiger], desto süßer fließt ihm später, nach der Erlösung von all der Anspannung, das Blut in den Adern. Die überall lauernden Gefahren sind nur dazu da, um seine Konzentration zu schärfen und stets Herr der Lage zu sein. Und vielleicht ist dies das Grundprinzip aller lebens-gefährlichen Sportarten: Der Einsatz wird bewußt erhöht, um ein Höchstmaß an Kraft und Konzentration zu mobilisieren und den Kopf von Nebensächlichkeiten zu befreien. Ein Lebensentwurf im kleinen Maßstab, aber mit einem Unterschied: Anders als im Alltag, wo Fehler durch irgendeinen Kompromiß im großen und ganzen wiedergutge-macht werden können, ist jede Bewegung, jede Sekunde von tödlichem Ernst.

A. ALVAREZ
*The Savage God: A Study
of Suicide*

Eine Besteigung des Everest ist eine öde, umständliche Ange-legenheit, die eher einem gigantischen Bauprojekt als Klet-tern, so wie ich es bis dato kannte, gleichkommt. Halls Team bestand aus sechsundzwanzig Leuten, unser Sherpa-Perso-nal eingeschlossen. Alle wohlgenährt, beschützt und bei guter Gesundheit zu halten war schon ein kleines Kunststück. Hall jedoch war ein Quartiermeister, der seinesgleichen suchte, und er hatte Gefallen an der Herausforderung. Im Basislager saß er brütend über seitenlangen Computeraus-drucken, in denen die ausführlichsten logistischen Details aufgeführt waren: Menüs, Ersatzteile, Werkzeuge, Medikamente, Kommunikationsgeräte, Terminpläne für die Materialtransporte, Verfügbarkeit der Yaks. Als der geborene Techniker und Tüftler liebte er den organisatorischen Unterbau eines Unternehmens, Elektronik und technische Spielereien aller Art. In seiner freien Zeit bastelte er endlose Stunden an dem Solarenergiesystem herum oder las alte Ausgaben von *Popular Science.*

In der Tradition von George Leigh Mallory und den meisten anderen Everest-Aspiranten bestand Halls Strategie darin, den Berg regelrecht zu belagern. Die Sherpas richteten nacheinander vier verschiedene Camps oberhalb des Basislagers ein – von denen jedes ungefähr sechshundert Meter höher lag als das vorhergehende. Dazu mußten zentnerschwere Ladungen an Proviant, Brennstoff zum Kochen und Sauerstoffflaschen von Camp zu Camp geschafft werden, bis das erforderliche Material komplett auf dem knapp 8000 Meter hohen Südsattel vorrätig war. Wenn alles so ablief, wie Halls grandioser Plan es vorsah, würden wir in einem Monat den Gipfel von diesem höchsten Camp – Camp Vier – in Angriff nehmen.

Obwohl wir, die Kunden, nicht gebeten wurden, uns an den Lastentransporten zu beteiligen*, unternahmen wir vor dem Gipfelanstieg wiederholt Exkursionen über das Basislager hinaus, um uns weiter zu akklimatisieren. Rob kündigte uns den ersten dieser Akklimatisierungsstreifzüge für den 13. April an – einen Tagesmarsch zum Camp Eins und zurück. Camp Eins lag am oberen Ende des Khumbu-Eisfalls, etwa neunhundert Höhenmeter weiter hoch.

Den Nachmittag des 12. April, meines zweiundvierzigsten Geburtstags, verbrachten wir damit, unsere Bergausrüstung

---

* Seit den Tagen der ersten Everest-Besteigungen haben die meisten Expeditionen – ob kommerziell oder nicht-kommerziell – den Großteil ihrer Lastentransporte den Sherpas überlassen. Aber als Kunden einer Besteigung mit Bergführer mußten wir, abgesehen von dem wenigen an persönlicher Ausrüstung, überhaupt kein Gepäck tragen, und in dieser Hinsicht unterschieden wir uns erheblich von den frühen nicht-kommerziellen Expeditionen.

vorzubereiten. Unsere Sachen lagen überall zwischen den Felsblöcken herum, und das Lager ähnelte einem edlen Hinterhofflohmarkt. Wir sortierten unsere Kleidung, justierten Klettergurte, bereiteten die Sicherungsseile vor und paßten die Steigeisen an unsere Schuhe an (Steigeisen bestehen aus Metall, sind mit Zacken versehen und werden zum sicheren Gehen auf Eis unter den Schuhen befestigt). Es verwunderte mich, als ich sah, wie Beck, Stuart und Lou brandneue Bergschuhe auspackten, die, wie sie selber zugaben, kaum getragen waren. Ich fragte mich, ob sie sich darüber im klaren waren, wie riskant es ist, mit nicht eingelaufenen Schuhen zum Everest anzureisen: Vor 20 Jahren hatte ich selbst einmal eine Expedition mit neuen Bergschuhen unternommen, die mir schließlich wunde Füße beschert und mich geschwächt hatten.

Stuart, der junge kanadische Kardiologe, mußte feststellen, daß seine Steigeisen nicht unter seine neuen Schuhe paßten. Zum Glück schaffte Rob es mit seiner umfangreichen Werkzeugsammlung und dank genialer Tüftelarbeit, einen speziellen Gurt zusammenzunieten und die Steigeisen benutzbar zu machen.

Als ich meinen Rucksack für den nächsten Tag packte, erfuhr ich, daß nur wenige meiner Kameraden, voll eingespannt von ihrem Familienleben und ihren Hochleistungs-Karrieren, im letzten Jahr die Gelegenheit hatten, mehr als ein-, zweimal Bergsteigen zu gehen. Obwohl alle in bester physischer Verfassung zu sein schienen, waren sie umstandshalber gezwungen, den größten Teil ihres Fitneßtrainings auf dem StairMaster und anderen Foltermaschinen zu absolvieren anstatt auf Bergen. Dies gab mir zu denken. Körperliche Fitneß ist beim Bergsteigen ein entscheidender Faktor, aber es gibt andere, ebenso wichtige Komponenten, von denen keine einzige in einer Turnhalle geübt werden kann.

Aber vielleicht spiel ich hier ja nur den Snob, rügte ich mich. Wie dem auch sei, es war offensichtlich, daß meine Kameraden über die Aussicht, beim nächsten Tagesanbruch ihre Steigeisen in einen echten Berg zu bohren, ebenso aufgeregt waren wie ich.

Unsere Route zum Gipfel folgte dem Khumbu-Gletscher über die untere Hälfte des Berges. Dieser riesige Eisstrom floß vom 7000 Meter hohen Bergschrund* aus, der sein oberes Ende markierte, zweieinhalb Meilen lang durch ein relativ sanftes Tal, das sogenannte Western Cwm. Als der Gletscher sich zentimeterweise über die Buckel und Senken am Boden des Cwm schob, zerbarst er in zahllose senkrechte Spalten – Gletscherspalten. Einige davon waren schmal genug, um darüber hinwegzuschreiten; andere waren über zwanzig Meter breit, mehrere hundert Meter tief und eine halbe Meile lang. Die größeren konnten uns bei unserer Besteigung schwer zu schaffen machen, vor allem wenn sie sich unter einer Schneedecke verbargen, stellten sie eine ernsthafte Gefahr dar. Die Gletscherspalten des Cwm haben sich jedoch über die Jahre als ein durchaus kalkulierbares Risiko herausgestellt, das zu bewältigen ist.

Der Gletscherbruch wiederum war eine andere Geschichte. Kein anderes Teilstück der Südsattel-Route war unter Bergsteigern gefürchteter. Bei etwa 6000 Meter, am unteren Ende des Cwm brach der Gletscher abrupt über eine Steilstufe ab. Dies war der berüchtigte Khumbu-Eisfall, der technisch schwierigste Abschnitt der gesamten Route.

Messungen ergaben, daß die Vorwärtsbewegung des Gletschers im Bereich des Eisfalles teilweise über einen Meter pro Tag beträgt. Die Eismasse rutscht ruckweise das steile, unebene Terrain hinunter und zerbricht in ein Chaos aus riesigen, wackeligen Brocken und Türmen, Seracs genannt, von denen einige so groß wie Bürotürme sind.

Da sich die Aufstiegsroute unter und zwischen Hunderten dieser instabilen Eistürme schlängelte, hatte jeder Gang durch den Gletscherbruch etwas von russischem Roulette:

---

* Ein Bergschrund ist eine tiefe Kluft im oberen Bereich des Gletschers. Sie entsteht, wenn sich die Gletschermasse von der steileren (Fels- oder Firn-) Wand oberhalb löst.

früher oder später würde irgendein Serac ohne Vorwarnung zusammenstürzen, und man konnte nur hoffen, daß man sich in dem Moment nicht direkt unterhalb davon befand. Seit 1963, als Jake Breitenbach, ein Kamerad von Hornbein und Unsoeld, von einem herabstürzenden Serac erschlagen worden war und das erste Opfer des Eisfalls wurde, verloren achtzehn weitere Bergsteiger hier ihr Leben.

Vergangenen Winter – wie in jedem Winter zuvor – hatte Hall sich mit den Führern der anderen Expeditionen zusammengesetzt, die den Berg im Frühjahr besteigen wollten. Sie verständigten sich darauf, daß eines der Teams eine Route durch den Gletscherbruch auskundschaftet und präpariert. Jenes Team bekam von den anderen Expeditionen auf dem Berg für seine Mühe 2200 Dollar. In den letzten Jahren ist dieser gemeinschaftliche Ansatz allgemein begrüßt worden, aber das ist nicht immer so gewesen.

1988 war das erste Jahr, in dem das so ablief. Damals hatte eine mit einem dicken Budget ausgestattete amerikanische Expedition verkündet, daß jede andere Expedition, die vorhatte, ihre Route zu nehmen, die sie im Gletscherbruch präpariert hatte, 2000 Dollar rüberschieben mußte. Ein paar von den anderen Teams aus jenem Jahr, die nicht einsehen wollten, daß der Everest nicht mehr länger nur ein Berg, sondern eine Handelsware war, gerieten darüber in Rage. Und am lautesten zeterte Rob Hall, der ein kleines, fast mittelloses neuseeländisches Team anführte.

Hall nörgelte, daß die Amerikaner »den Geist der Berge verletzen« würden und eine beschämende Form von alpiner Erpressung begingen. Aber Jim Frush, ein nüchterner Anwalt, der das amerikanische Team anführte, blieb ungerührt. Mit zusammengebissenen Zähnen erklärte Hall sich schließlich bereit, Frush einen Scheck zu schicken, und durfte so den Gletscherbruch passieren. (Frush erklärte später, daß Hall seine Schulden nie bezahlt habe.)

Innerhalb von zwei Jahren jedoch machte Hall eine Kehrtwendung und sah schließlich ein, daß es durchaus sinnvoll war, für den Gletscherbruch eine Art Durchgangszoll zu erheben. Mehr noch, von 1993 bis 1995 meldete er sich für die Arbeit freiwillig und kassierte die Gebühr selbst. Im Frühling 1996 zog er es vor, die Verantwortung für den Eisbruch nicht zu übernehmen. Aber er bezahlte freudig den Führer der konkurrierenden kommerziellen* Expedition – einen schottischen Everest-Veteranen namens Mal Duff – für die Übernahme des Jobs.

Lange bevor wir überhaupt im Basislager angekommen waren, hatte eine Gruppe von Sherpas – von Duff eingestellt – einen im Zickzack verlaufenden Weg durch die Seracs gebahnt. Sie fixierten mehr als eine Meile Seil und befestigten an die sechzig Aluminiumleitern über den Klüften des Gletschers. Die Leitern wurden von einem geschäftstüchtigen Sherpa aus dem Dorf Gorak Shep gegen Gebühr verliehen. Der Mann verdiente sich damit jede Saison ein hübsches Sümmchen.

Nun stand ich also am 13. April, einem Samstagmorgen, um 4 Uhr 45 am Fuße des sagenumwobenen Eisfalls und schnallte in der kühlen Düsternis vor Anbruch der Dämmerung meine Steigeisen an.

Erfahrene Alpinisten, die mehr als nur einmal knapp am Tod vorbeigeschrammt sind, raten ihren jungen Schützlingen immer wieder, daß man, um dem Tod zu entkommen, auf seine »innere Stimme« hören soll. Zahllose Geschichten kursierten über diesen oder jenen Bergsteiger, der beschloß, in seinem Schlafsack zu bleiben, nachdem er (oder sie) irgend-

---

* Obwohl ich hier mit »kommerziell« jede Expedition, die profitorientiert arbeitete, bezeichnet wissen möchte, sind nicht alle kommerziellen Expeditionen geführte Touren. Mal Duff zum Beispiel – der wesentlich weniger als Halls oder Fischers 65 000 Dollar verlangte – leitete zwar die Expedition und stattete sie mit allem zur Besteigung Nötigen aus (Essen, Zelte, Sauerstoffflaschen, Fixseile, Sherpa-Personal und so weiter), fungierte aber nicht als Bergführer; er setzte voraus, daß die Bergsteiger seines Teams genug Bergerfahrung hatten, um am Everest selbständig und sicher auf und ab zu steigen.

113

welche unheilverkündenden Schwingungen im Äther bemerkt hatte, und dadurch einer Katastrophe entging, die andere, die den Vorzeichen keine Beachtung schenkten, tötete.

Ich zweifelte keineswegs daran, daß es zuweilen durchaus seinen Sinn hat, einem Wink des Unterbewußtseins zu folgen. Als ich darauf wartete, daß Rob voranging, sendete das Eis unter unseren Füßen eine ganze Serie von weithin hörbaren Knacklauten aus – wie kleine Bäumchen, die entzweigebrochen werden –, und ich spürte, wie ich bei jedem Knallen und Rumpeln aus den sich in ständiger Bewegung befindlichen Tiefen des Gletschers zusammenzuckte. Das Problem war, daß meine innere Stimme der eines aufgeregten Suppenhuhns glich: Sie schrie mir zu, daß ich drauf und dran sei zu sterben. Aber das tat sie ja beinahe jedesmal, wenn ich meine Bergschuhe schnürte. Ich tat daher mein möglichstes, meine filmreifen Phantasiebilder zu ignorieren, und folgte Rob mit grimmiger Miene in das gespenstisch blaue Labyrinth.

Auch wenn ich mich noch nie zuvor in einem dermaßen furchteinflößenden Eisfall wie dem Khumbu befunden hatte, war ich bereits durch viele andere Gletscherbrüche geklettert. Typisch sind die senkrechten oder gar überhängenden Passagen, die außerordentliches Geschick im Umgang mit Eispickel und Steigeisen verlangen.

Dem Khumbu-Eisfall mangelte es sicher nicht an steilem Eis, aber überall waren Leitern, Seile oder beides angebracht. Daher waren die konventionellen Mittel und Techniken des Eiskletterns im großen und ganzen überflüssig.

Mir wurde bald klar, daß auf dem Everest nicht einmal das Seil – des Bergsteigers wichtigstes Utensil – im altehrwürdigen Sinne Verwendung fand. Normalerweise ist ein Bergsteiger durch ein etwa 50 Meter langes Seil mit einem oder zwei Kameraden fest verbunden. Somit ist jeder direkt verantwortlich für das Leben der anderen. Das Anseilen ist daher eine ernste und äußerst intime Sache. Im Khumbu-Eisfall aber war es ratsam, daß jeder für sich allein kletterte, ohne auf irgendeine Weise mit den anderen verbunden zu sein.

Mal Duffs Sherpas hatten vom unteren bis zum oberen Ende des Gletscherbruchs durchgehend Fixseile angebracht. An meiner Hüfte war ein kurzer Sicherungs-Strick befestigt, an dessen Ende ein Karabiner hing. Ich war also nicht durch ein mit einem Teamkameraden verbundenes Seil gesichert, sondern dadurch, daß ich meinen Sicherungs-Strick mit dem Karabiner im Fixseil einklinkte und ihn – während ich aufstieg – an diesem entlanggleiten ließ. Dank dieser Klettertechnik konnten wir uns schnellstmöglich durch die gefährlichsten Stellen des Eisbruchs bewegen. Darüber hinaus mußte niemand die Verantwortung für sein Leben den Teamkameraden anvertrauen, von denen man nicht wußte, wie es denn nun tatsächlich um ihre Fähigkeiten stand. Wie sich herausstellte, war es während der gesamten Expedition nicht ein einziges Mal nötig, mich an einen anderen Bergsteiger zu seilen.

Wenn im Gletscherbruch auch nur wenig an herkömmlichen Klettertechniken gefragt war, so verlangte er einem andererseits ein ganzes Repertoire an neuen Fertigkeiten ab – zum Beispiel die Fähigkeit, in Bergschuhen und Steigeisen auf Zehenspitzen über drei wacklige, jeweils an ihren Enden miteinander verzurrte Leitern zu gehen. Sie überbrückten die Gletscherspalten, die so furchterregend waren, daß es einem den Schließmuskel zusammenzog. Es gab viele solche Überquerungen, und ich habe mich nie an sie gewöhnen können.

Einmal, im Zwielicht kurz vor Anbruch der Dämmerung, tippelte ich unsicher auf einer kippeligen Leiter von einer Sprosse zur nächsten, und plötzlich, wie bei einem Erdbeben, erzitterte das Eis, auf dem die Leiter an beiden Enden auflag. Einen Augenblick später folgte ein ohrenbetäubendes Donnern – von irgendwo oben kam ein riesiger Eisblock herabgestürzt. Ich blieb wie angewurzelt stehen, das Herz in der Hose, aber die Eislawine ging irgendwo fünfzig Meter zu meiner Linken nieder, ohne Schaden anzurichten. Ich wartete ein paar Minuten, und als ich mich schließlich wieder gefangen hatte, balancierte ich ans andere Ende der Leiter weiter.

Ein weiterer Unsicherheitsfaktor beim Überqueren der Leitern war die Tatsache, daß sich der Gletscher ständig verändert. Als Folge der ständigen Bewegungen hatten Gletscherspalten sich teilweise wieder zusammengezogen und die Leitern wie Zahnstocher verbogen. Dann wiederum konnte eine Gletscherspalte sich ausgeweitet haben, so daß die Leitern kaum noch Halt hatten und fast schon in der Luft schwebten. Wenn die Nachmittagssonne das Eis und den Schnee erwärmte, schmolzen die Verankerungen* aus, mit denen die Leitern und Seile gesichert waren. Obwohl sie täglich kontrolliert und wo nötig ausgebessert wurden, bestand die Gefahr, daß sich ein Seil unter Körpergewicht losreißen würde.

Aber auch wenn der Eisbruch eine mühselige, angsteinflößende Plackerei war, so hatte er durchaus seinen Reiz. Wenn die Morgendämmerung die Düsternis aus dem Himmel wusch, offenbarten die Eistrümmer des Gletschers sich als eine dreidimensionale Landschaft von bizarrer Schönheit. Es war fünfzehn Grad unter dem Gefrierpunkt. Meine Steigeisen bohrten sich mit einem beruhigenden Knirschen in die Kruste des Gletschers. Dem Fixseil folgend, schlängelte ich mich durch ein senkrechtes Labyrinth aus kristallblauen Stalagmiten. Von beiden Seiten des Gletschers stemmten sich steile, von Eisbändern durchzogene Felsvorsprünge vor wie die Schultern eines feindseligen Gottes. Ganz versunken in meine Umgebung, den Ernst der Aufgabe und die Anstrengung, verlor ich mich immer mehr in der Freude am Berg-

---

* Zur Befestigung der Seile und Leitern an Schneehängen wurden einen knappen Meter lange Alu-Pflöcke verwendet, sogenannte »Pickets«. Bei hartgefrorenem Gletschereis kamen »Eisschrauben« zum Einsatz: hohle, mit einem Gewinde versehene Röhren von etwa zwanzig Zentimeter Länge, die ins Eis geschraubt wurden.

steigen, und ein, zwei Stunden lang war sogar die Angst vergessen.

Nachdem wir dreiviertel des Weges zu Camp Eins zurückgelegt hatten, machten wir Rast. Hall meinte, daß er den Eisbruch noch nie in so gutem Zustand gesehen hätte:»Mensch, die Route ist diese Saison 'ne richtiggehende Autobahn.« Aber nur wenig höher, bei 5800 Metern, führten uns die Seile an den Fuß eines gewaltigen, mit seinem Gleichgewicht ringenden Eisturmes. Das Ding war so wuchtig wie ein zwölfstöckiges Hochhaus und ragte im Winkel von dreißig Grad gegen die Senkrechte über unsere Köpfe hinaus. Die Route folgte einem natürlichen Laufsteg, der sich im scharfen Winkel zu den überhängenden Eismassen hochwand: Wir mußten also über diesen abstrusen Eisturm steigen, um seiner drohenden Tonnenlast zu entkommen.

Sicherheit hing, wie mir klar wurde, von der Geschwindigkeit ab. So schnell ich konnte hechelte ich auf den vergleichsweise sicheren höchsten Punkt des Eisturmes zu. Nun war ich aber immer noch nicht völlig akklimatisiert, und obwohl ich mich bemühte, so schnell wie möglich zu gehen, kam kaum mehr als Kriechgeschwindigkeit dabei heraus.

Alle vier, fünf Schritte mußte ich anhalten, mich ans Seil lehnen und wie ein Erstickender nach der dünnen, bitteren Luft ringen, die mir gleichzeitig in den Lungen brannte.

Schließlich erreichte ich den flachen Kopf des Eisklotzes, ohne daß er zusammenstürzte, und plumpste atemlos zu Boden. Mein Herz hämmerte wie ein Schlagbohrer. Wenig später, gegen 8 Uhr 30, erreichte ich das obere Ende des Eisbruchs, gleich hinter den letzten Seracs. Trotz der Geborgenheit in Camp Eins kam ich nicht zur Ruhe: Immer wieder mußte ich an diesen Eisblock denken, der bedrohlich kippend nur ein Stück weiter unten lauerte, und an die Tatsache, daß ich mich noch mindestens siebenmal an seinen schwankenden Massen vorbeistehlen mußte, falls ich es auf den Gipfel des Everest schaffen wollte. Bergsteiger, die diese als die »Yak-Route« verunglimpfen, so sagte ich mir, waren noch nie durch den Khumbu-Eisfall gestiegen.

Kurz bevor wir aufbrachen, hatte Rob uns erklärt, daß wir uns um Punkt 10 Uhr wieder auf den Rückweg zum Basislager machen würden, auch in dem Fall, daß nicht alle von uns Camp Eins erreicht hätten; es ginge ihm darum, die Mittagssonne zu vermeiden, die den Eisbruch noch unberechenbarer mache. Zum vereinbarten Zeitpunkt waren nur Rob, Frank Fischbeck, John Taske, Doug Hansen und ich im Camp Eins angekommen; Yasuko Namba, Stuart Hutchison, Beck Weathers und Lou Kasischke, die von Mike Groom und Andy Harris hochgeführt wurden, waren noch etwa sechzig, siebzig Höhenmeter vom Camp entfernt, als Rob per Funkgerät die Umkehr anordnete.

Zum ersten Mal hatten wir alle einander wirklich klettern gesehen und konnten so die Stärken und Schwächen der anderen, auf die jeder von uns in den nächsten Wochen angewiesen war, einschätzen. Doug und John – mit sechsundfünfzig der älteste im Team – hatten ganz gut ausgesehen. Aber Frank, der gebildete, stets leise sprechende Verleger aus Hongkong, hatte den besten Eindruck hinterlassen: Er bewies sein ganzes Know-how, das er sich auf den drei vorhergehenden Everest-Expeditionen erworben hatte, indem er langsam anfing, aber immer das gleiche, beständige Tempo beibehielt. Als er am oberen Ende des Eisbruchs ankam, hatte er in aller Stille beinahe jeden überholt, und er schien nicht einmal schwer zu atmen.

In auffallendem Gegensatz dazu stand Stuart – der jüngste und scheinbar kräftigste im ganzen Team. Er hatte es furchtbar eilig gehabt, vor allen anderen aus dem Lager zu kommen, sich dann aber bald verausgabt. Als es schließlich auf das Ende des Eisbruchs zuging, konnte er kaum mehr weiter und fiel weit zurück. Lou, der sich am Morgen des ersten Tages auf dem Treck zum Basislager eine Muskelzerrung im Bein zugezogen hatte, die ihm noch immer zu schaffen machte, war langsam, aber offenbar ein fähiger, erfahrener

Bergsteiger. Beck und vor allem Yasuko wiederum hatten nicht so überzeugend gewirkt. Beide schienen mehrere Male drauf und dran zu sein, von einer Leiter in eine Gletscherspalte zu stürzen. Yasuko schien keine Ahnung vom Gebrauch von Steigeisen zu haben*. Andy war als nachgeordnetem Bergführer die Aufgabe zugeteilt worden, mit den Nachzüglern am Ende des Zuges zu bleiben. Er brachte den ganzen Morgen damit zu, ihr die grundlegenden Eistechniken beizubringen und stellte sich als begabter, extrem geduldiger Lehrer heraus.

Ungeachtet der Mängel, die innerhalb unserer Gruppe zutage traten, verkündete Rob oben auf dem Gletscherbruch, daß er sehr zufrieden sei und daß alle eine ausgezeichnete Leistung geboten hätten.»Dafür, daß ihr das erste Mal übers Basislager hinausgekommen seid, habt ihr euch bemerkenswert gut geschlagen«, erklärte er wie ein stolzer Vater.»Ich glaube, wir haben dieses Jahr eine ganz schön starke Truppe zusammen.«

Der Abstieg zum Basislager dauerte nur etwas mehr als eine Stunde. Als ich mir auf den letzten hundert Metern zu den Zelten die Steigeisen abnahm, hatte ich das Gefühl, die Sonne würde mir geradewegs ein Loch in den Schädel bohren. Das Kopfweh machte sich jedoch erst ein paar Minuten später richtig bemerkbar, als ich mit Helen und Chhongba im Speisezelt plauderte. So etwas hatte ich noch nie erlebt: ein marternder Schmerz zwischen den Schläfen – Schmerz, der so stark war, daß mich Wellen der Übelkeit überkamen. Ich brachte nicht einmal mehr einen klaren zusammenhängenden Satz zustande. Ich befürchtete schon, irgendeine Art von Gehirnschlag erlitten zu haben, und taumelte mitten in der Unterhaltung davon, verkroch mich in meinen Schlafsack und zog mir die Mütze über die Augen.

---

* Obwohl Yasuko bei ihren früheren Besteigungen des Aconcagua, McKinley, Elbrus und Vinson Steigeisen benutzt hatte, war bei keinem dieser Anstiege »richtiges« Eisklettern gefordert, da die Aufstiegsrouten jeweils über relativ sanfte Schneeflanken oder Geröll führen.

Die Kopfschmerzen waren von der zermürbenden Intensität einer Migräne, und ich hatte nicht die leiseste Ahnung, was die Ursache war. Ich bezweifelte, daß es mit der Höhe zusammenhing, weil es erst unten nach meiner Ankunft im Basislager so richtig losgegangen war. Wahrscheinlicher war, daß es etwas mit der starken ultravioletten Strahlung zu tun hatte, die meine Netzhäute verbrannt und mein Gehirn weich gekocht hatte. Aber was auch immer sie bewirkt hatte, die Schmerzen waren furchtbar und unerbittlich. Die nächsten fünf Stunden lag ich in meinem Zelt und versuchte alles zu vermeiden, was irgendwie die Sinne reizen könnte. Wenn ich die Augen öffnete oder sie auch nur hinter geschlossenen Lidern hin und her rollte, durchzuckte mich ein vernichtender Schmerz. Als ich es bei Sonnenuntergang nicht mehr aushalten konnte, wankte ich zum Krankenzelt hinüber, um Caroline, die Expeditionsärztin, um Hilfe zu bitten.

Sie gab mir ein starkes Schmerzmittel und sagte mir, daß ich etwas Wasser trinken sollte, aber nach ein paar Schlucken würgte ich die Tabletten samt dem Wasser und Resten vom Mittagessen wieder hoch. »Hmmm«, sinnierte Caro, während sie auf das Erbrochene blickte, das über meine Stiefel gespritzt war. »Scheint ganz so, als müßten wir es mit was anderem versuchen.« Sie gab mir eine kleine Tablette, die ich unter meiner Zunge auflösen und die mir die Übelkeit nehmen sollte. Dann mußte ich zwei Kodeintabletten schlucken. Eine Stunde später ließ der Schmerz allmählich nach. Ich weinte beinahe vor Dankbarkeit und sank in Bewußtlosigkeit.

Ich lag dösend im Schlafsack und betrachtete die Schatten, die die Morgensonne über mein Zelt warf. Plötzlich rief Helen: »Jon! Linda ist am Telefon!« Ich fuhr in meine Sandalen, sprintete die fünfzig Meter zum Kommunikationszelt hinüber und griff völlig außer Atem nach dem Hörer.

Das gesamte Satellitentelefon- und Faxgerät war nicht größer als ein Laptop. Anrufe waren teuer – ungefähr fünf Dollar pro Minute – und nicht immer kam man durch, aber allein die Tatsache, daß meine Frau in Seattle eine dreizehnstellige Nummer wählen und mit mir am Mount Everest sprechen konnte, machte mich baff. Der Anruf war zwar wie Balsam für meine gepeinigte Seele, aber die Resignation in Lindas Stimme war unverkennbar, sogar vom anderen Ende des Globus. »Mir geht's gut«, versicherte sie mir, »aber du fehlst mir.«

Vor 18 Tagen war sie in Tränen ausgebrochen, als sie mich zum Flugzeug nach Nepal gebracht hatte. »Als ich vom Flughafen zurückgefahren bin«, gestand sie, »hab ich nur noch geweint. Der Abschied war so ungefähr das Traurigste in meinem Leben. Ich glaube, ich hab auf irgendeine Art das Gefühl gehabt, daß du vielleicht nicht mehr zurückkommst, und ich fand, daß es die Sache nun wirklich nicht wert ist. Ich fand's einfach beschissen und sinnlos.«

Wir waren seit fünfzehneinhalb Jahren verheiratet. Nur ein paar Wochen nachdem wir zum ersten Mal darüber gesprochen hatten, den Sprung zu wagen, standen wir vor einem Friedensrichter und brachten's hinter uns. Ich war damals sechsundzwanzig und hatte erst kürzlich beschlossen, das Bergsteigen an den Nagel zu hängen und mich mit beiden Beinen dem ernsthaften Leben zu stellen.

Als ich Linda kennenlernte, war sie selbst Bergsteigerin gewesen – und zwar eine außergewöhnlich begabte. Aber nachdem sie den Arm gebrochen und eine schwere Rückenverletzung erlitten hatte, kam sie zu einer kühleren Einschätzung der unvermeidlichen Risiken und stieg aus. Linda wäre nie auf den Gedanken gekommen, mich zu bitten, das Bergsteigen bleibenzulassen, aber als ich ihr verkündete, daß ich vorhätte, ebenfalls damit aufzuhören, bestärkte sie das in ihrer Entscheidung, mich zu heiraten. Ich hatte jedoch die Faszination, die das Bergsteigen auf mich ausübte, unterschätzt und vergessen, daß es meinem ansonsten ziellosen Leben einen Sinn gegeben hatte. Ich ahnte nichts von der inneren Leere, die ohne diesen Sport schon bald von mir Besitz ergriff.

Innerhalb eines Jahres holte ich klammheimlich mein Seil wieder aus der Abstellkammer und war zurück an den Felsen. Als ich dann 1984 in die Schweiz reiste, um durch die berüchtigt gefährliche Eiger-Nordwand zu steigen, standen Linda und ich kurz vor der Trennung, und meine Kletterei war die Wurzel all unserer Schwierigkeiten.

Nach meinem gescheiterten Versuch am Eiger stand unsere Beziehung drei Jahre lang auf wackligen Beinen. Es waren harte Zeiten, aber unsere Ehe hielt. Linda lernte, meine Bergsteigerei zu akzeptieren: Ihr wurde klar, daß sie ein wesentlicher (wenn auch schwer zugänglicher) Bestandteil meiner Persönlichkeit war. Im Bergsteigen, begriff sie, drückte sich irgendein seltsamer, unveränderlicher Charakterzug von mir aus, an dem ich genausowenig etwas ändern konnte wie an der Farbe meiner Augen. Dann, inmitten unserer behutsamen Wiederannäherung, kam von *Outside* die Bestätigung, daß man mich an den Everest schicken werde.

Am Anfang gab ich vor, ich ginge als Journalist und nicht als Bergsteiger hin – als hätte ich den Auftrag angenommen, weil die Kommerzialisierung des Everest ein interessantes Thema und die Bezahlung nicht schlecht sei. Ich erklärte Linda und jedem, der fand, daß der Himalaja vielleicht eine Nummer zu groß für mich wäre, daß ich aller Voraussicht nach nicht sehr hoch am Berg aufsteigen würde.»Ich werd wohl nur ein bißchen übers Basislager hinauskraxeln«, meinte ich hartnäckig. »Einfach um mal einen Geschmack davon zu bekommen, was das nun mit der Höhe wirklich auf sich hat.«

Das war natürlich völliger Unsinn. Wenn man den ganzen Aufwand bedenkt, die Länge der Reise und die Zeit, die ich brauchte, um mich körperlich fit zu machen, hätte ich, wenn ich zu Hause geblieben wäre und andere Schreibjobs angenommen hätte, wesentlich mehr Geld verdient. Ich nahm den Auftrag an, weil mich das Everest-Fieber gepackt hatte. In Wahrheit hatte ich noch nie in meinem Leben etwas so sehr gewollt, wie diesen Berg zu besteigen. Als ich das Angebot einmal angenommen hatte, war es von Anfang an meine Absicht, so hoch zu steigen, wie mich meine Beine und Lungen nur irgendwie tragen würden.

Als dann die Zeit gekommen war und Linda mich zum Flughafen fuhr, hatte sie mich längst durchschaut. Sie spürte die wahren Dimensionen meiner Sehnsucht, und sie machten ihr angst. »Wenn du dabei draufgehst«, warf sie mir mit einer Mischung aus Verzweiflung und Wut vor, »bist du nicht der einzige, der dafür den Preis zahlt. Ich muß dafür genauso zahlen, um das mal klarzustellen, und zwar mein Leben lang. Sag bloß, das ist dir egal.«

»Ich werd schon nicht draufgehen«, antwortete ich. »Jetzt mach doch nicht so ein Drama draus.«

KAPITEL SIEBEN

Camp Eins
13. April 1996
5 950 Meter

*Nun gibt es jedoch Männer, auf die das Unerreichbare eine unwider-
stehliche Anziehungskraft ausübt. Für gewöhnlich handelt es sich dabei nicht um Spezialisten: Ihre Ziele und Träume sind stark genug, jene
Zweifel beiseite zu wischen, die vorsichtigere Männer hegen. Ihre
stärksten Waffen sind Entschlossenheit und der Glaube ans Gelingen.
Im besten Falle werden solche Männer als exzentrisch angesehen, im
schlimmsten als verrückt...
Der Everest hat etliche solche Männer angezogen. Ihre Bergerfahrung reichte von schlichtweg nicht vorhanden bis sehr geringfügig –
und sicherlich hatte keiner dieser Männer die Art Erfahrung, die eine
Besteigung des Everest als geeignetes Ziel erscheinen läßt. Drei Dinge
waren ihnen allen gemein: Selbstvertrauen, große Entschlossenheit
und Ausdauer.*

WALT UNSWORTH
Everest

*Ehrgeiz und Entschlossenheit wurden mir in die Wiege gelegt, zwei
Tugenden, ohne die ich um einiges glücklicher geworden wäre. Ich grübelte viel und lange, und der in die Ferne gerichtete Blick des Träumers
wurde mir zur Gewohnheit, denn von jeher waren es die fernen Gipfel,
die mich faszinierten und mich im Geiste anzogen. Ich war mir nicht
sicher, was man alles zu erreichen imstande war, wenn man nur wenig
mehr als sein Ausdauervermögen in die Waagschale zu werfen hatte,
aber das Ziel war hochgesteckt, und jeder Rückschlag ließ mich nur
noch entschlossener werden, um wenigstens einmal einen großen
Traum erfüllt zu sehen.*

EARL DENMAN
Alone to Everest

An den Hängen des Everest fehlte es im Frühling 1996 wahrlich nicht an Träumern. Viele, die gekommen waren, den Berg zu besteigen, hatten nicht viel mehr an Erfahrung vorzuweisen als ich, wenn nicht weniger. Als für jeden von uns der Moment gekommen war, unsere eigenen Fähigkeiten einer realistischen Einschätzung zu unterziehen und sie gegen die gewaltige Herausforderung des höchsten Berges der Erde aufzuwiegen, hätte man meinen können, daß die Hälfte der Leute im Camp an Wahnvorstellungen litt. Aber was sollte man auch anderes erwarten? Der Everest war schon immer ein Magnet für Verrückte, Publicity-Süchtige, hoffnungslose Romantiker und andere mit einem gestörten Verhältnis zur Realität.

Im März 1947 kam ein in Armut geratener kanadischer Ingenieur namens Earl Denman in Darjeeling an und verkündete überall seine Absicht, den Everest zu besteigen – und das, obwohl er weder große Bergerfahrung besaß noch eine offizielle Erlaubnis, in Tibet einzureisen. Irgendwie schaffte er es, zwei Sherpas zu überreden, ihn zu begleiten; Ang Dawa und Tenzing Norgay.

Tenzing – der gleiche Mann, dem später mit Hillary die Erstbesteigung gelang – war 1933 als Siebzehnjähriger von Nepal nach Darjeeling emigriert. Er hoffte, dort von einer Expedition angeheuert zu werden, die in jenem Frühling unter der Führung des großen britischen Bergsteigers Eric Shipton zu dem Berg aufbrach. Der junge Sherpa, der darauf brannte, mitzugehen, wurde in jenem Jahr nicht genommen. Aber er blieb in Indien und wurde von Shipton zwei Jahre später für die britische Everest-Expedition von 1935 angeheuert. Als Tenzing damals einwilligte, mit Denman zu gehen, war er bereits dreimal an dem großen Berg gewesen. Später gestand er, daß er sich eigentlich die ganze Zeit über die Verwegenheit von Denmans Plänen im klaren gewesen war, aber auch Tenzing konnte der Faszination des Everest nicht widerstehen:

[N]ichts daran hatte wirklich Hand und Fuß. Erstens würden wir es wahrscheinlich nicht einmal bis nach Tibet schaffen. Zweitens, wenn wir es trotzdem schafften reinzukommen, würde man uns wahrscheinlich aufgreifen, und wir als Denmans Führer würden uns ebenso große Schwierigkeiten einhandeln wie Denman sich selbst. Drittens glaubte ich nicht eine Sekunde daran, daß, selbst wenn wir den Berg erreichten, ein Haufen wie der unsere in der Lage wäre, ihn zu besteigen. Viertens, es trotzdem zu versuchen wäre äußerst gefährlich. Fünftens, Denman hatte weder Geld, um uns zu bezahlen, noch konnte er eine angemessene Summe für unsere Angehörigen garantieren, für den Fall, daß uns etwas zustieße. Und so weiter und so fort. Jeder, der einigermaßen bei Verstand war, hätte nein gesagt. Aber das konnte ich nicht. Denn etwas tief in meinem Herzen befahl mir zu gehen, und die Anziehungskraft des Everest wirkte auf mich stärker als irgendeine andere Kraft auf Erden. Ang Dawa und ich besprachen uns ein paar Minuten, und gleich darauf trafen wir unsere Entscheidung. »Okay«, sagte ich zu Denman, »wir werden's versuchen.«

Als die kleine Expedition durch Tibet in Richtung Everest zog, lernten die beiden Sherpas den Kanadier mehr und mehr schätzen und respektieren. Er besaß zwar keine Erfahrung, aber sie konnten nicht umhin, seinen Mut, seine Kraft und Ausdauer zu bewundern. Und Denman – das mußte man ihm lassen – war letztlich, als sie auf den Hängen des Berges standen und ihm die Realität ins Gesicht starrte, bereit, seine Unzulänglichkeit einzugestehen. Als sie auf 6700 Meter in einen schweren Sturm gerieten, gab Denman sich geschlagen, und die drei Männer kehrten um. Nur fünf Wochen nachdem sie aufgebrochen waren, kehrten sie wohlbehalten nach Darjeeling zurück.

Ein idealistisch-melancholischer Engländer namens Maurice Wilson unternahm dreizehn Jahre vor Denman einen ähnlich draufgängerischen Besteigungsversuch und sollte nicht so glücklich davonkommen. Wilson war von dem Wunsch getrieben, seinen Mitmenschen helfen zu müssen.

Er war überzeugt, daß die zahllosen Übel der Menschheit durch eine Kombination aus Fasten und dem Glauben an die Macht Gottes geheilt werden könnten, und eine Besteigung des Everest, schloß er, sei die ideale Möglichkeit, diese Überzeugung in den Blickpunkt der Öffentlichkeit zu rücken. Er heckte den Plan aus, mit einem kleinen Flugzeug nach Tibet zu fliegen, an den Flanken des Everest eine Bruchlandung hinzulegen und von dort aus Richtung Gipfel zu steigen. Seine Ahnungslosigkeit in puncto Bergsteigen und Fliegen sah er dabei nicht als größeres Hindernis an.

Wilson kaufte sich eine Gypsy Moth, deren Flügel mit Tuch bespannt waren, taufte sie *Ever Wrest* und erlernte die Grundlagen des Fliegens. Dann ging er für fünf Wochen in den bescheidenen Hügeln von Snowdonia und dem Lake District auf Wanderschaft, um das zu lernen, was er glaubte, über das Bergsteigen wissen zu müssen. Im Mai 1933 hob er in seinem winzigen Flieger ab und nahm via Kairo, Teheran und Indien Kurs auf den Everest.

Zu jenem Zeitpunkt hatte Wilson bereits für erhebliches Aufsehen in der Presse gesorgt. Er flog nach Purtabpur in Indien, aber da ihm die Regierung Nepals keine Genehmigung erteilte, das Land zu überfliegen, verkaufte er die Maschine kurzerhand für 500 Pfund und reiste auf dem Landweg nach Darjeeling weiter. Dort angekommen, erfuhr er, daß auch Tibet ihm die Einreise verweigerte. Dies ließ ihn ebenfalls kalt: Im März 1934 engagierte er drei Sherpas, verkleidete sich als buddhistischer Mönch, trotzte den Behörden des Raj und trekkte heimlich 300 Meilen durch die Wälder von Sikkim und über die tibetischen Hochebenen. Am 14. April kam er am Fuße des Everest an.

Er wanderte über das mit Steinen bedeckte Eis des östlichen Rongbuk-Gletschers und kam anfänglich gut voran, bis ihm schließlich seine Unkenntnis im Begehen von Gletschern doch zum Verhängnis wurde. Er irrte umher, verlor den Mut und war bald völlig erschöpft. Trotzdem wollte er nicht aufgeben.

Mitte Mai hatte er das obere Ende des östlichen Rongbuk-Gletschers auf 6400 Meter erreicht und plünderte ein Proviant- und Ausrüstungslager, das bei Eric Shiptons erfolglos verlaufender Expedition 1933 angelegt worden war. Von dort aus stieg er die zum Nordsattel führenden Steilhänge hoch. Er drang bis auf 6900 Meter vor, bevor ein senkrechter Eishang, der schlicht und ergreifend zu schwierig für ihn war, ihn zum Rückzug zu Shiptons Vorratslager zwang. Aber kapitulieren wollte er dennoch nicht. Am 28. Mai schrieb er in sein Tagebuch:»Ich werde es ein letztes Mal versuchen, und ich bin sehr zuversichtlich«, woraufhin er sich ein weiteres Mal auf den Weg nach oben machte.

Ein Jahr später, als Shipton zum Everest zurückkehrte, stieß seine Expedition am Fuß des Nordsattels im Schnee auf Wilsons steinhart gefrorene Leiche.»Nachdem wir hin und her überlegt hatten, was zu tun sei, beschlossen wir, ihn in einer Gletscherspalte zu begraben«, schrieb Charles Warren, einer der Bergsteiger, die die Leiche gefunden hatten.»Wir zogen damals alle den Hut vor ihm, und ich glaube, daß die Sache uns allen einen ziemlichen Schreck eingejagt hatte. Ich wiegte mich damals in dem Glauben, daß mir der Anblick von Leichen nichts mehr anhaben könnte, aber irgendwie, unter den damaligen Umständen und weil er letztlich das gleiche tat wie wir, schien seine Tragödie uns allen ziemlich nahezugehen.«

Die in jüngster Zeit um sich greifende rasante Vermehrung moderner Wilsons und Denmans auf den Hängen des Everest – einigermaßen qualifizierte Träumer wie einige meiner Kameraden – ist ein Phänomen, das heftigste Kritik hervorgerufen hat. Aber die Frage, wer auf den Everest gehört und wer nicht, ist vielschichtiger, als es vielleicht auf den ersten Blick scheinen mag. Die Tatsache, daß ein Bergsteiger einen erheblichen Geldbetrag gezahlt hat, um bei einer von einem Bergführer geleiteten Expedition dabeisein zu dürfen, heißt noch lange nicht, daß er oder sie auf dem Berg eigentlich nichts zu suchen hat. Tatsächlich gab es im Frühling 1996 mindestens zwei kommerzielle Everest-Expeditionen, bei denen Himalaja-Veteranen mitkletterten, die selbst nach strengsten Maßstäben als geeignet durchgehen würden.

Als ich am 13. April im Camp Eins oberhalb vom Eisfall auf meine Teamkameraden wartete, zogen ein paar Bergsteiger von Scott Fischers Mountain-Madness-Expedition in eindrucksvollem Tempo an mir vorbei. Unter ihnen war Klev Schoening, ein achtunddreißigjähriger Bauunternehmer aus Seattle und ehemaliges Mitglied der US-Skimannschaft. Schoening ist zwar außergewöhnlich kräftig, doch fehlte ihm jegliche Höhenerfahrung. In seiner Begleitung befand sich allerdings sein Onkel, Pete Schoening, eine lebende Himalaja-Legende.

Pete, der in ein paar Monaten neunundsechzig wurde, war ein schmächtiger, leicht gebeugter Mann in verblichenem, abgetragenem GoreTex. Nach langer Abwesenheit war er wieder in den Himalaja zurückgekehrt. 1958 hatte er als die treibende Kraft hinter der Erstbesteigung des Hidden Peak, eines 8068 Meter hohen Berges im Karakorum in Pakistan, Geschichte geschrieben – damals die höchste Erstbesteigung durch einen amerikanischen Bergsteiger. Noch größere Berühmtheit hatte Pete jedoch für die heroische Rolle erlangt, die er bei der gescheiterten Expedition zum K2 im Jahre 1953 spielte, dem gleichen Jahr, in dem Hillary und Tenzing den Gipfel des Everest erreichten.

Als die achtköpfige Expedition hoch oben am K2 in einem tosenden Schneesturm festsaß und darauf wartete, zum Gipfel weitersteigen zu können, zog sich ein Teamkamerad namens Art Gilkey eine Thrombophlebitis zu, ein lebensbedrohliches, durch den Aufenthalt in großer Höhe hervorgerufenes Blutgerinnsel. Als Schoening und den anderen klarwurde, daß sie Gilkey sofort nach unten schaffen mußten, um den Hauch einer Chance zu wahren, ihn zu retten, machten sie sich mitten im wütenden Sturm daran, ihn über den steilen Abruzzi-Grat hinabzutransportieren. Auf 7600 Meter rutschte ein Bergsteiger namens George Bell aus und riß vier weitere mit sich in die Tiefe. Schoening wickelte reflexartig das Seil um Schultern und Eispickel und schaffte es irgendwie, Gilkey zu halten und gleichzeitig den Fall seiner fünf Kameraden zu stoppen, ohne selbst aus dem Stand gerissen zu werden. Ein unglaubliches Bravourstück, das in die Annalen des Bergsteigens einging.

Und nun wurde Pete Schoening von Fischer und seinen beiden Bergführern Neal Beidleman und Anatoli Boukreev auf den Everest geführt. Als ich Beidleman, einen baumstarken Bergsteiger aus Colorado fragte, was er dabei fühlte, einen Kunden von der Klasse Schoenings zu führen, lächelte er abwehrend und verbesserte mich rasch:»Jemand wie ich ›führt‹ Pete Schoening nirgendwohin. Ich betrachte es vielmehr als große Ehre, mit ihm im gleichen Team zu sein.« Schoening machte bei Fischers Mountain-Madness-Gruppe nicht deshalb mit, weil er einen Bergführer benötigt hätte, sondern damit er sich nicht um das ganze nervenaufreibende Drumherum kümmern mußte, wie etwa Genehmigungen, Sauerstoffflaschen, Zeltausrüstung, Proviant, Sherpa-Helfer und andere logistische Details.

Ein paar Minuten nachdem Pete und Klev Schoening zu ihrem eigenen Camp Eins an uns vorbeigestiegen waren, tauchte ihre Teamkameradin Charlotte Fox auf. Die achtunddreißigjährige Fox, dynamisch und von klassischer Schönheit, war eine Skipatrouillenfahrerin in Aspen, Colorado, und hatte bereits zwei Achttausender bestiegen: den Gasherbrum II in Pakistan, 8035 Meter, und den 8201 Meter hohen Nachbarn des Everest, den Cho Oyu. Später traf ich auf ein Mitglied von Mal Duffs kommerzieller Expedition, einen achtundzwanzigjährigen Finnen namens Veikka Gustafsson, der unter anderem bereits den Everest, Dhaulagiri, Makalu und den Lhotse bestiegen hatte.

Ganz anders die Kunden in Halls Team. Keiner von ihnen

hatte es jemals auf den Gipfel eines Achttausenders geschafft. Wenn jemand wie Pete Schoening das Äquivalent eines Baseballspielers der ersten Liga war, dann waren meine zahlenden Kameraden und ich eine Hinterhofansammlung annehmbarer Softballspieler aus der Provinz, die sich den Weg zur Weltmeisterschaft durch Bestechung erkauft hatten. Ja, oben nach dem Gletscherbruch hatte Hall uns »eine ganz schön starke Truppe« genannt. Und vielleicht waren wir ja, gemessen an den Teams, die Hall in den letzten Jahren den Berg hochgeführt hatte, tatsächlich stark. Dennoch war ich mir völlig im klaren darüber, daß niemand von uns ohne ein erhebliches Maß an Hilfe seitens Halls, der Bergführer und Sherpas auch nur den Hauch einer Chance hatte, den Everest zu besteigen.

Andererseits hatte unsere Truppe weitaus mehr drauf als so manches andere Team an diesem Berg. Bei einer kommerziellen Expedition, die von einem Engländer mit kaum nennenswerter Himalaja-Erfahrung geführt wurde, waren einige Bergsteiger mit äußerst zweifelhaften Fähigkeiten dabei. Die am wenigsten qualifizierten Leute am Everest waren jedoch nicht unter den geführten Kunden zu suchen, sondern vielmehr bei den traditionell organisierten, nicht kommerziell arbeitenden Expeditionen.

Beim Abstieg zum Basislager durch den unteren Bereich des Eisfalls, überholte ich zwei langsamere Kletterer in äußerst seltsamer Kleidung und Ausrüstung. Ein Blick genügte, um zu sehen, daß sie mit der für eine Gletscherbegehung erforderlichen Ausrüstung und Technik nicht vertraut waren. Der hintere der beiden blieb ein ums andere Mal mit seinen Steigeisen hängen und stolperte. Schließlich mußte ich warten, bis sie zwei wacklige, miteinander verzurrte Leitern überquerten, die eine weit klaffende Gletscherspalte überbrückten. Mir verschlug es fast den Atem, als ich sah, daß sie es im Duo taten, beinahe im Gleichschritt – ein völlig überflüssiges, zusätzliches Risiko. Auf der anderen Seite der Gletscherspalte versuchte ich dann mehr schlecht als recht, mich mit ihnen zu unterhalten, und erfuhr, daß sie einer taiwanesischen Expedition angehörten.

Den Taiwanesen war ihr Ruf zum Everest vorausgeeilt. Im Frühling 1995 war das gleiche Team nach Alaska gereist, um sich – als eine Art Generalprobe für die Everest-Besteigung – am Mount McKinley zu versuchen. Neun Bergsteiger erreichten den Gipfel, aber sieben davon wurden beim Abstieg von einem Unwetter überrascht. Sie verloren die Orientierung, mußten auf 5900 Meter eine Nacht im Freien verbringen und setzten eine riskante und kostspielige Rettungsaktion des National Park Service in Gang.

Alex Lowe und Conrad Anker, zwei der besten Alpinisten Amerikas, unterbrachen auf 4400 Meter auf Bitte der Park Rangers ihren eigenen Besteigungsversuch und eilten den Taiwanesen zu Hilfe, die zu jenem Zeitpunkt bereits mit dem Tod rangen. Mit größten Schwierigkeiten und unter Einsatz ihres eigenen Lebens schleppten Lowe und Anker jeweils einen Taiwanesen von 5900 Meter auf 5250 Meter herunter, wo sie von einem Hubschrauber abtransportiert werden konnten. Alles in allem wurden fünf Mitglieder des taiwanesischen Teams – zwei mit schweren Erfrierungen und ein Toter – vom McKinley geborgen. »Nur einer ist gestorben«, sagt Anker. »Aber wenn Alex und ich nicht so schnell oben gewesen wären, wären noch zwei weitere draufgegangen. Die Taiwanesen waren uns schon vorher aufgefallen, weil sie so unfähig und dilettantisch wirkten. Hat uns nicht überrascht, daß sie in Schwierigkeiten geraten sind.«

Der Leiter der Expedition, Gau Ming-Ho – ein jovialer, freischaffender Fotograf, der sich selbst »Makalu« nennt, nach dem imposanten Himalaja-Berg –, war völlig entkräftet und mußte halb erfroren von zwei Bergführern aus Alaska nach unten geleitet werden. »Als die beiden ihn herunterbrachten«, erzählte Anker, »rief Makalu jedem, der vorbeikam, zu: ›Sieg! Sieg! Wir haben den Gipfel geschafft!‹, als wenn das Debakel gar nicht passiert wäre. Ja, ja, dieser Makalu kam mir schon ziemlich daneben vor.« Als die Überlebenden des McKinley-Debakels 1996 auf der Südseite des Everest auftauchten, war es wieder Makalu Gau, der sie anführte.

Die Anwesenheit der Taiwanesen am Everest löste unter den anderen Expeditionen am Berg erhebliche Besorgnis aus. Es bestand die nicht unberechtigte Befürchtung, daß die Taiwanesen in Not geraten würden und andere Expeditionen als Retter fungieren müßten. Dadurch würden noch mehr Menschenleben aufs Spiel gesetzt, ganz zu schweigen davon, daß anderen Bergsteigern die Möglichkeit genommen würde, den Gipfel zu erreichen. Aber die Taiwanesen waren beileibe nicht das einzige Team, das mordsmäßig unqualifiziert wirkte.

Neben uns im Basislager lagerte ein fünfundzwanzigjähriger norwegischer Bergsteiger namens Petter Neby, der allen seine Absicht kundtat, im Alleingang die Südwestwand* zu durchsteigen, eine der gefährlichsten und technisch anspruchsvollsten Everest-Routen – trotz der Tatsache, daß sich seine Himalaja-Kenntnisse auf zwei Besteigungen des benachbarten Island Peak beschränkten, eines 6180 Meter hohen Buckels auf einem untergeordneten Ausläufer des Lhotse, der nichts als ein paar stramme Beine verlangt.

Und dann waren da die Südafrikaner. Von einer großen Zeitung, der Johannesburger *Sunday Times*, gesponsert, hatte ihr Team eine Welle von überschwenglichen patriotischen Gefühlen ausgelöst. Vor der Abreise hatten sie sogar den Segen von Präsident Mandela empfangen. Sie waren das erste südafrikanische Team, dem jemals eine Genehmigung für eine Everest-Besteigung erteilt worden war, eine gemischtrassige Gruppe, von dem Ehrgeiz getragen, den ersten Farbigen auf den Gipfel zu bringen. Ihr Leiter war Ian Woodall, neununddreißig, eine geschwätzige mausähnliche Type, die sich ständig in Anekdoten über seine mutigen

---

* Obwohl Nebys Expedition als »Solo-Besteigung« angekündigt war, hatte er achtzehn Sherpas engagiert, die für ihn Lastentransporte erledigten, Fixseile anbrachten, Hochlager errichteten und ihn den Berg hinaufführten.

Taten als Militärbefehlshaber hinter den feindlichen Linien erging, während Südafrikas langem, brutal geführtem Konflikt mit Angola in den Achtzigern.

Woodall hatte drei der besten südafrikanischen Bergsteiger rekrutiert, die den Kern seines Teams bilden sollten: Andy de Klerk, Andy Hackland und Edmund February. Die gemischtrassige Zusammensetzung des Teams war für den vierzigjährigen February, einen zurückhaltenden farbigen Paläoökologen und Bergsteiger von internationalem Rang und Namen, von besonderer Bedeutung.»Meine Eltern haben mich nach Sir Edmund Hillary benannt«, erklärte er. »Den Everest zu besteigen war schon von klein an einer meiner ganz persönlichen Träume. Aber viel wichtiger war noch, daß ich in der Expedition ein bedeutendes Zeichen für eine Nation gesehen habe, die mitten im Einigungsprozeß steht und versucht, demokratische Verhältnisse zu schaffen und sich von ihrer Vergangenheit zu befreien. Ich bin in vielen Dingen unter dem Joch der Apartheid aufgewachsen, und ich bin darüber sehr verbittert. Aber nun sind wir eine neue Nation. Ich glaube fest an die Richtung, die mein Land einschlägt. Zu zeigen, daß wir Südafrikaner zusammen den Everest besteigen können, Schwarz und Weiß auf dem Gipfel – das wäre schon großartig.«

Die gesamte Nation stellte sich hinter die Expedition. »Woodall hat für das Projekt wirklich genau den richtigen Augenblick erwischt«, meinte de Klerk.»Mit dem Ende der Apartheid konnten Südafrikaner endlich reisen, wohin sie wollten, und unsere Sportler konnten in der ganzen Welt an Wettkämpfen teilnehmen. Südafrika hat gerade die Rugby-Weltmeisterschaft gewonnen. Die ganze Nation war von einer Welle der Euphorie erfaßt, jeder war echt stolz, okay? Als Woodall also mit der Idee einer südafrikanischen Everest-Expedition ankam, waren alle hellauf begeistert, und er hat viel Geld lockermachen können – umgerechnet ein paar hunderttausend US-Dollar –, ohne daß die Leute viele Fragen gestellt hätten.«

Neben sich, den drei Bergsteigern und einem britischen Bergsteiger und Fotografen namens Bruce Herrod wollte Woodall eine Frau bei der Expedition dabeihaben. Bevor er also aus Südafrika aufbrach, lud er sechs Kandidatinnen zu einer Besteigung des 5895 Meter hohen Kilimandscharo ein, körperlich wohl anstrengend, technisch jedoch anspruchslos. Am Ende des zweiwöchigen Ausscheidungskampfes verkündete Woodall, daß er das Feld der Bewerberinnen auf zwei Finalistinnen reduziert habe: Cathy O'Dowd, sechsundzwanzig, eine weiße Journalismus-Dozentin mit begrenzter Bergsteigererfahrung, deren Vater Vorstand der Anglo American ist, des größten südafrikanischen Wirtschaftskonzerns; und Deshun Deysel, fünfundzwanzig, eine schwarze Sportlehrerin ohne jegliche Bergerfahrung, die in einem Township mit strenger Rassentrennung aufgewachsen ist. Woodall sagte schließlich, daß beide Frauen das Team ins Basislager begleiten dürften; er wolle noch ihre Leistung während des Trecks abwarten und erst dann entscheiden, welche der beiden beim Anstieg auf den Gipfel mit von der Partie sein würde.

Am 1. April, dem zweiten Tag meiner Wanderung zum Basislager, traf ich unterhalb von Namche Bazaar zu meinem Erstaunen February, Hackland und de Klerk auf dem Weg weg von den Bergen, Richtung Kathmandu. De Klerk, ein Freund von mir, erzählte mir, daß sie zusammen mit Charlotte Noble, ihrer Teamärztin, aus der Expedition ausgestiegen seien, noch bevor man überhaupt am Fuße des Berges angekommen war. »Woodall, der Leiter, hat sich als waschechtes Arschloch rausgestellt«, erklärte de Klerk. »Der totale Kontrollfreak. Und vertrauen konnte man ihm auch nicht – wir haben nie gewußt, ob er uns nun irgendeinen Scheiß auftischt oder die Wahrheit sagt. Wir wollten unser Leben nicht in die Hände von so einem Typen geben. Also sind wir abgehauen.«

Woodall hatte gegenüber de Klerk und anderen behauptet, daß er den Himalaja kenne wie seine Westentasche und auch schon über 8000 Meter aufgestiegen sei. In Wahrheit beschränkte sich Woodalls Himalajaerfahrung darauf, daß er einmal 6200 Meter erreicht hatte, als zahlender Kunde einer von Mal Duff im Jahre 1990 geleiteten kommerziellen Expedition an der Annapurna.

Darüber hinaus hatte Woodall, bevor man zum Everest aufgebrochen war, auf der website der Expedition mit einer hervorragenden militärischen Laufbahn geprahlt. Als Soldat der britischen Armee sei er mehrfach befördert worden,»um schließlich Kommandeur der Elite-Einheit Long Range Mountain Reconnaissance Unit zu werden, die einen Großteil ihrer Ausbildung im Himalaja absolviert.« Der *Sunday Times* hatte er weisgemacht, daß er auch Militärausbilder an der Royal Academy von Sandhurst, England, gewesen sei. Nun ist es aber zufälligerweise so, daß es in der britischen Armee so was wie eine Long Range Mountain Reconnaissance Unit gar nicht gibt, und Woodall war zu keinem Zeitpunkt Ausbilder in Sandhurst, noch hat er in Angola hinter feindlichen Linien gekämpft. Laut eines Sprechers der britischen Armee tat Woodall Dienst als Schreiber beim Zahlmeister.

Woodall sagte ebenfalls nicht die Wahrheit darüber, wen er auf die Liste des vom nepalesischen Tourismusministerium ausgestellten Gipfel-Permit* gesetzt hatte.

Er hatte von Anfang an behauptet, daß sowohl Cathy O'Dowd als auch Deshun Deysel auf der Liste stünden und daß er erst im Basislager endgültig entscheiden werde, welche von den beiden Frauen beim Gipfelteam dabeisein würde. Nachdem de Klerk sich aus dem Unternehmen zurückgezogen hatte, entdeckte er jedoch, daß O'Dowd zwar auf der Genehmigungsliste stand, ebenso wie Woodalls neunundsechzigjähriger Vater und ein Franzose namens Tierry Renard (der Woodall 35000 Dollar gezahlt hatte, um

---

* Nur Bergsteigern, die im offiziellen Permit aufgelistet sind – zu einem Preis von 10000 Dollar pro Kopf – ist der Aufstieg über das Basislager hinaus erlaubt.

sich dem südafrikanischen Team anschließen zu dürfen), aber nicht Deshun Deysel – nach Ed Februarys Rückzug die einzige Schwarze im Team. De Klerk zog daraus die Schlußfolgerung, daß Woodall nie die Absicht hatte, Deysel den Berg besteigen zu lassen.

Um das Ganze noch schlimmer zu machen, hatte Woodall de Klerk – der mit einer Amerikanerin verheiratet ist und die doppelte Staatsbürgerschaft besitzt – vor der Abreise aus Südafrika klipp und klar gesagt, daß er bei der Expedition nur dann dabei wäre, wenn er sich damit einverstanden erklärte, mit seinem südafrikanischen Ausweis in Nepal einzureisen. »Er hat ein Riesentheater darum veranstaltet«, erinnert sich de Klerk, »weil wir die erste südafrikanische Expedition wären und so weiter. Aber wie sich herausstellte, hat Woodall selbst keinen südafrikanischen Paß. Er ist nicht einmal südafrikanischer Staatsbürger – der Typ ist 'n Brite, und er ist mit seinem britischen Ausweis in Nepal eingereist.«

Woodalls endlose Betrügereien wurden zum internationalen Skandal, der auf den Titelseiten der Zeitungen im gesamten britischen Commonwealth landete. Als die schlechte Presse allmählich zu ihm durchdrang, zeigte der größenwahnsinnige Führer den Kritikern die kalte Schulter und isolierte sein Team so gut wie möglich von den anderen Expeditionen. Darüber hinaus verbannte er den *Sunday-Times*-Reporter Ken Vernon und den Fotografen Richard Shorey aus der Expedition, obwohl er einen Vertrag unterzeichnet hatte, in dem vereinbart worden war, daß es den beiden Journalisten als Gegenleistung für die finanzielle Unterstützung der Zeitung »zu jedem Zeitpunkt erlaubt ist, die Expedition zu begleiten«, und daß die Mißachtung dieser Vereinbarung »einen Vertragsbruch darstellt.«

Der Herausgeber der *Sunday Times*, Ken Owen, der sich auf einem Trekking-Urlaub befand, der so gelegt war, daß er mit der Everest-Expedition zusammenfiel, hatte sich just zu jener Zeit mit seiner Frau auf den Weg ins Basislager gemacht. Woodalls Freundin, eine junge Französin namens Alexandrine Gaudin, führte sie dorthin. In Pheriche erfuhr Owen, daß Woodall seinen Reporter samt Fotografen vor die Tür gesetzt hatte.

Völlig baff schickte er dem Expeditionsführer eine Nachricht, in der er erklärte, daß die Zeitung nicht die Absicht hätte, Vernon und Shorey den Auftrag zu entziehen und daß die Journalisten angewiesen seien, sich der Expedition wieder anzuschließen. Als Woodall das Schreiben erhielt, bekam er einen Wutanfall und eilte vom Basislager nach Pheriche, um sich mit Owen auszusprechen.

Laut Owen fragte er Woodall während der nachfolgenden Auseinandersetzung rundheraus, ob Deysels Name auf dem Permit stehe. Woodall antwortete: »Das geht Sie nichts an.«

Als Owen die Vermutung äußerte, Deysel sei wohl nur »als Alibi-Schwarze« mitgenommen worden, um dem Team den Anschein von Südafrikanismus zu geben«, drohte Woodall, sowohl Owen als auch dessen Frau umzubringen. Unter anderem erklärte der völlig aufgebrachte Expeditionsführer: »Ich werde dir die Birne vom Leib reißen und sie dir den Arsch hochrammen.«

Kurz danach kam der Journalist Ken Vernon im südafrikanischen Basislager an – ein Umstand, über den er zuerst mittels Rob Halls Satelliten-Faxgerät berichtete –, nur um »von einer grimmig dreinblickenden Cathy O'Dowd« davon in Kenntnis gesetzt zu werden, »daß ich in dem Lager nicht willkommen sei«. Vernon schrieb später in der *Sunday Times*: *Ich sagte ihr, daß sie nicht das Recht habe, mich von einem Lager auszuschließen, das von meiner Zeitung bezahlt wurde. Als ich nachhakte, sagte sie, daß sie auf »Anweisung« von Mr. Woodall handele. Sie sagte, daß Shorey bereits aus dem Lager hinausgeworfen worden sei und daß ich besser daran täte, ihm zu folgen, da mir weder Essen noch Unterkunft gewährt werden würde. Ich war von dem Marsch noch ganz wackelig auf den Beinen, und bevor ich entschied, ob ich mich der Verordnung widersetzen oder gehen würde, bat ich sie um eine Tasse Tee. »Auf gar keinen Fall«, erwiderte sie.*

Ms. O'Dowd ging zu Ang Dorje, dem Anführer der Sherpas, und sagte mit deutlich hörbarer Stimme:»Der Herr dort ist Ken Vernon, einer der Leute, von denen wir Ihnen erzählt haben. Ihm ist jede Unterstützung zu verweigern.« Ang Dorje ist ein Baum von einem Kerl, und wir hatten so manches Glas Chang miteinander geleert, das beinahe feuergefährliche Gebräu der Einheimischen. Ich sah ihn an und fragte:»Nicht einmal eine Tasse Tee?« Es spricht für ihn, daß er ganz im Sinne der traditionellen Gastfreundschaft der Sherpas Ms. O'Dowd einfach nur anblickte und sagte:»Quatsch.« Er packte meinen Arm, schleppte mich ins Speisezelt und servierte mir eine Tasse dampfenden Tee mit einem Teller Kekse.

Im Anschluß an das, was Owen als »schaudererregenden Meinungsaustausch« mit Woodall in Pheriche beschrieb, kam der Herausgeber zu der »Einsicht... daß die Atmosphäre innerhalb des Expeditionsteams vergiftet und das Leben der ständigen Mitarbeiter der *Sunday Times*, Vernon und Shorey, in ernsthafter Gefahr war.« Owen wies daher Vernon und Shorey an, nach Südafrika zurückzukehren, und die Zeitung publizierte eine Erklärung, in der sie die Unterstützung für die Expedition zurücknahm.

Da Woodall bereits das Geld der Zeitung kassiert hatte, konnte es sich dabei nur um einen symbolischen Akt handeln, der so gut wie keinen Einfluß auf sein weiteres Vorgehen am Berg hatte. Woodall weigerte sich sogar – selbst nachdem er einen Brief von Nelson Mandela erhalten hatte, in dem zur Versöhnung als einer Angelegenheit des nationalen Interesses aufgerufen wurde –, die Führung der Expedition niederzulegen oder auch nur einen irgendwie gearteten Kompromiß einzugehen. Er bestand stur darauf, daß die Everest-Besteigung wie geplant durchgeführt werde, mit ihm am Ruder.

Nachdem das Expeditionsteam also auseinandergebrochen und er wieder zurück in Kapstadt war, beschrieb February seine Enttäuschung. »Vielleicht war ich ja naiv«, sagte er mit bewegter Stimme. »Aber ich habe es gehaßt, unter der Apartheid groß zu werden. Den Everest mit Andrew und den anderen zu besteigen wäre ein tolles Symbol dafür gewesen, daß das alte System endgültig zusammengebrochen ist. Woodall hatte nicht das geringste Interesse an der Geburt eines neuen Südafrika. Er hat die Träume einer ganzen Nation für seine eigenen egoistischen Ziele mißbraucht. Die Entscheidung, aus der Expedition auszusteigen, war die härteste meines Lebens.«

Mit der Abreise von February, Hackland und de Klerk befand sich in dem Team niemand mehr, der mehr als ein Minimum an alpiner Erfahrung aufzuweisen gehabt hätte (abgesehen von dem Franzosen Renard, der sich der Expedition nur angeschlossen hatte, um auf der Genehmigungsliste zu stehen, und der unabhängig von den anderen unterwegs war, mit seinen eigenen Sherpas.) Mindestens zwei von den Leuten wußten nicht einmal, wie man Steigeisen anzieht.

Der norwegische Alleingänger, die Taiwanesen und besonders die Südafrikaner waren in Halls Speisezelt ein anhaltendes Thema. »Mit so vielen Dilettanten am Berg«, sagte Rob mit einem Stirnrunzeln an einem Abend Ende April, »ist es wohl ziemlich unwahrscheinlich, daß wir die Saison überstehen, ohne daß oben irgendein Scheiß passiert.«

KAPITEL ACHT

Camp Eins
16. April 1996
5 950 Meter

Kaum jemand wird wohl je ernsthaft behaupten, daß das Leben in gro-
ßen Höhen ein Vergnügen ist – und ich meine Vergnügen im üblichen
Sinne des Wortes. Das qualvolle Schinden und Schuften auf dem Weg
nach oben, und mag es auch noch so schleppend vorangehen, gibt
einem immerhin eine gewisse grimmige Befriedigung; den größten Teil
seiner Zeit verbringt man jedoch gezwungenermaßen in den extrem
beengten, tristen Verhältnissen eines Hochlagers, wo einem sogar die-
ser Trost genommen ist. Rauchen ist völlig ausgeschlossen; essen führt
häufig zum Erbrechen. Da das Gepäck auf ein bloßes Minimum redu-
ziert werden muß, kann nichts zum Lesen mitgenommen werden,
wenn man mal von den Etiketten auf Konservendosen absieht. Sardi-
nenöl, Büchsenmilch und Sirup sind im ganzen Zelt verschüttet. Ab-
gesehen von kurzen Momenten, in denen man normalerweise nicht für
ästhetische Genüsse empfänglich ist, gibt es dort außer dem öden
Chaos im Zelt und der schuppigen, unrasierten Visage des Kameraden
nichts zu sehen – sein dumpfes Atmen wird zum Glück vom Heulen
des Windes übertönt. Das Schlimmste ist das Gefühl der absoluten
Hilflosigkeit und Ohnmacht im Falle eines Unglücks. Ich tröste mich
immer mit dem Gedanken, daß mich noch vor einem Jahr die Vorstel-
lung, an unserem gegenwärtigen Abenteuer teilzunehmen, völlig aus
dem Häuschen gebracht hätte, eine Hoffnung, die mir damals wie ein
ferner Traum erschienen war. Aber die Höhe hat auf den Verstand die
gleiche Wirkung wie auf den Körper; man ist weniger aufnahmebereit,
brütet dumpf vor sich hin, und ich hatte nur noch den einen Wunsch,
diese elende Plackerei endlich hinter mich zu bringen und in ein wenig
erträglicheres Klima hinabzusteigen.

ERIC SHIPTON
Upon that Mountain

Nach zwei Ruhetagen im Basislager brachen wir am 16. April kurz vor Sonnenaufgang zu unserem zweiten Akklimatisierungsausflug durch den Eisfall auf. Als ich mich mit bangen Schritten zwischen den ächzenden und stöhnenden Eistrümmern aufwärts bewegte, merkte ich bald, daß mein Atem nicht mehr ganz so schwer ging wie bei unserem ersten Ausflug. Mein Körper fing also bereits an, sich an die Höhe anzupassen. Die Angst, unter einem zusammenstürzenden Serac begraben zu werden, war jedoch mindestens genauso groß wie beim ersten Mal. Ich hatte gehofft, daß der gigantische überhängende Eisturm auf 5800 Meter – von irgendeinem Scherzkeks in Fischers Team ›Mausefalle‹ getauft – mittlerweile zusammengekracht war. Er stand jedoch immer noch drohend da, ein Stück weiter vornübergekippt. Wieder trieb ich die Pumpleistung meines Herzens in die Höhe, um seinem bedrohlichen Schatten zu entkommen, und wieder sank ich auf die Knie, als ich auf dem höchsten Punkt des Seracs ankam, atemringend und noch ganz zittrig von dem Adrenalin, das durch meine Adern jagte.

Anders als bei unserem ersten Akklimatisierungstrip, bei dem wir nach knapp einstündigem Aufenthalt im Camp Eins wieder ins Basislager abgestiegen waren, sah Robs Plan nun vor, daß wir am Dienstag und Mittwoch im Camp Eins übernachten und anschließend für einen zusätzlichen dreitägigen Aufenthalt zum Camp Zwei weiterziehen sollten.

Als ich um neun Uhr morgens Camp Eins erreichte, war Ang Dorje*, unser für die Hochlager zuständige Sirdar**, ge-

---

* Nicht zu verwechseln mit dem Sherpa des südafrikanischen Teams gleichen Namens. Ang Dorje ist – wie Pemba, Lhakpa, Ang Tshering, Ngawang, Dawa, Nima und Pasang – unter Sherpas ein sehr verbreiteter Eigenname. Die Tatsache, daß diese Namen 1996 auf dem Everest gleich von zwei oder drei Sherpas getragen wurden, hat gelegentlich für Verwirrung gesorgt.
** Der Sirdar ist der Chef-Sherpa. Halls Team hatte einen Basislager-Sirdar namens Ang Tshering, der verantwortlich war für alle von der Expedition eingestellten Sherpas. Ang Dorje, der Sirdar am Berg, war Ang Tshering untergeordnet, aber der Chef der Sherpas, die oberhalb des Basislagers am Berg arbeiteten.

rade dabei, im hartgefrorenen Firnhang Plattformen für unsere Zelte auszuschaufeln. Der schlanke, neunundzwanzigjährige Dorje ist ein schüchterner, bisweilen launischer Mann mit feingeschnittenem Gesicht und außergewöhnlicher Kraft und Ausdauer. Während ich wartete, daß der Rest des Teams eintraf, schnappte ich mir eine freie Schaufel und half ihm beim Graben. Innerhalb weniger Minuten war ich völlig erschöpft und mußte mich hinsetzen, worüber der Sherpa herzhaft lachte. »Geht's dir nicht gut, Jon?« spöttelte er. »Wir sind hier erst im Camp Eins, 6000 Meter. Die Luft ist noch ziemlich dick.«

Ang Dorje stammt aus Pangboche, einer Ansammlung von Steinhäusern und terrassenförmig angelegten Kartoffelfeldern an einem zerklüfteten, 4000 Meter hoch gelegenen Abhang. Sein Vater ist ein hochangesehener Expeditionsbegleiter, der seinem Sohn bereits sehr früh die Grundbegriffe des Bergsteigens beibrachte, damit der Junge etwas hatte, mit dem er sich seinen Lebensunterhalt verdienen konnte. Sein Vater erblindete am grauen Star, als Ang Dorje noch ein Teenager war. Er wurde von der Schule genommen, um Geld für die Familie zu verdienen.

Als er 1984 als Küchenjunge für eine Gruppe von westlichen Trekkern arbeitete, fiel er einem kanadischen Paar auf, Marion Boyd und Graem Nelson. Wie Boyd erzählte: »Mir fehlten damals meine Kinder, und als ich Ang Dorje so nach und nach kennenlernte, erinnerte er mich irgendwie an meinen ältesten Sohn. Ang Dorje war klug, aufgeweckt, lernbegierig und beinahe übertrieben gewissenhaft. Er trug riesige Lasten, und in großen Höhen blutete ihm jeden Tag die Nase. Ich war ganz von ihm eingenommen.«

Nachdem Boyd und Nelson das Einverständnis der Mutter eingeholt hatten, begannen sie den Jungen finanziell zu unterstützen. Ang Dorje konnte wieder zur Schule gehen. »Ich werde nie sein Aufnahmeexamen vergessen [zur Zulassung an der örtlichen Volksschule in Khumjung, die von Sir Edmund Hillary erbaut wurde.] Er war ganz schmächtig und frühreif. Wir wurden alle mit dem Direktor und vier Lehrern in einen kleinen Raum gepackt. Ang Dorje stand mit zitternden Knien in der Mitte und versuchte für diese mündliche Prüfung das bißchen Wissen, das er mal gepaukt hatte, wieder aufleben zu lassen. Wir haben alle Blut und Wasser geschwitzt... aber er wurde aufgenommen, allerdings mußte er wieder bei den Kleinen in der ersten Klasse anfangen.«

Ang Dorje entwickelte sich zu einem guten Schüler. Nach einer schulischen Ausbildung, die bei uns etwa der achten Klasse entspricht, ging er von der Schule ab, um wieder im Bergsteiger- und Trekking-Geschäft zu arbeiten. Boyd und Nelson, die mehrmals ins Khumbu zurückkehrten, sahen, wie er allmählich zum Erwachsenen wurde. »Als er endlich gut und regelmäßig zu essen bekam, wurde er schnell groß und stark«, erinnert sich Boyd. »Er hat uns einmal ganz begeistert davon erzählt, wie er in einem Schwimmbecken in Kathmandu schwimmen gelernt hat. Mit fünfundzwanzig oder so hat er Fahrradfahren gelernt. Da hatte er auch eine Phase, wo er ganz verrückt nach der Musik von Madonna war. Als er uns sein erstes Geschenk überreichte, einen sorgfältig ausgesuchten tibetischen Teppich, wußten wir, daß er richtig erwachsen war. Es ging ihm immer darum, mehr zu geben, als zu nehmen.«

Ang Dorjes Ruf als kräftiger, erfahrener Bergsteiger verbreitete sich schnell unter westlichen Bergsteigern, und er wurde zum Sirdar befördert. 1992 begann er für Rob Hall am Everest zu arbeiten. Als Halls Expedition 1996 startete, hatte Ang Dorje bereits dreimal den Gipfel bestiegen. Hall nannte ihn respektvoll und mit offensichtlicher Zuneigung »mein wichtigster Mann«, und bei mehreren Gelegenheiten gab er zu verstehen, daß der Ausgang unserer Expedition ganz entscheidend von Ang Dorjes Arbeit abhinge.

Als der letzte meiner Teamkameraden im Camp Eins ankam, strahlte die Sonne. Um die Mittagszeit war jedoch eine Schicht aus hohen, flaumigen Zirruswolken von Süden herangeweht, und um drei Uhr wirbelten dichte Wolken über den Gletscher, und der Schnee trommelte förmlich auf die Zelte ein. In der Nacht stürmte es. Als ich morgens aus der Unterkunft kroch, die ich mir mit Doug teilte, war der Gletscher von mehr als dreißig Zentimetern Neuschnee bedeckt. Hoch oben rumpelten andauernd Lawinen über die steilen Hänge, aber unser Camp lag sicher außerhalb ihrer Reichweite.

Am Donnerstag, dem 18. April, hatte der Himmel sich wieder aufgeklart. Bei Anbruch der Dämmerung packten wir unsere Siebensachen und brachen zum vier Meilen entfernten Camp Zwei auf, knapp 600 Meter höher. Der Weg führte uns über den sanft ansteigenden Boden des Western Cwm, des höchstgelegenen Canyons der Erde. Der hufeisenförmige Einschnitt ist das Herz des Everest-Massivs, das durch den Khumbu-Gletscher praktisch ausgehöhlt wurde. Die 7861 Meter hohen Steilflanken des Nuptse schließen das Cwm von der rechten Seite ein, die Südwestwand des Everest-Massivs bildet die linke Begrenzung, und die breite, eisige Lhotse-Flanke überragt den Talschluß.

Als wir von Camp Eins aufbrachen, herrschte eine dermaßen brutale Kälte, daß meine Hände zu steifen, schmerzenden Klauen wurden. Dann streiften jedoch die ersten Sonnenstrahlen den Gletscher, und die eisüberzogenen Wände des Cwm bündelten die Strahlungswärme wie ein Solarofen und gaben sie doppelt stark wieder ab. Ich verging plötzlich vor Hitze und befürchtete schon einen weiteren Anfall von diesen migränemäßigen Kopfschmerzen, die mich schon im Basislager gequält hatten. Ich zog mich also bis auf meine langen Unterhosen aus und stopfte eine Handvoll Schnee unter meine Baseballmütze. Die folgenden drei Stunden stapfte ich im gleichmäßigen Tempo den Gletscher hoch und machte nur halt, um aus meiner Wasserflasche zu trinken und den Schneevorrat in meiner Mütze aufzufüllen, der auf meinem verfilzten Haar zerschmolz.

Auf 6400 Meter, ganz benommen von der Hitze, stieß ich auf ein großes, in blaues Plastik gewickeltes Etwas am Wegesrand. Meine von der Höhe arg beeinträchtigten grauen Zellen brauchten wohl ein, zwei Minuten, um zu kapieren, daß dieses Etwas die Leiche eines Menschen war. Ich starrte sie völlig entsetzt und bestürzt mehrere Minuten lang an. Als ich an jenem Abend Rob danach fragte, sagte er, daß er nicht sicher sei, aber er vermute, bei dem Opfer handele es sich um einen Sherpa, der vor drei Jahren umkam. Das 6500 Meter hoch gelegene Camp Zwei bestand aus 120 über die Seitenmoräne verteilten Zelten. Die Luft war hier so entsetzlich dünn, daß ich das Gefühl hatte, ich würde einen fürchterlichen Rotweinkater durchmachen. Zu elend zum Essen oder nur zum Lesen lag ich während der nächsten zwei Tage die meiste Zeit regungslos im Zelt, den Kopf in den Händen vergraben, und vermied jede körperliche Anstrengung. Am Samstag besserte sich mein Zustand. Um fit zu werden und meine Akklimatisierung voranzutreiben, stieg ich etwa 300 Meter höher, und dort, etwa 50 Meter neben der Hauptroute, stieß ich auf eine weitere Leiche oder, genauer gesagt, auf die untere Hälfte einer Leiche. Die Art der Kleidung und die beinahe museumsreifen Lederstiefel deuteten darauf hin, daß das Opfer aus Europa stammte und daß die Leiche mindestens zehn, fünfzehn Jahre auf dem Berg gelegen hatte.

Der Fund der ersten Leiche hatte mich mehrere Stunden lang zutiefst erschüttert. Der Schock beim Anblick der zweiten legte sich beinahe sofort. Nur wenige der vorbeiziehenden Bergsteiger hatten einer der Leichen größere Beachtung geschenkt. Es war, als gäbe es auf dem Berg ein stilles Einverständnis, daß diese verwesten Überreste nicht wirklich existierten – als würde es niemand von uns wagen, zuzugeben, was hier wirklich auf dem Spiel stand.

Am Montag, dem 22. April, einen Tag nachdem wir von Camp Zwei ins Basislager abgestiegen waren, wanderten Andy Harris und ich zum südafrikanischen Lager hinüber. Wir wollten das Team kennenlernen und vielleicht herausfinden, warum sie zu solchen Aussätzigen mutiert waren. Nach einem fünfzehnminütigen Marsch den Gletscher hinunter erreichten wir ihre Zelte, die sich um die Spitze eines kleinen Hügels aus Gletscherschutt scharten. Die Flaggen von Nepal und Südafrika wehten neben Fahnen von Kodak, Apple Computer und anderen Sponsoren von zwei hohen Alu-Masten. Andy steckte den Kopf in ihr Speisezelt, ließ sein freundlichstes Lächeln aufblitzen und fragte:»Hallo, hallo. Ist jemand da?«

Wie sich herausstellte, befanden sich Ian Woodall, Cathy O'Dowd und Bruce Herrod gerade im Gletscherbruch auf dem Weg von Camp Zwei nach unten. Aber Woodalls Freundin Alexandrine Gaudin war da und sein jüngerer Bruder, Philip. Im Speisezelt befand sich ebenfalls eine junge Dame mit überschäumendem Temperament, die sich als Deshun Deysel vorstellte und uns auf der Stelle zu einem Tee einlud. Die drei schienen unbeeindruckt von den Berichten über Ians Fehltritte und den Gerüchten, daß die Expedition kurz vor der Auflösung stehe.

»Ich war neulich zum ersten Mal Eisklettern«, erzählte Deysel ganz begeistert und zeigte auf einen Eisblock in der Nähe, an dem Bergsteiger mehrerer Expeditionen geübt hatten. »Ich fand's ganz toll. In ein paar Tagen kann ich hoffentlich mal durch den Gletscherbruch steigen.« Eigentlich hatte ich vorgehabt, ihr ein paar Fragen über Ians mieses Spiel zu stellen und darüber, was sie empfunden hatte, als sie erfuhr, daß ihr Name nicht auf der Genehmigungsliste stand. Aber sie war so fröhlich und unbefangen, daß mir dazu der Mumm fehlte. Nachdem wir zwanzig Minuten lang miteinander geplaudert hatten, lud Andy das ganze Team zu einem Gegenbesuch ein, Ian eingeschlossen, »auf 'nen Sprung und 'n kleines Gläschen in unserem Camp«, später am Abend.

Als ich in unser Lager zurückkehrte, hingen Rob, Dr. Caroline Mackenzie und Scott Fischers Ärztin, Ingrid Hunt, am Funkgerät und führten mit irgend jemandem oben auf dem

Berg eine angespannte Unterhaltung. Als Fischer heute früh von Camp Zwei zum Basislager abstieg, war er auf einen seiner Sherpas, Ngawang Topche, gestoßen, der auf 6400 Meter auf dem Gletscher hockte. Der liebenswerte achtunddreißigjährige Bergsteiger-Veteran mit den großen Zahnlücken stammte aus dem Rolwaling-Tal und war seit drei Tagen mit Lastentransporten und anderen Arbeiten oberhalb des Basislagers beschäftigt. Seine Sherpa-Kollegen beklagten sich jedoch, er würde häufig einfach nur untätig herumsitzen und seinen Teil der Arbeit nicht erledigen.

Als Fischer ihn darauf ansprach, gestand Ngawang, daß er sich seit mehr als zwei Tagen schwach und abgekämpft fühle und unter Atemnot leide. Fischer wies ihn daraufhin an, sofort ins Basislager abzusteigen. Nun gibt es aber in der Kultur der Sherpas ein Element von Machismo, das viele Männer daran hindert, körperliche Schwächen einzugestehen. Von einem echten Sherpa wird erwartet, daß er gegen die Höhenkrankheit praktisch immun ist, vor allem von den Sherpas aus Rolwaling, einer Gegend, die für ihre kräftigen, zähen Bergsteiger berühmt ist. Überdies werden jene, die krank werden und dies auch offen zugeben, oft auf eine schwarze Liste gesetzt und nicht mehr angeheuert. Deshalb ignorierte Ngawang Scotts Anweisung; anstatt hinabzusteigen, kletterte er auf Camp Zwei hoch, um dort zu übernachten.

Als Ngawang am späten Nachmittag die Zelte erreichte, war er bereits im Delirium. Er taumelte wie ein Betrunkener und hustete rosafarbenen, von Blut durchsetzten Schleim aus: alles Symptome, die auf einen fortgeschrittenen Fall eines Höhen-Lungenödems hindeuteten, englisch HAPE genannt – eine heimtückische, oft tödlich verlaufende Krankheit, die durch zu schnelles Vordringen in große Höhen hervorgerufen wird und bei der sich die Lungen mit Flüssigkeit füllen.* Das einzige wirksame Mittel gegen HAPE ist der

---

* Man vermutet, daß die Ursache des Problems der Sauerstoffmangel ist, gemeinsam mit hohem Druck auf die Lungenarterien, die dadurch Flüssigkeit in die Lungen ablassen.

rasche Abstieg. Wenn das Opfer zu lange in großer Höhe verbleibt, stirbt es meistens.

Anders als Hall, der darauf bestand, daß unser Team oberhalb des Basislagers stets gemeinsam unterwegs war, unter direkter Aufsicht der Bergführer, wollte Fischer seinen Kunden zumindest während der Akklimatisierungsphase die Möglichkeit geben, auf eigene Faust den Berg zu erkunden. Es war daher kein Zufall, daß, als Ngawang im Camp Zwei ernsthaft erkrankte, zwar vier seiner Kunden zur Stelle waren – Dale Kruse, Pete Schoening, Klev Schoening und Tim Madsen –, aber kein einziger Bergführer. Die Verantwortung, Ngawang zu bergen, fiel Klev Schoening und Tim Madsen zu. Letzterer war ein dreiunddreißigjähriges Mitglied der Skiwacht aus Aspen, Colorado, der vor dieser Expedition nie höher als 4300 Meter gestiegen war. Er war von seiner Freundin Charlotte Fox, einer erfahrenen Himalaja-Kennerin zu der Everest-Besteigung überredet worden.

Als ich Halls Speisezelt betrat, war Dr. Mackenzie am Funkgerät und sagte zu jemandem auf Camp Zwei:»Geben Sie Ngawang Acetasolamid, Dexamethason und zehn Milligram Nifedipin unter die Zunge... Ja, ich bin mir über die Risiken vollkommen im klaren. Geben Sie's ihm trotzdem... Wirklich, es ist viel wahrscheinlicher, daß er an HAPE stirbt, bevor wir ihn runtergeschafft haben, als daß das Nifedipin seinen Blutdruck auf ein bedrohliches Maß senkt. Bitte, Sie müssen mir vertrauen! Geben Sie ihm einfach das, was ich gerade verordnet habe! Schnell!«

Keines der Medikamente schien jedoch eine Besserung zu bewirken, und weder zusätzlicher Flaschensauerstoff noch der Gamow-Sack – eine aufblasbare Plastikkammer von der Größe eines Sargs, in dem der atmosphärische Druck erhöht und damit eine niedrigere Höhenlage simuliert wird – schien zu helfen. Schoening und Madsen begannen also im schwindenden Tageslicht Ngawang mühselig den Berg hinunterzuschleppen. Sie ließen aus dem Gamow-Sack die Luft raus und gebrauchten ihn als eine Art Schlitten. Neal Beidleman und ein Team von Sherpas kletterten ihnen vom Basislager aus so schnell wie möglich entgegen.

Beidleman erreichte Ngawang bei Sonnenuntergang in der Nähe des oberen Endes vom Gletscherbruch und übernahm die Bergung, so daß Schoening und Madsen sich auf den Weg zurück ins Camp Zwei machen und ihre Akklimatisierung fortsetzen konnten. Der erkrankte Sherpa hatte sehr viel Flüssigkeit in den Lungen. Beidleman erinnert sich: »Sein Atem klang wie ein Strohhalm, mit dem man die letzten Tropfen eines Milchshakes aus dem Glas schlürft. Als wir den Gletscherbruch zur Hälfte geschafft hatten, nahm Ngawang die Sauerstoffmaske ab und langte hinein, um das Ansaugventil von Schleim zu säubern. Als er die Hand wieder rausnahm, lenkte ich meine Stirnlampe auf seinen Handschuh. Er war ganz rot, voll von dem Blut, das er die ganze Zeit in die Maske gehustet hat. Dann habe ich sein Gesicht angestrahlt, und es war genauso blutüberlaufen.

Unsere Blicke haben sich gekreuzt, und ich hab die ganze Angst in seinen Augen gesehen«, fuhr Beidleman fort. »Ich hab mir schnell was einfallen lassen und ihn angelogen, daß er sich keine Sorgen zu machen brauche, seine Lippe sei aufgeplatzt, daher das Blut. Das hat ihn ein wenig beruhigt, und wir sind dann wieder los, weiter nach unten.« Da Ngawang keiner physischen Anstrengung ausgesetzt werden durfte, um sein Ödem nicht zu verschlimmern, mußte Beidleman den siechen Sherpa an mehreren Stellen auf den Rücken nehmen. Als sie im Basislager ankamen, war es bereits Mitternacht.

Am nächsten Morgen, Dienstag, erwog Fischer, einen Hubschrauber anzufordern und Ngawang aus dem Basislager nach Kathmandu bringen zu lassen. Die Aktion hätte um die 5000 – 10000 Dollar gekostet. Aber sowohl Fischer als auch Dr. Hunt waren zuversichtlich, daß sich der Zustand des Sherpas nun, da er sich 1100 Meter tiefer als Camp Zwei befand, rasch bessern würde – ein Abstieg von nur 1000 Metern ist normalerweise ausreichend für eine vollständige Genesung von HAPE. Letzlich wurde Ngawang anstatt auf dem

Luftweg zu Fuß das Tal hinuntergebracht. Gleich unterhalb des Basislagers brach er jedoch zusammen und mußte zur medizinischen Betreuung ins Mountain-Madness-Lager zurückgebracht werden, wo sich sein Zustand kontinuierlich verschlechterte. Hunt wollte ihn wieder in einen Gamow-Sack stecken; Ngawang weigerte sich und behauptete beharrlich, weder an HAPE noch irgendeiner anderen Höhenkrankheit zu leiden.

Über Funk erging ein Notruf an den amerikanischen Arzt Jim Litch – einen hochangesehenen Spezialisten für Höhenkrankheiten, der in jenem Frühling die Klinik der »Himalayan Rescue Association« in Pheriche leitete – mit der Bitte, so schnell wie möglich ins Basislager zu eilen, um bei Ngawangs Behandlung zu helfen.

Fischer war inzwischen nach Camp Zwei aufgebrochen, um Tim Madsen herunterzuholen. Madsen war durch Ngawangs Abtransport durch das Western Cwm völlig erschöpft, und er litt nun selbst an einem leichten Fall von HAPE. Ingrid Hunt beratschlagte sich unterdessen mit den anderen Ärzten im Basislager. Letztlich war sie jedoch allein verantwortlich und geriet bei einigen kritischen Entscheidungen, die sie zu treffen hatte,»ganz schön ins Schwimmen«, wie einer ihrer Kollegen bemerkte.

Hunt, Mitte Zwanzig und selbst keine Bergsteigerin, hatte gerade ihr praktisches Jahr als Allgemeinärztin hinter sich gebracht. Darüber hinaus hatte sie auf freiwilliger Basis längere Zeit medizinische Entwicklungshilfe in den Vorbergen Ostnepals geleistet, war jedoch in Sachen Höhenkrankheiten völlig unerfahren. Sie hatte Fischer zufällig ein paar Monate zuvor in Kathmandu kennengelernt, als er sich seine Everest-Genehmigung ausstellen ließ. Er lud sie daraufhin ein, bei seiner bevorstehenden Expedition in der Doppelrolle als Teamärztin und Leiterin des Basislagers dabeizusein.

Obwohl sie Fischer gegenüber im Januar in einem Brief ihre zwiespältigen Gefühle über das Angebot ausdrückte, nahm sie den unbezahlten Job an und kam Ende März in Nepal an. Sie stürzte sich mit großem Eifer in die Arbeit, wollte alles tun, um ihren Beitrag zum Erfolg der Expedition zu leisten. Aber als Basislagerleiterin fungieren zu müssen und gleichzeitig für die medizinische Versorgung von fünfundzwanzig Menschen verantwortlich zu sein, stellte sich als eine Doppelbelastung heraus, mit der sie so nicht gerechnet hatte. (Rob Hall dagegen hatte für den gleichen Aufgabenbereich zwei Leute eingestellt – Teamärztin Caroline Mackenzie und Basislagerleiterin Helen Wilton –, die bei voller Bezahlung das leisteten, was Hunt allein unbezahlt zu bewältigen hatte.) Zu allem Übel hatte Hunt Schwierigkeiten, sich zu akklimatisieren, und litt fast permanent unter schweren Kopfschmerzen und Atembeschwerden.

Nachdem Ngawang am Dienstagmorgen auf dem Abstieg durchs Tal zusammengebrochen und ins Basislager zurückgebracht worden war, wurde er trotz seines sich verschlechternden Zustands nicht wieder an die Sauerstoffflasche gehängt. Das lag zum Teil daran, daß er weiter steif und fest behauptete, nicht krank zu sein. Abends um sieben kam Dr. Litch aus Pheriche herbeigeeilt und riet Hunt mit allem Nachdruck dazu, Ngawang so viel Sauerstoff wie möglich zukommen zu lassen und dann einen Hubschrauber anzufordern.

Ngawangs Zustand hatte sich inzwischen so weit verschlechtert, daß er immer wieder das Bewußtsein verlor und kaum noch atmen konnte. Der Abtransport mit dem Hubschrauber wurde für Mittwoch morgen, den 24. April, angesetzt. Wolken und Schneefälle verhinderten jedoch einen Start, und Ngawang wurde schließlich in einen Korb gepackt und auf dem Rücken von Sherpas über den Gletscher nach Pheriche hinuntergetragen.

An jenem Nachmittag war Halls sorgenvollem Blick anzusehen, wie schlecht es um Ngawang stand. »Ngawang hat's übel erwischt«, sagte er. »Ich hab selten einen so schlimmen Fall von einem Lungenödem gesehen. Sie hätten ihn gestern rausfliegen sollen, als es noch ging. Ich schätze mal, das Ganze ist vor allem deshalb so planlos über die Bühne gegangen, weil er ein Sherpa und nicht Scotts Kunde ist. Gut möglich, daß es zu spät ist, bis sie ihn endlich nach Pheriche geschafft haben.« Als der kranke Sherpa am Mittwoch abend nach zwölfstündigem Marsch vom Basislager in der HRA-Klinik von Pheriche ankam, verschlechterte sich sein Zustand weiter, obwohl er sich nun auf 4300 Meter befand (einer Höhe, die nur unwesentlich über der des Dorfes liegt, in dem er den größten Teil seines Lebens verbracht hatte.) Hunt sah sich gezwungen, ihn gegen seinen Willen in einen unter Druckluft stehenden Gamow-Sack zu stecken. Ngawang wollte oder konnte die Vorteile dieser kleinen aufblasbaren Kammer jedoch nicht einsehen und hatte Riesenangst davor. Er bat darum, daß ein buddhistischer Lama herbeigerufen wurde, und erst als man ihm versprach, Gebetbücher zu ihm in den Sack zu legen, beugte er sich dem Willen der Ärzte und ließ sich per Reißverschluß in die klaustrophobische Enge einschließen.

Damit der Gamow-Sack auch wirklich funktioniert, muß ständig mittels einer Fußpumpe frische Luft hineingeblasen werden. Hunt, die sich praktisch nonstop achtundvierzig Stunden um Ngawang gekümmert hatte, betraute Mittwoch nacht völlig erschöpft Ngawangs Sherpa-Freunde damit, Luft in den Sack zu pumpen. Während sie schlief, bemerkte einer der Sherpas durch das Sichtfenster des Sacks, daß Ngawang Schaum vor dem Mund hatte und anscheinend nicht mehr atmete.

Hunt, die man daraufhin weckte, riß auf der Stelle den Sack auf und begann mit Wiederbelebungsversuchen. Außerdem rief sie Dr. Larry Silver herbei, einen der Freiwilligen, die in der HRA-Klinik arbeiten. Silver führte einen kleinen Schlauch in Ngawangs Luftröhre ein und preßte mit einem »Ambu-Sack« – einer Handpumpe aus Gummi – Luft in seine Lungen. Ngawang fing wieder an zu atmen – allerdings erst nach vier bis fünf Minuten, in denen sein Gehirn ohne Sauerstoffzufuhr blieb.

Zwei Tage später, am Freitag, dem 26. April, klarte das Wetter schließlich genügend auf, um Ngawang mit dem

Hubschrauber abtransportieren zu können. Er wurde zu einem Krankenhaus in Kathmandu geflogen, wo die Ärzte jedoch erklärten, daß er schwere Gehirnschäden davongetragen habe. Ngawang vegetierte nur noch dahin. In den Wochen danach hockte er lethargisch im Krankenhaus herum, starrte mit leeren Augen die Decke an, die Arme fest am Körper. Seine Muskeln schwanden, und sein Körpergewicht sank unter vierzig Kilo. Mitte Juni starb er und hinterließ eine Frau mit vier Töchtern in Rolwaling.

Seltsamerweise wußten die meisten Bergsteiger am Everest weniger über Ngawangs Schicksal als Zehntausende von anderen Menschen fernab am anderen Ende des Erdballs. Dieser Informationssprung war dem Internet zu verdanken, und für uns im Basislager war dies, gelinde gesagt, surreal. So kam es zum Beispiel durchaus vor, daß ein Teamgefährte über Satellitentelefon zu Hause anrief und von seiner in Neuseeland oder Michigan im World Wide Web surfenden Frau erfuhr, was die Südafrikaner auf Camp Zwei trieben.

Korrespondenten im Everest-Basislager schickten über mindestens fünf websites Nachrichten* in den Äther. Das südafrikanische Team und Mal Duffs International Commercial Expedition hatten ihre eigene home page.

Von *Nova*, der PBS-Fernsehshow, wurde ein ausführlicher und sehr informativer Internetdienst herausgebracht, mit täglich aktualisierten Beiträgen von Liesl Clark und der

---

* Trotz des ganzen Rummels um »direkte, interaktive Verbindungen zwischen den Hängen des Mount Everest und dem World Wide Web« war es aus technischen Gründen unmöglich, sich vom Basislager aus direkt ins Internet einzuklicken. Die Korrespondenten gaben ihre Berichte statt dessen über Satellitentelefon oder -fax ab. Die Berichte wurden dann von Redakteuren in New York, Boston und Seattle zur Verbreitung im Web in Computer eingespeist. Nachrichten auf E-Mail wurden in Kathmandu empfangen, ausgedruckt und dann per Yak ins Basislager befördert. Ebenso wurden sämtliche im Web verbreiteten Fotos erst per Yak und dann via Luftpost zur Einspeisung in den Computer nach New York geschickt. Internet-Plauderkonferenzen wurden via Satellitentelefon und über eine Schreibkraft in New York durchgeführt.

anerkannten Everest-Historikerin Audrey Salkeld. Die beiden gehörten zum Team der MacGillivray Freeman IMAX-Expedition. (Das IMAX-Team wurde von dem preisgekrönten Filmemacher und erstklassigen Bergsteiger David Breashears geleitet, der 1985 Dick Bass den Everest hochgeführt hatte. Breashears drehte gerade über die Besteigung des Berges einen Fünfeinhalb-Millionen-Dollar-Film für Giga-Leinwände.) Scott Fischers Expedition waren gleich zwei Korrespondentinnen angeschlossen, die für zwei miteinander konkurrierende websites Online-Nachrichten abfaßten.

Jane Bromet, die täglich über Telefon für *Outside Online**
berichtete, war eine der Korrespondentinnen in Fischers Team. Sie war jedoch keine zahlende Kundin und hatte keine Genehmigung, über das Basislager hinaus aufzusteigen. Die andere Internet-Korrespondentin in Fischers Team dagegen war Kundin und hatte sich vorgenommen, bis zum Gipfel zu steigen und unterwegs täglich Berichte für NBC Interactive Media abzufassen. Sie hieß Sandy Pittman, und niemand auf dem Berg stellte sich mehr in den Vordergrund oder gab mehr Anlaß zu Klatsch und Tratsch als sie.

Pittman, Millionärin und Kletterdame der Schickeria, war für ihren dritten Everest-Versuch hergekommen. Dieses Mal war sie entschlossen wie nie, den Gipfel zu erreichen und damit ihren in allen Gazetten verbreiteten Kreuzzug abzuschließen, die Seven Summits zu besteigen.

* In mehreren Zeitschriften wurde irrtümlicherweise berichtet, daß ich als Korrespondent für *Outside Online* tätig gewesen wäre. Die Verwirrung rührt daher, daß Jane Bromet im Basislager ein Interview mit mir geführt hatte und eine Zusammenfassung desselben in *Outside Online* veröffentlichen ließ. Ich war jedoch zu keinem Zeitpunkt für *Outside Online* tätig. Vielmehr war ich im Auftrag der Zeitschrift *Outside* zum Everest gegangen, eines selbständigen Unternehmens (mit Sitz in Santa Fe, New Mexico), das in loser Verbindung mit *Outside Online* steht (mit Sitz in der Umgebung von Seattle), das wiederum die Zeitschrift in leicht veränderter Version im Internet publiziert. *Outside* und *Outside Online* operieren jedoch völlig unabhängig voneinander. So war mir vor meiner Ankunft im Basislager nicht einmal bekannt, daß *Outside Online* eine Korrespondentin zum Everest geschickt hatte.

1993 schloß sie sich einer geführten Expedition an, die den Gipfel über den Südsattel und den Südostgrat zu erreichen versuchte. Damals erregte sie einiges Aufsehen, als sie im Basislager mit ihrem neunjährigen Sohn und einem Kindermädchen auftauchte, das auf ihn aufpassen sollte. Pittman hatte jedoch mit einigen Schwierigkeiten zu kämpfen und kam nur bis auf 7300 Meter, wo sie umkehren mußte. 1994 kehrte sie zurück. Sie hatte bei Großunternehmen mehr als eine Viertel Million Dollar an Spendengeldern lockergemacht, um sich die Dienste vier der besten Alpinisten Nordamerikas zu sichern: Breashears (der einen Vertrag mit NBC hatte, die Expedition fürs Fernsehen zu dokumentieren), Steve Swenson, Barry Blanchard und Alex Lowe. Lowe – wohl der weltbeste Allroundbergsteiger – wurde für einen hohen Betrag als Sandys persönlicher Führer engagiert. Die vier Männer gingen Pittman voraus, um einen Teil der Kangshung-Flanke, einen äußerst schwierigen und gefährlichen Hang auf der tibetischen Seite des Berges, mit Seilen zu sichern. Mit viel Hilfe von Lowe stieg Pittman an den Fixseilen bis auf 6700 Meter. Aber wieder war sie gezwungen, vor dem Gipfel zu kapitulieren. Das Problem lag diesmal in den gefährlich instabilen Schneebedingungen, die das gesamte Team zur Umkehr zwangen.

Bevor ich Pittman in Gorak Shep auf dem Weg zum Basislager traf, war ich ihr noch nie begegnet. Ich hatte allerdings über die Jahre schon so einiges von ihr gehört. 1992 bekam ich vom *Men's Journal* den Auftrag, einen Artikel über eine Harley-Davidson-Tour von New York nach San Francisco zu schreiben. Mit von der Partie waren Jann Wenner – der legendäre, märchenhaft reiche Verleger von *Rolling Stone*, *Men's Journal* und *Us* – und mehrere seiner betuchten Freunde einschließlich Rocky Hill, Pittmans Bruder, und ihr Mann, Bob Pittman, der Mitbegründer von MTV.

Die trommelfellzerfetzende, chromverkleidete Hog, die Jann mir geliehen hatte, fuhr sich wunderbar, und meine verschwendungssüchtigen Gefährten ließen sich wirklich nicht lumpen. Dennoch hatte ich herzlich wenig mit ihnen gemein, und es wurde nie ein Zweifel daran gelassen, daß ich als Janns bezahlter Helfer mitmachte. Beim Abendessen wogen Bob, Jann und Rocky Vor- und Nachteile der verschiedenen Flugzeuge ab, die sie ihr eigen nannten (Jann empfahl mir einen Gulfstream IV, falls ich mich demnächst nach einem Privatjet umschauen solle), unterhielten sich über ihre Landsitze und sprachen auch von Sandy – die zur Zeit gerade am Mount McKinley unterwegs war.»Hey«, schlug Bob vor, als er erfuhr, daß auch ich Bergsteiger war, »du und Sandy, ihr solltet euch wirklich mal zusammentun und gemeinsam einen Berg besteigen.« Nun, vier Jahre später, taten wir genau dies.

Mit ihren einsachtzig war Pittman fünf Zentimeter größer als ich. Ihr jungenhaft kurzes Haar wirkte immer perfekt frisiert, selbst hier auf knapp 5500 Meter. Von freimütigem, überschwenglichem Gemüt, war sie im Norden Kaliforniens aufgewachsen, wo ihr Vater sie bereits als junges Mädchen oft zum Zelten, Wandern und Skifahren mitnahm. Die Freuden der Bergwelt und der freien Natur hatten es ihr also angetan, und auch während ihrer College-Jahre blieb sie der sportliche Typ und verbrachte viel Zeit im Freien. Mitte der siebziger Jahre, als sie nach ihrer gescheiterten ersten Ehe nach New York zog, ließen ihre Ausflüge in die Berge allerdings drastisch nach.

In Manhattan arbeitete Pittman unter anderem als Einkäuferin für Bonwit Teller, als Merchandising-Redakteurin bei *Mademoiselle* und als Beauty-Redakteurin bei der Zeitschrift *Bride's*. 1979 heiratete sie Bob Pittman. Süchtig nach öffentlicher Aufmerksamkeit, gelang es ihr mit schöner Regelmäßigkeit, ihren Namen oder ihr Bild in den New Yorker Klatschspalten zu plazieren. Sie war mit Blaine Trump, Tom und Meredith Brokaw, Isaac Mizrahi und Martha Stewart per du. Um besser zwischen ihrem prunkvollen Herrenhaus in Conneticut und einem mit Kunstobjekten vollgestopften Appartement mit livriertem Personal am Central Park West hin- und herpendeln zu können, legten sie und ihr Ehemann sich einen Hubschrauber zu und lernten, das Ding zu fliegen. 1990 landeten Sandy und Bob Pittman als das »Paar der Minute« auf dem Cover der Zeitschrift *New York*. Bald danach begann Sandy ihre kostspielige, weithin verkündete Kampagne, als erste amerikanische Frau die Seven Summits zu besteigen. Der letzte davon – Mount Everest – stellte sich jedoch als schwer zu packen heraus, und im März 1994 verlor sie das Rennen an Dolly Lefever, eine siebenundvierzigjährige Bergsteigerin und Hebamme aus Alaska. Dennoch setzte sie ihre beharrliche Jagd auf den Everest fort.

Beck Weathers bemerkte einmal abends im Basislager, »wenn Sandy sich aufmacht, einen Berg zu besteigen, geht sie dabei nicht unbedingt so vor wie du und ich«. Beck war 1993 in der Antarktis und hatte sich auf den Gipfel des Vinson Massivs führen lassen. Auch Pittman war dort, wenn auch mit einer anderen Expedition. Mit einem Kichern erinnerte sich Beck an »diesen gigantischen Seesack, den sie mitgebracht hatte, randvoll mit Delikatessen. Das Ding war dermaßen schwer, daß man vier Leute brauchte, um es überhaupt hochzuheben. Sie hat auch einen tragbaren Fernseher und einen Videorecorder dabeigehabt, um sich in ihrem Zelt Filme anzuschauen. Also, das eine muß man der Sandy schon lassen: Wo findet man schon jemanden, der einen Berg in so großem Stil besteigt?« Beck wußte weiter zu berichten, daß Pittman die Köstlichkeiten ihres Reisebündels großzügig mit den anderen Bergsteigern teilte und daß es eigentlich »ganz nett und interessant mit ihr war«.

Für ihren Everest-Angriff 1996 hatte sich Pittman ein weiteres Mal eine Ausrüstung zusammengestellt, wie sie in Bergsteigerlagern nicht oft anzutreffen ist. Am Tag vor ihrer Abreise nach Nepal schwärmte sie in einem ihrer ersten Internet-Berichte für NBC Interactive Media: *Meine Siebensachen sind gepackt... Scheint, als hätte ich an Computer- und elektronichem Gerät ebensoviel dabei wie an Bergausrüstung... Zwei IBM-Laptops, eine Videokamera, drei 35-mm-Kameras, eine Digitalka-*

mera von Kodak, zwei Kassettenrecorder, einen CD-ROM-*Player,
ferner einen Drucker und genügend (wie ich hoffe) Solarpaneele
und Batterien, um das ganze Projekt mit Energie zu versorgen...
Es würde mir nicht einmal im Traum einfallen, die Stadt ohne einen großen Vorrat an Dean & DeLuca's Naher-Osten-Mischung
und meine Espressomaschine zu verlassen. Da wir Ostern ja am
Everest verbringen werden, habe ich vier geschenkverpackte Scho-
koladeneier mitgebracht. Ostereiersuchen auf 5500 Meter? Wir
werden ja sehen!*

An jenem Abend gab der Gesellschaftskolumnist Billy Nor-
wich für Pittman eine Abschiedsparty bei Nell's in der
Downtown Manhattans. Auf der Gästeliste waren unter
anderem Bianca Jagger und Calvin Klein zu finden. Sandy,
die schon immer eine Schwäche für Verkleidungen hatte,
erschien in einem Hochgebirgs-Overall über ihrem Abend-
kleid, dazu die passenden Bergsteigerstiefel, Steigeisen, Eispickel und einen Klettergurt mit Karabinern.

Bei ihrer Ankunft im Himalaja schien Pittman entschlossen,
so gut es ging an den Vorrechten der besseren Gesellschaft
festzuhalten. Auf dem Treck zum Basislager rollte ein junger
Sherpa namens Pemba jeden Morgen ihren Schlafsack zusammen und packte ihren Rucksack. Als sie Anfang April mit dem
Rest von Fischers Team am Fuße des Everest ankam, hatte sie
unter anderem ganze Stapel von Zeitungsausschnitten mit
Berichten über sich im Gepäck, um sie an ihre Mitbewohner
im Basislager zu verteilen. Nach nur wenigen Tagen trafen regelmäßig Sherpa-Postläufer mit Paketen für Pittman ein, die
mit DHL Worldwide Express zum Basislager geschickt worden
waren. Sie enthielten unter anderem die neuesten Ausgaben
von *Vogue, Vanity Fair, People* und *Allure*. Die Sherpas waren
ganz fasziniert von der Dessous-Werbung, und die Parfüm-
probierstreifen fanden sie zum Schreien komisch.

Scott Fischers Team war eine sympathische Gruppe, die
fest zusammenhielt. Die meisten von Pittmans Teamgefährten nahmen ihre Marotten mit Gelassenheit und schienen

keine Probleme zu haben, sie in ihre Mitte aufzunehmen. »Sandy konnte einem schon ganz schön auf den Keks gehen, weil sie immer im Mittelpunkt stehen mußte und einen ständig mit Geschichten über sich selbst vollquatschte«, erinnert sich Jane Bromet. »Aber sie war kein schlechter Mensch. Sie hat die Stimmung der Gruppe nicht runtergerissen. Im Gegenteil, sie war unternehmungslustig und beinahe immer guter Laune.«

Dennoch gab es außerhalb ihres Teams mehrere ausgezeichnete Alpinisten, die sie für eine Dilettantin ersten Ranges hielten. Nach ihrem erfolglos abgebrochenen Versuch von 1994, den Everest über die Kangshung-Flanke zu besteigen, wurde eine Fernsehwerbung für Vaseline Intensive Care von namhaften Alpinisten lautstark verhöhnt; Pittman wurde in der Werbung als »Weltklasse-Bergsteigerin« dargestellt. Sie selbst jedoch hat dergleichen nie in der Öffentlichkeit von sich behauptet. Im Gegenteil, in einem Artikel für *Men's Journal* bat sie Breashears, Lowe, Swenson und Blanchard mit der Feststellung um Nachsicht, »daß ich eine passionierte Hobby-Alpinistin bin, die ihre Fähigkeiten nicht mit deren Weltklasse-Können verwechselt wissen will«.

Pittmans namhafte Gefährten des Versuchs von 1994 hatten nichts Abfälliges über sie zu sagen, zumindest nicht öffentlich. Breashears wurde nach der Expedition sogar zu einem engen Freund, und Swenson verteidigte sie wiederholt gegen ihre Kritiker. »Weißt du«, erklärte mir Swenson auf einem Empfang in Seattle, kurz nachdem sie beide vom Everest zurückgekehrt waren, »Sandy ist vielleicht keine große Bergsteigerin, aber in der Kangshung-Flanke hat sie ihre Grenzen erkannt. Ja, es stimmt, daß Alex, Barry, David und ich immer vorangegangen sind und die ganzen Seile befestigt haben, aber sie hat auf ihre Art zu dem Unternehmen beigetragen, durch ihre positive Einstellung und dadurch, daß sie das Geld aufgetrieben und sich um die Publicity gekümmert hat.«

Pittman mangelte es jedoch nicht an Gegnern, die über sie

lästerten. Viele Leute nahmen ihr übel, daß sie mit ihrem Reichtum protzte und sich immer wieder schamlos ins Rampenlicht stellen mußte. Wie Joanne Kaufman einmal im *Wall Street Journal* schrieb: *Ms. Pittman war in gewissen höheren Kreisen besser als gesellschaftliche Aufsteigerin denn als Bergsteigerin bekannt. Sie und Mr. Pittman tauchten regelmäßig auf all den politisch korrekten Soirées und Wohltätigkeitsveranstaltungen und in allen wichtigen Klatschkolumnen auf.* »*Viele Rockschöße wurden zerknittert, weil Sandy Pittman sich an sie hängte*«, *sagt ein vormaliger Geschäftspartner von Mr. Pittman, der namentlich nicht erwähnt werden wollte.* »*Sie ist an öffentlicher Publicity interessiert. Ich glaube nicht, daß sie bergsteigen würde, wenn sie es außerhalb des Rampenlichts tun müßte.*«

Ob nun zu Recht oder Unrecht, Pittman verkörperte für ihre Verächter alles, was verwerflich war an Dick Bass' Popularisierung der Seven Summits wie der darauffolgenden Entwertung des höchsten Berges der Erde. Aber so abgeschirmt, wie sie durch ihr Geld, die bezahlten Begleiter und ihre unbeirrbare Egozentrik nun einmal war, sah sie über die Abneigung und die Verachtung, die sie in anderen hervorrief, einfach hinweg. Sie bemerkte sie nicht einmal und glich darin Jane Austens Emma.

KAPITEL NEUN

Camp Zwei
28. April 1996
6 500 Meter

Wir erzählen uns Geschichten, um zu leben... Wir suchen nach der Predigt im Selbstmord, nach der sozialen oder moralischen Lektion im fünffachen Mord. Wir deuten, was wir sehen, wählen aus den vielfältigen Möglichkeiten die brauchbarste aus. Wir leben voll und ganz, besonders, wenn wir Schriftsteller sind, indem wir nicht zu vereinbarende Bilder nach einer bestimmten Erzählweise einrichten und nach den »Vorstellungen«, mit denen wir die wechselnde Phantasmagorie unserer tatsächlichen Erfahrung einzufrieren gelernt haben.

JOAN DIDION
Das weiße Album

Ich war bereits wach, als der Wecker meiner Armbanduhr um vier Uhr in der Früh zu piepsen begann; ich hatte fast die ganze Nacht wach gelegen und in der dünnen Luft nach Atem gerungen. Und jetzt war es an der Zeit, mit dem scheußlichen Ritual zu beginnen und aus der Wärme meines Kokons aus Gänsedaunen in die bittere Kälte auf 6500 Meter hinauszukrabbeln. Vor zwei Tagen – am Freitag, dem 26. April – waren wir in einem einzigen langen Tagesmarsch vom Basislager bis hinauf zu Camp Zwei gestiegen, unser dritter und letzter Akklimatisierungsausflug als Vorbereitung für den Gipfelanstieg. An diesem Morgen wollten wir nach Robs großem Plan von Camp Zwei nach Camp Drei steigen und auf 7300 Meter übernachten.

Rob hatte uns angewiesen, um Punkt 4 Uhr 45 aufbruchfertig zu sein – folglich in fünfundvierzig Minuten –, was mir gerade genügend Zeit ließ, mich anzuziehen, einen Schokoriegel und ein wenig Tee hinunterzuwürgen und die Steigeisen anzuschnallen. Ich richtete meine Stirnlampe auf ein Discountmarkt-Thermometer, das an meinem Parka befestigt war, den ich immer als Kopfkissen benutzte. In dem beengten Zwei-Personen-Zelt hatte es minus zweiundzwanzig Grad. »Doug!« rief ich den unförmigen Haufen im Schlafsack neben mir an. »Komm, es wird Zeit, Junge. Bist du wach?«

»Wach?« krächzte er schlaff. »Wie kommst du darauf, daß ich auch nur eine Minute geschlafen habe? Ich fühl mich beschissen. Ich glaub, ich hab's irgendwie im Hals. Mann, ich werd langsam zu alt für solche Sachen.«

In der Nacht waren unsere übelriechenden Ausdünstungen kondensiert und hingen nun in Form einer zarten Rauhreifschicht am Zeltstoff. Als ich mich aufrichtete und im Dunkeln nach meinen Kleidern wühlte, war es praktisch unmöglich, nicht die niedrigen Nylonwände zu streifen, was unfehlbar jedesmal eine Art Schneesturm im Zelt auslöste und alles mit Eiskristallen bedeckte. Bibbernd vor Kälte schlüpfte ich in drei Schichten flaumiger Polypropylen-Unterwäsche und eine äußere Schicht aus winddichtem Nylon, zog die Reißverschlüsse zu und stieg in meine klobigen Plastikschuhe. Das Binden der Schnüre ließ mich vor Schmerz zusammenzucken. Meine aufgesprungenen, blutenden Fingerkuppen waren in den letzten zwei Wochen in der kalten Luft immer schlimmer geworden.

Ich stapfte mit eingeschalteter Stirnlampe hinter Rob und Frank aus dem Lager und schlängelte mich zwischen Eistürmen und Geröllhaufen zum eigentlichen Gletscher. Die folgenden zwei Stunden stiegen wir einen nur leicht geneigten Hang hinauf, der auch für Skischüler geeignet gewesen wäre. Schließlich erreichten wir den Bergschrund, am oberen Ende des Khumbu-Gletschers. Direkt darüber erhob sich die Lhotse-Flanke wie ein riesiger, gekippter Eissee, der in dem schrägen Morgenlicht wie schmutziger Chrom schimmerte. Aus der Unermeßlichkeit des Eises, wie vom Himmel baumelnd, schlängelte sich ein einsames, neun Millimeter dickes Seil herab. Ich hob es an seinem Ende auf, befestigte meinen Jumar* an der etwas ausgefransten Leine und begann mit dem Aufstieg.

Die Kälte setzte mir ziemlich zu. Ich hatte mich diesmal nicht ganz so dick eingepackt, da ich den allmorgendlichen Solarofen-Effekt fürchtete, wenn die Sonne in das Western Cwm knallte. Aber an diesem Morgen wurde die Temperatur von einem schneidenden Wind in Schach gehalten, der vom oberen Teil des Berges heruntergefegt kam, wodurch die Lufttemperatur vielleicht minus vierzig Grad hatte. Im Rucksack steckte mein Fleece-Pullover, aber um ihn anzuziehen, hätte ich erst die Handschuhe ausziehen, dann den Rucksack abnehmen und schließlich die Windjacke abstreifen müssen, alles, während ich am Fixseil baumelte. Aus Angst, etwas fallen zu lassen, beschloß ich, damit zu warten, bis ich einen weniger steilen Abschnitt der Wand erreicht hätte, auf dem man ohne Seilsicherung halbwegs stehen konnte. Ich kletterte also weiter und fror immer mehr durch.

Der Wind wirbelte Wellen von Pulverschnee auf, die den Berg wie eine Meeresbrandung herunterrollten und mich von oben bis unten mit Schneestaub überzogen. Auf den Gläsern meiner Schneebrille bildete sich eine Eiskruste, wodurch die Sicht behindert wurde. Meine Füße wurden allmählich taub. Meine Finger waren wie Holz. Unter diesen Bedingungen weiter nach oben zu steigen schien mit jedem Meter gefährlicher. Ich befand mich an der Spitze unserer Gruppe, auf 7000 Meter, etwa fünfzehn Minuten vor Mike Groom, einem der Bergführer. Ich beschloß, auf ihn zu warten und die Sache mit ihm zu besprechen. Kurz bevor er jedoch zu mir aufschloß, hörte ich Robs energische Stimme aus dem Funkgerät in Mikes Jacke. Er hielt an, um zu antworten.

---

* Ein Jumar (auch Steigklemme genannt) wird zur Selbstsicherung beim Auf- und Abstieg im Fixseil eingehängt und an diesem entlanggeschoben. Sobald sie mit Gewicht belastet wird, rastet die Sperrmechanik ein und der Jumar klemmt fest am Sicherungsseil.

»Rob will, daß alle umkehren!« rief er laut gegen den Wind.
»Wir gehen runter.« Erst gegen Mittag waren wir wieder in Camp Zwei und untersuchten unsere Blessuren. Ich war erschöpft, aber ansonsten okay. John Taske, der australische Arzt, hatte leichte Erfrierungserscheinungen an den Fingerkuppen. Doug dagegen war schlimmer dran. Als er die Schuhe auszog, mußte er feststellen, daß er an mehreren Zehen leichte Erfrierungen hatte. Bereits 1995 hatte er auf dem Everest Erfrierungen dritten Grades am großen Zeh erlitten und Gewebe verloren. Die Durchblutung war dadurch chronisch beeinträchtigt worden, was ihn besonders kälteempfindlich machte. Nun würden ihn diese neuerlichen Erfrierungen noch anfälliger machen für die grausam harten Bedingungen weiter oben am Berg.

Noch weit schlimmer war jedoch Dougs Erkrankung der Atemwege. Knapp zwei Wochen vor seiner Abreise nach Nepal hatte er sich noch einer kleineren Halsoperation unterzogen, die seine Luftröhre in einem extrem empfindlichen Zustand hinterlassen hatte. Heute morgen hatte er durch die schneidend kalte, von Schneepartikeln durchsetzte Luft anscheinend Erfrierungen am Kehlkopf erlitten. »Das war's dann wohl, Scheiße noch mal«, krächzte er mit kaum hörbarer Flüsterstimme. Er wirkte am Boden zerstört. »Ich kann nicht einmal mehr sprechen. Die Besteigung ist für mich gelaufen.«

»Jetzt schreib dich nicht gleich ab, Doug«, meinte Rob.
»Warte erst mal ab, wie's dir in ein paar Tagen geht. Du bist 'n zäher Hund. Der Gipfel ist für dich immer noch gut drin, wenn du erst einmal wieder auf dem Damm bist, ich sag's dir.« Doug verschwand wenig überzeugt in unserem Zelt und zog sich den Schlafsack über den Kopf. Es war schon hart, ihn so entmutigt zu sehen. Er war zu einem guten Freund geworden, der all die wertvollen Erfahrungen, die er bei seinem gescheiterten Besteigungsversuch von 1995 gesammelt hatte, freigebig mit den anderen teilte. An meinem

Hals trug ich einen Xi-Stein – ein heiliges tibetisches Amulett, von dem Lama des Klosters in Pangboche gesegnet –, den Doug mir zu Beginn der Expedition geschenkt hatte. Ich wünschte ihm beinahe ebensosehr wie mir selbst, den Gipfel zu erreichen.

Das Team war geschockt, und für den Rest des Tages lag ein Gefühl der Niedergeschlagenheit über dem Lager. Der Berg hatte uns eingeschüchtert, ohne uns überhaupt all den Schrecken spüren zu lassen, zu dem er fähig war. Und es war nicht nur unser Team, das verunsichert und nachdenklich gestimmt war. Die Moral mehrerer Expeditionen auf Camp Zwei war schwer angeknackst.

Die schlechte Stimmung zeigte sich am deutlichsten an dem Streit, der zwischen Hall und den Leitern des taiwanesischen und südafrikanischen Teams ausbrach. Zankapfel war ein Stück Seil, mit dem in gemeinsamer Arbeit die Route über die Lhotse-Flanke gesichert werden sollte. Ende April war bereits die untere Hälfte der Wand zwischen dem oberen Teil des Cwm und Camp Drei mit Seilen versehen worden. Um die Arbeit abzuschließen, hatten Hall, Fischer, Ian Woodall, Makalu Gau und Todd Burleson (der amerikanische Leiter der geführten Alpine Ascents Expedition) sich darauf geeinigt, am 26. April je ein oder zwei Leute abzustellen, um auch den Rest der Wand zwischen Camp Drei und dem 7900 Meter hohen Camp Vier mit Seilen abzusichern. Es kam jedoch anders als geplant.

Als am Morgen des 26. April Ang Dorje und Lhakpa Chhiri aus Halls Team, Bergführer Anatoli Boukreev aus Fischers Team und ein Sherpa aus Burlesons Team von Camp Zwei aufbrachen, blieben die Sherpas des taiwanesischen und südafrikanischen Teams in ihren Schlafsäcken liegen und weigerten sich, mitzugehen. Als Hall am Nachmittag in Camp Zwei ankam und davon erfuhr, schnappte er sich sofort das Funkgerät, um herauszufinden, was schiefgelaufen war. Kami Dorje Sherpa, der Sirdar des taiwanesischen Teams, entschuldigte sich vielmals und versprach, die Sache wiedergutzumachen. Aber als Hall Woodall ans Funkgerät kommen ließ, reagierte der südafrikanische Leiter verstockt und warf Hall einen ganzen Schwall von Obszönitäten und Beleidigungen an den Kopf.

»Jetzt laß uns hier mal nicht unsere guten Manieren vergessen, Junge«, bat Hall. »Ich dachte, wir hätten eine Abmachung.« Woodall antwortete, daß seine Sherpas in den Zelten geblieben seien, weil niemand vorbeigekommen wäre, um sie zu wecken und sie wissen zu lassen, daß sie gebraucht würden. Hall konterte darauf scharf, daß Ang Dorje sehr wohl wiederholt versucht habe, sie aus den Federn zu holen, sie ihn aber einfach ignoriert hätten.

Daraufhin tönte Woodall: »Entweder sind Sie ein verdammter Lügner oder Ihr Sherpa.« Dann drohte er noch, ein paar Sherpas seines Teams rüberzuschicken, um Ang Dorje »mal kräftig Bescheid zu stoßen«.

Zwei Tage nach diesem ziemlich unerfreulichen Wortwechsel herrschte zwischen unserem Team und dem südafrikanischen weiterhin dicke Luft. Zu der spannungsgeladenen Atmosphäre auf Camp Zwei trugen zusätzlich die beunruhigenden, lückenhaften Nachrichten bei, die wir über Ngawangs sich stetig verschlechternden Zustand erhielten. Da er selbst in relativ geringer Höhe immer kränker wurde, äußerten die Ärzte den Verdacht, daß er wohl an HAPE litt, das aber unter Umständen durch eine Tuberkulose oder irgendeine andere, vorher bestehende Lungenerkrankung kompliziert wurde. Die Sherpas dagegen hatten eine ganz andere Diagnose parat: Sie glaubten, daß eine der Bergsteigerinnen in Fischers Team den Zorn des Everest – der Sagarmatha, Göttin des Himmels – erweckt hätte und daß die Göttin an Ngawang Rache geübt hätte.

Die betreffende Bergsteigerin hatte ein Verhältnis mit einem Mitglied einer Expedition zum Lhotse begonnen. Da es in den mietskasernenhaften Zuständen des Basislagers so etwas wie Privatsphäre praktisch nicht gibt, wurden die im Zelt der Frau stattfindenden amourösen Treffen von den anderen Mitgliedern des Teams entsprechend bemerkt und kommentiert, insbesondere von den Sherpas. Während der Stelldicheins saßen sie kichernd, mit dem Finger zeigend draußen da. »[X] und [Y] haben Schäferstündchen, haben Schäferstündchen«, glucksten sie und stießen immer wieder mit dem Finger in die offene Faust.

Aber trotz des Gelächters der Sherpas (von ihren eigenen, notorisch freizügigen Sitten ganz zu schweigen) sind sie strikt gegen Geschlechtsverkehr zwischen unverheirateten Paaren auf den göttlichen Flanken von Sagarmatha. Wann immer das Wetter sich verschlechterte, dauerte es nicht lange, bis einer der Sherpas gen Himmel auf das sich zusammenbrauende Unwetter zeigte und mit ernster Miene erklärte: »Irgendwelche Leute haben Schäferstündchen gehabt. Bringt Unglück. Jetzt kommt Sturm.«

Sandy Pittman hatte in einem Tagebucheintrag ihrer Expedition von 1994, den sie 1996 im Internet verbreitete, über diesen Aberglauben geschrieben:

29. April 1994

Everest Basislager (5400 Meter), die Kangshung-Flanke, Tibet

... am Nachmittag traf ein Postläufer mit Briefen aus der Heimat ein. Ein besorgter Kletterkumpel daheim war so witzig, ein Sexmagazin beizulegen ...

Während die eine Hälfte der Sherpas es zur näheren Ansicht ins Zelt mitnahm, machten sich die anderen bereits Sorgen über die Katastrophe, die mit Sicherheit folgen würde. Die Göttin Chomolungma, behaupteten sie, duldet kein »Bumsi-Bumsi« – nichts, was unrein ist – auf ihrem geheiligten Berg.

In dem Buddhismus, wie er auf den Höhen des Khumbu praktiziert wird, klingt eine deutlich animistische Note mit: Die Sherpas verehren ein verwirrendes Gemisch aus Gottheiten und Geistern, die nach altem Glauben die Schluchten,

Flüsse und Gipfel der Region bewohnen. Um die tückische Landschaft unbeschadet zu überqueren, wird es als unerläßlich angesehen, diesem Götterensemble in gebührender Form zu huldigen.

Um Sagarmatha zu besänftigen, hatten die Sherpas dieses Jahr – wie jedes Jahr – im Basislager in penibler Kleinarbeit mehr als ein Dutzend wunderschöner Tschorten errichtet, einen für jede Expedition. Der Altar unseres Camps war ein vollkommen regelmäßiger, etwa einsfünfzig hoher Kubus, der oben von einer Dreiergruppe sorgfältig ausgesuchter, spitz zulaufender Steine geschmückt war und von einem drei Meter hohen Holzpfahl mit einem zierlichen Wacholderzweig gekrönt wurde. Fünf Ketten leuchtend bunter Gebetsfahnen* waren von dem Holzpfahl aus strahlenförmig über unsere Zelte gespannt, um unser Lager vor Unheil zu schützen.

Unser Basislager-Sirdar – ein onkelhafter, hochrespektierter um die fünfundvierzig Jahre alter Sherpa namens Ang Tshering – zündete jeden Morgen vor Tagesanbruch Räucherwerk aus kleinen Wacholderzweigen an und stimmte religiöse Gesänge beim Tschorten an. Auf dem Weg zum Eisfall zogen Westler wie Sherpas durch die süß duftenden Rauchwolken an dem Altar vorbei – der links passiert werden muß –, um Ang Tsherings Segen zu empfangen.

Trotz der großen Wichtigkeit, die solchen Ritualen beigemessen wird, ist der von den Sherpas praktizierte Buddhismus alles andere als starr und streng. Um weiter in Sagarmathas Gunst zu stehen, mußte zum Beispiel jedes Team, das zum ersten Mal in den Gletscherbruch wollte, zuerst eine

---

* Gebetsfahnen werden mit heiligen buddhistischen Anrufungen bedruckt – am gebräuchlichsten ist *Om mani padme hum* –, die mit jedem Fahnenschlag zu Gott ausgesandt werden. Zusätzlich zu den Gebetsinschriften tragen die Fahnen oft das Bild eines geflügelten Pferdes; Pferde sind in der Sherpa-Kosmologie geheiligte Geschöpfe, von denen angenommen wird, daß sie die Inschriften besonders schnell gen Himmel tragen. In der Sprache der Sherpas werden die Gebetsfahnen *lung ta* genannt, was soviel wie »Windpferd« heißt.

puja zelebrieren, eine umständliche religiöse Zeremonie. Als aber der tattrige gebrechliche Lama, der dazu bestellt war, die Puja zu leiten, die Reise von seinem abgelegenen Dorf an dem festgesetzten Tag nicht schaffte, erklärte Ang Tshering, daß es trotzdem okay sei, durch den Eisfall zu steigen, denn Sagarmatha wüßte nun, daß wir die Absicht hätten, die Puja bald nachzuholen.

Was Geschlechtsverkehr auf den Hängen des Everest betrifft, schien eine ähnlich laxe Auffassung zu herrschen. Obwohl man mit Lippenbekenntnissen zu dem Verbot nicht geizte, machten mehr als nur ein paar Sherpas für sich selbst Ausnahmen – 1996 blühte sogar eine Romanze zwischen einem Sherpa und einer Amerikanerin, die der IMAX-Expedition angeschlossen war. Es schien daher seltsam, daß die Sherpas Ngawangs Erkrankung auf die außerehelichen Zusammenkünfte zurückführten, die in einem der Mountain-Madness-Zelte stattfanden. Als ich jedoch Lopsang Jangbu Sherpa – Fischers dreiundzwanzigjährigen für die Hochlager zuständigen Sirdar – auf diesen Widerspruch hinwies, bestand er darauf, daß das eigentliche Problem nicht die Tatsache sei, daß eine von Fischers Kletterinnen im Basislager »Schäferstündchen« abgehalten hatte. Sondern vielmehr, daß sie weiterhin mit ihrem Geliebten hoch oben am Berg schlief.

»Der Mount Everest ist eine Gottheit – für mich, für alle«, sinnierte Lopsang zehn Wochen nach der Expedition feierlich. »Wenn nur Ehemann und Ehefrau miteinander schlafen, ist es gut. Aber wenn [X] und [Y] miteinander schlafen, bringt das Unglück für mein Team... Also sage ich zu Scott: › Bitte, Scott, du bist der Führer. Bitte sage [X], daß sie nicht mehr mit ihrem Freund auf Camp Zwei schlafen soll. Bitte. ‹ Aber Scott lacht nur. Nach dem ersten Tag, an dem [X] und [Y] zusammen im Zelt waren, ist Ngawang Topche auf Camp Zwei gleich krank geworden. Und jetzt ist er tot.«

Ngawang war Lopsangs Onkel. Die beiden hatten sich sehr nahegestanden, und Lopsang war bei der Rettungsmannschaft dabeigewesen, die Ngawang in der Nacht des 22. April den Gletscherbruch heruntergebracht hatte. Als Ngawang dann in Pheriche zu atmen aufgehört hatte und nach Kathmandu ausgeflogen werden mußte, machte Lopsang sich sofort vom Basislager auf (Fischer hatte ihn in seinem Entschluß bestärkt), um seinen Onkel auf dem Hubschrauberflug zu begleiten.

Sein kurzer Trip nach Kathmandu und der Eilmarsch zurück ins Basislager hatten ihn viel Kraft gekostet und ihn in seiner Akklimatisierung zurückgeworfen – kein gutes Vorzeichen für Fischers Team: Fischer war auf ihn mindestens ebensosehr angewiesen wie Hall auf seinen Sirdar Ang Dorje.

1996 tummelten sich auf der nepalesischen Seite des Everest mehrere ausgezeichnete Himalaja-Bergsteiger – Veteranen wie Hall, Fischer, Breashears, Pete Schoening, Ang Dorje, Mike Groom und Robert Schauer, ein Österreicher im IMAX-Team. Aber vier Spitzenleute ragten selbst in dieser erlesenen Gesellschaft weit heraus – Kletterer, die in Höhen von über 8000 Metern eine dermaßen erstaunliche Meisterschaft bewiesen, daß sie eine Klasse für sich bildeten: Ed Viesturs, der Amerikaner, der in dem IMAX-Film mitspielte; Anatoli Boukreev, ein Bergführer aus Kasachstan, der für Fischer arbeitete; Ang Babu Sherpa, der von der südafrikanischen Expedition verpflichtet worden war; und Lopsang.

Lopsang, ein geselliger gutaussehender Typ, war von einer beinahe übertriebenen Freundlichkeit und darüber hinaus ein echter, zugegebenermaßen sehr charmanter Angeber. Er war als Einzelkind in der Gegend um Rolwaling aufgewachsen, niemals rauchte oder trank er, was unter Sherpas ungewöhnlich war. Er protzte mit einem goldenen Schneidezahn und lachte oft und gern. Obwohl von zierlichem Körperbau, trugen ihm sein schillerndes Wesen sowie seine Arbeitswut und seine außergewöhnlichen athletischen Fähigkeiten den Ruf eines Deion Sanders des Khumbu ein. Fischer sagte mir, daß Lopsang seiner Meinung nach das

Zeug dazu hätte, »ein zweiter Reinhold Messner« zu werden – der berühmte Südtiroler ist bei weitem der größte Himalaja-Bergsteiger aller Zeiten.

Lopsang machte zum ersten Mal Furore, als er 1993 als Zwanzigjähriger von einem indisch-nepalesischen Everest-Team als Träger mitgenommen wurde. Die Expedition wurde von einer Inderin namens Bachendri Pal geleitet und bestand vorwiegend aus Frauen. Da Lopsang das jüngste Mitglied der Expedition war, beschränkte sich seine Rolle anfänglich nur auf die eines untergeordneten Helfers. Aber seine Kraft und Ausdauer waren dermaßen überzeugend, daß er in letzter Minute einer Gruppe für den Gipfelanstieg zugeteilt wurde und so am 16. Mai die Spitze des Everest ohne zusätzlichen Sauerstoff erreichte.

Fünf Monate nach seiner Everest-Besteigung stand Lopsang mit einem japanischen Team auf dem Gipfel des Cho Oyu. Im Frühling 1994 arbeitete er für Fischers Umwelt-Expedition und erreichte zum zweiten Mal den Gipfel des Everest, wieder ohne Flaschensauerstoff. Im September darauf wurde er beim Versuch, mit einem norwegischen Team über den Westgrat auf den Everest zu steigen, von einer Lawine mitgerissen. Er stürzte knapp siebzig Meter den Berg hinunter, schaffte es aber dann irgendwie, seinen Fall mit einem Eispickel zu stoppen und damit sein Leben und das zweier Seilgefährten zu retten. Aber sein Onkel, Mingma Norbu Sherpa, der nicht mit angeseilt war, kam durch die Lawine ums Leben. Obwohl der Verlust Lopsang schwer traf, blieb seine Begeisterung fürs Bergsteigen ungebrochen.

Im Mai 1995 bestieg er zum dritten Mal ohne zusätzlichen Sauerstoff den Everest, diesmal als Angestellter einer Hall-Expedition. Und nur drei Monate später, als er wieder in Fischers Diensten stand, bestieg er den 8047 Meter hohen Broad Peak in Pakistan. Als Lopsang 1996 mit Fischer zum Everest aufbrach, hatte er nur drei Jahre Bergerfahrung vorzuweisen, aber in dieser kurzen Zeitspanne an nicht weniger als zehn Himalaja-Expeditionen teilgenommen und sich einen Ruf als Höhenbergsteiger allererster Güte geschaffen. Als sie 1994 zusammen den Everest bestiegen, wuchs zwischen Fischer und Lopsang ein Gefühl gegenseitiger Bewunderung. Beide besaßen grenzenlose Energiereserven, unwiderstehlichen Charme und eine gewisse Art, bei der Frauen ins Schwärmen gerieten. Lopsang, für den Fischer Mentor und Vorbild war, begann sogar sein Haar wie Fischer zu einem Pferdeschwanz zu binden. »Scott ist ein sehr starker Typ, ich bin ein sehr starker Typ«, erklärte Lopsang mit dem für ihn typischen Mangel an Bescheidenheit. »Wir sind ein gutes Team. Scott zahlt mich nicht so gut wie Rob oder die Japaner, aber ich brauche kein Geld. Ich schaue in die Zukunft, und Scott ist meine Zukunft. Er sagt zu mir: ›Lopsang, mein starker Sherpa! Ich mache dich berühmt!‹... Ich glaube, Scott hat für mich mit Mountain Madness viele große Pläne.«

KAPITEL ZEHN

Die Lhotse-Flanke
29. April 1996
7150 Meter

In der amerikanischen Öffentlichkeit bestand nicht die Sympathie fürs Bergsteigen, wie sie in den europäischen Alpenländern oder bei den Briten, den Erfindern dieses Sports, Tradition ist. In jenen Ländern gab es so etwas wie ein Verständnis dafür, und auch wenn der Mann auf der Straße es vielleicht im großen und ganzen für leichtsinnig und halsbrecherisch hielt, sah er doch ein, daß es etwas war, was getan werden mußte. In Amerika gab es diese Akzeptanz einfach nicht.

WALT UNSWORTH
Everest

Einen Tag nachdem unser erster Versuch, zu Camp Drei aufzusteigen, durch Wind und barbarische Kälte vereitelt worden war, probierten es in Halls Team alle außer Doug (der auf Camp Zwei blieb, um seinen wunden Kehlkopf zu kurieren) aufs neue. An einem halb durchgescheuerten Nylonseil von scheinbar endloser Länge stieg ich dreihundert Meter weit an der gewaltigen Schräge der Lhotse-Flanke hoch. Je höher ich stieg, desto träger und abgeschlaffter wurden meine Bewegungen. Ich schob meinen Jumar in Handschuhen an dem Seil hoch und ruhte mich mit meinem Gewicht daran aus, um mit zwei tiefen Atemzügen die schneidend kalte Luft zu schöpfen. Dann hob ich den linken Fuß, rammte das Steigeisen ins Eis und atmete weitere zweimal tief durch. Jetzt war der rechte Fuß dran, den ich neben den linken setzte; einatmen, ausatmen, zweimal; und dann wieder den Jumar das Seil hoch. In den letzten drei Stunden hatte ich mich völlig verausgabt, und ich rechnete damit, noch mindestens eine weitere Stunde schuften zu müssen. So mühte ich mich zentimeterweise auf eine Gruppe von Zelten zu, die irgendwo in der steilen Flanke aufgebaut sein sollten.

Leute, die nicht bergsteigen – also genaugenommen die Mehrzahl der Menschheit – tendieren dazu, in dem Sport eine waghalsige, lustvolle Suche nach endlos eskalierendem Nervenkitzel zu sehen. Aber die Ansicht, daß Bergsteiger nichts als Adrenalin-Junkies sind, die ihrem geheiligten Fix hinterherlaufen, ist zumindest im Fall des Everest ein Trugschluß. Das, was ich dort oben trieb, hatte so gut wie nichts mit Bungee-Jumping, Fallschirmspringen oder mit einer Zweihundert-Sachen-Spritztour auf dem Motorrad gemein. Oberhalb der Annehmlichkeiten des Basislagers verwandelte sich die Expedition in ein eher spartanisches Unternehmen. Zwischen Qual und Vergnügen bestand ein dermaßen eklatantes Mißverhältnis, wie ich es noch auf keinem anderen Berg erlebt hatte. Mir wurde schnell klar, daß es bei einer Besteigung des Everest in erster Linie darum ging, wieviel Schmerz man auszuhalten vermochte. Als wir uns so Woche für Woche der Plackerei, der Langeweile und den Qualen unterwarfen, ging mir irgendwann auf, daß die meisten von uns wohl vor allem so etwas wie einen Zustand der Gnade anstrebten.

Natürlich spielten bei einigen Everest-Aspiranten auch Tausende andere, weniger tugendhafte Beweggründe eine Rolle: ein bescheidenes Maß an Berühmtheit, Karriereaufstieg, Ego-Massage, sich wichtig machen zu können und sicherlich auch schnöder Mammon. Aber solch niedrige Beweggründe fielen weniger ins Gewicht, als manche Kritiker vielleicht vermuten. Im Laufe der Wochen veranlaßten meine Beobachtungen mich jedenfalls dazu, meine Vorurteile in bezug auf einige meiner Teamgefährten von Grund auf zu überdenken.

Zum Beispiel Beck Weathers, der gerade kaum mehr als ein winziger roter Flecken auf dem Eis 150 Meter unter mir war, am Ende einer langen Schlange von Bergsteigern. Mein erster Eindruck von Beck war alles andere als günstig ausgefallen: ein schulterklopfender Pathologe und weniger als mittelmäßiger Bergsteiger aus Dallas; auf den ersten Blick ein reiches republikanisches Großmaul, das sich den Gipfel des Everest für seine Trophäensammlung kaufen wollte. Je näher ich ihn jedoch kennenlernte, desto mehr respektierte ich ihn. Obwohl seine steifen neuen Bergschuhe seine Füße zu Hackfleisch zerquetscht hatten, humpelte Beck weiter nach oben, tagein, tagaus, und erwähnte beinahe mit keinem Wort, welche entsetzlichen Schmerzen er aller Wahrscheinlichkeit nach ausstand. Er war zäh, entschlossen und ungemein beherrscht. Und was ich anfänglich für Arroganz hielt, schien mir nun zunehmend jugendlicher Überschwang zu sein. Der Mann schien niemandem auf der ganzen Welt Böses zu wollen (nicht mal Hillary Clinton). Immer gut gelaunt und grenzenlos optimistisch, war er ein so liebenswerter Kerl, daß ich irgendwann einfach nicht mehr umhin konnte, ihn zu mögen.

Beck, Sohn eines höheren Air-Force-Offiziers, hatte seine Kindheit damit verbracht, von einem Militärstützpunkt zum anderen zu pendeln, bis er in Wichita Falls landete und dort aufs College ging. Nach dem Abschluß seines Medizinstudiums heiratete er, wurde Vater zweier Kinder und stieg in eine gutgehende Praxis in Dallas ein. 1986, mit über vierzig, vernahm er während eines Urlaubs in Colorado den Sirenengesang der Berge und meldete sich bei einem Bergsteigerkurs für Anfänger im Rocky-Mountain-Nationalpark an.

Ärzte sind oft extrem leistungsorientiert, und Beck war nicht der erste Mediziner, der sich mit wahrer Begeisterung in ein neues Hobby stürzte. Aber Bergsteigen war etwas anderes als Golfen oder Tennis spielen oder die verschiedenen anderen Freizeitbeschäftigungen, mit denen seine Kollegen in Weiß überschüssige Energie abbauten. Die Anforderungen des Bergsteigens – die physischen und emotionalen Kämpfe, die nur allzu realen Risiken – machten es zu mehr als nur einem Spiel. Klettern war wie das Leben selbst, nur in sehr viel konzentrierterer Form – und nichts hatte Beck jemals dermaßen gefesselt. Seine Frau Peach wurde zunehmend besorgter, wie extrem er in diese neue Welt eintauchte und wie sie die Familie seiner Gegenwart beraubte. Sie war alles andere als begeistert, als Beck recht bald, nachdem er den Sport zu seinem Hobby gemacht hatte, erklärte, daß er die Seven Summits besteigen wollte.

So egoistisch und hochfliegend Becks Besessenheit auch gewesen sein mag, leichtfertig war sie jedenfalls nicht. Bald begann ich auch an Lou Kasischke, dem Anwalt aus Bloomfield Hills, eine ähnliche Entschiedenheit zu bemerken; an Yasuko Namba, der schweigsamen Japanerin, die jeden Morgen Nudeln zum Frühstück aß; und an John Taske, dem sechsundfünfzigjährigen Anästhesisten aus Brisbane, der nach seinem Ausscheiden aus der Armee mit dem Klettern angefangen hatte.

»Als ich die Uniform abgelegt habe, verlor ich irgendwie die Orientierung«, klagte Taske mit seinem starken australischen Akzent. Er war in der Armee ein hohes Tier gewesen – ein hochdekorierter Oberst des Special Air Service, der australischen Variante der Green Berets. Taske hatte auf dem Höhepunkt des Krieges in Vietnam zwei Einsätze geflogen, mußte dann aber die schmerzhafte Erfahrung machen, daß er fürs Zivilleben nicht gerüstet war. »Ich wußte einfach nicht, wie man sich mit normalen Menschen unterhält«, fuhr er fort. »Meine Ehe ist in die Brüche gegangen. Ich sah nur noch diesen langen dunklen Tunnel auf mich zukommen, der in Krankheit, Alter und Tod endet. Dann habe ich mit dem Bergsteigen angefangen, und der Sport hat mir beinahe alles gegeben, was ich im Zivil-Leben vermißt habe – die Herausforderung, die Kameradschaft und das Gefühl, ein Ziel zu haben.«

Je mehr meine Sympathie für Taske, Weathers und einige andere Teamgefährten wuchs, desto unwohler fühlte ich mich in meiner Rolle als Journalist. Ich hatte keine Bedenken, offen über Leute wie Hall, Fischer oder Sandy Pittman zu schreiben, die alle seit Jahren um Aufmerksamkeit in den Medien kämpften und buhlten. Aber bei meinen Teamgefährten war das was anderes. Als sie bei Hall unterschrieben, hatte keiner von ihnen gewußt, daß ein Reporter in ihrer Mitte sein würde – jemand, der eifrig Notizen macht, in aller Stille ihre Worte und Taten festhält, um ihre Macken und Marotten einer möglicherweise feindseligen Öffentlichkeit preiszugeben.

Nach der Expedition wurde Weathers für die Fernsehsendung *Turning Point* interviewt. In einem Abschnitt des Interviews, der nicht in der Fassung enthalten war, die letztlich ausgestrahlt wurde, fragte Forrest Sawyer, der Moderator von ABC News, Beck:»Was hielten Sie davon, daß ein Reporter mit von der Partie war?« Beck antwortete: *Es war eine große zusätzliche Belastung. Irgendwie hat man das immer im Hinterkopf – man ist sich ständig bewußt, daß dieser Typ nach der Rückkehr eine Geschichte schreibt, die von ein paar Millionen Menschen gelesen wird. Ich meine, es ist schon so schlimm genug, da raufzugehen und sich lächerlich zu machen, selbst wenn man allein mit dem Team ist. Die Tatsache, daß irgend jemand einen auf den Seiten irgendeiner Zeitschrift vielleicht zum Trottel und Clown macht, beeinflußt einen psychisch. Man will seine Sache möglichst gut machen und hängt sich wirklich rein. Und ich habe mir Sorgen gemacht, daß es einige Leute dazu verführen könnte, Dinge zu wagen, die sie sonst sein lassen würden. Auch die Bergführer. Ich meine, sie wollen die Leute auf den Gipfel kriegen, weil – und da haben wir's wieder – über sie geschrieben wird und weil sie beurteilt werden.*

Kurz darauf fragte Sawyer:»Hatten Sie das Gefühl, daß Rob Hall durch die Tatsache, daß ein Reporter dabei war, zusätzlichem Druck ausgesetzt war?« *Anders kann ich mir's nicht vorstellen. [Rob] verdient sich damit ja seinen Lebensunterhalt, und wenn einer seiner Kunden sich verletzt, dann ist das das Schlimmste, was einem Bergführer passieren kann ... Vor zwei Jahren hatte er bestimmt eine großartige Saison, als er alle auf den*

*Gipfel gebracht hat, was außergewöhnlich ist. Und ich glaube so-
gar, daß er das Gefühl hatte, daß unser Team stark genug war, dies
zu wiederholen ... Ich glaube also, da ist der Antrieb, wenn man
wieder in den Nachrichten auftaucht, in der Zeitschrift, daß dann
nur Gutes über einen drinsteht.*

Erst am späten Vormittag schleppte ich mich ins Camp Drei:
drei kleine Zelte, die sich auf mittlerer Höhe der schwindelerregend steilen Lhotse-Flanke auf einem Absatz aneinan-
derzwängten, der von unseren Sherpas aus dem Eis gehauen
worden war. Als ich dort ankam, plagten sich Lhakpa Chhiri
und Arita immer noch mit einer Plattform für ein viertes Zelt
ab. Ich nahm also meinen Rucksack ab und half ihnen bei der
Arbeit. Auf 7300 Meter schaffte ich mit meinem Eispickel nur
sieben, acht Hiebe, bevor ich völlig außer Atem war. Mein
Beitrag zu dem Unternehmen war kaum der Erwähnung
wert, versteht sich, und sie brauchten noch eine weitere
Stunde, bis die Arbeit getan war.

Unser winziges Camp, etwa 30 Meter über den Zelten der
anderen Expeditionen gelegen, war ein atemberaubend
exponierter Platz. Wochenlang hatten wir uns durch ein
canyonähnliches Tal geplagt; aber nun bot die Aussicht uns
zum ersten Mal mehr Himmel als Erde. Scharen von mas-
sigen Kumuluswolken huschten unter der hoch am Himmel
stehenden Sonne vorbei und drückten der Landschaft ein
sich ständig verlagerndes Muster aus Schatten und blen-
dendweißem Licht auf. Meine Teamgefährten ließen weiter
auf sich warten, und ich saß da, die Füße über dem Abgrund
baumelnd, sah dem Wolkenspiel zu und genoß die Aussicht
auf knapp 7000 Meter hohe Gipfel, die noch vor einem
Monat alles überragt hatten. Das Dach der Welt, so schien es
zumindest, war endlich in greifbare Nähe gerückt.

Der Gipfel befand sich jedoch noch immer gut 1500 Höhenmeter weiter oben, umkränzt von einem Nimbus wind-
getragener Kondensationswirbel. Aber auch wenn auf dem
oberen Teil des Berges Winde von knapp 200 Stundenkilo-

metern fegten, herrschte auf Camp Drei beinahe Windstille, und im Laufe des Nachmittags wurde mir von der knallenden Sonne ganz duselig – zumindest hoffte ich, daß es die Hitze war, die mich so benebelt machte, und nicht das erste Symptom eines Hirnödems.

Ein Höhen-Hirnödem, englisch HACE genannt, tritt seltener auf als ein Höhen-Lungenödem, ist aber tendenziell meist noch häufiger tödlich. HACE, eine rätselhafte Krankheit, tritt dann auf, wenn aus unter Sauerstoffentzug leidenden zerebralen Blutgefäßen Flüssigkeit sickert und dadurch eine starke Schwellung des Gehirns verursacht wird. Die Krankheit schlägt oft völlig überraschend und ohne Vorwarnung zu. Unter den Hirnschalen entsteht stetig zunehmender Druck, Motorik und geistiger Zustand verschlechtern sich mit alarmierender Geschwindigkeit – normalerweise innerhalb von ein paar Stunden oder weniger – und oft, ohne daß das Opfer selbst die Veränderungen bemerkt. Das nächste Stadium ist das Koma und dann der Tod, es sei denn, der von der Krankheit Betroffene wird auf schnellstem Wege auf eine niedrigere Höhe gebracht.

HACE spukte mir an jenem Nachmittag im Kopf herum, denn erst vor zwei Tagen hatte die Krankheit Dale Kruse, einen Kunden aus Fischers Expedition, genau hier auf Camp Drei schwer erwischt. Der vierundvierzigjährige Zahnarzt aus Colorado, ein alter Freund Fischers, war ein baumstarker, sehr erfahrener Bergsteiger. Am 26. April war er von Camp Zwei zu Camp Drei aufgestiegen und hatte für sich und seine Teamgefährten noch einen Tee aufgegossen, bevor er sich auf ein Nickerchen ins Zelt gelegt hatte. »Ich bin auf der Stelle eingeschlafen«, weiß Kruse noch, »und habe dann tatsächlich beinahe vierundzwanzig Stunden gepennt, bis um zwei Uhr nachmittags des folgenden Tages. Als mich schließlich jemand geweckt hat, war den anderen gleich klar, daß da oben bei mir was nicht stimmte. Ich selbst habe davon jedoch nichts mitgekriegt. Scott sagte zu mir: ›Wir müssen dich sofort nach unten bringen.‹«

Kruse schaffte es kaum noch, sich auch nur anzuziehen. Er zog seinen Klettergurt verkehrt herum an, zog ihn durch den Hosenschlitz seines Windanzugs, und es gelang ihm nicht, ihn zu schließen. Glücklicherweise fiel Fischer und Neal Beidleman das Durcheinander auf, bevor man mit dem Abstieg begann. »Wenn er versucht hätte, sich so an den Seilen hinunterzulassen«, sagt Beidleman, »hätte es ihn auf der Stelle aus seinem Klettergurt gerissen und er hätte sich am Fuße der Lhotse-Flanke wiedergefunden.« »Ich hab mich gefühlt wie ein Betrunkener«, erinnert Kruse sich. »Ich konnte nicht gehen, ohne zu stolpern, und denken oder sprechen konnte ich überhaupt nicht mehr. War ein wirklich merkwürdiges Gefühl. Da will man irgendwas sagen, und man weiß auch, was, aber ich hab nicht gewußt, wie ich es denn nun schaffe, den Mund zu bewegen. Scott und Neal mußten mich also anziehen, damit mein Klettergurt auch korrekt angelegt war, und dann hat Scott mich an den Fixseilen runtergelassen.« Als Kruse schließlich im Basislager angekommen war, hat es, wie er sagt, »noch weitere drei, vier Tage gedauert, bevor ich von meinem Zelt zum Speisezelt gehen konnte, ohne alle paar Schritte hinzufallen«.

Als die Abendsonne hinter den Pumori sank, fiel die Temperatur auf Camp Drei um mehr als dreißig Grad, und mit der kalt werdenden Luft verschwand auch meine Benommenheit: Meine Angst, ein Hirnödem zu bekommen, stellte sich als unbegründet heraus, zumindest vorerst. Am nächsten Morgen, nach einer erbärmlichen, schlaflosen Nacht auf 7300 Meter Höhe, stiegen wir zum Camp Zwei hinab, und einen Tag darauf, am 1. Mai, ging es zurück ins Basislager, um für den Anstieg auf den Gipfel wieder zu Kräften zu kommen.

Unsere Akklimatisierung war nun offiziell abgeschlossen – und zu meiner angenehmen Überraschung schien Halls Strategie tatsächlich aufzugehen: Nach drei Wochen oben am Berg kam mir die Luft im Basislager verglichen mit der erbarmungslos dünnen Atmosphäre auf den Lagern darüber dick, schwer und überreich an Sauerstoff vor. Aber mit meinem Körper stimmte immer noch so einiges nicht. Ich hatte beinahe zehn Kilo an Muskelmasse eingebüßt, größtenteils an Schultern, Rücken und Beinen. Außerdem hatte ich buchstäblich alles an subkutanen Fettreserven verbraucht, womit ich wesentlich empfindlicher für Kälte war. Mein schlimmstes Problem jedoch war meine Brust: Der trockene Keuchhusten, den ich mir vor Wochen in Lobuje geholt hatte, hatte sich dermaßen verschlimmert, daß während eines besonders hartnäckigen Anfalls auf Camp Drei ein paar Knorpel im Brustkasten rissen. Ich hustete unablässig weiter, und jeder Ausstoß fühlte sich wie ein brutaler Tritt zwischen die Rippen an.

Die meisten Bergsteiger im Basislager waren in ähnlich angeschlagener Verfassung – das gehörte zum Leben am Everest einfach dazu. In fünf Tagen sollten wir zusammen mit Fischers Team aus dem Basislager Richtung Gipfel aufbrechen. In der Hoffnung, meinen körperlichen Verfall aufzuhalten, verordnete ich mir viel Ruhe, schluckte haufenweise Ibuprofen und beschloß, in der verbleibenden Zeit soviel Kalorien wie möglich hinunterzuwürgen.

Hall hatte von Anfang an den 10. Mai als unseren Gipfeltag eingeplant. »Ich habe es viermal auf den Gipfel geschafft«, erklärte er, »und zweimal war es am 10. Mai. Wie die Sherpas es ausdrücken würden, der Zehnte ist ein ›verheißungsvoller‹ Tag für mich.« Aber es gab auch einen eher praktischen Grund dafür, daß er dieses Datum ausgewählt hatte. Der halbjährlich die Richtung wechselnde Monsun machte es wahrscheinlich, daß um den 10. Mai herum das beste Wetter des Jahres herrschte.

Den ganzen April über war der Jetstream wie eine Feuerwehrspritze auf den Everest gerichtet gewesen und hatte orkanartige Winde gegen die Gipfelpyramide gepeitscht. Selbst an Tagen, an denen im Basislager ruhiges, sonniges Wetter herrschte, wehte am Gipfel eine gewaltige, vom

Wind aufgewirbelte Schneefahne. Aber Anfang Mai, so unsere Hoffnung, würde der aus der Bengalischen Bucht herannahende Monsun den Jetstream Richtung Tibet drängen.

Wenn man darauf zählen konnte, daß es sich dieses Jahr mit dem Wetter so verhalten würde wie in der Vergangenheit, würden wir zwischen dem Abzug der Winde und der Ankunft des Monsuns mit einer kurzen Übergangszeit von klarem, ruhigem Wetter beschenkt werden, während der ein Aufstieg zum Gipfel möglich war.

Leider waren die hiesigen Wettergesetze kein Geheimnis, und sämtliche Expeditionen wollten ihr Glück während dieser Schönwetterperiode versuchen. In der Hoffnung, einen gefährlichen Stau auf dem Gipfelgrat zu vermeiden, hatte Hall im Basislager mit den Leitern der anderen Expeditionen eine große Versammlung abgehalten. Es wurde beschlossen, daß Göran Kropp, ein junger Schwede, der mit dem Fahrrad von Stockholm nach Nepal gereist war, am 3. Mai den ersten Gipfelvorstoß unternehmen würde, und zwar im Alleingang. Danach war ein Team aus Montenegro an der Reihe. Dann, am 8. oder 9. Mai, war die IMAX-Expedition dran.

Halls Gipfeltag, so der Beschluß, war am 10. Mai, zusammen mit Fischers Team. Petter Neby, der norwegische Solo-Kletterer, war, nachdem er von einem herabfallenden Felsbrocken beinahe erschlagen worden war, bereits abgereist. Er hatte eines Morgens in aller Stille das Basislager verlassen und war nach Skandinavien zurückgekehrt. Eine von den Amerikanern Todd Burleson und Pete Athans geführte Gruppe, ebenso wie Mal Duffs kommerzielle Expedition und eine andere britische kommerzielle Expedition, versprachen alle, am 10. Mai in den Zelten zu bleiben; die Taiwanesen ebenfalls. Ian Woodall jedoch erklärte, daß die Südafrikaner auf den Gipfel gingen, wann immer es ihnen verdammt noch mal beliebte, aller Voraussicht nach am 10. Mai, und wem dies nicht paßte, den solle der Teufel holen.

Hall, den normalerweise kaum etwas aus der Fassung brachte, explodierte beinahe vor Wut, als er erfuhr, daß Woodall sich weigerte, in irgendeiner Form zu kooperieren. »Ich hoffe bloß, daß ich weit vom oberen Teil des Berges entfernt bin, wenn diese Wichser drauf sind«, zischte er.

KAPITEL ELF

Basislager des Everest
6. Mai 1996
5 400 Meter

Man fragt sich, wieviel von der Faszination des Bergsteigens auf ihrer Simplifizierung von zwischenmenschlichen Beziehungen, ihrer Reduktion von Freundschaft auf reibungslose Interaktion (wie im Krieg), dem Ersatz des anderen (des Berges, der Herausforderung) für die Beziehung selbst beruht. Hinter einem geheimnisvollen Nimbus von Abenteuer, rauhem Leben, unbeschwertem Globetrotterdasein – alles höchst notwendig gewordene Gegenmittel zu den Bequemlichkeiten und dem eingebauten Komfort unserer Kultur – könnte eine Art jugendliche Weigerung stecken, das Altern ernst zu nehmen, die Gebrechlichkeit der anderen, zwischenmenschliche Verantwortung; Schwächen aller Arten, den langsamen und unspektakulären Lauf des Lebens selbst...

Ein erstklassiger Bergsteiger... kann durchaus tiefe Gefühle empfinden, ja sogar rührselig sein; aber nur wenn es um jene geht, die einen würdigen Märtyrertod gestorben sind, um seine Exkameraden. Die Schriften von Buhl, John Harlin, Bonatti, Bonington und Haston ähneln sich vor allem in einer gewissen Kälte des Tonfalls: der Kälte von Kompetenz. Vielleicht ist es dies, worum es beim Extremklettern geht: an jenen Punkt zu gelangen, den Haston so beschreibt: »Falls irgend etwas schiefgeht, wird es ein Kampf bis zum Ende. Wenn man durchtrainiert und gut vorbereitet ist, hat man eine Chance zu überleben; wenn nicht, verlangt die Natur ihr Pfand zurück.«

DAVID ROBERTS
»Patey Agonistes«
Moments of Doubt

Der Gipfelgrat des Everest vom Südgipfel aus gesehen

Gebetsflaggen flattern über dem Basislager

In 4880 m Höhe, genau unter dem Khumbu-Gletscher, steht eine Reihe von Steinmonumenten, die an die Sherpas erinnern, die am Everest gestorben sind. Im Hintergrund ragt die Ama Dablam auf.

Türme von Gletschereis,
die berüchtigten Seracs

Das Everest-Basislager

Im Khumbu-Eisfall

Am Ende des Khumbu-Eisfalls erklettern Mitglieder von Scott Fischers Team nervös den riesigen überhängenden Eisbrocken, der »Mausefalle genannt wird.

Auf dem Gletscher gibt es tiefe Spalten, die manchmal von einer dünnen Schneedecke verdeckt sind. Für nicht angeseilte Kletterer stellen sie eine tödliche Gefahr dar.

Camp Eins

Stuart Hutchison im Khumbu-Eisfall

Eine Gruppe mit Yaks schleppt sich mühsam über den Schotter des Khumbu-Eisfalls zum Basislager.

John Taske im Khumbu-Eisfall

Mehr als fünfzig Bergsteiger auf dem Weg von Camp Drei zum Gelben Band

Blick aus 8 540 m Höhe auf Klev Schoening (vorne) und eine lange Schlange von Kletterern, die den Südostgrat aufsteigen. Der dominierende Gipfel im Hintergrund ist der Makalu.

Ein Gorak fliegt über den Khumbu-Gletscher, das Basislager liegt unter ihm, über ihm ragen der Everest, Lhotse und Nuptse auf.

Der Jetstrom umtost den Everest. Genau unterhalb des Südgipfels sind vier winzige Figuren – Mitglieder der Montenegrin-Expedition – zu sehen.

(von rechts nach links): Anatoli Boukreev, Mike Groom, Jon Krakauer, Andy Harris und eine lange Schlange von nicht mehr erkennbaren Kletterern in ungefähr 8601 m Höhe auf dem oberen Südostgrat. Im Hintergrund ragt der Makalu auf.

Blick vom Everest auf den Pumori

Blick vom Camp Drei auf den Rongbuk-Gletscher am Nordostgrat des Everest

Blick vom Basislager über das Western Cwm zum Pumori

Bildnachweis
Alain Desez S. 10; Elie Hanoteau S. 3; Jon Krakauer S. 1, 4 unten, 6 oben rechts/unten, 7, 9, 11, 13, 16; Galen Rowell/Mountain Lights S. 6 oben rechts; Klev Schoening S. 6 oben links, 8, 12; Pascal Tournaire S. 2, 4 oben, 5, 14/15

Am 6. Mai brachen wir morgens um 4 Uhr 30 vom Basislager auf, um unseren Gipfelversuch zu starten. Die Spitze des Everst, knapp 3600 Höhenmeter über uns, schien dermaßen weit entfernt, daß ich versuchte, meine Gedanken nur auf Camp Zwei zu beschränken, unser Tagesziel. Als das erste Sonnenlicht auf den Gletscher fiel, war ich auf 6100 Meter angelangt, mitten im Schlund des Western Cwm, dankbar, den Eisbruch hinter mir zu haben, durch den ich nun nur noch ein einziges Mal hindurch mußte, auf dem Weg nach oben.

Bei meinen bisherigen Aufstiegen durch das Cwm hatte mir stets die entsetzliche Hitze zu schaffen gemacht. Auch diesmal sollte es nicht anders sein. Ich ging mit Andy Harris an der Spitze der Gruppe, stopfte mir ständig Schnee unter die Mütze und marschierte, so schnell meine Beine und meine Lungen mich vorwärts trugen, nur um möglichst bald den Schatten der Zelte zu erreichen und nicht der sengenden Sonne ausgesetzt zu sein. Meine Zunge schwoll so dick an, daß ich kaum noch durch den Mund atmen konnte, und ich merkte, daß es mir zunehmend schwerfiel, einigermaßen klar zu denken.

Um 10 Uhr 30 schleppten Andy und ich uns ins Camp Zwei. Nachdem ich zwei Liter Gatorade in mich hineingeschüttet hatte, kehrte mein inneres Gleichgewicht zurück. »Ist schon ein gutes Gefühl, endlich auf dem Weg zum Gipfel zu sein, oder?« fragte Andy. Die meiste Zeit während der Expedition hatte er wegen verschiedener Magen-Darm-Erkrankungen flachgelegen und kam nun endlich wieder zu Kräften. Andy besaß eine erstaunliche Geduld, wenn es darum ging, den Leuten etwas zu erklären oder beizubringen. Normalerweise wurde er dazu abgestellt, über die langsameren Kletterer am Ende des Zuges zu wachen. Er war ganz begeistert, als Rob ihm heute morgen die Freiheit ließ, vorneweg zu gehen. Als jüngerer, nachgeordneter Bergführer in Halls Team, und als der einzige, der noch nie auf dem Everest gewesen war, wollte er seinen erfahreneren Kollegen natürlich zeigen, was er drauf hatte. »Ich glaub, wir werden diesen großen Klotz tatsächlich vom Sockel stoßen«, vertraute er mir mit einem Riesenlächeln an, die Augen auf den Gipfel gerichtet.

Im späteren Verlauf des Tages kreuzte Göran Kropp, der neunundzwanzigjährige schwedische Solo-Kletterer vom Camp Zwei, auf seinem Weg zum Basislager auf. Er wirkte völlig erschöpft. Am 16. Oktober 1995 war er aus Stockholm auf einem spezialangefertigten Fahrrad mit über einhundert Kilo an Ausrüstung aufgebrochen. Sein Plan war, von Meereshöhe in Schweden aus auf den Gipfel des Everest und zurück zu reisen. All dies sollte nur aus eigener Körperkraft, ohne die Unterstützung von Sherpas oder zusätzlichen Sauerstoff vollbracht werden. Ein äußerst ehrgeiziges Unternehmen, aber Kropp hatte das Zeug dazu: Er hatte bereits an sechs Himalaja-Expeditionen teilgenommen und Alleinbesteigungen des Broad Peak, Cho Oyo und K2 gemeistert.

Auf seiner 15 000 Kilometer weiten Fahrradtour nach Kathmandu war er von rumänischen Schulkindern ausgeraubt und von einer aufgebrachten Menge in Pakistan angegriffen worden. Im Iran hatte ein wütender Motorradfahrer einen Baseballschläger auf seinem (glücklicherweise behelmten) Kopf zerbrochen. Dennoch war er Anfang April mit einer Filmcrew im Schlepptau gesund und munter am Fuße des Everest angekommen und hatte sofort mit Akklimatisierungsausflügen im unteren Bereich des Berges begonnen. Dann, am Mittwoch, dem 1. Mai, war er aus dem Basislager zum Gipfel aufgebrochen.

Kropp erreichte Donnerstag nachmittag auf 7900 Meter sein Hochlager auf dem Südsattel und brach am Morgen darauf kurz nach Mitternacht zum Gipfel auf. Im Basislager blieben alle den ganzen Tag über in Reichweite ihres Funkgeräts und warteten gespannt darauf zu hören, wie er vorankam. Helen Wilton hatte in unserem Speisezelt ein Plakat aufgehängt, auf dem »Go, Göran, Go!« stand.

Zum ersten Mal seit Monaten war es auf dem Gipfel beinahe windstill. Der Schnee im oberen Bereich des Berges reichte jedoch bis zu den Oberschenkeln, was das Fortkommen mühselig und kräftezehrend machte. Kropp kämpfte sich jedoch schonungslos durch die Schneeverwehungen nach oben, und Freitag nachmittag kam er um zwei Uhr auf 8750 Meter an, gleich unterhalb des Südgipfels. Aber obwohl der Gipfel nur noch 60 Minuten entfernt war, beschloß er umzukehren. Er war zu erschöpft und befürchtete, es nicht mehr heil nach unten zu schaffen, falls er jetzt noch höher kletterte. »So nah vor dem Gipfel umzukehren...«, sinnierte Hall kopfschüttelnd, als Kropp am 6. Mai auf seinem Weg nach unten am Camp Zwei vorbeistapfte. »*So was* zeigt, daß der junge Göran wirklich weiß, was er tut. Ich bin beeindruckt – eigentlich wesentlich mehr beeindruckt, als wenn er weitergestiegen wäre und den Gipfel geschafft hätte.« Den vergangenen Monat über hatte Rob uns immer wieder einzubleuen versucht, wie wichtig es sei, an unserem Gipfeltag eine vorher festgelegte Umkehrzeit zu haben – in unserem Fall sollte dies voraussichtlich ein Uhr nachmittags sein oder spätestens zwei Uhr – und sich auch daran zu halten, egal, wie nahe wir dem Gipfel gekommen wären. »Mit der erforderlichen Entschlossenheit kommt heutzutage jeder Vollidiot auf diesen Berg *hinauf*«, bemerkte Hall. »Das Kunststück ist aber, lebend wieder herunterzukommen.«

Hinter seiner gespielten Gelassenheit verbarg Hall, wie sehr ihm daran lag, die Expedition erfolgreich abzuschließen – was für ihn ganz einfach hieß, so viele Kunden wie möglich auf den Gipfel zu bringen. Damit dieser Erfolg auch eintrat, schenkte er jedem kleinen Detail größte Beachtung: der Gesundheit der Sherpas, der Funktionstüchtigkeit des sonnenenergiebetriebenen Stromsystems, der Schärfe der Steigeisen seiner Kunden. Hall liebte es, Bergführer zu sein, und es verletzte ihn, daß einige berühmte Bergsteiger – auch, aber nicht nur Sir Edmund Hillary – es nicht zu würdigen wußten, mit wie vielen Schwierigkeiten das Bergführen verbunden war, und dem Beruf nicht den Respekt zollten, der ihm seiner Meinung nach gebührte.

Rob erklärte den 7. Mai, einen Dienstag, zum Ruhetag. Wir standen also alle spät auf und saßen im Camp Zwei herum, ganz nervös vor Vorfreude auf den unmittelbar bevorstehenden Gipfelvorstoß. Ich fummelte eine Weile an meinen Steigeisen und ein paar anderen Ausrüstungsteilen herum, nahm schließlich ein Taschenbuch von Carl Hiaasen zur Hand, konnte aber an nichts anderes als die Besteigung denken und überflog ständig die gleichen Sätze, ohne daß ich die Worte auch nur wahrnahm.

Schließlich legte ich das Buch wieder aus der Hand, schoß ein paar Fotos von Doug, der sich mit einer Flagge in Pose warf, die er auf Wunsch der Schulkinder aus Kent auf den Gipfel tragen wollte. Ferner durchlöcherte ich ihn nach Details über die Schwierigkeiten, mit denen man auf der Gipfelpyramide zu rechnen hatte und die ihm vom letzten Jahr noch gut in Erinnnerung sein müßten. »Eins garantiere ich dir«, sagte er mit finsterem Blick, »bis wir oben angekommen sind, werden dir sämtliche Knochen weh tun.« Doug war ganz versessen darauf, beim Gipfelaufstieg dabeizusein, obwohl sein Hals ihm weiterhin arg zusetzte und er sein körperliches Tief immer noch nicht überwunden hatte. Wie er es ausdrückte: »Ich habe zuviel von mir selbst in diesen Berg gesteckt, als daß ich jetzt aufgeben könnte, ohne wirklich alles gegeben zu haben.«

Später am Nachmittag durchquerte Fischer unser Lager und ging mit saurer Miene und für ihn untypisch müden Schritten zu seinem Zelt. Normalerweise war er stets gut aufgelegt. Einer seiner Lieblingssprüche lautete: »Wer sich hängen läßt, schafft's nicht auf den Gipfel, solange wir also hier oben sind, ist wirklich Heiterkeit angesagt.« Im Moment schien Scott allerdings für Heiterkeit nicht viel übrig zu haben. Er wirkte extrem schlaff und besorgt.

Da er während der Akklimatisierungsphase seine Kunden dazu ermutigt hatte, unabhängig am Berg auf- und abzusteigen, hatte er eine ganze Reihe unvorhergesehener Exkursionen zwischen dem Basislager und den höheren Camps durchführen müssen – einige seiner Leute waren in Schwierigkeiten geraten und mußten hinuntergeführt werden. Er hatte bereits Extratouren unternommen, um Tim Madsen, Pete Schoening und Dale Kruse zu helfen. Und jetzt, mitten in der dringend benötigten anderthalb Tage langen Ruheperiode, hatte Fischer gerade einen Blitztrip von Camp Zwei zum Basislager und zurück durchführen müssen, um seinem guten Freund Dale Kruse zu helfen, der allem Anschein nach einen HACE-Rückfall hatte.

Fischer, der seinen Kunden gestern weit vorausgestiegen war, war um die Mittagszeit auf Camp Zwei angekommen, kurz nach Andy und mir. Er hatte Anatoli Boukreev angewiesen, die Nachzügler nach oben zu begleiten, immer in der Nähe des Teams zu bleiben und alle im Auge zu behalten. Boukreev ignorierte jedoch Fischers Order: Anstatt mit dem Team zu klettern, hatte er lange geschlafen, geduscht und war erst fünf Stunden nach den letzten Kunden vom Basislager aufgebrochen. Als Kruse also auf 6100 Meter mit rasenden Kopfschmerzen zusammenbrach, war von Boukreev weit und breit nichts zu sehen. Nachdem aus dem Western Cwm kommende Bergsteiger von Kruses Zustand berichteten, waren Fischer und Beidleman gezwungen, von Camp Zwei hinunterzueilen und sich selbst um den Notfall zu kümmern.

Nicht lange nachdem sie mit dem mühseligen Abstieg Richtung Basislager begonnen hatten, trafen sie am oberen Rand des Eisfalls auf Boukreev, der allein aufstieg. Fischer muß den Bergführer scharf dafür gerügt haben, daß er seiner Verantwortung nicht nachgekommen war. »Ja«, weiß Kruse noch, »Scott hat sich Toli ordentlich vorgeknöpft. Er wollte wissen, warum er so weit hinter allen zurück war – warum er nicht mit dem Team kletterte.«

Nach den Aussagen Kruses und auch anderer Kunden Fischers war es zwischen ihm und Boukreev während der gesamten Expedition zu immer größeren Spannungen gekommen. Fischer zahlte Boukreev 25000 Dollar – eine ungewöhnlich großzügige Summe für eine Everest-Führung (die meisten anderen Führer auf dem Berg erhielten zwischen 10000 und 15000 Dollar; ein für die Gipfelmannschaft arbeitender Sherpa bekam nur zwischen 1400 und 2500), und Boukreevs Leistungen waren weit hinter den Erwartungen zurückgeblieben.»Toli war körperlich sehr stark und klettertechnisch sehr gut«, erklärte Kruse,»aber seine sozialen Fähigkeiten waren erbärmlich. Er hat sich nicht um die anderen Leute gekümmert. Er war einfach nicht jemand, der im Team arbeiten konnte. Schon davor hatte ich Scott gesagt, daß ich weiter oben auf dem Berg nicht mit Toli klettern will, weil ich so meine Zweifel hatte, ob ich auf ihn zählen kann, wenn's drauf ankommt.«

Das eigentliche Problem war, daß Boukreev eine ganz andere Auffassung von seinen Pflichten hatte als Fischer. Als Russe war er einer harten, stolzen, rigorosen Kletterkultur entsprungen, die nichts davon hielt, den Schwachen zu schützen. In Osteuropa wurden Bergführer mehr dazu ausgebildet, Sherpa-Arbeiten zu übernehmen – Lastentransporte, Seile anbringen, Routen legen –, und weniger dazu, sich um die Menschen zu kümmern. Boukreev, groß, blond und mit charmanten slawischen Gesichtszügen, war einer der fähigsten Höhenbergsteiger der Welt, mit über zwanzigjähriger Himalaja-Erfahrung und zwei Everest-Besteigungen ohne zusätzlichen Sauerstoff. Im Laufe seiner außerordentlichen Karriere hatte er eine Reihe unorthodoxer und unumstößlicher Ansichten darüber entwickelt, wie der Berg bestiegen werden mußte. Er machte keinen Hehl aus seiner Überzeugung, daß es ein Fehler sei, wenn ein Bergführer seine Kunden allzusehr ans Händchen nimmt.»Wenn der Kunde den Everest nicht ohne große Hilfe vom Bergführer besteigen kann«, sagte Boukreev zu mir,»dann sollte dieser Kunde nicht am Everest sein. Sonst entstehen vielleicht später große Schwierigkeiten ganz weit oben.«

Doch Boukreevs Weigerung oder Unfähigkeit, die Rolle eines konventionellen Bergführers westlicher Prägung zu spielen, brachte Fischer schier zur Verzweiflung. Darüber hinaus zwang sie ihn und Beidleman dazu, einen überproportionalen Anteil der Arbeiten zu übernehmen, und bereits in der ersten Maiwoche war nicht zu übersehen, daß die zusätzliche Belastung an Fischers Gesundheit stark gezehrt hatte. Nachdem er am Abend des 6. Mai mit dem erkrankten Kruse im Basislager angekommen war, führte Fischer zwei Telefonate über Satellit nach Seattle. Er beklagte sich bitter bei seiner Geschäftspartnerin Karen Dickinson und seiner Publizistin Jane Bromet* über Boukreevs Dickköpfigkeit. Keine der beiden Frauen konnte ahnen, daß dies die letzte Unterhaltung sein würde, die sie je mit Fischer führen sollten.

Am 8. Mai brachen sowohl Halls als auch Fischers Team von Camp Zwei auf und begannen mit dem zermürbenden Aufstieg an den Seilen durch die Lhotse-Flanke. 600 Meter über dem Grund des Western Cwm, gleich unterhalb von Camp Drei, kam ein Felsbrocken von der Größe eines kleineren Fernsehers den Hang heruntergeschossen und knallte Andy Harris mitten auf die Brust. Der Stein riß ihn aus dem Stand und nahm ihm den Atem. Im Schockzustand baumelte er mehrere Minuten lang am Fixseil. Wenn er nicht mit einem Jumar eingeklinkt gewesen wäre, wäre er ohne Zweifel in den Tod gestürzt.

Als er bei den Zelten ankam, wirkte Andy noch ganz angeschlagen, behauptete aber steif und fest, daß er nicht verletzt sei. »Kann schon sein, daß ich morgen ein bißchen steif in den Beinen sein werde«, meinte er hartnäckig, »ich glaube aber, dieses Scheißding hat mir nur 'nen blauen Fleck verpaßt.« Kurz bevor der Brocken ihn traf, hatte er sich mit gesenktem Kopf vornübergebeugt und erst im allerletzten

---

* Bromet war Mitte April aus dem Basislager abgereist und nach Seattle zurückgekehrt, wo sie weiter für *Outside Online* Berichte über Fischers Expedition ins Internet eingab. Sie war darauf angewiesen, daß Fischer sie regelmäßig per Telefon auf den neuesten Stand brachte.

Moment zufällig aufgeblickt. Der Felsbrocken war gerade noch an seinem Kinn vorbeigeschrammt, bevor er auf seine Brust aufgeschlagen war. Aber es war schon sehr knapp, und um ein Haar wäre er auf seinen Schädel geknallt. »Wenn dieses Ding mich am Kopf getroffen hätte...«, sinnierte Andy und verzog das Gesicht. Er nahm seinen Rucksack ab, ohne den Satz zu Ende zu bringen.

Da Camp Drei das einzige Lager am gesamten Berg war, das wir nicht mit den Sherpas teilten (der Absatz war zu schmal, um Zelte für alle aufzuschlagen), mußten wir uns hier selbst um unsere Verpflegung kümmern – was vor allem hieß, eine ungeheure Menge Schnee für Trinkwasser zu schmelzen. Wegen der ausgesprochen starken Dehydration, die eine unvermeidliche Nebenwirkung des erschwerten Atmens in dermaßen sauerstoffarmer Luft ist, verbrauchten wir alle mehr als vier Liter Flüssigkeit pro Tag. Wir mußten daher vierundvierzig Liter Wasser schmelzen, um den Bedarf von acht Kunden und drei Bergführern zu decken.

Da ich als erster an den Zelten angekommen war, fiel mir der Job des Eishackers zu. Während also meine Teamgefährten nach und nach im Camp eintrudelten und es sich in ihren Schlafsäcken bequem machten, hackte ich drei Stunden lang mit meinem Eispickel auf den Steilhang ein, füllte Plastikmüllsäcke mit Eisbrocken und verteilte sie an die Zelte zum Schmelzen. Auf knapp 7300 Meter war dies eine echte Plackerei. Jedesmal, wenn einer meiner Teamkameraden rief: »He, Jon! Bist du noch da draußen? Wir könnten hier drüben noch etwas Eis gebrauchen!«, bekam ich einen plastischen Eindruck davon, wieviel die Sherpas normalerweise für uns taten und wie wenig wir dies wirklich zu schätzen wußten.

Am späten Nachmittag, als die Sonne sich dem gefurchten Horizont näherte und die Temperatur rapide sank, waren bis auf Lou Kasischke, Frank Fischbeck und Rob, der freiwillig den »Aufräumer« spielte und als letzter ging, alle im Lager eingelaufen. Um halb fünf herum erhielt Bergführer

Mike Groom auf seinem Walkie-talkie einen Anruf von Rob: Lou und Frank befanden sich immer noch knapp 100 Meter unterhalb der Zelte und kamen nur extrem langsam voran. Mike solle doch bitte herunterkommen und ihnen helfen. Mike schnallte rasch seine Steigeisen an und verschwand, ohne zu murren, an den Fixseilen nach unten. Es dauerte fast eine geschlagene Stunde, bis er wieder auftauchte, den anderen ein paar Schritte vorausgehend. Lou, der so erschöpft war, daß er Rob seinen Rucksack tragen ließ, kam mit bleicher, verzweifelter Miene ins Lager getaumelt und wisperte nur noch:»Ich bin total fertig. Total fertig. Völlig die Luft ausgegangen.« Ein paar Minuten später lief Frank ein, der noch ausgepumpter wirkte, obwohl er Mike seinen Rucksack nicht geben mochte. Es war ein echter Schock, diese Jungs – beide hatten sich in letzter Zeit in prächtiger Form gezeigt – so kaputt und ausgebrannt zu sehen. Franks offensichtlicher körperlicher Verfall war wie ein Schlag ins Kontor: Von Beginn an war ich davon ausgegangen, daß, falls ein paar Leute unseres Teams den Gipfel erreichten, Frank – der zuvor bereits dreimal hoch oben am Berg war und einen so gescheiten und fitten Eindruck machte – einer von ihnen sein würde.

Als die Dunkelheit über das Camp hereinbrach, händigten unsere Bergführer uns Sauerstoffbehälter, Regler und Atemmasken aus; für den Rest der Besteigung würden wir komprimierte Luft atmen.

Die Verwendung von Sauerstoff aus der Flasche zur Erleichterung des Aufstiegs ist eine Praxis, die immer wieder erbitterte Debatten auslöst, seit die Briten 1921 zum erstenmal versuchsweise Sauerstoffgeräte am Everest einsetzten. (Skeptische Sherpas tauften die sperrigen Behälter prompt »englische Luft«.) Anfänglich setzte sich George Leigh Mallory an die Spitze der Kritiker von Sauerstoffflaschen. Er wandte ein, daß der Gebrauch »unsportlich und damit unbritisch« sei. Es zeigte sich jedoch bald, daß der Körper in der sogenannten Todeszone über 8000 Meter ohne zusätzlichen Sauerstoff wesentlich anfälliger für HAPE und HACE ist, ferner für Unterkühlung, Erfrierungen und eine ganze Reihe anderer lebensbedrohlicher Erkrankungen. Als Mallory dann 1924 zu seiner dritten Expedition an den Berg zurückkehrte, war er zu der Überzeugung gelangt, daß der Gipfel nie und nimmer ohne zusätzlichen Sauerstoff erobert werden könne, und er nahm den Gebrauch in Kauf.

Inzwischen hatten Experimente in Höhenkammern gezeigt, daß ein Mensch, der von Meereshöhe direkt auf den Gipfel des Everest befördert würde, wo die Luft nur ein Drittel der Sauerstoffmenge enthält, innerhalb von Minuten das Bewußtsein verliert und kurz danach stirbt. Aber eine Reihe idealistisch gesinnter Bergsteiger bestanden weiterhin darauf, daß ein mit seltenen physiologischen Eigenschaften gesegneter Athlet nach einer längeren Akklimatisierungsphase sehr wohl in der Lage sei, den Gipfel ohne Sauerstoff aus der Flasche zu besteigen. Wenn man diese Argumentation zu Ende denkt, dann war der Gebrauch von zusätzlichem Sauerstoff in den Augen der Puristen eine Mogelei.

In den siebziger Jahren tat sich der berühmte Südtiroler Alpinist Reinhold Messner als führender Verfechter des Bergsteigens ohne Flaschensauerstoff hervor. Er erklärte, daß er den Everest mit »fairen Mitteln« oder überhaupt nicht besteigen würde. Kurz danach lösten er und sein langjähriger Partner Peter Habeler ihr groß angekündigtes Versprechen ein und versetzten die internationale Bergsteigerzunft in Erstaunen: Am 8. Mai 1978 um Punkt 13 Uhr bestiegen sie über den Südsattel und den Südostgrat ohne den Einsatz von zusätzlichem Sauerstoff den Gipfel. Dies wurde in manchen Bergsteigerkreisen als die erste wahre Besteigung des Everest gefeiert.

Messners und Habelers historische Tat wurde jedoch nicht in allen Lagern mit Hosianna begrüßt, insbesondere nicht bei den Sherpas. Die meisten von ihnen weigerten sich einfach zu glauben, daß Westler zu einer solchen Leistung fähig seien, die selbst dem stärksten Sherpa nicht gelingen wollte. Es wurde heftig darüber spekuliert, ob Messner und Habeler sich nicht aus in ihren Kleidern versteckten Mini-Zylindern Sauerstoff zugeführt hatten. Tenzing Norgay und andere angesehene Sherpas unterzeichneten eine Petition, in der die Regierung Nepals aufgefordert wurde, über die angebliche Besteigung eine offizielle Untersuchung in Gang zu setzen.

Aber die Beweise, die die Besteigung ohne Flaschensauerstoff belegten, waren eindeutig. Überdies brachte Messner zwei Jahre später alle Zweifler zum Schweigen, indem er über die tibetische Seite des Everest kletterte und den Berg ein weiteres Mal ohne Sauerstoffflaschen bestieg – dieses Mal ganz allein, ohne die Hilfe von Sherpas oder anderen. Als er am 20. August 1980 um 15 Uhr bei Schneefall und durch dichte Wolken den Gipfel erreichte, sagte Messner: »Es war ein ständiger Kampf gegen den Tod; noch nie in meinem Leben war ich so erschöpft.« In *Der Gläserne Horizont*, seinem Buch über die Besteigung beschreibt er, wie er sich die letzten Meter zum Gipfel hochschleppt: *Wenn ich raste, ist es wie Ohnmacht, nur daß die Kehle brennt, wenn ich Luft hole... Ich kann kaum noch. Keine Verzweiflung, kein Glück, keine Angst. Ich habe die Herrschaft über meine Gefühle nicht verloren, es gibt überhaupt keine Gefühle mehr. Ich bestehe nur noch aus Willen. Nach jeweils wenigen Metern ist auch dieser in mir abgestorben, in einer unendlichen Müdigkeit erstickt. Ich lasse mich fallen, liege nur da. Für eine bestimmte Zeitspanne bleibe ich völlig willenlos. Dann erst mache ich wieder einige Schritte.*

Bei Messners Rückkehr in die Zivilisation wurde seine Besteigung überall als die größte Bergsteigertat aller Zeiten gerühmt.

Nachdem Messner und Habeler nun bewiesen hatten, daß der Everest ohne zusätzlichen Sauerstoff bestiegen werden konnte, stimmte eine kleine Gruppe ambitionierter Bergsteiger darin überein, daß er ohne Sauerstoff aus der Flasche bestiegen werden *sollte*. Wer also den Ehrgeiz hatte, zur Elite der Himalaja-Bergsteiger zu gehören, ging Sauerstoffflaschen besser aus dem Weg.

Bis 1996 hatten bereits 60 Männer und Frauen ohne Flaschensauerstoff den Gipfel erreicht – von denen fünf nicht mehr lebend herunterkamen. Auch wenn vielleicht der eine oder andere in Halls Team noch so großartige Ambitionen gehegt haben mochte, zog keiner von uns jemals in Erwägung, ohne Sauerstoffflaschen nach dem Gipfel des Everest zu greifen. Selbst Mike Groom, der den Everest vor drei Jahren ohne komprimierte Luft bestiegen hatte, erklärte mir, daß er sie dieses Mal durchaus benutzen wolle, da er als Führer arbeite. Aus Erfahrung wußte er, daß er ohne zusätzlichen Sauerstoff geistig wie körperlich stark beeinträchtigt und kaum noch in der Lage wäre, seinen Job zu erledigen. Wie die meisten Everest-Veteranen war Groom der Aufassung, daß es für einen nur für sich selbst verantwortlichen Bergsteiger durchaus in Ordnung war – und vom ästhetischen Standpunkt aus natürlich vorzuziehen –, es ohne Sauerstoffflaschen zu versuchen. Für einen Bergführer jedoch sei es unverantwortlich.

Das von Hall benutzte, dem neuesten Stand der Technik entsprechende Sauerstoffsystem russischer Bauart bestand aus einer Hartplastikmaske von der Art, wie sie von MiG-Kampfflugpiloten im Vietnam-Krieg getragen wurde. Die Maske war durch einen Gummischlauch und einen einfachen Regler mit einem orangefarbenen Kompressionsluftbehälter aus Stahl und Kevlar verbunden. (Kleiner und viel leichter als von Tauchern verwendete Sauerstoffflaschen, wog jeder Behälter im gefüllten Zustand drei Kilo). Obwohl wir während unseres letzten Aufenthalts auf Camp Zwei ohne Flaschensauerstoff geschlafen hatten, bat Rob uns eindringlich darum, es diesmal, da wir zum Gipfel unterwegs waren, sehr wohl zu tun. »Mit jeder Minute, die ihr in dieser Höhe verbringt«, warnte er uns, »verschlechtert sich euer körperlicher und geistiger Zustand.« Gehirnzellen starben ab. Eine gefährliche Verdickung des Bluts setzte ein. Es wurde zähflüssig wie Schlamm. Kapillargefäße unserer Netzhaut fingen unvermittelt an zu bluten. Selbst wenn wir uns ausruhten, schlug unser Herz in rasendem Takt. Rob versprach, daß »die Sauerstoffflaschen den körperlichen Verfall verlangsamen und ihr besser schlafen könnt.« Ich versuchte mich an Robs Ratschläge zu halten, mußte mich dann aber doch meiner latenten Klaustrophobie beugen. Als ich die Maske über Nase und Mund stülpte, litt ich ständig unter der Zwangsvorstellung, daß sie mich erstickte. Nach einer qualvollen, nicht enden wollenden Stunde nahm ich sie ab und verbrachte den Rest der Nacht ohne Kompressionsluft. Atemringend wälzte ich mich hin und her und blickte alle zwanzig Minuten auf die Uhr, um zu sehen, ob es schon Zeit wurde, aufzustehen.

Die meisten anderen Teams hatten ihre Zelte etwa 30 Meter unterhalb unseres Camps in ebenso ungeschützter Lage in den Hang gegraben – darunter auch Scott Fischers Gruppe, die Südafrikaner und die Taiwanesen. Während ich mir also am nächsten Morgen in aller Frühe – wir schrieben Donnerstag, den 9. Mai – meine Schuhe für den Anstieg zu Camp Vier anzog, kroch Chen Yu-Nan, ein sechsunddreißigjähriger Stahlarbeiter aus Taipeh, aus seinem Zelt, um seinen Darm zu entleeren. Er hatte nur die glattbesohlten Innenschuhe seiner Bergschuhe übergezogen – mehr als nur ein gewöhnlicher Lapsus.

Er ging in die Hocke, verlor auf dem glatten Eis den Halt und stürzte die Lhotse-Flanke hinunter. Nach nur 20 Metern fiel er – unglaublich, aber wahr – kopfüber in eine Gletscherspalte, in der sein Sturz endete. Sherpas, die alles mit angesehen hatten, ließen ein Seil hinab, zogen ihn mit flinken Bewegungen aus dem Spalt heraus und halfen ihm ins Zelt zurück. Obwohl er einiges abbekommen hatte und ihm der Schrecken noch im Nacken saß, war er anscheinend nicht ernsthaft verletzt. Damals jedenfalls hatte niemand in Halls Team, mich eingeschlossen, den Zwischenfall auch nur bemerkt.

Kurz darauf ließen Makalu Gau und der Rest des taiwanesischen Teams Chen allein in einem Zelt zurück und brachen zum Südsattel auf. Gau hatte Rob und Scott eigentlich versichert, am 10. Mai keinen Gipfelvorstoß zu starten; aber offensichtlich hatte er seine Meinung geändert und plante nun, den Gipfel am gleichen Tag zu besteigen wie wir.

An jenem Nachmittag schaute ein Sherpa namens Jangbu, der gerade einen Lastentransport zum Südsattel erledigt hatte und sich auf dem Weg nach unten zum Camp Zwei befand, im Camp Drei vorbei, um nach Chen zu sehen. Er mußte feststellen, daß sich Chens Zustand erheblich verschlechtert hatte: Er hatte mittlerweile seinen Orientierungssinn verloren und litt unter fürchterlichen Schmerzen. Jangbu beschloß, ihn sofort wegzubringen, schnappte sich zwei andere Sherpas und begann damit, Chen die Lhotse-Flanke hinunterzugeleiten. 100 Meter vom Fuße des Eishangs entfernt kippte Chen plötzlich um und verlor das Bewußtsein. Im nächsten Augenblick schaltete sich unten auf Camp Zwei David Breashears Funkgerät mit einem Knistern ein: Es war Jangbu, der völlig aufgelöst die Meldung machte, daß Chen aufgehört hatte zu atmen.

Breashears und sein IMAX-Teamgefährte Ed Viesturs eilten sofort nach oben. Vielleicht konnte man ja noch etwas mit Wiederbelebungsversuchen machen. Aber als sie etwa 40 Minuten später Chen erreichten, gab er kein Lebenszeichen mehr von sich. Als Gau am gleichen Abend auf dem Südsattel ankam, sprach Breashears mit ihm über Funk. »Makalu«, sagte Breashears zu dem taiwanesischen Expeditionsleiter, »Chen ist tot.«

»O. k.«, antwortete Gau. »Vielen Dank für die Information.« Dann versicherte er seinem Team, daß Chens Tod ihren Plan um Mitternacht zum Gipfel aufzubrechen, in keiner Weise beeinflussen würde. Breashears blieb die Spucke weg. »Ich hatte seinem Freund gerade die Augen geschlossen«, sagte er mit mehr als nur einem Anflug von Wut. »Ich hatte gerade Chens Leiche nach unten geschleppt. Und alles, was

Makalu dazu einfiel war: ›O. k.‹ Ich weiß nicht, vielleicht hat das ja was mit ›andere Länder, andere Sitten‹ und so weiter zu tun. Vielleicht dachte er ja, daß er Chen am besten dadurch die letzte Ehre erweist, indem er den Aufstieg zum Gipfel fortsetzt.«

In den letzten sechs Wochen waren mehrere schwere Unfälle passiert: Tenzings Sturz in die Gletscherspalte, bevor wir überhaupt im Basislager angekommen waren: Ngawang Topches schwere HAPE-Erkrankung und sein anschließender körperlicher Verfall; dann ein schwerer Herzanfall eines allem Anschein nach gesunden gut trainierten englischen Bergsteigers aus Mal Duffs Team namens Ginge Fullen im oberen Bereich des Eisfalls; Kim Sejberg, ein Däne aus Duffs Team, war von einem herabstürzenden Serac mitgerissen worden und hatte sich mehrere Rippen gebrochen. Bis zu jenem Zeitpunkt war jedoch noch niemand gestorben.

Die Gerüchte von Chens Tod gingen von Zelt zu Zelt und breiteten über den Berg ein Sargtuch aus. In ein paar Stunden würden dennoch 33 Bergsteiger gen Gipfel ziehen, und die düstere, gedrückte Stimmung wurde bald von einer Art nervöser Vorfreude auf das, was da kommen würde, verdrängt. Die meisten von uns waren einfach zu sehr vom Gipfelfieber gepackt und konnten oder wollten sich nicht lange mit dem Gedanken über den Tod eines Gefährten aus unserer Mitte aufhalten. Wir gingen einfach davon aus, daß wir später, nachdem wir alle auf dem Gipfel gestanden hatten und wieder unten waren, noch genug Zeit zum Nachdenken haben würden.

KAPITEL ZWÖLF

Camp Drei
9. Mai 1996
7 300 Meter

*Ich blickte nach unten. Der Abstieg war alles andere als verlockend...
Wir waren weit gekommen, und in jedem Meter steckten zuviel Müh-
sal, zu viele schlaflose Nächte und zu viele Träume. Es war schließlich
nicht so, daß wir nächste Woche zurückkommen und es noch einmal
versuchen konnten. Jetzt hinunterzugehen, selbst wenn es möglich gewesen wäre, hieße, in eine Zukunft hinabzusteigen, die unter einem
einzigen riesigen Fragezeichen stünde: Wie wäre es gewesen?*

THOMAS F. HORNBEIN
Everest: The West Ridge

Am Donnerstag, dem 9. Mai, kroch ich nach meiner schlaflosen Nacht lethargisch und völlig groggy aus dem Schlafsack.
Fürs Anziehen und Schneeschmelzen brauchte ich fast eine
Ewigkeit. Langsam schlurfte ich aus dem Zelt. Als ich meinen Rucksack gepackt und meine Steigeisen angeschnallt
hatte, war der Rest von Halls Truppe bereits dabei, an den
Fixseilen zu Camp Vier hochzusteigen. Zu meinem Erstaunen waren auch Lou Kasischke und Frank Fischbeck mit von
der Partie. Ich war eigentlich davon ausgegangen, daß sie
das Handtuch werfen würden, so schwer gezeichnet, wie sie
gestern nacht im Lager eingetroffen waren. »Good on ya,
mates«, rief ich aus; eine Redewendung, die ich mir kurzerhand vom australisch-neuseeländischen Kontingent unserer
Expedition zugelegt hatte. Ich war beeindruckt, daß meine
Gefährten dermaßen auf den Geschmack gekommen waren
und beschlossen hatten weiterzumachen.

Ich mußte mich also beeilen, um noch zu meinen Teamgefährten aufzuschließen, und als ich hinabsah, entdeckte ich eine Schlange von ungefähr 50 Bergsteigern anderer Expeditionen, die sich ebenfalls an den Seilen hocharbeiteten. Die vordersten waren bereits direkt unter mir. Um in dem Gedränge nicht steckenzubleiben (das mich, von anderen Gefahren mal ganz abgesehen, nur länger den Steintrümmern aussetzte, die salvenweise die Wand herunter kamen), sagte ich mir, daß ich besser einen Zahn zulegte und mich an die Spitze der Schlange setzen sollte. Da sich jedoch nur ein einziges Seil die Lhotse-Flanke hochschlängelte, war es nicht gerade leicht, langsamere Kletterer zu überholen.

Jedesmal, wenn ich meinen Jumar aushakte, um mich an jemandem vorbeizuschieben, mußte ich an Andys Begegnung mit dem herabstürzenden Felsbrocken denken – selbst ein kleinerer Stein hätte ausgereicht, um mich an den Fuß der Wand zu katapultieren, wenn ich gerade ohne Seilsicherung wäre. Die Überholmanöver waren darüber hinaus auch kräfteaufreibend. Um auch an allen vorbeizuziehen, mußte ich das Gaspedal eine beunruhigend lange Zeit mächtig durchgedrückt halten, etwa wie ein PS-schwacher Kleinwagen, der vesucht, auf einer Steigung eine Autoschlange zu überholen. Ich kam dermaßen ins Keuchen, daß ich schon befürchtete, ich würde jeden Moment meine Sauerstoffmaske vollkotzen.

Es war das erste Mal in meinem Leben, daß ich mit Sauerstoffflasche kletterte, und ich mußte mich erst daran gewöhnen. Obwohl die Vorteile in dieser Höhe – 7300 Meter – unbestreitbar sind, waren diese anfänglich nur schwer nachzuvollziehen. Als ich mich atemringend an drei Kletterern vorbeischob, schien es mir plötzlich tatsächlich so, daß die Maske mir die Luft abwürgte. Ich riß sie also ab – nur um zu entdecken, daß mein Atem ohne sie noch schwerer ging.

Als ich das sogenannte Gelbe Band hinter mir hatte, ein steiler Absatz aus brüchigem, ockerfarbenem Kalkstein, hatte ich mich schließlich bis an die Spitze der Schlange vorgearbeitet und konnte mir nun eine etwas geruhsamere Gangart erlauben. Ich schob mich langsam, aber stetig voran.

Im oberen Bereich der Lhotse-Flanke querte ich aufsteigend nach links und überkletterte dann einen Vorsprung aus splittrigem, schwarzem Schiefer, den Genfer Sporn. Mittlerweile hatte ich auch raus, wie man durch die Sauerstoffmaske atmet, und war meinem nächsten Kameraden über eine Stunde voraus. Einsamkeit war am Everest ein seltenes Gut, und ich war dankbar dafür, an diesem Tag, in solch einer großartigen Umgebung, etwas davon abzubekommen. Auf 7900 Meter legte ich auf dem Kamm des Sporns eine Pause ein, um einen Schluck Wasser zu trinken und die Aussicht zu genießen. Die dünne Luft war von einer schimmernden, kristallklaren Transparenz, die selbst ferne Gipfel greifbar nah erscheinen ließ. Die Gipfelpyramide war von der Mittagssonne in edles Licht getaucht und ragte weit aus den immer wieder auftauchenden Dunstschleiern heraus. Als ich durch das Teleobjektiv meiner Kamera blinzelte, entdeckte ich auf dem oberen Abschnitt des Südostgrates völlig überraschend vier ameisengroße Gestalten, die sich in beinahe unmerklichem Tempo auf den Südgipfel zubewegten. Ich dachte sofort, daß es sich dabei um Bergsteiger aus der montenegrinischen Expedition handeln mußte. Wenn sie es schafften, wären sie die ersten des Jahres, die den Gipfel erreicht hätten. Ferner wäre damit geklärt, daß die Gerüchte von tiefem, beinahe unpassierbarem Schnee unbegründet waren – wenn sie es auf den Gipfel schafften, dann hatten wir vielleicht auch eine Chance, dort hinaufzukommen. Aber die Schneefahnen, die bereits jetzt vom Gipfelgrat wehten, waren ein schlechtes Zeichen: Die Montenegriner kämpften sich durch tosende Winde nach oben.

Um 13 Uhr kam ich auf dem Südsattel an, unser Startpunkt für die letzte Etappe zum Gipfel. Ein ödes Plateau aus Eis und windgepeitschten Felsblöcken, knapp 8000 Meter über Meereshöhe, in der breiten Scharte zwischen den oberen Wällen von Lhotse und Everest. Der nahezu rechteckige Sattel mit der Größe von ungefähr vier mal zwei Footballfeldern bricht am östlichen Rand über die Kangshung-Flanke

2000 Meter Richtung Tibet, auf der anderen Seite über 1200 Meter zum Western Cwm ab. Gleich vor dem Abgrund, am Westrand des Sattels, waren die Zelte vom Camp Vier aufgeschlagen, auf kargem, ödem Untergrund, inmitten von mehr als 1000 verbrauchten Sauerstoffbehältern.*

Falls es einen trostloseren, unwirtlicheren Ort auf diesem Planeten gibt, hoffe ich, ihn nie zu sehen. Wenn der Jetstream auf das Everest-Massiv trifft und durch die V-förmigen Umrisse des Südsattels gepreßt wird, beschleunigt der Wind auf unvorstellbare Geschwindigkeit. Häufig blasen am Sattel stärkere Winde als auf dem Gipfel. Anfang des Frühlings fegen fast ständig orkanstarke Böen über den Südsattel, und so ist es nicht verwunderlich, daß er sich als nackte, kahle Fels- und Eislandschaft präsentiert, selbst wenn auf den angrenzenden Hängen tiefer Schnee liegt: Alles, was nicht an Ort und Stelle festgefroren ist, wird nach Tibet gefegt.

Als ich auf Camp Vier eintraf, mühten sich sechs Sherpas in einem mit einhundert Stundenkilometern dahinfegenden Sturm damit ab, Halls Zelte aufzuschlagen. Da es ja auch um mein eigenes Refugium ging, legte ich Hand an und verankerte mein Zelt in ein paar weggeworfenen Sauerstoffbehältern, die ich zwischen den schwersten Felstrümmern einklemmte, die ich heben konnte. Dann tauchte ich nach innen

---

* Die verbrauchten Sauerstoffflaschen, die den Südsattel verschandeln, sammeln sich dort bereits seit den fünziger Jahren an: Aber dank eines fortwährenden Müllbeseitigungsprogramms, das 1994 von Fischers Sagarmatha Environmental Expedition ins Leben gerufen wurde, haben sich die Zustände dort oben bereits erheblich gebessert. Dies ist vor allem auch das Verdienst eines Mitglieds dieser Expedition, Brent Bishops (Sohn des verstorbenen Barry Bishop, des großen National-Geographic-Fotografen, der 1963 den Gipfel des Everest bestieg), der ein außerordentlich erfolgreiches Pfandsystem einführte, das von Nike, Inc. finanziert wird. Danach erhalten Sherpas für jede Sauerstoffflasche, die sie vom Sattel holen, einen bestimmten Geldbetrag. Unter den Bergführungsunternehmen auf dem Everest waren es Rob Halls Adventure Constultants, Scott Fischers Mountain Madness und Todd Burlesons Alpine Ascents International, die Bishops Programm mit Begeisterung aufgriffen. So konnten zwischen 1994 und 1996 mehr als achthundert Sauerstoffbehälter vom oberen Teil des Berges entfernt werden.

ab, um auf meine Teamgefährten zu warten und mir die steinhart gefrorenen Hände zu wärmen.

Das Wetter sollte sich im Laufe des Nachmittags noch verschlechtern. Lopsang Jangbu, Fischers Sirdar, traf ein, den Rücken unter einer Achtzig-Pfund-Last gekrümmt. Dreißig Pfund davon bestanden aus einem Satellitentelefon und dem elektronischen Zubehör: Sandy Pittman hatte die Absicht, von 7900 Meter Höhe Internetdepeschen um den Globus zu schicken. Der letzte meiner Teamkameraden traf erst um 16 Uhr 30 ein, und die letzten Nachzügler in Fischers Gruppe kamen sogar noch später an, während bereits ein schwerer Sturm tobte. Als es dunkel wurde, kehrten die Montenegriner auf den Sattel zurück und vermeldeten, daß der Gipfel nicht zu schaffen gewesen war: Unterhalb des Hillary-Step waren sie umgekehrt.

Das Wetter und der Mißerfolg der Montenegriner verhießen nichts Gutes für unseren eigenen Gipfelversuch – in weniger als sechs Stunden sollte es losgehen. Jeder zog sich gleich nach der Ankunft auf dem Sattel in seinen Nylon-Unterschlupf zurück und tat sein Bestes, ein Nickerchen zu halten. Aber bei dem Maschinengewehrrattern der flatternden Zelte und dem ganzen Bammel vor dem, was uns da bevorstand, war für die meisten von uns an Schlaf nicht einmal zu denken.

Stuart Hutchison und ich bekamen ein Zelt; Rob, Frank, Mike Groom, John Taske und Yasuko Namba teilten sich ein anderes; Lou, Beck Weathers, Andy Harris und Doug Hansen belegten ein drittes. Lou und seine Zeltkameraden dösten gerade ein wenig vor sich hin, als sie plötzlich von draußen im Sturm eine fremde Stimme rufen hörten:»Laß ihn sofort rein oder er stirbt hier draußen!« Lou öffnete den Reißverschluß des Zelteingangs, und einen Moment später fiel ihm ein bärtiger Typ mit dem Gesicht nach oben in den Schoß. Es war Bruce Herrod, der nette siebenunddreißigjährige stellvertretende Leiter des südafrikanischen Teams und das einzige noch verbliebene Mitglied jener Expedition, das echte Bergerfahrung aufzuweisen hatte.

»Bruce war schlimm dran«, erinnerte sich Lou. »Er zitterte völlig unkontrolliert und war irgendwie ganz eigenartig und irrational, im Grunde völlig hilflos. Er war dermaßen unterkühlt, daß er kaum noch sprechen konnte. Der Rest seiner Gruppe befand sich offensichtlich irgendwo auf dem Sattel oder unterwegs zum Sattel. Er wußte jedoch nicht, wo genau, und er hatte keinen blassen Schimmer, wie er sein eigenes Zelt finden sollte. Wir haben ihm also zu trinken gegeben und unser Bestes getan, um ihn aufzuwärmen.«

Um Doug war es ebenfalls nicht gut bestellt. »Doug hat nicht gut ausgeschaut«, weiß Beck noch. »Er hat darüber geklagt, daß er seit Tagen kein Auge zugetan und nichts gegessen hat. Aber er war entschlossen, seine Ausrüstung anzulegen und aufzusteigen, wenn's losgehen sollte. Ich hab mir Sorgen gemacht, weil ich Doug zu dem Zeitpunkt schon ganz gut kennengelernt hatte, und irgendwann ist mir aufgegangen, daß er sich das gesamte letzte Jahr mit der Tatsache herumgeschlagen hat, daß er bis auf 100 Meter an den Gipfel herangekommen war und umkehren mußte. Und wirklich, es hat jeden einzelnen Tag an ihm genagt. Es war ziemlich kar, daß er sich die Gelegenheit nicht ein zweites Mal entgehen lassen würde. Solange Doug noch atmen konnte, würde er zum Gipfel aufsteigen.«

In jener Nacht lagerten mehr als 50 Leute auf dem Sattel, die sich in dicht nebeneinander aufgereihten Zelten aneinanderkauerten. Und doch lag ein seltsames Gefühl der Isolation in der Luft. Durch den heulenden Wind war es völlig unmöglich, von Zelt zu Zelt miteinander zu kommunizieren. Ich fühlte mich an diesem gottverlassenen Ort von den Bergsteigern um mich herum in einem Ausmaß isoliert – gefühlsmäßig, geistig und rein körperlich –, wie ich es bisher auf noch keiner Expedition erlebt hatte. Ein Team waren wir nur auf dem Papier, wie ich traurig feststellte. Obwohl wir in wenigen Stunden das Lager als Gruppe verlassen würden, würde letztlich jeder für sich unterwegs sein, weder durch ein Seil mit dem anderen verbunden noch durch irgendein inneres Band der Loyalität. Jeder Kunde kochte sein eigenes Süppchen. Ich selber war auch nicht anders: Zum Beispiel hoffte ich aufrichtig, daß Doug es bis zum Gipfel schaffte. Aber wenn er umkehrte, würde ich alle Kräfte aufbieten und mich weiter nach oben kämpfen. In einem anderen Zusammenhang hätte mich diese Einsicht vielleicht deprimiert, aber ich war mit meinen Gedanken viel zu sehr mit dem Wetter beschäftigt, um mich lange damit aufzuhalten. Wenn der Wind sich nicht legte – und zwar bald –, konnten wir uns alle den Gipfel aus dem Kopf schlagen. Halls Sherpas hatten während der vergangenen Woche ein 55 Behälter umfassendes, 165 Kilo schweres Sauerstofflager auf dem Sattel angelegt. Auch wenn dies auf den ersten Blick sehr viel zu sein scheint, reichte es bei einer Gruppe von drei Bergführern, acht Kunden und vier Sherpas doch nur für einen einzigen Versuch. Und die Uhr tickte bereits: Selbst beim Ausruhen in unseren Zelten verbrauchten wir wertvollen Sauerstoff. Falls das Wetter sich nicht besserte, konnten wir schlimmstenfalls den Sauerstoffhahn einfach abdrehen und hier für zirka vierundzwanzig Stunden relativ ungefährdet ausharren; danach jedoch hieß es entweder hoch oder runter.

Aber abends um halb acht hörte der Sturm wie durch ein Wunder plötzlich auf. Herrod kroch aus Lous Zelt und taumelte davon, um seine Teamgefährten ausfindig zu machen. Es war zwar immer noch weit unter null Grad, aber es wehte kaum ein Lüftchen: hervorragende Bedingungen für einen Gipfelanstieg. Hall hatte ein untrügliches Gespür bewiesen: Allem Anschein nach hatte er unseren Anstieg perfekt getimt. »Jonno! Stuart!« rief er aus seinem Zelt nebenan. »Scheint ganz, als wär heute der Tag, Jungs. Macht euch fertig. Die Party steigt um halb zwölf!«

Als wir unseren Tee tranken und unsere Ausrüstung für den Anstieg herrichteten, sagte kaum jemand ein Wort. Jeder von uns hatte sich für diesen Moment bis an die Grenzen des Möglichen gequält. Wie Doug hatte auch ich, seit wir vor zwei Tagen Camp Zwei verlassen hatten, kaum einen Bissen runtergekriegt und keine Minute geschlafen. Wenn ich hustete, schmerzten die gerissenen Knorpel in meiner Brust, als würde mir ein Messer zwischen die Rippen gejagt, und zeitweise standen mir die Tränen in den Augen. Aber wenn ich eine Chance auf den Gipfel haben wollte, dann war vollkommen klar, daß ich keine andere Wahl hatte, als meine Wehwehchen zu ignorieren und einfach zu gehen.

25 Minuten vor Mitternacht stülpte ich meine Sauerstoffmaske über, schaltete meine Stirnlampe ein und stieg in die Dunkelheit hinaus. Wir waren 15: drei Bergführer, alle acht Kunden und die Sherpas Ang Dorje, Lhakpa Chhiri, Ngawang Norbu und Kami. Hall wies zwei weitere Sherpas an, Arita und Chuldum, in den Zelten zu bleiben und sich für den Fall bereitzuhalten, daß irgend etwas schieflief.

Das Mountain-Madness-Team – bestehend aus den drei Bergführern Fischer, Beidleman und Boukreev, sechs Sherpas und den Kunden Charlotte Fox, Tim Madsen, Klev Schoening, Sandy Pittman, Lene Gammelgaard und Martin Adams – brach eine halbe Stunde nach uns vom Südsattel auf.* Lopsang wollte eigentlich, daß nur fünf Mountain-Madness-Sherpas das Gipfelteam begleiteten und zwei sich auf dem Südsattel in Bereitschaft hielten, aber, wie er erzählte:»Scott öffnete sein Herz und sagte zu meinen Sherpas, ›alle können auf den Gipfel gehen‹.«**

Am Ende befahl Lopsang hinter Fischers Rücken einem

---

* Nicht dabei in Fischers Gipfeltruppe waren Dale Kruse, der nach einem letzten Anfall von *HACE* im Lager geblieben war, und Pete Schoening, der nach einem Kardiogramm, das von den Ärzten Hutchison, Taske und Machenzie erstellt worden war und eine möglicherweise ernsthafte Herz-Rhythmus-Anomalie anzeigte, beschlossen hatte, nicht über Camp Drei hinauszusteigen.
** Die meisten Sherpas, die 1996 in den Hochlagern des Everest arbeiteten, erhofften sich eine Chance, auf den Gipfel zu kommen. Diesem Wunsch lagen, ganz wie bei den Westlern, eine ganze Reihe verschiedener Motive zugrunde. Aber zumindest ein Teil des Ansporns lag darin, sich seinen Job zu sichern. Wie Lopsang erklärte:»Wenn ein Sherpa auf dem Everest war, findet er leicht Arbeit. Jeder will diesen Sherpa mitnehmen.«

Sherpa, seinem Vetter »Big« Pemba, zurückzubleiben. »Pemba war sehr wütend auf mich«, gab Lopsang unumwunden zu, »aber ich sagte ihm, ›du mußt bleiben oder ich werde dir nie wieder einen Job geben‹. Also blieb er auf Camp Vier.« Makalu Gau, der kurz nach Fischers Team aufbrach, zog mit zwei Sherpas los – sein Versprechen, daß kein Taiwanese am selben Tag wie wir einen Gipfelversuch starten würde, ignorierte er schlicht und einfach. Die Südafrikaner hatten eigentlich ebenfalls vorgehabt, gen Gipfel zu ziehen. Der aufreibende Anstieg vom Camp Drei zum Sattel hatte ihnen jedoch dermaßen zugesetzt, daß sie in ihren Zelten blieben. Alles in allem brachen um Mitternacht dreiunddreißig Bergsteiger Richtung Gipfel auf. Obwohl wir den Sattel als Mitglieder dreier verschiedener Expeditionen verließen, hatten unsere Schicksalsfäden bereits begonnen, sich miteinander zu verweben – und mit jedem weiteren Meter, den wir nach oben stiegen, zurrten sie sich immer fester.

Jene Nacht war von einer kühlen, übersinnlichen Schönheit, die sich während des Aufstiegs noch verdichtete. Über der Schulter des 8463 Meter hohen Makalu zog ein Dreiviertelmond auf, der den Hang unter meinen Füßen in ein gespenstisches Licht tauchte und meine Stirnlampe überflüssig machte. Im fernen Südosten, entlang der indisch-nepalesischen Grenze, trieben gewaltige Gewitterwolken über die malariabringenden Sümpfe des Terai hinweg und illuminierten den Himmel mit surrealen, blauen und orangefarben zuckenden Blitzen.

Drei Stunden nach unserem Aufbruch vom Sattel beschloß Frank, daß irgend etwas an dem Tag nicht stimmte. Er trat aus der Schlange heraus, kehrte um und stieg zu den Zelten hinab. Sein vierter Everest-Versuch war gescheitert.

Nicht lange danach trat auch Doug beiseite. »Er war zu dem Zeitpunkt kurz vor mir«, erinnerte sich Lou. »Plötzlich trat er aus der Schlange raus und stand einfach da. Ich bin dann zu ihm aufgerückt, und da meinte er, daß ihm kalt sei und daß er sich schlecht fühlt und jetzt umkehrt.« Dann schloß Rob, der die Nachzügler hochbrachte, zu Doug auf und unterhielt sich kurz mit ihm. Niemand bekam von dem Gespräch etwas mit, daher bleibt der Inhalt reine Spekulation. Aber jedenfalls lief es darauf hinaus, daß Doug sich wieder einreihte und den Anstieg fortsetzte.

Am Tag vor unserem Aufbruch vom Basislager hatte Rob das gesamte Team im Speisezelt antreten lassen und uns einen Vortrag darüber gehalten, wie wichtig es sei, am Gipfeltag seinen Anordnungen Folge zu leisten.»Ich werde dort oben keinen Widerspruch dulden«, sagte er energisch und blickte mich dabei bewußt an.»Mein Wort ist absolutes Gesetz, jenseits jedes Einspruchs. Falls euch eine bestimmte Entscheidung, die ich treffe, nicht gefällt, können wir uns nachher gerne zusammensetzen und darüber diskutieren, aber nicht oben am Berg.«

Anlaß zu einem möglichen Konflikt bot vor allem die Wahrscheinlichkeit, daß Rob uns kurz vor dem Gipfel umkehren lassen würde. Aber da gab es noch etwas, das ihm ernsthaftes Kopfzerbrechen bereitete. Während der letzten Phasen der Akklimatisierung hatte er die Zügel etwas schleifen lassen und uns erlaubt, uns in unserem eigenen Tempo zu bewegen − so ließ Hall mich manchmal dem Haupttroß zwei Stunden oder mehr vorausgehen. Aber nun betonte er, daß er uns während der ersten Hälfte des Gipfeltags nahe beieinander haben wollte.»Bis wir den Kamm des Südostgrats erreichen«, erklärte er und bezog sich damit auf einen auffallenden Vorsprung auf 8400 Metern, der als»Balkon« bekannt ist,»bleiben bitte alle in Abständen von höchstens 100 Metern beieinander. Dies ist mir sehr wichtig. Wir werden bei Dunkelheit aufsteigen, und ich will, daß die Bergführer immer wissen, wo ihr seid.«

Als wir also in den tiefen Nachtstunden des 10. Mai unseren Weg nach oben bahnten, waren jene an der Spitze des Zuges ständig dazu gezwungen, anzuhalten und in der frostklirrenden Kälte darauf zu warten, daß auch die langsamsten der Gruppe aufgeholt hatten. Einmal saß ich mit Mike Groom und Sirdar Ang Dorje geschlagene fünfundvierzig Minuten auf einem schneebedeckten Absatz. Am ganzen Leib zitternd, schlugen wir uns die Hände an unserem Körper warm und traten von einem Bein aufs andere, um keine Erfrierungserscheinungen aufkommen zu lassen. Dabei war die vergeudete Zeit noch viel schwerer zu ertragen als die Kälte.

Um 3 Uhr 45 verkündete Mike, daß wir zu weit voraus seien und ein weiteres Mal anhalten und warten müßten. Ich drückte mich eng an eine Felsnase aus Schiefer, um dem eisigen Wind zu entkommen, der nun aus Westen wehte, blickte den Steilhang hinunter und versuchte die Bergsteiger zu identifizieren, die sich im Mondlicht langsam auf uns zuschoben. Einige Mitglieder aus Fischers Troß hatten bereits zu unserer Gruppe aufgeschlossen: Halls Team, das Mountain-Madness-Team und die Taiwanesen waren nun zu einer endlosen, von verschieden langen Abständen unterbrochenen Schlange verwachsen. Plötzlich erblickte ich etwas Seltsames.

Zwanzig Meter unter mir war eine große Gestalt in einem leuchtendgelben Daunenanzug durch ein etwa ein Meter langes Seil mit dem Rücken eines viel kleineren Sherpas verbunden. Der Sherpa, der keine Sauerstoffmaske trug, war unter hörbarem Schnaufen allem Anschein nach dabei, seinen Partner den Hang hochzuhieven, so wie ein Pferd einen Pflug hinter sich herzieht. Das seltsame Paar überholte einige andere und kam gut voran, aber das Arrangement – eine Technik, um schwächeren oder verletzten Bergsteigern zu helfen, »ans kurze Seil nehmen« genannt – wirkte gefährlich und extrem unbequem für beide Beteiligten. Nach und nach konnte ich erkenne, daß es sich bei dem Sherpa um Fischers schillernden Sirdar Lopsang Jangbu handelte und bei der Person in Gelb um Sandy Pittman.

Der Bergführer Neal Beidleman, der das Manöver ebenfalls beobachtete, erinnerte sich:»Als ich hochkam, lehnte

Lopsang am Hang. Er klebte wie eine Spinne am Fels und hielt Sandy am straffen Seil. Es wirkte unbeholfen und ziemlich gefährlich. Ich wußte nicht genau, was ich davon halten sollte.«

Um ungefähr Viertel nach vier gab Mike uns grünes Licht, unseren Aufstieg fortzusetzen, und Ang Dorje und ich legten ein höllisches Tempo vor, um uns aufzuwärmen. Als der erste Anflug von Morgengrauen den östlichen Horizont erhellte, ging das felsige, gestufte Gelände, durch das wir bisher aufgestiegen waren, in eine breite Rinne mit lockerem Schnee über. Ang Dorje und ich gingen abwechselnd voran und bahnten uns so einen Weg durch den wadentiefen Schnee. Um halb sechs, kurz bevor die Sonne sich in den Himmel schob, standen wir auf dem Kamm des Südostgrats. Drei der fünf höchsten Berge der Welt hoben sich als schroffe Silhouetten vom pastellfarbenen Morgenhimmel ab. Mein Höhenmesser zeigte 8400 Meter an.

Hall hatte mir deutlich zu verstehen gegeben, daß ich nicht höher steigen durfte, bis der ganze Trupp auf diesem balkonähnlichen Vorsprung zusammengekommen war. Also setzte ich mich und wartete auf meine Meute. Als Rob und Beck schließlich ankamen, hatte ich über 90 Minuten dagehockt. Während ich wartete, hatten sowohl Fischers Leute als auch die Taiwanesen aufgeholt und waren an mir vorbeigezogen. Es war ein frustrierendes Gefühl, soviel Zeit zu verlieren, und ich war ziemlich sauer, hinter all die anderen zurückgefallen zu sein. Aber ich verstand Halls Gründe und verbarg meine Wut.

Während meiner nunmehr vierunddreißig Jahre als Alpinist war ich zu der Überzeugung gelangt, daß die schönsten Seiten dieses Sports vor allem in seiner Betonung auf Eigenverantwortung liegen, auf der Tatsache, daß man ganz auf sich allein angewiesen ist, kritische Entscheidungen trifft und ihre Folgen zu tragen hat. Wer sich als Kunde bei einer Führung anmeldet, so wußte ich nun, ist gezwungen, all dies und mehr aufzugeben. Ein Bergführer wird im Namen der

Sicherheit immer darauf bestehen, das letzte Wort zu haben – er oder sie kann es sich einfach nicht leisten, daß Klienten wichtige Entscheidungen selbständig treffen.

Im Verlauf der gesamten Expedition waren die Klienten dadurch praktisch zur Passivität angehalten worden. Sherpas legten die Route, errichteten die Lager, kochten und erledigen die Lastentransporte. Unsere Kräfte wurden dadurch geschont, und unsere Chancen, den Everest hochzukommen, stiegen erheblich, aber für mich war die ganze Angelegenheit höchst unbefriedigend. Manchmal kam es mir vor, als würde nicht ich den Berg besteigen, sondern daß Stellvertreter dies für mich taten. Ich habe diese Rolle zwar bereitwillig akzeptiert, um den Everest mit Hall zu besteigen, gewöhnen konnte ich mich jedoch nicht daran. Ich freute mich also wie ein Schneekönig, als er um 7 Uhr 10 auf dem Balkon ankam und mir sein O. k. gab, meinen Aufstieg fortzusetzen.

Einer der ersten, die ich überholte, nachdem ich mich wieder auf den Weg gemacht hatte, war Lopsang – er kniete im Schnee und übergab sich. Normalerweise war er in jeder Gruppe, mit der er unterwegs war, das stärkste Glied, obwohl er keinen zusätzlichen Sauerstoff benutzte. Wie er mir nach der Expedition einmal stolz sagte: »Jeden Berg, den ich besteige, gehe ich als erster, ich mache das Seil fest. 1995 mit Rob Hall am Everest ging ich als erster vom Basislager bis zum Gipfel und habe alle Seile festgemacht.« Die Tatsache, daß er sich am Morgen des 10. Mai mehr oder minder am Ende von Fischers Troß befand, schien darauf hinzuweisen, daß irgend etwas ganz und gar nicht stimmte.

Am Nachmittag zuvor hatte Lopsang, zusätzlich zu seiner übrigen Last, ein Satellitentelefon für Sandy Pittman von Camp Drei auf Camp Vier geschleppt. Als Beidleman sah, wie Lopsang sich den knochenverrenkenden, 40 Kilo schweren Packen auflud, meinte er zu dem Sherpa, daß es nicht nötig sei, das Telefon auf den Südsattel zu schleppen, und daß er es ruhig zurücklassen solle. »Ich wollte das Telefon nicht tragen«, räumte Lopsang später ein – zum Teil deshalb nicht, weil es auf Camp Drei nur selten wirklich funktioniert hatte und kaum zu erwarten war, daß dies in der kälteren, rauheren Umgebung auf Camp Vier anders sein würde.* »Aber Scott hat mir gesagt, ›wenn du es nicht trägst, trage ich es‹. Also nehme ich das Telefon, binde es außen auf meinen Rucksack und trage es auf Camp Vier... Das machte mich sehr müde.«

Und jetzt gerade hatte Lopsang Pittman fünf, sechs Stunden lang am kurzen Seil vom Südsattel hochgeschleppt. Die zusätzliche Anstrengung hatte ihn kräftemäßig praktisch aufgerieben und hinderte ihn nun daran, seine angestammte Rolle an der Spitze des Zuges zu übernehmen und die Route zu bestimmen. Da sein unerwartetes Fehlen in der Spitzengruppe für das Gelingen des Tages Folgen haben würde, rief seine Entscheidung, Pittman ans kurze Seil zu nehmen, Kritik und verblüffte Reaktionen hervor. »Ich habe null Ahnung, warum Lopsang Sandy ans kurze Seil genommen hat«, sagte Beidleman. »Er hat völlig die Übersicht verloren über das, was von ihm dort oben erwartet wurde, was seine eigentlichen Aufgaben waren.«

Pittman ihrerseits hatte nicht darum gebeten. Als sie Camp Vier an der Spitze von Fischers Troß verließ, zog Lopsang sie plötzlich beiseite und klinkte ein Seilende vorne an ihrem Klettergurt ein. Dann befestigte er, ohne sie zu fragen, das andere Ende an seinem eigenen Gurt und fing an zu ziehen. Sie behauptete, daß Lopsang sie völlig gegen ihren Willen den Hang hochgeschleppt habe.

Was an der eigentlichen Frage vorbeigeht: Sie war eine notorisch ruppige New Yorkerin (sie konnte dermaßen hartnäckig sein, daß einige Neuseeländer im Basislager ihr den Spitznamen »Sandy Pit Bull« verpaßten), warum also machte sie sich nicht einfach von Lopsang und dem einen Meter langen Seil, das sie beide verband, los? Sie hätte nur den Arm ausstrecken und einen einzigen Karabiner ausklinken müssen.

* Das Telefon funktionierte auf Camp Vier in der Tat nicht.

Pittman erklärte das damit, daß sie sich aus Respekt vor der Autorität der Sherpas – wie sie sich ausdrückte – nicht ausgeklinkt habe. »Ich wollte Lopsangs Gefühle nicht verletzen.« Sie sagte ebenfalls, daß sie zwar nicht auf die Uhr geschaut habe, aber ihrer Erinnerung nach nur »eine oder anderthalb Stunden« lang von Lopsang ans kurze Seil genommen worden sei* und nicht fünf oder sechs Stunden, wie von mehreren anderen Bergsteigern beobachtet und von Lopsang bestätigt wurde.

Lopsang wiederum hatte höchst Widersprüchliches zu berichten auf die Frage, warum er Pittman, für die er mehrmals offen seine Verachtung ausgedrückt hatte, ans Seil nahm. Dem in Seattle ansässigen Anwalt Peter Goldman – der 1995 zusammen mit Fischer und Lopsang den Broad Peak bestiegen hatte und einer von Fischers ältesten und besten Freunde war – sagte er, daß er Pittman in der Dunkelheit mit der dänischen Bergsteigerin Lene Gammelgaard verwechselt habe und daß er gleich nachdem er im ersten Morgenlicht seinen Irrtum bemerkt habe, aufgehört habe, sie hinter sich herzuschleppen. In einem längeren, auf Band aufgenommenen Interview mit mir beteuerte Lopsang jedoch recht glaubhaft, daß er die ganze Zeit gewußt habe, daß er Pittman am Seil hatte und daß er sich deshalb dazu entschieden hatte, »weil Scott wollte, daß alle Teilnehmer auf den Gipfel kommen, und ich dachte, Sandy ist die schwächste von allen, ich dachte, sie wird langsam sein, also nahm ich sie zuerst«.

Lopsang, ein scharfsinniger junger Mann, war Fischer zutiefst ergeben. Der Sherpa hatte nur zu gut verstanden, wie wichtig es für seinen Freund und Arbeitgeber war, Pittman auf den Gipfel zu bringen. Und tatsächlich, in einem der letz-

---

* Pittman und ich haben uns sechs Monate nach unserer Rückkehr vom Everest in einem siebzigminütigen Telefongespräch über diese und andere Vorgänge unterhalten. Abgesehen von gewissen Unklarheiten, die es im Zusammenhang mit dem Vorfall um das Seil zu beseitigen galt, bat sie mich, keine Auszüge aus diesem Gespräch in diesem Buch zu zitieren, und ich habe ihren Wunsch respektiert.

ten Gespräche, die er mit Jane Bromet vom Basislager aus führte, sinnierte er:»Wenn ich Sandy auf den Gipfel kriege, gehe ich jede Wette ein, daß sie damit zu Talk-Shows im Fernsehen eingeladen wird. Meinst du, sie wird mich in ihre großen Ruhmesreden mit einschließen?«

Wie Goldman erklärte:»Lopsang war Scott treu ergeben. Für mich ist es unvorstellbar, daß er irgend jemanden ans kurze Seil nimmt, wenn er nicht fest davon überzeugt ist, daß Scott dies will.«

Was auch immer Lopsangs Beweggründe waren, seine Entscheidung, eine Klientin ans Seil zu nehmen, schien damals kein besonders schwerwiegender Fehler zu sein. Aber so führte eins zum anderen – ein langsames Auflaufen kleinerer Vorfälle, die sich unmerklich, aber stetig zu einer kritischen Masse verbanden.

KAPITEL DREIZEHN

Südostgrat
10. Mai 1996
8400 Meter

Es reicht wohl, wenn ich sage, daß der [Everest] die steilsten Grate und furchterregendsten Abgründe hat, die ich je gesehen habe, und daß all das Gerede von einem leichten Schneehügel ein Märchen ist...
Liebling, dies ist eine ganz und gar fesselnde Aufgabe, ich kann Dir gar nicht sagen, wie sehr sie von mir Besitz ergriffen hat und wie vielversprechend sie ist. Und die Schönheit von alledem!

GEORGE LEIGH MALLORY,
In einem Brief an seine Frau,
28. Juni 1921

Oberhalb des Südsattels, in der sogenannten Todeszone, ist das Überleben vor allem ein Wettlauf mit der Uhr. Beim Aufbruch von Camp Vier am 10. Mai trugen sämtliche Kunden je zwei drei Kilo schwere Sauerstoffflaschen mit sich; eine dritte würden wir uns später an einem kleinen, von Sherpas angelegten Vorratslager am Südgipfel holen. Bei einem sparsamen Verbrauch von zwei Litern pro Minute reichte jede Flasche fünf bis sechs Stunden. Zwischen vier und fünf Uhr nachmittags hätte also jeder seinen Sauerstoff verbraucht. Je nach Akklimatisierung und physischer Konstitution jedes einzelnen könnten wir zwar auch oberhalb des Südsattels weiter agieren – aber nicht besonders gut und vor allem nicht lange. Wir würden anfälliger für HAPE, HACE, Unterkühlung, geistige Verwirrung und Erfrierungen werden. Das Todesrisiko würde sich vervielfachen.

Hall, der den Everest bereits viermal bestiegen hatte, wußte so gut wie alle anderen, wie wichtig es war, rasch hoch- und wieder runterzukommen. Da er an den bergsteigerischen Fähigkeiten mancher seiner Kunden Zweifel hegte, hatte er geplant, die Route mit Fixseilen zu versehen, um sowohl uns als auch Fischers Gruppe so schnell und sicher wie möglich über die schwierigsten Stellen zu bringen. Die Tatsache, daß es dieses Jahr noch keine Expedition bis zum Gipfel geschafft hatte, bereitete ihm Kopfzerbrechen, da es bedeutete, daß der größere Teil des Terrains nicht mit Seilen gesichert war. Göran Kropp, der schwedische Alleingänger, war am 3. Mai bis auf 100 Höhenmeter an den Gipfel herangekommen, hatte sich jedoch nicht damit aufgehalten, Seile anzubringen. Die Montenegriner, die sogar noch höher gekommen waren, hatten ein paar Fixseile angebracht. In ihrer Unerfahrenheit verbrauchten sie jedoch alles, was sie an Seilen hatten, auf den ersten 400 – 500 Metern oberhalb des Sattels – letztlich reine Verschwendung, da das Gelände dort relativ sanft ansteigt und Fixseile praktisch überflüssig waren. Am Morgen unseres Aufstiegs zum Gipfel waren daher die einzigen Seile an den steilen Zacken des oberen Südostgrates ein paar alte, ramponierte Reste früherer Expeditionen, welche sporadisch unter dem Eis auftauchten.

Da Hall und Fischer mit dieser Möglichkeit gerechnet hatten, beriefen sie noch vor Aufbruch aus dem Basislager ein Treffen der Bergführer beider Teams ein. Man verständigte sich darauf, daß man dem Haupttroß von Camp Vier aus je zwei Sherpas 90 Minuten vorausschickte – einschließlich der Sirdars Ang Dorje und Lopsang. Die Sherpas hätten damit genügend Zeit, an den exponiertesten Passagen im Gipfelbereich noch vor Eintreffen der zahlenden Kunden Fixseile anzubringen. »Rob hat keinen Zweifel daran gelassen, wie wichtig das ist«, weiß Beidleman noch. »Er wollte um jeden Preis einen zeitraubenden Stau vermeiden.«

Aus irgendeinem unbekannten Grund brachen jedoch in der Nacht des 9. Mai keine Sherpas vor uns vom Südsattel auf. Vielleicht hinderte sie der wütende Sturm, der sich erst um 7 Uhr 30 legte, so früh wie geplant loszuziehen. Lopsang behauptete nach der Expedition beharrlich, daß Hall und Fischer die Sache schlicht abgeblasen hätten, da sie die falsche Information erhalten hatten, daß die Montenegriner die Route bis zum Südgipfel komplett mit Seilen versehen hätten.

Aber falls Lopsangs Behauptung zutrifft, dann wurde weder Beidleman noch Groom, noch Boukreev – den drei überlebenden Bergführern – von dem geänderten Plan etwas gesagt. Und falls das Vorhaben, Seile anzubringen, absichtlich fallengelassen worden war, dann hätten Lopsang und Ang Dorje keinen Grund gehabt, mit den 100 Metern Seil loszuziehen, die sie beide mit sich trugen, als sie an der Spitze ihrer jeweiligen Teams von Camp Vier aufbrachen.

Wie dem auch sei, oberhalb von 8350 Meter war die Route nicht mit Seilen gesichert worden. Als Ang Dorje und ich um 5 Uhr 30 als erste auf dem Balkon ankamen, hatten wir über eine Sunde Vorsprung vor dem Rest von Halls Gruppe. Es wäre für uns also kein Problem gewesen, vorauszugehen und Seile anzubringen. Aber Rob hatte mir ausdrücklich verboten weiterzugehen, und da Lopsang immer noch weit zurück war, mit Pittman am Seil, gab es weit und breit niemanden, der Ang Dorje begleiten konnte.

Ang Dorje, der ein stilles, launisches Wesen hatte, schien besonders düsterer Stimmung, als wir so zusammen dahockten und den Sonnenaufgang betrachteten. Alle meine Versuche, ihn in eine Unterhaltung zu verwickeln, schlugen fehl. Seine schlechte Laune, sagte ich mir, rührte wahrscheinlich von dem vereiterten Zahn her, der ihm schon seit Wochen zusetzte. Oder vielleicht grübelte er über jene verstörende Vision nach, die er vor vier Tagen gehabt hatte: Zusammen mit einigen anderen Sherpas hatte er an ihrem letzten Abend im Basislager den bevorstehenden Gipfelaufstieg gefeiert und jede Menge *Chhang* gebechert – ein dickflüssiges, süßliches Bier, aus Reis und Hirse gebraut. Am nächsten Morgen war er schwer verkatert und ganz aufgewühlt; und noch vor dem Anstieg durch den Gletscherbruch vertraute er einem Freund an, daß ihm in der Nacht Gespenster erschienen waren. Ang Dorje, ein tief religiöser junger Mann, war nicht der Typ, der derartige Omen auf die leichte Schulter nahm.

Es war jedoch auch möglich, daß er einfach sauer auf Lopsang war, den er für einen Schaumschläger hielt. 1995 hatte Hall für seine Everest-Expediiton sowohl Lopsang als auch Dorje engagiert, und die Zusammenarbeit der beiden Sherpas war alles andere als optimal verlaufen.

Am Gipfeltag jenes Jahres hatte Halls Team den Südgipfel erst recht spät, gegen 13 Uhr 30, erreicht und war dort auf tiefen, labilen Schnee gestoßen, der den letzten Abschnitt des Gipfelgrates bedeckte. Hall schickte einen neuseeländischen Bergführer namens Guy Cotter mit Lopsang, und nicht mit Ang Dorje, voraus, um festzustellen, inwieweit es sinnvoll war, weiterzugehen – und Ang Dorje, der bei der Besteigung der Sirdar war, fühlte sich dadurch herabgesetzt. Wenig später, als Lopsang sich bis an den Fuß des Hillary-Step vorgearbeitet hatte, entschied Hall, den Gipfel sausenzulassen, und gab Cotter und Lopsang das Zeichen, umzukehren. Lopsang ignorierte jedoch den Befehl, trennte sich von Cotter und stieg allein Richtung Gipfel weiter. Hall war über Lopsangs Ungehorsam in eine Stinkwut geraten, und Dorje hatte den Verdruß seines Chefs geteilt.

Obwohl sie dieses Jahr für verschiedene Teams arbeiteten, war Ang Dorje wiederum gebeten worden, am Gipfeltag mit Lopsang zusammenzuarbeiten – und wieder schien Lopsang aus dem Ruder zu laufen. Ang Dorje hatte sechs lange Wochen über seine Pflichten hinaus hervorragende Arbeit geleistet. Nun jedoch hatte er es allem Anschein nach satt, mehr als das Seine zu tun. Er hockte mit mürrischem Gesicht neben mir im Schnee und wartete auf Lopsang – und die Seile wurden nicht angebracht.

Folglich geriet ich, anderthalb Stunden nachdem ich vom Balkon aufgebrochen war, mitten in einen Stau, auf 8500 Meter an einer Stelle, an der die kunterbunt miteinander vermischten Teams auf eine Reihe wuchtiger Felsstufen stießen, die nur mit Seilen sicher zu passieren waren. Während die Kunden sich am Felssockel fast eine Stunde lang die Beine in den Bauch standen, rackerte Beidleman – in Vertretung eines abwesenden Lopsangs – sich damit ab, das Seil abzuwickeln. Hier hätte die Ungeduld und technische Unerfahrenheit von Halls Kundin Yasuko Namba beinahe eine Katastrophe verursacht. Yasuko, eine erstklassige Geschäftsfrau, die für Federal Express, Tokio, arbeitete, paßte nicht in das Klischee der sanftmütig lächelnden, rücksichtsvollen japanischen Frau mittleren Alters. Zu Hause, wie sie mir mit einem Lachen erzählte, kochte und putzte ihr Mann. Ihr Streben nach dem Gipfel des Everest war in Japan zu einer kleinen Cause célébre geworden. Am Anfang der Expedition war sie noch eine langsame, unsichere Kletterin gewesen, aber heute, den Gipfel im Fadenkreuz, war sie so energiegeladen wie nie zuvor. »Von dem Augenblick an, als wir am Südsattel ankamen«, erzählte John Taske, der mit ihr auf Camp Vier das Zelt geteilt hatte, »war Yasuko total auf den Gipfel fixiert – beinahe als wäre sie in Trance.« Seitdem wir den Sattel verlassen hatten, hatte sie sich mächtig ins Zeug gelegt und sich nach und nach an die Spitze der Schlange gedrängelt.

Und jetzt, als sich Beidleman ohne wirklich festen Halt an einen Felsen über 30 Meter über den Kunden klammerte, hängte die übereifrige Yasuko ihr Jumar in das baumelnde Seil ein, bevor der Bergführer sein Ende fixiert hatte. Einen Moment später hängte sie sich auch schon mit ihrem ganzen Gewicht ans Seil – wodurch Beidleman beinahe in die Tiefe gerissen worden wäre. Mike Groom konnte gerade noch rechtzeitig dazwischengehen. Anschließend rügte er sie sanft dafür, daß sie so ungeduldig war.

Der Stau an den Seilen wuchs mit jedem ankommenden Bergsteiger, so daß jene am Ende des Gedränges immer weiter zurückfielen. Am Vormittag fingen drei von Halls Kunden – Stuart Hutchison, John Taske und Lou Kasischke – an, sich ernsthaft Sorgen über die Verzögerungen zu machen.

Direkt vor ihnen war das taiwanesische Team, das ein besonders lahmes Tempo ging. »Die haben wirklich einen eigenartigen Aufstiegsstil draufgehabt, ganz nah beieinander«, erzählte Hutchison, »beinahe wie Brotscheiben im Brotlaib, einer hinter dem anderen. War fast unmöglich, sie zu überholen. Wir haben ganz schön lange warten müssen, bis sie an den Seilen oben waren.«

Vor unserem Aufbruch zum Gipfel hatte Hall im Basislager zwei mögliche Umkehrzeiten erwogen – entweder 13 Uhr oder 14 Uhr. Er gab jedoch nie bekannt, an welche von diesen Zeiten wir uns nun zu halten hatten – was seltsam war, wenn man bedenkt, welche Vorträge er uns über die Bedeutung einer vorher bestimmten, unbedingt einzuhaltenden Umkehrzeit gehalten hatte. Alles, was wir hatten, war eine vage ausgesprochene Vereinbarung, daß Hall eine endgültige Entscheidung erst am Gipfeltag treffen würde, nachdem er das Wetter und andere Faktoren eingeschätzt hatte. Dann würde er persönlich die Verantwortung dafür übernehmen, alle zum richtigen Zeitpunkt umkehren zu lassen.

Am frühen Vormittag des 10. Mai hatte Hall unsere genaue Umkehrzeit immer noch nicht bekanntgegeben. Hutchison, von Natur aus konservativ, ging davon aus, daß es 13 Uhr sein würde. Gegen 11 Uhr hatte Hall gegenüber Hutchison und Taske erklärt, daß der Gipfel noch drei Stunden entfernt sei, und dann war er eiligst losgesprintet, um zu versuchen, die Taiwanesen zu überholen. »Es schien immer unwahrscheinlicher, daß wir eine Chance hatten, den Gipfel vor der Ein-Uhr-Umkehrzeit zu erreichen«, erzählte Hutchison. Es kam zu einer kurzen Lagebesprechung. Kasischke war anfänglich abgeneigt, das Handtuch zu werfen, aber Taske und Hutchison konnten ihn überzeugen. Um 11 Uhr 30 kehrten die drei Männer dem Gipfel den Rücken zu und machten sich auf den Weg nach unten. Hall schickte die Sherpas Kami und Lhakpa Chhitri mit ihnen runter.

Die Entscheidung, umzukehren, muß allen drei äußerst schwergefallen sein. Das gleiche gilt für Frank Fischbeck, der sich bereits ein paar Stunden zuvor auf den Weg nach unten gemacht hatte. Bergsteigen ist ein Sport, der vor allem Menschen anzieht, die nicht leicht von einmal gesteckten Zielen abzubringen sind. Zu jener Spätphase der Expedition hatten wir alle bereits dermaßen viele Qualen und Gefahren hinter uns, daß weniger ausgeglichene Naturen längst die Sachen gepackt hätten und abgereist wären. Um so weit hochzukommen, mußte man schon von ungewöhnlich hartem, ausdauerndem Schlag sein.

Unglücklicherweise sind gerade jene, die darauf programmiert sind, Schmerzen einfach zu ignorieren und immer weiter gen Gipfel zu steigen, regelmäßig auch darauf programmiert, die Zeichen großer, nahe bevorstehender Gefahren zu übersehen. Dem entspringt ein zentrales Dilemma, in dem sich jeder Everest-Bergsteiger irgendwann befinden wird: Nur wer extrem motiviert ist, kommt durch, aber wer übermotiviert ist, findet möglicherweise den Tod. Darüber hinaus wird in Höhen über 8000 Meter die Trennungslinie zwischen angemessenem Eifer und versessenem Gipfelfieber immer dünner. Kein Wunder also, daß die Flanken des Everest von Leichen übersät sind.

Taske, Hutchison, Kasischke und Fischbeck hatten jeder 65000 Dollar ausgegeben und sich wochenlang abgequält, nur um diese eine Chance auf den Gipfel zu erhalten. Sie waren alle ehrgeizige Männer, die es nicht gewöhnt waren zu verlieren, geschweige denn aufzugeben. Und doch, vor eine schwierige Entscheidung gestellt, gehörten sie zu den wenigen, die an jenem Tag die richtige trafen.

Oberhalb der Felsstufe, an der John, Stuart und Lou den Rückzug antraten, endeten die Fixseile. Die Route führte nun steil aufwärts über einen zauberhaft aussehenden Grat aus windgepreßtem Schnee, dessen höchster Punkt der Südgipfel ist – den ich um 11 Uhr erreichte, nur um auf einen weiteren, noch schlimmeren Stau zu stoßen. Ein wenig höher, scheinbar nur einen Steinwurf entfernt, befand sich der senkrechte Absatz des Hillary-Step und wenig dahinter der Gipfel selbst. Sprachlos vor Ehrfurcht und vor Erschöpfung machte ich ein paar Fotos. Dann hockte ich mich zusammen mit den Bergführern Andy Harris, Neal Beidleman und Anatoli Boukreev auf den Boden, um darauf zu warten, daß die Sherpas den spektakulär überhängenden Gipfelgrat mit Seilen versahen.

Mir fiel auf, daß Boukreev, ebenso wie Lopsang, keinen zusätzlichen Sauerstoff benutzte. Obwohl der Russe den Everest bereis zweimal ohne komprimierte Luft bestiegen hatte und Lopsang dreimal, war ich doch überrascht, daß Fischer ihnen erlaubt hatte, ihre Arbeit ohne sie zu verrichten, was nicht im besten Interesse der Kunden zu sein schien. Ich war ebenfalls überrascht, als ich sah, daß Boukreev keinen Rucksack hatte – normalerweise trägt ein Bergführer einen Sack mit Seil, Verbandskasten, Ausrüstung zum Bergen aus Gletscherspalten, zusätzlicher Kleidung und noch ein paar anderen Dingen für den Fall, daß ein Klient in Not geriet. Boukreev war der erste Bergführer, den ich je gesehen hatte – auf welchem Berg auch immer –, der diese Regel mißachtete.

Es stellte sich heraus, daß er von Camp Vier sowohl mit einem Rucksack als auch mit einer Sauerstoffflasche aufgebrochen war. Später sagte er mir, daß er, obwohl er nicht die Absicht gehabt hätte, den Sauerstoff zu benutzen, eine Flasche griffbereit im Gepäck haben wollte, falls ihm »die Kraft ausginge« und er sie oben auf dem Gipfel gebrauchen könne. Als er jedoch den Balkon erreichte, warf er den Rucksack ab und gab Sauerstoffbehälter, Maske und Regler Neal Beidleman, den er bat, die Sachen für ihn zu tragen – offensichtlich in der Absicht, seine Gepäcklast auf ein Minimum zu reduzieren und sich in der extrem dünnen Luft jeden erdenklichen Vorteil zu verschaffen.

Auf dem Gipfelgrat blies ein vierzig Kilometer starker Wind den aufgewirbelten Schnee weit über die Kangshung-Wand. Aber über uns strahlte der Himmel so blau, daß einem die Augen schmerzten. Als ich so auf 8750 Meter, eingepackt in meinen dicken Daunenanzug und ganz benommen vom Sauerstoffmangel, in der Sonne herumsaß und über das Dach der Welt hinwegblickte, verlor ich jedes Zeitgefühl. Keiner von uns schien sich allzuviel dabei zu denken, daß Ang Dorje und Ngawang Norbu, ein weiterer Sherpa in Halls Team, neben uns saßen, eine Thermosflasche Tee mit uns teilten und es offensichtlich nicht sehr eilig hatten, höher zu gehen. So gegen zwanzig vor zwölf fragte Beidleman schließlich:»Hey, Ang Dorje, meinst du, du wirst heute noch mal die Seile befestigen, oder was ist los?« Ang Dorjes Antwort war ein rasches, endgültiges»Nein« – vielleicht weil keiner von Fischers Sherpas aufgetaucht war, um sich an der Arbeit zu beteiligen.

Beidleman, den der Stau am Südgipfel immer mehr beunruhigte, erweckte Harris und Boukreev aus ihrer Lethargie und schlug vor, daß die drei Bergführer die Seile selbst anbringen sollten. Als ich dies hörte, bot ich rasch meine Hilfe an. Beidleman zog eine 50-Meter-Rolle Seil aus seinem Rucksack, ich schnappte mir eine weitere Rolle von Ang Dorje, und um die Mittagszeit machten wir uns mit Boukreev und Harris auf den Weg, um den Gipfelgrat mit Seilen zu sichern. Inzwischen war jedoch bereits eine weitere Stunde ungenutzt verstrichen.

Auf dem Gipfel des Everest fühlt man sich auch mit Sauerstoff aus der Flasche nicht wie auf Meereshöhe. Als ich über den Südgipfel kletterte, mein Regulierungsventil auf zwei Liter Sauerstoff pro Minute eingestellt, mußte ich nach jedem mühseligen Schritt anhalten und drei- viermal tief durchatmen. Dann setzte ich den Fuß einen weiteren Schritt vor, dann wieder anhalten und viermal tief Luft schöpfen – ein schnelleres Tempo vorzulegen wäre über meine Kräfte gegangen. Da das Sauerstoffsystem, das wir benutzten, letztlich nur eine dürftige Mischung aus komprimierter Luft und Luft der Umgebung abgab, fühlten sich 8800 Meter mit zusätzlichem Sauerstoff an wie 7800 Meter ohne denselben.

Aber der Flaschensauerstoff hatte andere Vorteile, die nicht so leicht in Zahlen auszudrücken sind.

Als ich so auf der Schneide des Gipfelgrates entlangkletterte und komprimierte Luft in meine geschundenen Lungen saugte, stieg in mir ein seltsam angenehmes, trügerisches Gefühl der Ruhe auf. Die Welt hinter der Gummimaske war von einer phantastischen Intensität, aber irgendwie nicht ganz real, so als würde ein Film in Zeitlupe auf die Gläser meiner Schneebrille projiziert werden. Ich fühlte mich wie im Drogenrausch, entrückt, vollkommen isoliert von der äußeren Welt und ihren Reizen. Immer wieder mußte ich mir in Erinnerung rufen, daß sich links und rechts von mir nichts als 2000 Meter Luft befand, daß es hier um alles ging, daß ich für einen einzigen Fehltritt mit meinem Leben zahlen würde. Eine halbe Stunde nach dem Südgipfel kam ich am Fuße des Hillary-Step an. Die über zehn Meter hohe, fast senkrechte Felsstufe gehört zu den berühmtesten Steilstücken in der Welt des Bergsteigens, und beim Anblick ihrer Fels- und Eispartien stockte einem das Blut in den Adern, aber wie wohl jeder echte Kletterer lechzte ich danach, das »scharfe Ende des Seils« zu nehmen und als Seilerster vorauszuklettern. Es war jedoch klar, daß Boukreev, Beidleman und Harris das gleiche fühlten, und es war wohl nicht mehr als eine dem Sauerstoffmangel entsprungene Illusion meinerseits, zu glauben, daß auch nur einer sich von einem Kunden diese so heißbegehrte Aufgabe wegschnappen lassen würde.

Am Ende beanspruchte Boukreev – als leitender Bergführer und der einzige unter uns, der den Everest bereits bestiegen hatte – die Ehre für sich. Zusammen mit Beidleman, der das Seil nachgab, bot er über die Steilstufe eine meisterhafte Vorstellung. Aber die Sache dauerte, und ich blickte nervös auf meine Uhr und fragte mich, ob mir vielleicht der Sauerstoff ausgehen würde. Mein erster Behälter war um 7 Uhr auf dem Balkon aufgebraucht gewesen und hatte damit ungefähr sieben Stunden gehalten. Über den Daumen gepeilt hieß dies, wie ich mir auf dem Südgipfel ausgerechnet hatte, daß mein zweiter Behälter so gegen 14 Uhr leer sein würde. Ich nahm dummerweise an, das ließe mir genügend Zeit, den Gipfel zu erreichen und auf den Südgipfel zurückzukehren, um mir meine dritte Flasche zu holen. Mittlerweile war es jedoch schon nach eins, und allmählich regten sich in mir ernsthafte Zweifel.

Am oberen Ende der Stufe teilte ich Beidleman meine Besorgnis mit. Ich fragte ihn, ob er was dagegen hätte, wenn ich schnell zum Gipfel vorauseilte, anstatt ihm weiter dabei zu helfen, die letzte Rolle Seil am Grat zu fixieren. »Nur zu«, sagte er herzlich. »Ich mach das hier schon.«

Als ich die letzten Meter zum Gipfel hochstapfte, hatte ich beinahe das Gefühl, unter Wasser zu gehen, so als bewegte sich das Leben nur mit einem Viertel Geschwindigkeit. Und dann stand ich plötzlich auf einem schmalen Eiskeil – verziert von einer weggeworfenen Sauerstoffflasche und einem verwitterten Vermessungspfahl aus Aluminium –, von dem man nicht mehr höher steigen konnte. Eine Kette buddhistischer Gebetsfahnen flatterte heftig im Wind. Weit unten, auf einer Seite des Berges, an der ich noch niemals hinabgeblickt hatte, breitete sich bis zum Horizont das trockene tibetische Hochplateau aus, eine unermeßliche Fläche aus dunkelbrauner Erde.

Auf dem Gipfel des Everest zu stehen soll angeblich einen ganzen Schwall von Hochgefühlen in einem auslösen. Entgegen allen Erwartungen hatte ich nun doch noch ein Ziel erreicht, von dem ich seit meiner Kindheit geträumt hatte. Aber der Gipfel war letztlich nur die halbe Miete. Auch der bescheidenste Wunsch, mir selbst zu gratulieren, wurde von einer düsteren Vorahnung von dem, was mir nun bevorstand, überschattet – der lange, gefährliche Abstieg.

KAPITEL VIERZEHN

Gipfel
13 Uhr 12
10. Mai 1996
8 848 Meter

*Nicht nur beim Aufstieg, auch beim Abstieg stumpft meine Willens-
kraft ab. Je länger ich steige, desto weniger wichtig erscheint mir das
Ziel, desto gleichgültiger werde ich mir selbst. Meine Aufmerksamkeit
hat nachgelassen, mein Gedächtnis ist geschwächt. Meine geistige Er-
mattung ist jetzt noch größer als die körperliche. Es ist so angenehm,
tatenlos dazusitzen, und deshalb so gefährlich. Der Tod durch Erschöpfung ist – wie der Tod durch Erfrieren – ein angenehmer.*

REINHOLD MESSNER
Der gläserne Horizont

In meinem Rucksack steckte eine Fahne von *Outside* – ein kleiner Wimpel, verziert mit einer skurrilen Eidechse, die meine
Frau Linda aufgestickt hatte; und da waren noch ein paar andere Andenken, die ich alle dabei hatte, um mich mit ihnen in
Jubelpose fotografieren zu lassen. Meine schwindenden Sauerstoffreserven machten mir jedoch weiter Sorgen, ich ließ alles im Rucksack und schoß nur noch kurz vier Fotos von Andy
Harris und Anatoli Boukreev vor dem Vermessungspfahl –
dies war mein Aufenthalt auf dem höchsten Punkt der Erde.
Ich drehte mich um und begann mit dem Abstieg. Ungefähr
zwanzig Meter unterhalb des Gipfels kamen mir Neal Beidleman und ein Kunde Fischers, Martin Adams, entgegen.
Nachdem Neal und ich uns gratuliert hatten, schnappte ich
mir noch schnell ein paar kleine Steinchen von einem freiliegenden Stück Schieferfels, steckte sie in die Reißverschlußta-
sche meines Daunenanzugs und eilte den Grat hinab.
    Kurz zuvor hatte ich die Wolkenfetzen bemerkt, die nun

das Tal nach Süden hin bedeckten und nur die höchsten Gipfel frei ließen. Adams, ein kleiner streitbarer Texaner, der es als Aktienverkäufer während des Booms in den Achtzigern zu Geld gebracht hatte, ist ein erfahrener Flugzeugpilot. Er hatte viele Stunden damit verbracht, auf die Oberseite von Wolkenformationen hinabzublicken; später sagte er mir, daß er diese harmlos wirkenden Bäuschchen aus Wasserdunst auf den ersten Blick als die Kronen wuchtiger Haufenwolken identifiziert hatte. »Wenn du im Flugzeug sitzt und eine Haufenwolke siehst«, erklärte er, »dann sagst du dir nur noch eins: Bloß weg hier. Und das habe ich dann auch getan.«

Aber anders als Adams war ich es nicht gewohnt, von 8800 Meter auf Kumulonimbusfelder (Haufenwolkenfelder) hinabzuspähen. Ich bemerkte das Gewitter schlicht und einfach nicht, das bereits zu jenem Zeitpunkt heraufzog. Meine Gedanken kreisten vielmehr um meinen schwindenden Sauerstoffvorrat.

Fünfzehn Minuten nachdem ich den Gipfel verlassen hatte, kam ich am Hillary-Step an. Ein Pulk von acht Kletterern arbeitete sich keuchend am einzigen vorhandenen Seilstrang hoch, und mit meinem Abstieg war es erst mal Essig. Während ich darauf wartete, daß die Leute vorbeizogen, schloß Andy auf seinem Weg nach unten zu mir auf. »Jon«, fragte er, »ich krieg irgendwie nicht genug Luft. Kannst du vielleicht mal schauen, ob das Einsaugventil meiner Maske vereist ist?«

Ich sah mir die Sache kurz an und entdeckte gleich einen faustgroßen Klumpen gefrorenen Speichels, der das Gummiventil blockierte, über das die umgebende Luft von außen in die Maske gelangen sollte. Ich hackte ihn mit der Spitze meines Eispickels heraus und bat Andy dann, mir seinerseits den Gefallen zu tun, meinen Regler zu schließen. Die Felsstufe war immer noch nicht frei, und ich wollte Sauerstoff sparen. Anstatt das Ventil zu schließen, drehte er es jedoch irrtümlich voll auf, und zehn Minuten später war meine Flasche leer. Mit meinen kognitiven Fähigkeiten, von denen ohnehin nicht mehr viel übrig war, ging es rapide bergab. Ich fühlte mich wie jemand, dem man eine Überdosis Schlaftabletten untergemischt hatte.

Ich wartete weiter und kann mich noch verschwommen daran erinnern, wie Sandy Pittman in Richtung Gipfel vorbeikletterte, nach einer unbestimmten Zeit gefolgt von Charlotte Fox und Lopsang. Als nächste tauchte Yasuko auf. Ich befand mich gefährlich nah am Felsrand, und sie war gleich unterhalb von mir und kraxelte völlig kopflos auf dem letzten und steilsten Abschnitt der Felsstufe herum. Hilfos sah ich ihr fünfzehn Minuten lang zu, wie sie völlig erschöpft versuchte, sich über den obersten Felsvorsprung zu hieven. Schließlich schob Tim Madsen, der schon ungeduldig hinter ihr wartete, die Hände unter ihren Po und schob sie nach oben.

Bald darauf tauchte Rob Hall auf. Ich erzählte ihm nichts von der Panik, die langsam, aber sicher in mir aufstieg, und dankte ihm dafür, daß er mich auf den Gipfel des Everest gebracht hatte. »Ja, ist 'ne ziemlich gute Expedition geworden«, antwortete er, bedauerte dann aber, daß Frank Fischbeck, Beck Weathers, Lou Kasischke, Stuart Hutchison und John Taske alle umgekehrt waren. Selbst in meiner durch Sauerstoffmangel bedingten Beschränktheit war mir sofort klar, daß Hall tief enttäuscht sein mußte, daß fünf seiner acht Kunden das Handtuch geworfen hatten. Die Tatsache, daß anscheinend Fischers gesamte Truppe sich gen Gipfel kämpfte, machte vermutlich alles nur noch schlimmer. »Ich wünschte nur, wir hätten ein paar mehr Kunden auf den Gipfel gekriegt«, klagte Rob, bevor er weiterzog.

Bald danach kamen Adams und Boukreev auf ihrem Weg nach unten an und blieben oberhalb von mir stehen, um darauf zu warten, daß sich der Stau auflöste. Kurz darauf, als Makalu Gau, Ang Dorje und mehrere andere Sherpas, gefolgt von Scott Fischer und Doug Hansen, das Seil hochgeklettert kamen, verstärkte sich das Gedränge oben auf der Stufe weiter. Schließlich war der Weg frei – aber erst nachdem ich mehr als eine Stunde auf 8800 Meter ohne zusätzlichen Sauerstoff verbracht hatte.

Inzwischen schienen ganze Bereiche meines Hirns ihren Geist aufgegeben zu haben. Ich war wie in Trance, und in meiner Angst, in Ohnmacht zu fallen, sehnte ich mich nur noch verzweifelt danach, den Südgipfel zu erreichen, wo meine dritte Sauerstoffflasche auf mich wartete. Ich fing an, mich mit unsicheren Bewegungen am Fixseil hinunterzulassen, wie gelähmt vor Angst. Gleich unterhalb der Stufe eilten Anatoli und Martin an mir vorbei nach unten. Extrem vorsichtig geworden, stieg ich weiter am Seil entlang den Grat hinab. 50 Meter vor dem Sauerstoffvorratslager endete das Seil jedoch, und ich fürchtete mich davor, ohne neue Sauerstoffflasche weiterzugehen.

Drüben am Südgipfel sah ich, wie Andy Harris einen Stapel orangefarbener Sauerstoffflaschen durchsuchte. »He, Harold!« rief ich. »Kannst du mir mal eine frische Flasche bringen?«

»Hier ist kein Sauerstoff!« rief der Bergführer zurück. »Die Flaschen sind alle leer.« Höchst beunruhigende Neuigkeiten. Mein Gehirn schrie nach Sauerstoff. Ich wußte nicht mehr ein noch aus. In diesem Moment schloß Mike Groom zu mir auf. Mike hatte den Everest 1993 ohne zusätzlichen Sauerstoff bestiegen, und es machte ihm nicht allzuviel aus, den Abstieg ohne fortzusetzen. Er gab mir also seine Flasche, und wir kraxelten schnell zum Südgipfel rüber.

Als wir dort ankamen, ergab eine kurze Überprüfung des Vorratslagers, daß dort mindestens sechs volle Flaschen waren. Andy wollte dies jedoch einfach nicht wahrhaben. Er beharrte weiter darauf, daß sie alle leer seien, und nichts, was Mike und ich sagten, konnte ihn vom Gegenteil überzeugen.

Die einzige Möglichkeit, herauszufinden, wieviel Sauerstoff in einem Behälter steckt, ist, ihn an einen Regler anzuschließen und den Sauerstoffanzeiger zu lesen; wahrscheinlich hatte Andy genau dies getan, um die Flaschen auf dem Südgipfel zu überprüfen. Neal Beidleman wies nach der Expedition darauf hin, daß Andys Regler möglicherweise vereist war und der Anzeiger deshalb leer registrierte, obwohl die Behälter voll waren. Falls sein Regler kaputt war und keinen Sauerstoff an seine Maske abgab, dann wäre damit auch eine Erklärung für Andys offensichtlich getrübten Verstand gefunden.

Diese Erklärung – die sich nun geradezu aufdrängt – ist jedoch damals weder mir noch Mike in den Sinn gekommen. Im nachhinein besehen, verhielt sich Andy völlig irrational und war weit über das Stadium der gewöhnlichen Symptome von Sauerstoffmangel hinausgerückt, aber ich selbst war geistig dermaßen verwirrt, daß ich dies nicht wahrnehmen konnte.

Meine Unfähigkeit, das Offensichtliche zu erkennen, beruhte teilweise auf der übergeordneten Stellung, die der Bergführer gegenüber uns Kunden einnahm. Andy und ich standen, was Kondition und Können anging, mehr oder minder auf der gleichen Stufe. Wenn wir uns beide als gleichwertige Partner auf einer Tour ohne Bergführer befunden hätten, wäre es unvorstellbar, daß mir sein Zustand nicht aufgefallen wäre. Aber auf dieser Expedition war ihm die Rolle des unfehlbaren Bergführers zugefallen, dessen Aufgabe es war, auf mich und die anderen Kunden aufzupassen. Uns war immer wieder eingetrichtert worden, das Wort eines Bergführers nicht in Frage zu stellen. Der Gedanke, daß Andy sich vielleicht tatsächlich in einer Notlage befinden könnte, hat nie Eingang in mein angeschlagenes Hirn gefunden – die Vorstellung, daß ein Bergführer dringend meine Hilfe brauchte.

Als Andy weiterhin darauf bestand, daß es auf dem Südgipfel keine vollen Flaschen gäbe, blickte Mike mich erstaunt an. Ich erwiderte seinen Blick und zuckte mit den Schultern. Ich wandte mich Andy zu und sagte:»Kein Problem, Harold. Viel Lärm um nichts.« Ich schnappte mir einen neuen Sauerstoffbehälter, schraubte ihn an meinen Regler und setzte meinen Weg nach unten fort. Wenn ich nun an die Tragödie denke, die in den Stunden danach ihren Lauf nahm, war die Ungeniertheit, mit der ich mich von jeder Verantwortung losgesagt hatte – mein völliges Versagen, als es darum ging zu erkennen, daß Andy in ernsten Schwierigkeiten steckte –, ein Versagen, das mich wohl für den Rest meines Lebens verfolgen wird.

So gegen 15 Uhr 30 verließ ich vor Mike, Yasuko und Andy den Südgipfel, und fast sofort wurde ich von einer dichten Wolkendecke verschluckt. Leichte Schneefälle setzten ein. In dem stumpfen schwindenden Licht konnte ich kaum noch erkennen, wo der Berg endete und wo der Himmel anfing; ein paar täppische Schritte vom Gipfelgrat weg, und schon wäre man auf Nimmerwiedersehen verschwunden. Je weiter ich nach unten kam, desto schlimmer wurde es.

Am Fuße der Felsstufen am Südostgrat legte ich mit Mike eine Pause ein, um auf Yasuko zu warten, die Schwierigkeiten mit dem Abstieg an den Fixseilen hatte. Mike versuchte Rob über Funk zu erreichen, aber sein Gerät funktionierte nur mit Unterbrechungen, und er erreichte niemanden. Da Mike auf Yasuko aufpaßte und Rob und Andy Doug Hansen begleiteten – den einzigen anderen Kunden, der sich noch über uns befand –, dachte ich, die Situation sei unter Kontrolle. Als Yasuko zu uns aufschloß, bat ich Mike um die Erlaubnis, meinen Weg allein fortzusetzen.»Okay«. antwortete er.»Aber paß auf, daß du nicht auf eine Schneewächte trittst.«

Gegen 16 Uhr 45, als ich den Balkon erreichte – den Vorsprung auf 8400 Meter am Südostgrat, von dem ich zusammen mit Ang Dorje den Sonnenaufgang betrachtet hatte –, bekam ich zunächst einmal einen Schreck, denn ich stieß auf Beck Weathers, der zitternd und total verloren im Schnee dastand. Ich war davon ausgegangen, daß er bereits vor Stunden nach Camp Vier hinabgestiegen sei. »Beck!« rief ich. »Was zum Teufel machst du denn noch hier oben?«

Beck hatte sich vor ein paar Jahren einer Radialkeratomie* unterzogen. Ein Nebeneffekt des Eingriffs, wie er gleich zu Beginn des Aufstiegs zum Everest entdecken mußte, war, daß der in großen Höhen herrschende niedrige Luftdruck ihn fast blind machte. Je höher er kletterte, desto niedriger wurde der Luftdruck und desto weniger konnte er sehen. Später gestand er mir, daß, als er am Nachmittag zuvor von Camp Drei auf Camp Vier stieg, »meine Sehkraft so eingeschränkt war, daß ich gerade noch einen Meter weit sehen konnte. Ich habe mich also an die Fersen von John Taske gehängt, und wenn er den Fuß gehoben hat, dann habe ich meinen genau in seine Spur gesetzt.«

Beck hatte bereits vorher ganz offen von seinen Augenproblemen gesprochen, aber mit dem Gipfel in greifbarer Nähe war er verständlicherweise nicht allzu scharf darauf, Rob oder auch die anderen wissen zu lassen, daß es damit immer schlimmer wurde. Ungeachtet seiner schlechten Augen ging er sehr gut und fühlte sich so stark wie noch nie während der Expedition, und, wie er erklärte: »Ich wollte nicht vorzeitig abspringen.«

Beim nächtlichen Aufstieg oberhalb des Südsattels hatte Beck, um mit der Gruppe Schritt halten zu können, die gleiche Strategie angewandt wie am Nachmittag zuvor – genau in die Spuren der Person unmittelbar vor ihm zu treten. Als er jedoch den Balkon erreichte und die Sonne aufging, merkte er, daß sein Sehvermögen schlechter denn je war. Darüber hinaus hatte er sich versehentlich Eiskristalle in die Augen gerieben und sich an beiden Hornhäuten verletzt.

»Als das dann auch noch passiert ist«, erzählte Beck, »war ein Auge total verschwommen. Und da ich ja mit dem anderen ohnehin kaum sehen konnte, war räumliches Sehen nicht mehr möglich. Mir ist klar geworden, daß ich, wenn ich in

---

* Eine Radialkeratomie ist ein chirurgischer Eingriff mit dem Ziel, Kurzsichtigkeit zu korrigieren. Bei der Operation werden in strahlenförmiger Anordnung zum Zentrum hin eine Reihe von länglichen Einschnitten am Außenrand der Hornhaut vorgenommen, die dadurch abgeflacht wird.

dem Zustand weiterklettere, nur noch eine Gefahr für mich selbst bin oder einem anderen eine Last. Also habe ich Rob gesagt, was los ist.«

»Tut mir leid, Kumpel«, beschied Rob ihm prompt, »du gehst nach unten. Ich werd dir ein paar Sherpas mitschikken.« Aber Beck sträubte sich noch, seine Hoffnungen auf den Gipfel aufzugeben. »Ich habe Rob erklärt, daß es gut möglich ist, daß meine Augen besser werden, wenn die Sonne ein bißchen höher steht und meine Pupillen sich zusammenziehen. Ich sagte ihm also, daß ich noch ein bißchen warten will und dann, wenn ich wieder besser sehen kann, einen Zwischenspurt einlege und schon wieder zu den anderen aufschließen werde.«

Rob überlegte sich Becks Vorschlag und entschied dann: »O. k., na schön. Ich geb dir eine halbe Stunde, um's abzuchecken. Aber ich kann dich auf gar keinen Fall allein zu Camp Vier runtergehen lassen. Wenn deine Augen in 30 Minuten nicht besser sind, dann will ich, daß du hier bleibst, bis ich vom Gipfel zurück bin, damit ich genau weiß, wo du bist. Dann gehen wir zusammen runter. Ich meine das ganz ernst: Entweder du gehst jetzt runter, oder du versprichst mir, daß du genau an dieser Stelle auf mich wartest, bis ich zurück bin.«

»Ich hab also die Hand gehoben und es hoch und heilig versprochen, obwohl ich bei dem Gedanken an das, was mir da bevorstand, am liebsten gestorben wäre«, sagte Beck mir treuherzig, während wir da so im Schneetreiben und schwindendem Licht herumstanden. »Und ich hab mein Wort gehalten. Und deshalb steh ich hier noch immer.«

Kurz nach Mittag waren Stuart Hutchison, John Taske und Lou Kasischke, begleitet von Lhakpa und Kami, auf ihrem Weg nach unten vorbeigekommen. Aber Beck Weathers entschied sich dafür, nicht mit ihnen runterzugehen. »Das Wetter sah immer noch gut aus«, erklärte er, »und ich habe zu dem Zeitpunkt keinen Grund gesehen, mein Versprechen Rob gegenüber zu brechen.«

Jetzt jedoch wurde es dunkel und das Wetter immer schlechter. »Dann geh doch mit mir runter«, bat ich ihn eindringlich. »Rob wird hier in den nächsten zwei, drei Stunden nicht auftauchen. Ich bin dein Auge. Ich bringe dich nach unten, kein Problem.« Beck war drauf und dran, ja zu sagen und mit mir runterzugehen; doch dann machte ich den Fehler zu erwähnen, daß Mike Groom sich mit Yasuko auf den Weg nach unten gemacht hatte und sich nur ein paar Minuten hinter mir befand. An einem Tag voller Fehler sollte sich der letzte noch als einer der gewichtigeren herausstellen.

»Danke jedenfalls«, sagte Beck. »Ich glaube, ich werde auf Mike warten. Er hat ein Seil. Er kann mich dann ja ans kurze Seil nehmen.«

»O. k., Beck«, antwortete ich. »Es ist deine Entscheidung. Dann geh ich davon aus, daß wir uns im Camp sehen. Bis dann.« Insgeheim war ich erleichtert, daß ich darum herumgekommen war, Beck die schwierigen Hänge, von denen die meisten nicht durch Fixseile gesichert waren, hinabzubringen. Das Tageslicht wurde immer schwächer, das Wetter immer schlechter, und meine Kraftreserven waren so gut wie verbraucht. Dennoch hatte ich nicht im geringsten das Gefühl, daß eine Katastrophe drohte. Ich nahm mir sogar nach dem Gespräch mit Beck noch die Zeit, den leeren Sauerstoffbehälter zu suchen, den ich beim Aufstieg vor zehn Stunden im Schnee beiseite gelegt hatte. Entschlossen, meinen Müll wieder mit hinunterzunehmen, stopfte ich ihn zu den beiden anderen Flaschen in den Rucksack (eine leer, eine halbvoll) und eilte weiter zum Südsattel hinunter, der etwa 500 Meter unter mir lag.

Vom Balkon aus konnte ich ein paar hundert Meter in einer breiten sanft abfallenden Schneerinne hinabsteigen, die recht einfach zu begehen war. Aber dann wurde es kompliziert. Die Route schlängelte sich zwischen Absätzen aus brüchigem Schiefer, die von einer fünfzehn Zentimeter dicken

Schneeschicht bedeckt waren. Um dieses unübersichtliche, unsichere Gelände zu bewältigen, durfte ich keine Sekunde in meiner Konzentration nachlassen, ein Kunststück, das bei meiner Benommenheit praktisch nicht zu schaffen war. Da der Wind die Spuren der Kollegen, die vor mir abgestiegen waren, verweht hatte, hatte ich Mühe, die korrekte Route ausfindig zu machen. 1993 war in dieser Gegend Mike Grooms Partner – Lopsang Tshering Bhutia, ein ausgezeichneter Himalaja-Bergsteiger und Neffe Tenzing Norgays – in die falsche Richtung abgebogen und in den Tod gestürzt. Mit aller Macht kämpfte ich gegen meinen Dämmerzustand an und begann, laut auf mich einzureden. »Reiß dich zusammen, reiß dich zusammen, reiß dich zusammen«, sang ich mir immer wieder vor. »Bau hier bloß keinen Scheiß. Hier geht's um alles. Reiß dich zusammen.«

Um mich ein wenig auszuruhen, setzte ich mich auf eine breite, abfallende Felskante. Nach ein paar Minuten jedoch riß mich ein ohrenbetäubendes BUM! wieder auf die Beine. Mittlerweile hatten sich riesige Mengen an Neuschnee angesammelt, und ich befürchtete, daß auf den oberen Hängen eine gewaltige Lawine abgegangen war. Ich wirbelte herum, sah aber nichts. Dann ein weiteres Mal –BUM!, begleitet von einem Blitz, der für einen kurzen Moment den Himmel erleuchtete, und da war mir endlich klar, daß ich gerade ein donnerndes Gewitter hörte.

Am Morgen, auf dem Weg nach oben, hatte ich mich ständig dazu angehalten, mir die Route auf diesem Abschnitt des Berges genau anzusehen. Immer wieder hatte ich nach unten geblickt, um mir ein paar Orientierungspunkte zu merken, die mir beim Abstieg vielleicht helfen konnten. Wie unter einem inneren Zwang hatte ich mir so das gesamte Terrain eingeprägt. »Behalt diesen einen Felsvorsprung im Kopf, der wie ein Schiffsbug aussieht; an dem mußt du links abbiegen. Dann folgst du dieser dünnen Schneelinie, bis sie scharf nach rechts schwenkt.« Ich hatte mir dies vor vielen Jahren antrainiert, und jedesmal, wenn ich einen Berg bestieg, zwang ich mich zu diesem Drill. Am Everest hat er mir vielleicht das Leben gerettet. Um 18 Uhr, als das Gewitter sich zu einem wütenden Blizzard mit Schneetreiben und Winden über 100 Stundenkilometern ausgewachsen hatte, stieß ich auf das Seil, das von den Montenegrinern in der Schneeflanke zweihundert Meter oberhalb des Südsattels angebracht worden war. Meine Benommenheit war durch das heraufziehende Unwetter wie weggeblasen, und mir wurde klar, daß ich den tückischsten Abschnitt der Route gerade noch rechtzeitig geschafft hatte. Das Fixseil als Bremse um meine Arme gewunden, stieg ich weiter hinab durch den Blizzard. Ein paar Minuten später stand ich wieder kurz vorm Ersticken, ein mir nur allzu bekanntes Gefühl, und ich merkte, daß mir wieder der Flaschensauerstoff ausgegangen war. Als ich vor drei Stunden meinen dritten und letzten Behälter an den Regler angeschlossen hatte, hatte ich anhand des Anzeigers festgestellt, daß die Flasche nur halb voll war. Ich ging jedoch davon aus, daß ich damit den größten Teil der Strecke schaffen würde, und machte mir deshalb nicht die Mühe, sie gegen eine volle auszutauschen. Und jetzt war das Ding leer.

Ich zog meine Maske ab, ließ sie am Hals baumeln und stieg mit einer Gelassenheit weiter ab, die mich selbst überraschte. Und dennoch, ohne Flaschensauerstoff war ich träger und langsamer in meinen Bewegungen, und ich mußte öfter anhalten, um mich auszuruhen.

Die Literatur zum Everest ist voll von Berichten über halluzinatorische Erfahrungen, die auf Sauerstoffmangel und Erschöpfung zurückzuführen sind. 1933 beobachtete der bekannte englische Bergsteiger Frank Smythe »zwei seltsam aussehende Objekte, die im Himmel dahintrieben«, direkt über sich, auf 8250 Meter: »[Das eine] war mit etwas versehen, das wie ein kompaktes, unterentwickeltes Flügelpaar aussah, und das andere mit der Andeutung eines vorstehenden Schnabels. Sie schwebten regungslos in der Luft, schienen aber von einem langsamen Pulsieren durchzuckt.«

Messner hatte während seines Alleingangs von 1980 Phantasien von einem unsichtbaren Gefährten, der neben ihm ging. Allmählich bekam ich das Gefühl, daß mein Verstand mich in ähnlicher Weise im Stich ließ, und mit einer Mischung aus Faszination und Schrecken sah ich mit an, wie mein eigenes Ich aus der Realität rutschte.

Ich war weit jenseits gewöhnlicher Erschöpfung, und plötzlich passierte es, daß mein eigener Körper wie losgelöst von mir war, so, als würde ich meinen Abstieg von ein paar Metern weiter oben beobachten. Ich bildete mir ein, daß ich eine grüne Strickjacke und Flügelspitzen trug. Und obwohl der Sturm eine Lufttemperatur von weit über 50 Grad minus produzierte, war mir merkwürdig, beunruhigend warm.

Um 18 Uhr 30, als das letzte Tageslicht aus dem Himmel sickerte, kam ich bis auf knapp 70 Höhenmeter an Camp Vier heran. Zwischen mir und der Sicherheit befand sich jetzt nur noch ein Hindernis: ein bauchiger Hang aus hartem, blankem Eis, über den ich ohne Seilsicherung absteigen mußte. Graupelgeschosse, von 130-Stundenkilometer-Böen getrieben, zerstachen mein Gesicht, jede ungeschützte Stelle war augenblicklich gefroren. Die Zelte, die nicht weiter als 200 Meter entfernt standen, waren in dem Schneegestöber stets nur kurze Augenblicke zu erkennen. Es gab keinen Spielraum für Fehler. Aus Angst vor einem folgenschweren Fehler setzte ich mich hin, um vor dem weiteren Abstieg meine Energie zu sammeln.

Einmal von den Beinen, überkam mich lähmende Trägheit. Es war ja so viel leichter, dazusitzen und sich auszuruhen, als sich endlich diesem gefährlichen Eishang zu stellen. Während der Sturm mir also um die Ohren pfiff, hockte ich einfach nur da, ließ meine Gedanken schweifen und blieb so vielleicht eine Dreiviertelstunde lang sitzen.

Ich hatte die Schnüre meiner Kapuze zugezogen, die jetzt nur noch ein kleines Guckloch für die Augen frei ließ, und ich war gerade dabei, die nutzlose, zugefrorene Sauerstoffmaske unter meinem Kinn abzunehmen, als Andy Harris plötzlich aus der Düsternis neben mir auftauchte. Ich leuchtete ihn mit meiner Stirnlampe an und zuckte vor Schreck zusammen, als ich sein entstelltes Gesicht sah. Seine Wangen waren mit einem Panzer aus Eis und Reif überzogen, ein Auge war zugefroren, und er sprach nur noch ganz undeutlich. Er sah schlimm aus. »Wo geht's zu den Zelten?« platzte es aus ihm heraus. Er suchte verzweifelt nach einem Unterschlupf. Ich zeigte in Richtung Camp Vier und warnte ihn gleich darauf vor dem Eishang unter uns. »Ist steiler, als es aussieht!« rief ich aus voller Kehle, um gegen den Wind anzukommen. »Vielleicht sollte ich zuerst gehen und drüben im Lager ein Seil holen –« Ich hatte den Satz noch nicht zu Ende gesprochen, als Andy sich unvermittelt abwandte und über den Rand des Eishangs trat. Ich hockte völlig verblüfft da.

Mit dem Hintern auf dem Eis fegte er die ersten Meter des Abhangs hinunter, das steilste Stück überhaupt. »Andy!« rief ich ihm hinterher. »Du bist verrückt, es so zu versuchen! Das geht schief!« Er rief irgend etwas zurück, aber seine Worte wurden von dem heulenden Wind davongetragen. Eine Sekunde später verlor er das Gleichgewicht, purzelte Hals über Kopf weiter und jagte plötzlich mit dem Kopf voran den Eishang hinunter.

Dann lag er 70 Meter tiefer am Fuß des Hangs da, ein regungsloser Haufen, kaum noch sichtbar. Ich war sicher, daß er sich ein Bein gebrochen hatte, vielleicht sogar das Genick. Aber dann – unglaublich, aber wahr – stand er auf, winkte, daß er o. k. sei, und taumelte auf Camp Vier zu, das in dem Moment gerade gut sichtbar war, 150 Meter weiter.

Ich konnte die dunklen Umrisse von drei, vier Leuten ausmachen, die draußen vor den Zelten standen. Ihre Stirnlampen flackerten durch die treibenden Schneewände hindurch. Harris ging über das Flachstück auf sie zu. Er legte die Strecke in weniger als zehn Minuten zurück. Als die Wolken sich einen Moment später wieder zusammenzogen und mir die Sicht raubten, hatte er nur noch 20 Meter bis zu den Zelten, vielleicht sogar weniger. Danach verlor ich ihn aus den

Augen, aber ich war sicher, daß er im schützenden Lager angekommen war, wo Chuldum und Arita zweifellos mit heißem Tee warteten. Während ich weiter draußen im Sturm herumsaß, immer noch mit diesem Eisbuckel zwischen mir und den Zelten, spürte ich plötzlich einen stechenden Neid. Ich ärgerte mich, daß mein Bergführer nicht auf mich gewartet hatte.

In meinem Rucksack war nicht viel mehr drin als drei leere Sauerstoffflaschen und ein halber Liter gefrorener Limonade; er wog wahrscheinlich nicht mehr als acht, neun Kilo. Aber ich war mit meinen Kräften am Ende und hatte keine Lust, mir beim Abstieg durch den Hang ein Bein zu brechen. Ich warf also den Rucksack über den Rand und hoffte, daß er irgendwohin rutschen würde, wo ich ihn mir später wieder holen konnte. Dann stand ich auf und ging über das Eis hinab, das so glatt und hart war wie eine Kegelkugel.

Fünfzehn Minuten heikler, zermürbender Arbeit mit den Steigeisen brachten mich heil und unversehrt an den Fuß des Hanges, wo ich ohne Schwierigkeiten meinen Rucksack wiederfand. Weitere zehn Minuten später war auch ich im Lager. Ich stürzte in mein Zelt, die Steigeisen noch an den Schuhen, zog den Reißverschluß zu und breitete mich auf dem reifbedeckten Boden aus. Ich konnte nicht einmal mehr aufrecht sitzen, so erschöpft war ich. Jetzt merkte ich eigentlich erst richtig, wie abgekämpft ich war: Noch nie im Leben hatte ich mich so verausgabt. Aber ich war in Sicherheit. Andy war in Sicherheit. Die anderen wären bestimmt auch bald im Camp. Wir haben's geschafft, Scheiße noch mal! Wir haben den Everest bestiegen. Zwischendurch ist es mal ein bißchen drunter und drüber gegangen, aber am Ende ist alles gutgegangen.

Erst viele Stunden später sollte ich erfahren, daß in Wahrheit nicht alles gutgegangen war – daß 19 Männer und Frauen oben auf dem Berg in einem Sturm festsaßen und verzweifelt um ihr Leben kämpften.

KAPITEL FÜNFZEHN

Gipfel
13 Uhr 25
10. Mai 1996
8848 Meter

*Es gibt viele Schattierungen in der Gefährlichkeit von Abenteuern und
Stürmen, und nur dann und wann erscheint auf dem Antlitz der Tatsachen jene finstere Gewalttätigkeit – jenes unbestimmte Etwas, welches dem Verstand und Herzen eines Mannes die Überzeugung
aufdrängt, diese Verknüpfung von Zufällen oder diese elementaren
Wutausbrüche seien mit einer boshaften Absicht gegen ihn gerichtet,
mit einer Wucht, die nicht zu bändigen ist, mit einer ungezügelten
Grausamkeit, die es darauf abgesehen hat, ihm seine Hoffnung und
seine Furcht, den Schmerz seiner Erschöpfung und sein Verlangen
nach Ruhe zu entreißen: darauf abgesehen, alles, was er wahrgenommen, erfahren, geliebt, genossen oder gehaßt hat, zu zertrümmern, zu
vernichten, auszulöschen; alles, was unschätzbar und notwendig ist,
der Sonnenschein, die Erinnerung, die Zukunft – darauf abgesehen,
die ganze prächtige Welt aus seinem Angesicht zu fegen, indem sie ihm
kurzerhand das Leben nimmt.*

JOSEPH CONRAD
Lord Jim

Neal Beidleman erreichte um 13 Uhr 25 mit einem Kunden,
Martin Adams, den Gipfel. Als sie dort ankamen, standen
bereits Andy Harris und Anatoli Boukreev da. Ich war acht
Minuten zuvor von dort aufgebrochen. Beidleman, der davon ausging, daß der Rest seines Teams auch bald auftauchen würde, schoß ein paar Fotos und alberte noch ein
bißchen mit Anatoli Boukreev herum. Dann setzte er sich
und wartete. Um 13 Uhr 45 kam Klev Schoening über die
letzte Steigung. Er zog ein Foto von seiner Frau und seinen

Kindern heraus und hielt eine tränenreiche Feier ab anläßlich seiner Ankunft auf dem höchsten Punkt der Erde.

Vom Gipfel aus blockiert ein Buckel im Grat die Sicht auf den restlichen Teil der Route, und um 14 Uhr – der festgesetzten Umkehrzeit – war von Fischer oder den anderen Kunden nichts zu sehen. Beidleman fing an, sich Sorgen über die vorgerückte Zeit zu machen. Der sechsunddreißigjährige gelernte Flugzeugingenieur war ein ruhiger, bedächtiger, extrem gewissenhafter Bergführer. Er war bei den meisten Mitgliedern sowohl in seinem als auch in Halls Team sehr beliebt. Darüber hinaus war er einer der stärksten Kletterer am Berg. Vor zwei Jahren hatte er zusammen mit Boukreev – den er als guten Freund betrachtete – den 8463 Meter hohen Makalu in Beinahe-Rekordzeit ohne zusätzlichen Sauerstoff und ohne Sherpa-Unterstützung bestiegen. Er hatte Fischer und Hall zum ersten Mal 1992 an den Hängen des K2 getroffen, wo seine Kompetenz und Gelassenheit bei beiden Männern einen hervorragenden Eindruck hinterlassen hatten. Da Beidlemans Höhenerfahrung jedoch relativ begrenzt war (der Makalu war sein einziger wichtiger Himalaja-Gipfel), stand er in der Rangfolge der Mountain-Madness-Führung hinter Fischer und Boukreev. Sein untergeordneter Status zeigte sich an seiner Bezahlung. Er hatte sich damit einverstanden erklärt, den Everest für 10000 Dollar zu führen; Boukreev bekam dagegen von Fischer 25000.

Beidleman, eine sensible Natur, war sich über seinen Rang in der Hackordnung völlig im klaren.»Ich war dort ganz klar die Nummer drei«, gestand er nach der Expedition, »weshalb ich auch immer darauf bedacht war, mich nicht zu sehr in den Vordergrund zu drängen. Daher habe ich nicht immer den Mund aufgemacht, wenn's vielleicht angebracht gewesen wäre, und jetzt könnte ich mir dafür in den Arsch beißen.«

Beidleman sagte, daß nach Fischers lose formuliertem Plan für den Gipfeltag Lopsang Jangbu vorausgehen sollte, im Gepäck ein Funkgerät und zwei Seilrollen, die vor Eintreffen der Kunden anzubringen waren. Boukreev und Beidleman – die beide ohne Funkgerät operierten – sollten sich »in der Mitte oder nahe der Spitze aufhalten, je nachdem, wie die Leute vorankamen«. Und Scott, der das zweite Funkgerät hatte, sollte den »Aufräumer« machen. Auf Vorschlag von Rob hatten wir beschlossen, eine Umkehrzeit von 14 Uhr durchzusetzen: Jeder, der um 14 Uhr weit mehr als einen Steinwurf weit vom Gipfel entfernt war, mußte umkehren und zurück nach unten.

»Es war eigentlich Scotts Aufgabe, die Leute umkehren zu lassen«, erklärte Beidleman. »Wir haben uns darüber unterhalten. Ich habe ihm gesagt, daß mir bei dem Gedanken nicht ganz wohl ist, als dritter Bergführer Leuten, die 65 000 Dollar gezahlt haben, zu sagen, daß sie runter müssen. Scott hatte dann zugesagt, daß er das übernehmen würde. Was schließlich nicht der Fall war, warum auch immer.« Tatsächlich waren die einzigen, die den Gipfel vor 14 Uhr erreichten, Boukreev, Harris, Beidleman, Adams, Schoening und ich. Wenn Fischer und Hall sich an ihre Ankündigung gehalten hätten, dann hätten alle anderen noch vor dem Gipfel umkehren müssen.

Nun hatte Beidleman, dem langsam mulmig wurde, als er sah, wie die Zeit verstrich, kein Funkgerät und damit keine Möglichkeit, die Lage mit Fischer zu besprechen. Von Lopsang – der eins hatte – war immer noch weit und breit nichts zu sehen. Als Beidleman Lopsang in der Früh auf dem Balkon begegnet war, wie er sich im Schnee kniend übergab, hatte er die beiden Seilrollen des Sherpas mitgenommen, um damit die steilen Felsstufen weiter oben zu sichern. Wie er jedoch nun beklagt, »bin ich gar nicht erst auf den Gedanken gekommen, auch das Funkgerät mitzunehmen.«

Letztlich lief es darauf hinaus, so erzählt Beidleman weiter, »daß ich eine sehr lange Zeit auf dem Gipfel herumgesessen, ständig auf die Uhr geschaut und darauf gewartet habe, daß Scott endlich auftaucht. Ich habe auch mit dem Gedanken gespielt, mich einfach auf den Weg nach unten zu machen – aber jedesmal, wenn ich aufgestanden bin und gehen wollte, kam wieder jemand von unseren Leuten über den Scheitel vom Gipfelgrat gestiefelt, und ich setzte mich wieder, um auf sie zu warten.«

Sandy Pittman tauchte gegen 14 Uhr 10 auf der letzten Erhebung auf, kurz vor Charlotte Fox, Lopsang Jangbu, Tim Madsen und Lene Gammelgaard. Pittman schleppte sich jedoch nur noch ganz langsam fort, und vor dem Gipfel sackte sie im Schnee auf die Knie. Als Lopsang herbeikam, um ihr zu helfen, sah er gleich, daß ihr Sauerstoffbehälter – ihr dritter – leer war. Als er Pittman in der Früh ans kurze Seil genommen hatte, hatte er auch ihren Sauerstoffhahn voll aufgedreht – vier Liter pro Minute. Folglich hatte Pittman ihre gesamten Vorräte relativ schnell verbraucht. Glücklicherweise hatte Lopsang – der ohne zusätzlichen Sauerstoff aufstieg – eine Ersatzflasche in seinem Rucksack. Er schloß Pittmans Maske und Regler an die frische Flasche an. Dann stiegen sie die letzten Meter zum Gipfel und schlossen sich der Freudenfeier an, die dort oben im Gange war.

Rob Hall, Mike Groom und Yasuko Nambo erreichten den Gipfel ebenfalls um diese Zeit. Hall gab einen Funkspruch an Helen Wilton im Basislager durch und teilte ihr die freudige Nachricht mit. »Rob sagte, daß es dort oben kalt und windig sei«, weiß Wilton noch, »aber er schien guter Dinge. Er hat gesagt: ›Doug taucht gerade am Horizont auf. Wenn er hier ist, gehen wir runter... Wenn du von mir nichts mehr hören solltest, heißt das, daß alles in Ordnung ist.‹« Wilton informierte das Adventure-Consultants-Büro in Neuseeland, und ein Schwall von Telefaxen mit der Verkündigung des triumphalen Ausgangs der Expedition ging an Freunde und Familienmitglieder in der ganzen Welt hinaus.

Aber weder Doug Hansen noch Scott Fischer befanden sich zu dem Zeitpunkt gleich unterhalb des Gipfels, wie Hall glaubte. Fischer erreichte den Gipfel nicht vor 15 Uhr 40, und Hansen kam dort erst nach 16 Uhr an.

Am Nachmittag zuvor – Donnerstag, den 9. Mai –, als wir alle von Camp Drei zu Camp Vier geklettert waren, hatte Fischer die Zelte auf dem Südsattel erst nach 17 Uhr erreicht. Als er dort ankam, war er sichtlich erschöpft, obwohl er sich Mühe gab, seinen Zustand vor seinen Kunden zu verbergen. »An jenem Abend«, erinnert sich Charlotte Fox, die mit ihm das Zelt teilte, »hätte ich nicht sagen können, daß mit Scott irgendwas nicht in Ordnung ist. Er hat sich benommen wie Mr. Draufgänger persönlich und hat die Leute richtig heiß gemacht auf morgen wie ein Footballtrainer vor einem großen Spiel.«

In Wahrheit war Fischer von den körperlichen und seelischen Anstrengungen der letzten Wochen am Ende seiner Kräfte angelangt. Obwohl ein Mann mit außergewöhnlichen Energiereserven, war er mit ebendiesen Reserven verschwenderisch umgegangen. Als er dann schließlich auf Camp Vier eintraf, waren sie fast gänzlich aufgebraucht. »Scott ist ein starker Mensch«, sagte Boukreev anerkennend nach der Expedition, »aber vor dem Gipfeltag war er müde, hatte viele Probleme, hat fast all seine Kräfte aufgebraucht. Sorgen, Sorgen, Sorgen. Scott war nervös, aber er hat's für sich behalten.«

Fischer verbarg vor allen anderen ebenfalls die Tatsache, daß er während des Gipfelaufstiegs unter Umständen ernstlich krank war. 1984 war er auf einer Expedition an Nepals Annapurna-Massiv von einer mysteriösen Krankheit befallen worden, die sich schließlich zu einer chronischen Lebererkrankung ausgewachsen hatte. In den Jahren danach suchte er zahllose Ärzte auf und unterzog sich einer ganzen Reihe von Untersuchungen; eine endgültige Diagnose kam dabei jedoch nie heraus. Fischer sprach von seinem Leiden schlicht als »Leberzyste«, erzählte nur wenigen Leuten davon und versuchte so zu tun, als sei es nichts Ernsthaftes.

»Was auch immer es war«, sagte Jane Bromet, die zu den wenigen guten Freunden gehörte, die eingeweiht waren, »es rief jedenfalls malariaähnliche Symptome hervor, aber es war nicht Malaria. Er bekam dann diese schlimmen Schweißausbrüche und Schüttelanfälle. Die Anfälle haben ihn richtig flachgelegt, aber nur so zehn, fünfzehn Minuten gedauert und sind dann weggegangen.

In Seattle hat er die Anfälle ungefähr so einmal die Woche bekommen, aber wenn er unter Streß stand, sind sie häufiger aufgetreten. Im Basislager hat er sie ziemlich oft gekriegt – jeden zweiten Tag, manchmal jeden Tag.«

Falls Fischer solche Anfälle auf Camp Vier oder darüber hatte, so erwähnte er sie nie mit einem Wort. Fox berichtete, daß er, gleich nachdem er Donnerstag abend ins Zelt gekrochen war,»völlig fertig alle viere von sich gestreckt hat und für ungefähr zwei Stunden in eine Art Tiefschlaf gefallen ist«. Als er um 22 Uhr aufwachte, kam er kaum aus den Federn und blieb noch lange, nachdem seine letzten Kunden, Bergführer und Sherpas zum Gipfel aufgebrochen waren, im Lager.

Es ist nicht genau bekannt, um welche Uhrzeit Fischer Camp Vier tatsächlich verließ; vielleicht sogar erst um 1 Uhr nachts, am Freitag, dem 10. Mai. Am Gipfeltag lag er die meiste Zeit weit hinter den anderen zurück und kam erst gegen 13 Uhr auf dem Südgipfel an. Ich sah ihn das erste Mal gegen 14 Uhr 45, als ich mich bereits auf den Weg nach unten gemacht hatte und mit Andy Harris oberhalb des Hillary-Step darauf wartete, daß die Leute den Weg frei machten. Fischer kam als letzter das Seil hochgeklettert und machte einen reichlich erschöpften Eindruck.

Nachdem wir ein paar Nettigkeiten ausgetauscht hatten, unterhielt er sich kurz mit Martin Adams und Anatoli Boukreev, die gleich oberhalb von Harris und mir standen und ebenfalls warten mußten.»Hey, Martin«, spöttelte er durch seine Sauerstoffmaske und bemühte sich, möglichst locker zu klingen,»meinst du, du kannst den Mount Everest besteigen?«

»Hey, Scott«, erwiderte Adams, ein wenig verärgert, daß Fischer ihn nicht beglückwünscht hatte,»genau das habe ich gerade getan.«

261

Danach wechselte Fischer ein paar Worte mit Boukreev. Adams zufolge sagte Boukreev zu Fischer:»Ich geh mit Martin runter.« Dann stapfte Fischer weiter Richtung Gipfel. Harris, Boukreev, Adams und ich wandten uns um, um über die Stufe abzusteigen. Niemand verlor ein Wort über Fischers angeschlagenen Zustand. Wir kamen gar nicht auf den Gedanken, daß mit ihm vielleicht irgend etwas nicht stimmte.

Um 15 Uhr 10 war Fischer immer noch nicht auf dem Gipfel angekommen, erzählt Beidleman und fügt hinzu:»Ich sagte mir, daß es an der Zeit war, schleunigst hier zu verschwinden, obwohl von Scott immer noch nichts zu sehen war.« Er rief Pittman, Gammelgaard, Fox und Madsen zusammen und machte sich mit ihnen auf den Weg, den Gipfelgrat hinunter. 20 Minuten später, gleich oberhalb vom Hillary-Step, stießen sie auf Fischer.»Ich hab dann eigentlich kaum was gesagt«, meint Beidleman.»Er hat bloß so halb seine Hand gehoben. Er schien sich ganz schön abzuplagen, aber es war Scott, ich hab mir also nicht groß Sorgen gemacht. Ich hab gedacht, jetzt zockelt er noch zum Gipfel hoch, und dann wird er uns ziemlich schnell einholen, um zu helfen, die Leute runterzubringen.«

Beidlemans größte Sorge galt damals Pittman:»Zu dem Zeitpunkt waren alle ganz schön fertig, aber Sandy wirkte besonders wackelig auf den Beinen. Ich habe gedacht, wenn ich sie nicht ganz genau im Auge behalte, dann stürzt sie mir noch vom Grat. Ich habe also geschaut, daß sie sich auch richtig ins Fixseil eingehängt hat, und an Stellen, wo kein Seil war, habe ich sie von hinten an ihrem Klettergurt gepackt und sie eng bei mir gehalten, bis wieder ein Abschnitt mit Seil kam. Sie war dermaßen am Ende, daß ich mich fragte, ob sie überhaupt mitgekriegt hat, daß ich da war.«

Etwas unterhalb des Südgipfels, wo die Gruppe in eine dichte Wolkendecke mit Schneefällen hinabstieg, brach Pittman erneut zusammen und bat Fox, ihr eine Spritze mit Dexamethason zu verabreichen, einem starken Hormonpräparat. »Dex«, wie es allgemein genannt wird, kann die negativen Wirkungen der Höhe vorübergehend aufheben. Jeder in Fischers Team bewahrte für den Notfall eine vorbereitete Spritze dieses Medikaments in einem Zahnbürstenbehälter aus Plastik im Daunenanzug auf, damit sie nicht einfrieren konnte. »Ich habe Sandys Hose ein Stück runtergezogen«, weiß Fox noch, »und ihr dann die Nadel voll in die Hüfte gerammt, mitten durch ihre langen Unterhosen und so weiter.«

Beidleman, der kurz auf dem Südgipfel zurückgeblieben war, um den Sauerstoffvorrat durchzusehen, kam genau in dem Augenblick am Schauplatz des Geschehens an und sah noch, wie Fox Pittman – die mit dem Gesicht im Schnee lag – die Spritze ins Fleisch jagte. »Als ich über den Hügel kam und Sandy dort liegen sah, während Charlotte über ihr stand und mit einer Spritze herumwedelte, da hab ich gedacht: ›Scheiße, Mann, jetzt haben wir den Salat.‹ Ich habe Sandy gefragt, was los ist, und als sie dann geantwortet hat, kam aus ihrem Mund nur irgendein unverständliches Gestammel.« Bei Beidleman klingelten sämtliche Alarmglocken, und er wies Gammelgaard an, ihre volle Sauerstoffflasche gegen Pittmans fast leere zu tauschen. Dann stellte er sicher, daß der Regler voll aufgedreht war, packte die halb bewußtlose Pittman an ihrem Klettergurt und begann sie den steilen schneebedeckten Südostgrat hinabzuschleppen. »Wenn ich sie einmal ins Gleiten gebracht hatte«, erklärt er, »habe ich sie losgelassen und bin vor ihr hergerutscht. Alle fünfzig Meter oder so hab ich angehalten, mir das Fixseil um die Hände gewickelt und mich dann bereitgemacht, um sie mit dem Körper aufzuhalten, wenn sie angerauscht kam. Als sie das erste Mal in mich hineingerauscht ist, haben sich die Spitzen ihrer Steigeisen in meinen Daunenanzug gebohrt. Die Daunen sind überall rumgeflogen.« Zur allgemeinen Erleichterung taten die Spritze und die Extradosis Sauerstoff ihre Wirkung. Die wiederbelebte Pittman war bald in der Lage, den Abstieg aus eigenen Kräften fortzusetzen.

Gegen 17 Uhr, während Beidleman weiter seine Gruppe den Grat hinabführte, kamen 150 Meter unterhalb von ihnen Mike Groom und Yasuko Namba auf dem Balkon an. Von diesem Vorsprung auf 8400 Meter zweigt die Route weg vom Grat scharf nach Süden ab in Richtung Camp Vier. Als Groom jedoch durch das Schneetreiben in die entgegengesetzte Richtung blickte – an der Nordseite des Grats hinunter –, bemerkte er in dem dämmrigen Licht einen einsamen Kletterer, der völlig von der Route abgekommen war: Es war Martin Adams, der sich in dem Sturm verirrt hatte und drauf und dran war, die Kangshung-Wand Richtung Tibet hinabzusteigen.

Als Adams Groom und Namba weiter oben entdeckte, bemerkte er seinen Irrtum und kletterte langsam Richtung Balkon zurück. »Als Martin schließlich bei mir und Yasuko ankam, war er ziemlich hinüber«, meint Groom. »Seine Sauerstoffmaske war ab, und auf seinem Gesicht klebte eine dicke Schneekruste. Er hat gefragt: ›Wo geht's zu den Zelten?‹« Groom zeigte ihm den Weg, und Adams marschierte, ohne Zeit zu verlieren, an der richtigen Seite des Grats hinunter, den Weg, den ich mir vor vielleicht zehn Minuten gebahnt hatte.

Während Groom oben auf dem Grat auf Adams wartete, schickte er Namba voraus und machte sich daran, die Kameratasche wiederzufinden, die er beim Aufstieg dort zurückgelassen hatte. Als er so umhersuchte, bemerkte er plötzlich, daß da noch jemand mit ihm auf dem Balkon war. »Er verschwand förmlich im Schnee, fast als hätte er sich getarnt, und ich hab ihn deshalb anfänglich für einen von Fischers Gruppe gehalten und ihn ignoriert. Dann steht dieser Mensch plötzlich vor mir und sagt: ›Hallo, Mike‹, und ich sehe, daß es Beck ist.«

Groom, der ebenso überrascht war, Beck zu sehen, wie ich es gewesen war, holte sein Seil heraus, nahm den Texaner ans kurze Seil und machte sich mit ihm auf den Weg Richtung Südsattel. »Beck war dermaßen blind«, berichtet Groom, »daß er alle zehn Meter ins Nichts trat, in die dünne Luft hinaus, und ich mußte ihn dann mit dem Seil halten. Zigmal hab ich gedacht, daß er mich gleich mit sich reißt. Es war nervenzermürbend, Scheiße noch mal! Ich mußte die ganze Zeit aufpassen, daß ich das Seil auch wirklich richtig mit dem Eispickel gesichert habe und daß die Spitzen von den Steigeisen frei sind und richtig fest im Untergrund sitzen.«

Einer nach dem anderen folgten Beidleman und der Rest von Fischers Kunden den Spuren, die ich 15 oder 20 Minuten zuvor gemacht hatte durch den immer schlimmer werdenden Schneesturm. Adams war hinter mir, den anderen voraus. Dann kamen Namba, Groom und Weathers, danach Schoening, Gammelgaard und Beidleman und schließlich Pittman, Fox und Madsen.

150 Meter oberhalb vom Südsattel, wo der steile Schiefer in einen sanfteren Schneehang übergeht, ging Namba der Sauerstoff aus, und die kleine Japanerin setzte sich auf den Boden und weigerte sich weiterzugehen. »Als ich ihr die Sauerstoffmaske abnehmen wollte, damit sie besser atmen kann«, erzählt Groom, »hat sie sie einfach wieder aufgesetzt und wollte nicht mit sich reden lassen. Alle meine Überredungskünste halfen nicht, sie davon zu überzeugen, daß ihr Sauerstoff aus war und daß die Maske sie nur am Atmen hindert. Beck war mittlerweile so schwach, daß er nicht mehr ohne fremde Hilfe gehen konnte, und ich mußte ihn mit der Schulter stützen. Zum Glück ist dann genau zu der Zeit Neal zu uns aufgeschlossen.« Beidleman, der sah, daß Groom sich mit Weathers abplagte, machte sich daran, Namba Richtung Camp Vier zu schleppen, obwohl sie nicht zu Fischers Team gehörte.

Es war jetzt ungefähr 18 Uhr 45 und beinahe völlig dunkel. Beidleman, Groom, ihre Kunden und zwei Sherpas aus Fischers Team, die verspätet aus der Dunkelheit aufgetaucht waren – Tashi Tshering und Ngawang Dorje –, hatten sich zu einer Gruppe zusammengeschlossen. Obwohl sie nur schleppend vorankamen, waren sie schließlich nur noch 70 Höhenmeter von Camp Vier entfernt. Zu dem Zeitpunkt kam ich gerade bei den Zelten an – wahrscheinlich nicht mehr als 15 Minuten vor den ersten der Beidleman-Gruppe. Aber in dieser kurzen Zeitspanne war der Sturm plötzlich in einen mit voller Wucht daherfegenden Orkan ausgeartet, und die Sichtweite sank auf sechs, sieben Meter. Um den gefährlichen Eisbuckel zu vermeiden, nahm Beidleman mit seiner Gruppe einen Umweg, der im weiten Bogen nach Osten führte, wo der Hang weniger steil war. Um 19 Uhr 30 erreichten sie dann die weite, fast ebene Fläche des Südsattels. Mittlerweile hatten jedoch nur noch drei oder vier Leute Stirnlampen mit Batterien, die noch nicht leer waren, und alle standen kurz vor dem Zusammenbruch. Fox war immer mehr auf Madsens Hilfe angewiesen. Weathers und Namba konnten sich nicht mehr fortbewegen, ohne von Groom und Beidleman gestützt zu werden.

Beidleman wußte, daß sie sich auf der östlichen, tibetischen Seite des Sattels befanden und daß die Zelte irgendwo westwärts sein mußten. Aber diese Richtung einzuschlagen hieß, direkt gegen den schneidend kalten Sturm zu marschieren. Vom Wind aufgepeitschte Eis- und Schneekristalle schlugen den Bergsteigern mit gewaltiger Wucht ins Gesicht und zerkratzten ihnen die Augen, so daß sie nicht einmal mehr sahen, wohin sie gingen. »Es war dermaßen strapaziös und qualvoll«, erklärt Schoening, »daß man unweigerlich dazu geneigt hat, sich vom Wind abzuwenden, schräg nach links auszuweichen, und das war unser Fehler.

Manchmal haben wir nicht einmal mehr unsere Füße gesehen, so heftig hat es gestürmt«, fährt er fort. »Ich war ständig in Angst, daß jemand sich einfach hinsetzt oder den Anschluß an die Gruppe verliert und wir ihn nie mehr wiedersehen. Als wir dann aber den flachen Sattel erreicht haben, sind wir den Sherpas gefolgt, und ich dachte, sie wissen bestimmt, wo das Lager ist. Dann sind sie plötzlich stehengeblieben und haben kehrtgemacht, und da war natürlich klar, daß sie überhaupt keine Ahnung haben, wo wir sind. Da wurde mir nun wirklich langsam mulmig. Da ist mir zum ersten Mal klargeworden, wie ernst die Lage ist.«

Die nächsten zwei Stunden wankten Beidleman, Groom, die beiden Sherpas und die sieben Kunden blind im Sturm herum und hofften inständig, zufällig beim Lager anzukommen, immer mehr an Erschöpfung und Unterkühlung leidend. Einmal stießen sie auf ein paar weggeworfene Sauerstoffbehälter, die darauf schließen ließen, daß die Zelte nicht mehr weit waren, aber die Bergsteiger konnten sie einfach nicht orten. »Es war das totale Chaos«, erzählt Beidleman. »Die Leute irren kreuz und quer durcheinander. Ich schreie jeden an und versuche sie dazu zu kriegen, einem einzigen Anführer zu folgen. Schließlich, wahrscheinlich so gegen zehn Uhr, gehe ich diesen kleinen Hügel hoch, und plötzlich habe ich das Gefühl, am Abgrund der Erde zu stehen. Ich habe eine riesige Leere direkt unterhalb von mir gespürt.«

Die Gruppe hatte sich, ohne es zu bemerken, an das östliche Ende des Sattels verlaufen, an den Rand der 2000 Meter abfallenden Kangshung-Wand. Sie befanden sich auf gleicher Höhe mit Camp Vier, nur 300 Meter vom sicheren Lager entfernt*, aber, wie Beidleman weitererzählt: »Mir war klar, wenn wir weiter im Sturm herumirren, ist es nur eine Frage der Zeit, bis wir jemanden verlieren. Ich war völlig erschöpft und hab's kaum noch geschafft, Yasuko zu stützen. Charlotte und Sandy konnten kaum noch stehen. Ich hab dann also geschrien, daß sich alle hinhocken und aneinanderkauern sollen, bis der Sturm ein wenig abklingt.«

Beidleman und Schoening machten sich auf die Suche nach einer windgeschützten Stelle, aber da war weit und breit nichts. Die Sauerstoffvorräte waren längst ausgegangen, was die Gruppe nur noch anfälliger für die Wind-chill machte, der zu Temperaturen von 75 Grad minus führte. Die Kletterer hockten wie ein jämmerlicher Haufen im Wind-

---

* Ein durchtrainierter Bergsteiger dürfte (in extremer Höhe) für den Aufstieg über 300 Höhenmeter selten mehr als drei Stunden benötigen. In diesem Falle geht es jedoch um Entfernungs- und nicht Höhenmeter – die Gruppe hätte die mehr oder weniger flache Strecke also in etwa fünfzehn Minuten zurücklegen können, wenn sie gewußt hätte, wo die Zelte standen.

schatten eines Felsblocks zusammengekauert, der kaum größer als eine Geschirrspülmaschine war, auf vom Sturm blankpoliertem Eis. »Die Kälte hatte mich inzwischen fast geschafft«, erzählt Charlotte Fox. »Mir waren die Augen zugefroren. Ich hatte keine Ahnung, wie wir da lebend wieder rauskommen sollten. Die Kälte tat so weh, daß es einfach nicht auszuhalten war. Ich habe mich kugelrund zusammengerollt, den Tod erwartet und nur gehofft, daß es alles ganz schnell geht.«

»Wir haben gegenseitig auf uns eingetrommelt, um uns warm zu halten«, weiß Weathers noch. »Irgend jemand hat uns zugeschrien, daß wir die Arme und Beine in Bewegung halten sollen. Sandy war völlig hysterisch. Sie hat die ganze Zeit geschrien: ›Ich will nicht sterben! Ich will nicht sterben!‹ Aber sonst hat niemand viel gesagt.«

300 Meter weiter westlich lag ich am ganzen Leib zitternd in meinem Zelt – und das, obwohl ich dick eingepackt mit meinem Daunenanzug und jedem Fetzen Kleidung, den ich besaß, im Schlafsack lag. Der Sturm war drauf und dran, das Zelt zu zerfetzen. Jedesmal, wenn der Eingang geöffnet wurde, kamen ganze Wolken von Schneestaub hereingeweht, so daß innen alles mit einer zwei Zentimeter dicken Schneeschicht bedeckt war. Ich hatte keine Ahnung von der Tragödie, die sich draußen im Sturm abspielte. Immer wieder verfiel ich in eine Art Delirium, in das Erschöpfung, Dehydrierung und all die verschiedenen Wirkungen des Sauerstoffmangels mich versetzt hatten.

Irgendwann am frühen Abend kam Stuart Hutchison, mein Zeltgenosse, herein, schüttelte mich heftig und fragte, ob ich mit ihm nach draußen gehen würde, um auf Töpfe zu schlagen und mit Stirnlampen Lichtsignale in den Himmel abzusenden. Vielleicht konnte man dadurch ja ein paar verirrten Bergsteigern den Weg zum Lager weisen. Ich war jedoch zu schwach und zu wirr, um zu antworten. Hutchison – der bereits um 14 Uhr im Lager angekommen war und daher erheblich weniger geschwächt war als ich – versuchte dann ein paar von den Kunden oder den Sherpas in den anderen Zelten für seinen Plan zu gewinnen. Alle litten entweder zu sehr unter der Kälte oder waren zu erschöpft. Also ging Hutchison allein in den Sturm hinaus.

Sechsmal verließ er in jener Nacht unser Zelt, um nach den vermißten Bergsteigern zu suchen, aber der Schneesturm war so stark, daß er sich nie viel weiter als ein paar Meter über die Grenze des Lagers hinauswagte.»Die Winde kamen mit der Gewalt von Geschossen daher«, betonte er.»Der Schneestaub schien aus einem Sandstrahlgebläse zu kommen. Ich konnte immer nur eine Viertelstunde draußen bleiben, dann ist mir zu kalt geworden und ich bin ins Zelt zurück.«

Beidleman wiederum, der immer noch mit den anderen am Ostrand des Sattels ausharrte, nahm seinen ganzen Willen zusammen, um auf dem Posten zu bleiben und auf ein Zeichen zu warten, daß der Sturm vielleicht nachließ. Kurz vor Mitternacht wurde seine Wachsamkeit belohnt, er hatte ein paar Sterne am Himmel entdeckt und rief den anderen zu, sie sollten schauen. Am Boden peitschte weiterhin ein tosender Schneesturm, aber weit oben klarte der Himmel allmählich auf und enthüllte die kantigen Silhouetten des Everest und des Lhotse. Klev Schoening meinte, daß er, ausgehend von diesen Orientierungspunkten, jetzt wisse, wo die Gruppe sich im Verhältnis zu Camp Vier befand. Nachdem er und Beidleman sich eine Weile gegenseitig angeschrien hatten, konnte er den Bergführer überzeugen, daß er wußte, wo die Zelte waren.

Beidleman versuchte nun die Leute dazu zu bringen, sich wieder auf die Beine zu machen und Schoening zu folgen, aber Pittman, Fox, Weathers und Namba waren zu schwach dazu. Dem Bergführer war nun klar, daß alle sterben würden, wenn nicht bald irgend jemand aus der Gruppe es zu den Zelten schaffte und ein Rettungsteam zusammentrommelte. Beidleman versammelte also jene um sich, die sich noch aus eigener Kraft fortbewegen konnten, und dann wankten er, Schoening, Gammelgaard, Groom und die beiden Sherpas in den Sturm hinaus, um Hilfe zu holen. Die vier völlig außer Gefecht gesetzten Kunden ließ er mit Tim Madsen zurück. Madsen wollte seine Freundin, Charlotte Fox, nicht zurücklassen. Er blieb also dort und erklärte sich selbstlos bereit, sich um die anderen zu kümmern, bis Hilfe eintreffen würde.

Zwanzig Minuten später humpelte Beidlemans Haufen in Camp Vier ein, wo man sich mit einem sehr besorgten Anatoli Boukreev überschwenglich in die Arme fiel. Schoening und Beidleman, die kaum noch sprechen konnten, erklärten dem Russen, wo er die fünf anderen zu suchen hatte, die mitten im Toben der Elemente zurückgeblieben waren. Dann brachen sie in ihren jeweiligen Zelten zusammen, völlig am Ende.

Boukreev war mehrere Stunden vor allen anderen aus Fischers Team am Südsattel angekommen. Tatsächlich war er bereits um 17 Uhr, als seine Teamgefährten sich noch immer auf 8500 Meter durch die Wolken nach unten kämpften, in seinem Zelt, wo er sich ausruhte und Tee trank. Erfahrene Bergführer würden seine Entscheidung später in Frage stellen, so weit vor den seiner Obhut anvertrauten Kunden weg abzusteigen – ein extrem ungewöhnliches Verhalten für einen Bergführer. Einer der Kunden aus jener Gruppe hat für Boukreev nichts als Verachtung übrig und vertritt beharrlich die Meinung, daß der Bergführer, als es wirklich darauf ankam, »sich in aller Eile davongemacht« hat.

Anatoli war gegen 14 Uhr vom Gipfel aufgebrochen und schon kurz darauf am Hillary-Step im Stau steckengeblieben. Sobald die Menge sich wieder zerstreut hatte, stieg er, ohne auf irgendwelche Kunden zu warten, zügig den Südostgrat hinunter – obwohl er Fischer oben auf der Felsstufe noch gesagt hatte, daß er mit Martin Adams hinuntergehen würde. Boukreev war daher längst im Lager, als der Sturm seinen Höhepunkt erreichte.

Als ich Anatoli nach der Expedition fragte, warum er so

schnell vor seiner Gruppe nach unten gestiegen war, gab er mir die Durchschrift eines Interviews, das er erst ein paar Tage zuvor im Beisein eines Dolmetschers *Men's Journal* gegeben hatte. Boukreev sagte mir, daß er die Durchschrift gelesen habe und mit dem Inhalt einverstanden sei. Als ich es an Ort und Stelle las, stieß ich auf eine Reihe von Fragen über den Abstieg, die er wie folgt beantwortet hatte: *Ich blieb etwa eine Stunde [auf dem Gipfel]... Es ist sehr kalt, was natürlich Kraft kostet... Meine Einstellung war die, daß es niemandem was nützt, wenn ich hier herumsitze und friere. Besser, ich kehre auf Camp Vier zurück, um so Sauerstoff zu den zurückkehrenden Bergsteigern hochbringen zu können oder um zu Hilfe zu eilen, falls jemandem während des Abstiegs die Kräfte ausgehen. Wenn man in solch großen Höhen untätig herumsitzt, büßt man in der Kälte an Kraft ein, und dann ist man zu gar nichts mehr nütze.*

Boukreev benutzte keinen zusätzlichen Sauerstoff, was ihn zweifellos wesentlich empfindlicher für die Kälte machte. Ohne dieses wichtige Hilfsmittel waren Erfrierungserscheinungen und Unterkühlung nur eine Frage der Zeit; er konnte es sich daher einfach nicht leisten, sich lange auf dem Gipfelgrat aufzuhalten und auf Nachzügler zu warten. Aus welchem Grund auch immer, jedenfalls eilte er seinem Team weit voraus – was er ja bereits während der gesamten Expedition so gehalten hatte, wie Fischer in seinen letzten Briefen und Telefonaten vom Basislager nach Seattle deutlich gemacht hatte.

Als ich ihn danach fragte, was er sich denn nun dabei gedacht habe, als er seine Leute auf dem Gipfelgrat zurückließ, bestand Anatoli darauf, daß es im Interesse des Teams war: »Es ist viel besser, wenn ich mich auf dem Südsattel aufwärme und bereit bin, Sauerstoff hochzutragen, wenn Leute keinen mehr haben.« Und tatsächlich, kurz nach Einbruch der Dunkelheit, als Beidlemans Gruppe immer noch nicht zurückgekehrt war und der Sturm Orkanstärke erreicht hatte, wurde Boukreev klar, daß sie in Schwierigkeiten stecken mußten, und er unternahm einen mutigen Versuch, den

Leuten Sauerstoff zu bringen. Aber seine Taktik wies einen ernsthaften Mangel auf: Da weder er noch Beidleman ein Funkgerät hatten, gab es für Anatoli keine Möglichkeit, in Erfahrung zu bringen, was denn nun tatsächlich mit den vermißten Leuten passiert war, die genauen Umstände ihrer Notlage oder wo sie sich in dem riesigen Gebiet des oberen Bergabschnitts überhaupt befanden.

Gegen 19 Uhr 30 verließ Boukreev Camp Vier und machte sich dennoch auf die Suche. Zu dem Zeitpunkt, wie er erzählt: ...*betrug die Sichtweite vielleicht einen Meter. Und dann war sie praktisch gleich Null. Ich hatte eine Stirnlampe, und ich fing an, Flaschensauerstoff zu benutzen, um schneller voranzukommen. Ich hatte drei Flaschen dabei. Ich versuchte, schneller zu gehen, aber die Sicht war weg... Es war, als wären einem die Augen genommen worden, man konnte nichts sehen, man war blind. So was ist sehr gefährlich, denn man kann in eine Gletscherspalte fallen, man kann über die Südseite des Lhotse abstürzen, 3000 Meter direkt nach unten. Ich habe versucht, hochzugehen, aber es war zu dunkel, ich konnte das Fixseil nicht finden.*

Etwa 200 Meter oberhalb des Sattels wurde Boukreev klar, wie aussichtslos sein Unterfangen war. Er kehrte zu den Zelten zurück und, wie er einräumt, hätte sich dabei beinahe selbst verirrt. Wie dem auch sei, es machte keinen Unterschied, daß er seinen Rettungsversuch abgebrochen hatte, da sich seine Teamgefährten längst nicht mehr oben im Gipfelbereich befanden, wohin Boukreev sich aufgemacht hatte – als er seine Suche aufgab, irrte Beidlemans Gruppe bereits auf dem Südsattel umher, 200 Meter *unterhalb* des Russen.

Als er gegen 21 Uhr im Camp Vier ankam, war Boukreev tief beunruhigt über die 19 vermißten Bergsteiger; da er aber keine Ahnung hatte, wo sie sich aufhielten, blieb ihm nichts anderes übrig, als abzuwarten. Dann, um 0 Uhr 45, kamen Beidleman, Groom, Schoening und Gammelgaard ins Lager gehumpelt. »Klev und Neal waren total ohne Power und konnten kaum noch sprechen«, weiß Boukreev noch. »Sie sagen mir, Charlotte, Sandy und Tim brauchen Hilfe, Sandy ist ganz nah davor zu sterben. Dann sagen sie mir die ungefähre Position von ihnen, wo ich sie finden kann.«

Als Stuart Hutchison hörte, wie die Gruppe eintraf, ging er hinaus und half Groom. »Ich habe Mike ins Zelt gebracht«, erzählt Hutchison, »er war wirklich fix und fertig. Er konnte sich zwar noch recht klar verständlich machen, aber er hat dafür all seine Kärfte aufbringen müssen, wie ein Sterbender für seine letzten Worte. ›Ihr müßt euch ein paar Sherpas schnappen‹, hat er gesagt. ›Sie müssen Beck und Yasuko holen.‹ Und dann hat er in Richtung der Kangshung-Seite vom Sattel gezeigt.«

Hutchison bemühte sich jedoch vergeblich, ein Rettungsteam zusammenzustellen. Chuldum und Arita – Sherpas in Halls Team, welche die Gipfelgruppe nicht begleitet hatten und sich auf Camp Vier speziell für einen solchen Notfall bereithielten – waren durch eine Kohlenmonoxidvergiftung außer Gefecht gesetzt, die sie sich beim Kochen in einem schlecht gelüfteten Zelt geholt hatten. Und die anderen vier Sherpas in unserem Team waren von der Gipfelbesteigung noch zu unterkühlt und geschwächt.

Nach der Expedition fragte ich Hutchison, warum er nicht, nachdem er erfahren hatte, wo die vermißten Gefährten ungefähr zu finden waren, Frank Fischbeck, Lou Kasischke oder John Taske weckte – oder ein zweites Mal versuchte, mich zu wecken –, um uns für die Bergungsaktion einzuspannen. »Ihr wart ja alle fix und fertig, das war offensichtlich. Deshalb habe ich nicht einmal daran gedacht, euch zu fragen. Ihr wart so weit jenseits jeder normalen Erschöpfung, daß ich mir dachte, wenn ihr bei der Rettungsaktion mitmacht, daß ihr die Situation nur noch verschlimmert – daß ihr da loszieht und schließlich selbst gerettet werden müßt.« Letztlich lief es darauf hinaus, daß Stuart allein in den Sturm zog. Aber ein weiteres Mal brach er seinen Rettungsversuch am Rand des Lagers ab, da er befürchtete, nicht mehr zurückzufinden, falls er sich weiter hinauswagen würde.

Zur gleichen Zeit versuchte auch Boukreev ein Bergungs-team zusammenzustellen. Er sprach deswegen aber weder mit Hutchison, noch kam er in mein Zelt. Die Bemühungen der beiden wurden also zu keinem Zeitpunkt aufeinander ab-gestimmt, und ich selbst habe von den Bergungsplänen nie er-fahren. Am Ende stellte Boukreev, wie Hutchison, fest, daß alle, die er aufwecken konnte, entweder zu krank oder zu er-schöpft waren oder Angst hatten. Der Russe beschloß darauf-hin, die Gruppe allein ins Lager zurückzubringen. Mutig stürzte er sich in den Schlund des Orkans und suchte beinahe eine Stunde lang den Sattel ab, konnte aber niemanden finden. Boukreev gab nicht auf. Er kehrte ins Lager zurück, ließ sich von Schoening und Beidleman noch einmal genau die Richtung erklären und zog dann wieder in den Sturm hin-aus. Dieses Mal erblickte er den schwachen Schein von Mad-sens Stirnlampe und konnte die Gesuchten dadurch lokali-sieren. »Sie haben auf dem Eis gelegen, regungslos«, sagte Boukreev. »Sie konnten nicht mehr sprechen.« Madsen war noch bei Bewußtsein und war mehr oder minder in der Lage, es auch allein zu schaffen; Pittman, Fox und Weathers waren jedoch völlig hilflos, und Namba schien tot zu sein.

Nachdem Beidleman und die anderen aufgebrochen wa-ren, um Hilfe zu holen, hatte Madsen die verbliebenen Berg-steiger um sich geschart und alle mit barscher Stimme dazu angetrieben, sich zu bewegen, um warm zu bleiben. »Yasuko habe ich in Becks Schoß gesetzt«, erzählt Madsen, »mit dem zu dem Zeitpunkt aber kaum noch was anzufangen war, und Yasuko hat sich überhaupt nicht mehr gerührt. Ein biß-chen später habe ich gesehen, daß sie sich flach auf den Rük-ken gelegt hatte. Der Schnee ist ihr in die Kapuze geweht. Sie muß irgendwie einen Handschuh verloren haben – an ihrer rechten Hand trug sie jedenfalls keinen, und ihre Finger wa-ren so verkrampft, daß man sie nicht mehr geradestrecken konnte. Die ganze Hand sah aus wie ein Klumpen Eis.

Ich habe sie für tot gehalten«, fährt Madsen fort. »Aber eine Weile später bewegt sie sich plötzlich, und da ist mir echt ein Schauer den Rücken runtergelaufen: Sie hat den Kopf ein bißchen hochgehoben, so als will sie sich aufrichten, und ihr rechter Arm fährt hoch, und das war's dann. Yasuko hat sich wieder zurückgelegt und nie wieder bewegt.«

Als Boukreev auf die Gruppe stieß, war ihm sofort klar, daß er immer nur jeweils eine Person ins Lager bringen konnte. Er hatte eine Sauerstoffflasche dabei, die er und Madsen an Pittmans Maske anschlossen. Dann gab er Madson zu verstehen, daß er so schnell wie möglich zurückkehren würde, und machte sich mit Fox auf den Weg zu den Zelten. »Als sie dann gegangen sind«, erzählt Madsen, »liegt Beck wie ein Embryo zusammengekrümmt da und rührt sich kaum, und Sandy hat zusammengerollt in meinem Schoß gehockt und sich ebensowenig gerührt. Ich habe sie dann angeschrien: ›Hey, immer mit den Händen wackeln! Ich will deine Hände sehen!‹ Und als sie sich aufrichtet und die Hände rausnimmt, sehe ich, daß sie keine Handschuhe anhat – daß sie an ihren Handgelenken baumeln.

Ich versuche also, ihr wieder die Handschuhe überzuziehen, und plötzlich höre ich Beck ganz leise faseln: ›Hey, ich hab's!‹ Dann rollte er sich irgendwie ein Stück weg, hockt sich auf einen großen Felsblock und stellt sich mit ausgestreckten Armen mitten in den Wind. Eine Sekunde später kommt eine steife Bö und weht ihn rückwärts in die Nacht, außerhalb der Reichweite meiner Stirnlampe. Und das war das letzte, was ich von ihm gesehen habe. Toli ist kurz danach zurückgekommen und hat sich Sandy geschnappt. Ich habe dann meine Sachen gepackt und bin ihnen hinterhergetrottet und habe versucht, mich immer an Tolis und Sandys Stirnlampe zu halten. Von Yasuko habe ich da bereits geglaubt, daß sie tot ist, und Beck war für mich verloren.« Als sie schließlich das Lager erreichten, war es 4 Uhr 30, und über dem östlichen Horizont klarte allmählich der Himmel auf. Als Beidleman von Madsen hörte, daß Yasuko es nicht geschafft hatte, brach er in seinem Zelt zusammen und mußte eine Dreiviertelstunde lang weinen.

KAPITEL SECHZEHN

Südsattel
6 Uhr
11. Mai 1996
7900 Meter

Ich mißtraue Zusammenfassungen, jedem Versuch, durch die Zeit gleiten zu wollen, jeder Behauptung, man habe das, was man erzählt, im Griff. Meiner Meinung nach ist jemand, der behauptet, zu verstehen, und dabei ruhig und gefaßt wirkt, jemand, der behauptet, von Gefühlen zu schreiben, die er sich in Ruhe ins Gedächtnis zurückgerufen hat, ein Dummkopf und ein Lügner. Zu verstehen heißt, vor Aufregung zu erbeben. Und sich erinnern heißt, in das Vergangene wieder einzutreten, aufgewühlt und innerlich zerrissen zu werden... Ich bewundere die Fähigkeit, vor den Ereignissen in die Knie zu gehen.

HAROLD BRODKEY
Manipulations

Um 6 Uhr morgens des 11. Mai schaffte Stuart Hutchison es schließlich, mich zu wecken. »Andy ist nicht in seinem Zelt«, sagte er finster, »und in irgendeinem anderen Zelt scheint er auch nicht zu sein. Ich glaub nicht, daß er je hier angekommen ist.«

»Harold ist nicht da?« fragte ich. »Unmöglich. Ich hab mit eigenen Augen gesehen, wie er zu den Zelten gegangen ist.« Ich war geschockt, verstand nicht, was los war. Sofort zog ich meine Schuhe an und eilte nach draußen, um nach Harris zu suchen. Es wehte immer noch ein stürmischer Wind – stürmisch genug, um mich mehrere Male von den Beinen zu reißen –, aber das Morgengrauen war hell und klar, und die Sicht war hervorragend. Über eine Stunde lang suchte ich die gesamte westliche Hälfte des Sattels ab, spähte hinter Felsblöcke und stocherte in zerfetzten, lange verwaisten Zelten herum, aber von Harris fehlte jede Spur. Ich spürte, wie mir das Adrenalin in die Adern schoß. Tränen stiegen mir in die Augen, und sofort waren meine Lider festgefroren. Wie konnte Harris nur verschwunden sein? Es konnte einfach nicht sein.

Ich ging zu der Stelle, wo Harris den Eisbuckel hinuntergerutscht war, gleich oberhalb des Sattels, und suchte dann systematisch die Route ab, die er zum Camp genommen hatte, eine breite, fast vollkommen ebene Eisrinne. An der Stelle, an der ich ihn zuletzt gesehen hatte, bevor die Wolkenschicht sich wieder schloß, mußte Harris nur scharf links abbiegen, dann zehn, fünfzehn Meter eine felsige Erhebung hochsteigen, und schon wäre er bei den Zelten gelandet.

Wenn er jedoch nicht nach links abgezweigt, sondern geradeaus weitergegangen war – was einem in dem starken Schneegestöber leicht passieren konnte, selbst wenn man nicht total erschöpft war und vor lauter Sauerstoffmangel keinen klaren Gedanken mehr fassen konnte –, wäre er rasch an den Westrand des Sattels gelangt. Das steile graue Eis der Lhotse-Flanke fiel dort 1200 Meter tief zum Boden des Western Cwm ab. Als ich dort stand und es nicht wagte, mich auch nur einen Schritt weiter auf den Rand zuzubewegen, entdeckte ich leichte, einzelne Steigeisenspuren, die an mir vorbei auf den Abgrund zu führten. Diese Spuren, befürchtete ich, stammten von Andy Harris.

Als ich gestern abend im Lager angekommen war, hatte ich Hutchison gesagt, daß ich Harris heil und unversehrt bei den Zelten ankommen gesehen hätte. Hutchison hatte die Nachricht über Funk ans Basislager weitergegeben, und von da wurde sie über Satellitentelefon an Fiona McPherson weitergeleitet, die Frau, mit der Harris in Neuseeland zusammenlebte. Ihr war ein Stein vom Herzen gefallen, als sie erfuhr, daß Harris auf Camp Vier und in Sicherheit war. Nun jedoch mußte Halls Frau Jan Arnold in Christchurch das Undenkbare tun und ihr sagen, daß da ein entsetzlicher Irrtum geschehen sei – daß Andy sehr wohl vermißt und mutmaßlich tot war. Als ich mir das Telefongespräch vorstellte und meine Rolle in der Kette der Ereignisse, fiel ich wie ein Erstickender keuchend auf die Knie, würgte und würgte, während der eisige Wind mir in den Rücken stieß.

Nachdem ich 60 Minuten lang vergeblich nach Andy gesucht hatte, kehrte ich in mein Zelt zurück, gerade noch rechtzeitig, um ein Funkgespräch zwischen dem Basislager und Rob Hall mit anhören zu können; er war oben auf dem Gipfelgrat, wie ich erfuhr, und bat um Hilfe. Hutchison sagte mir dann, daß Beck und Yasuko tot seien und daß Scott Fischer irgendwo oben im Gipfelbereich vermißt wurde. Kurz danach gingen die Batterien unseres Funkgeräts aus, und wir waren vom Rest des Berges abgeschnitten. Einige Leute vom IMAX-Team auf Camp Zwei, die gleich in heller Aufregung darüber waren, daß die Verbindung zu uns abgerissen war, riefen über Funk das südafrikanische Team, dessen Zelte auf dem Südsattel nur ein paar Meter von uns entfernt waren. David Breashears – der IMAX-Leiter, und ein Bergsteiger, den ich seit zwanzig Jahren kenne – berichtet: »Wir wußten, daß die Südafrikaner ein ausgezeichnetes Funkgerät hatten und daß es funktionierte. Deshalb haben wir einem aus ihrem Team in Camp Zwei gesagt, daß er Woodall auf dem Südsattel rufen und ihm sagen soll: ›Da ist ein Notfall. Da oben sterben Menschen. Wir müssen mit den Überlebenden von Halls Team in Verbindung bleiben, um die Bergung zu koordinieren. Bitte leiht Jon Krakauer euer Funkgerät.‹ Woodall hat abgelehnt. Es war vollkommen klar, was auf dem Spiel stand, aber er wollte sein Funkgerät nicht zur Verfügung stellen.«

Gleich im Anschluß an die Expedition, als ich mit den Recherchen zu meinem *Outside*-Artikel beschäftigt war, interviewte ich so viele Leute aus Halls und Fischers Gipfelteams wie möglich – mit den meisten habe ich mehrmals gesprochen. Aber Martin Adams, dem Reporter suspekt sind, hielt sich nach der Tragödie bedeckt und wich meinen wiederholten Versuchen aus, ihn zu einem Interview zu bewegen. Erst als die *Outside*-Sache in Druck gegangen war, gab er mir eine Zusage.

Als ich ihn dann Mitte Juli am Telefon hatte, bat ich ihn als erstes, mir alles zu erzählen, an das er sich vom Gipfelanstieg noch erinnern konnte. Er hatte an jenem Tag zu den stärkeren Kunden gehört und sich stets in der Nähe der Spitze des Zuges aufgehalten; die meiste Zeit war er entweder kurz vor oder gleich hinter mir. Adams schien ein ausgezeichnetes Gedächtnis zu haben, und ich war daher besonders interessiert daran herauszufinden, inwieweit seine Version der Ereignisse mit meiner übereinstimmte.

Als Adams am späten Nachmittag auf 8400 Meter vom Balkon abstieg, konnte er mich, wie er sagte, immer noch sehen, etwa 15 Minuten voraus. Ich muß jedoch schneller als er abgestiegen sein, da ich schon bald außer Sichtweite war. »Und als ich dich das nächste Mal sah«, sagte er,»war es schon fast dunkel, und du überquertest die Ebene vom Südsattel, nur 30 Meter von den Zelten entfernt. Ich hab dich an deinem roten Daunenanzug erkannt.«

Kurz danach stieg Adams auf ein kleines Flachstück hinab, gleich oberhalb des steilen Eisbuckels, der mir soviel Schwierigkeiten bereitet hatte, und fiel in eine kleine Gletscherspalte. Er schaffte es, da wieder herauszukommen, fiel dann aber in eine zweite, tiefere Gletscherspalte.»Als ich da in der Gletscherspalte lag, hab ich gedacht: ›Das war's jetzt wohl‹«, sinnierte er.»Es hat eine Weile gedauert, aber dann habe ich's doch geschafft, auch aus der herauszuklettern. Als ich raus war, war mein Gesicht mit Schnee verklebt, der gleich zu Eis gefroren ist. Dann sehe ich, wie da jemand links auf dem Eis sitzt, er hat eine Stirnlampe gehabt, und ich bin rübergegangen. Es war zwar nicht stockfinster, aber zumindest so dunkel, daß ich die Zelte nicht mehr sehen konnte.

Ich bin dann zu diesem Arsch hin und sagte: ›Hey, wo sind die Zelte?‹, und der Typ, ich weiß nicht, wer, zeigt da rüber. Und dann sagte ich: ›Ja, wußt ich's doch.‹ Dann sagt der Typ irgendwas wie: ›Paß auf! Das Eis hier ist steiler, als es aussieht. Vielleicht sollen wir runtergehen und ein Seil und ein paar Eisschrauben holen.‹ Ich hab gedacht: ›Scheiß drauf. Ich bin jetzt hier weg.‹ Ich mache also zwei, drei Schritte, stolpere und rutsche auf dem Bauch das Eis runter, mit dem Kopf zuerst. Während ich rutschte hat mein Eispickel sich in irgendwas gebohrt, und ich werde herumgewirbelt. Und dann war ich unten. Ich bin aufgestanden und zu den Zelten weitergewankt, so ungefähr war's.«

Als Adams mir seine Begegnung mit dem anonymen Kletterer beschrieb und dann, wie er über das Eis hinabgerutscht war, bekam ich einen ganz trockenen Mund und mir lief ein kalter Schauer über den Rücken.»Martin«, fragte ich, als er fertig war,»kann ich das nicht gewesen sein, den du da draußen getroffen hast?«

»Also Scheiße, nein!« rief er mit einem Lachen.»Ich weiß nicht, wer das war, aber du bestimmt nicht.« Aber dann erzählte ich ihm von meiner Begegnung mit Andy Harris und wie beunruhigend ähnlich das alles klang: Ich war Harris ungefähr zur gleichen Zeit begegnet, wie Adams dem Unbekannten, und ungefähr an der gleichen Stelle. Der kurze Wortwechsel, der sich zwischen Harris und mir abgespielt hatte, war dem Wortwechsel zwischen Adams und dem Unbekannten auf gespenstische Art und Weise ähnlich. Und dann war Adams mit dem Kopf zuerst das Eis hinuntergerutscht, ganz so, wie ich noch Harris' Rutschpartie in Erinnerung hatte.

Nachdem wir uns noch ein paar Minuten weiter unterhalten hatten, war Adams überzeugt:»Dann warst das also du, mit dem ich da auf dem Eis die paar Worte gewechselt habe«, sagte er erstaunt und räumte ein, daß er sich geirrt haben mußte, als er mich kurz vor Dunkelheit den Südsattel durchqueren gesehen hatte.»Und also war ich es, mit dem du geredet hast. Was bedeutet, daß es gar nicht Andy Harris war. Wow! Mann, ich glaube, jetzt schuldest du einigen Leuten eine Erklärung.«

Ich war erstarrt. Zwei Monate lang hatte ich sämtlichen

Leuten erzählt, daß Harris vom Rand des Südsattels in den Tod gestürzt war, obwohl dem überhaupt nicht so war. Ich hatte es mit meinem Irrtum für Fiona McPherson unnötigerweise sehr viel schwieriger gemacht; ebenso für Andys Eltern, Ron und Mary Harris, für seinen Bruder, Davis Harris, und für viele Freunde.

Andy war ein fast einsneunzig großer Baum von einem Kerl, der über 100 Kilo wog und einen starken neuseeländischen Akzent hatte. Martin war mindestens fünfzehn Zentimeter kleiner, wog vielleicht 65 Kilo und sprach ein breites, schleppendes Texanisch. Wie konnte ich nur einen solch ungeheuerlichen Irrtum begehen? War ich tatsächlich so geschwächt gewesen, daß ich in das Gesicht eines beinahe Fremden geschaut hatte und ihn mit einem Freund verwechselt hatte, mit dem ich die vergangenen sechs Wochen verbracht hatte? Und falls Andy, nachdem er den Gipfel erreicht hatte, niemals auf Camp Vier angekommen war, was in Gottes Namen war dann mit ihm passiert?

KAPITEL SIEBZEHN

Gipfel
15 Uhr 40
10. Mai 1996
8848 Meter

[U]nser Schiffbruch ist ohne Zweifel auf das plötzliche Aufkommen des strengen Wetters zurückzuführen, dem ich keinen befriedigenden Grund beimessen kann. Ich glaube nicht, daß irgend jemand jemals einen Monat lebend überstanden hat, wie wir ihn gerade überstanden haben, und den wir ja auch trotz des Wetters ohnehin hätten überstehen sollen, wäre da nicht die Erkrankung eines zweiten Kameraden gewesen, Kapitän Oates, und der Mangel an Benzin in unseren Depots, für den ich keine Erklärung finde; und schließlich, wäre da nicht das Unwetter gewesen, das 11 Meilen vor dem Depot auf uns herabfuhr, wo wir uns unsere letzten Vorräte sichern wollten. Dieser letzte Schlag übertraf alles, was uns an Mißgeschick hätte passieren können... Wir sind Risiken eingegangen und waren uns dessen auch vollkommen bewußt. Die Dinge haben sich gegen uns gekehrt, und wir haben keinen Grund zur Klage, sondern müssen uns dem Willen der göttlichen Vorsehung beugen und mit aller Entschlossenheit bis zuletzt unser Bestes tun...

Hätten wir überlebt, hätte ich eine Geschichte von der Tapferkeit, der Ausdauer und dem Mut meiner Kameraden zu erzählen gehabt, die das Herz eines jeden Engländers ergriffen hätte. Nun müssen diese wenigen Aufzeichnungen und unsere Leichen die Geschichte erzählen.

ROBERT FALCON SCOTT,
In Message to the Public,
*geschrieben kurz vor seinem Tod
in der Antarktis am 29. März 1912,
zitiert aus »Scotts Letzte Expedition«*

Als Scott Fischer am Nachmittag des 10. Mai um 15 Uhr 40 den Gipfel erreichte, fand er dort seinen ihm ergebenen Freund und Sirdar Lopsang Jangbu vor, der auf ihn wartete. Der Sherpa nahm sein Funkgerät aus der Daunenjacke, stellte eine Verbindung zu Ingrid Hunt im Basislager her und gab das Walkie-talkie dann Fischer. »Wir haben's alle geschafft«, sagte Fischer Hunt, 3500 Meter weiter unten. »Gott, bin ich müde.« Ein paar Minuten später kam Makalu Gau mit zwei Sherpas an. Auch Rob Hall war da und wartete ungeduldig auf Doug Hansen. Unterdessen begann eine aufsteigende, unheilverkündende Wolkendecke den Gipfelgrat einzuhüllen.

Lopsang zufolge klagte Fischer während der fünfzehn, zwanzig Minuten, die er auf dem Gipfel verbrachte, wiederholt darüber, daß er sich nicht gut fühle – etwas, das der von Natur aus stoische Bergführer so gut wie nie tat. »Scott sagte zu mir: ›Ich bin zu kaputt. Ich bin auch krank und brauche Medizin für den Magen‹«, weiß der Sherpa noch. »Ich habe ihm Tee gegeben, aber er hat nur ein bißchen getrunken, nur eine halbe Tasse. Ich sagte ihm also: ›Scott, bitte, gehen wir schnell runter.‹ Und dann sind wir nach unten gegangen.«

Fischer brach als erster auf, gegen 15 Uhr 55. Lopsang berichtete, daß Scott – der während des gesamten Aufstiegs zusätzlichen Sauerstoff benutzt hatte und dessen dritte Flasche noch dreiviertel voll war, als er den Gipfel verließ – nun aus irgendeinem Grund seine Maske abnahm und den Sauerstoff nicht mehr benutzte.

Kurz nachdem Fischer den Gipfel verlassen hatte, brachen auch Gau und seine Sherpas auf, und schließlich stieg auch Lopsang hinab. Sie ließen Hall, der weiter auf Hansen wartete, allein auf dem Gipfel zurück. Gleich nachdem Lopsang sich auf den Weg gemacht hatte, so gegen 16 Uhr, tauchte Hansen schließlich auf. Er hielt verbissen durch und quälte sich über den letzten Gratbuckel. Hall eilte Hansen gleich entgegen.

Halls für alle verbindliche Umkehrzeit war zwei geschlagene Stunden überschritten worden. Kollegen des Bergführers, die seine vorsichtige, äußerst methodische Art kannten, haben sich verblüfft über diesen uncharakteristischen Mangel an Urteilsvermögen geäußert. Warum, fragten sie sich, hatte er Hansen nicht weiter unten am Berg umkehren lassen, als klar war, daß der Amerikaner zu spät dran war?

Genau ein Jahr zuvor hatte Hall Hansen um 14 Uhr 30 am Südgipfel umkehren lassen, und so nahe vor dem Gipfel zurückgewiesen zu werden war für Hansen eine niederschmetternde Enttäuschung gewesen. Mehrmals sagte er mir, daß er vor allem deshalb zum Everest zurückgekehrt sei, weil Rob ihm immer wieder gut zugeredet hatte – er sagte, daß Rob ihn »ein Dutzend Mal« aus Neuseeland angerufen hatte und ihn bedrängte, es noch einmal zu versuchen – und dieses Mal war Doug absolut entschlossen, sich den Gipfel zu holen. »Ich will die Sache hinter mich bringen und sie endgültig aus meinem Leben haben«, hatte er mir drei Tage zuvor auf Camp Zwei gesagt. »Ich will nicht noch mal hierher zurückmüssen. Ich werd für diese Scheiße zu alt.«

Da Hall Hansen überredet hatte, zum Everest zurückzukehren, kann man sich leicht vorstellen, daß es ihm besonders schwergefallen wäre, Hansen den Gipfel ein zweites Mal zu verweigern. »Es ist sehr schwer, jemanden oben am Berg umkehren zu lassen«, gibt Guy Cotter zu bedenken, ein neuseeländischer Bergführer, der den Everest 1992 mit Hall bestiegen hatte und 1995, als Hansen seinen ersten Versuch machte, als Bergführer arbeitete. »Wenn ein Kunde sieht, daß der Gipfel ganz nah ist und er wild entschlossen ist, da raufzukommen, dann lacht er dir ins Gesicht und geht einfach weiter.« Wie der alterfahrene Bergführer Peter Lev der Zeitschrift *Climbing* nach den katastrophalen Ereignissen am Everest sagte: »Wir glauben, daß die Leute uns dafür bezahlen, richtige Entscheidungen zu treffen, aber in Wirklichkeit zahlen sie uns dafür, sie auf den Gipfel zu bringen.«

Wie dem auch sei, Hall ließ Hansen nicht um 14 Uhr umkehren – und ebensowenig um 16 Uhr, als er seinem Kunden

288

gleich unterhalb des Gipfels begegnete. Statt dessen legte Hall, Lopsang zufolge, Hansen den Arm um die Schulter und half dem Erschöpften die letzten 15 Meter zum Gipfel hoch. Sie blieben nur ein, zwei Minuten, dann kehrten sie um und traten den langen Abstieg an.

Als Lopsang sah, daß Hansen sich kaum noch auf den Beinen halten konnte, wartete er kurz mit seinem eigenen Abstieg, um sicherzugehen, daß Doug und Rob es über eine Passage mit gefährlichen Schneeverwehungen gleich unterhalb des Gipfels schafften. Dann wollte er schnellstens zu dem bereits vor einer halben Stunde aufgebrochenen Fischer aufschließen, ging weiter den Gipfelgrat hinunter und ließ Hansen und Hall oberhalb des Hillary-Step zurück.

Kurz nachdem Lopsang über die Stufe verschwunden war, ging Hansen allem Anschein nach der Sauerstoff aus, und er brach zusammen. Er hatte all seine Kraft in das Erreichen des Gipfels gesteckt – und jetzt fehlten ihm die Reserven für den Abstieg.»1995 ist Doug so ziemlich das gleiche passiert«, sagt Ed Viesturs, der, wie Cotter, damals für Hall als Bergführer arbeitete.»Beim Anstieg war mit ihm alles o.k., aber sobald's hinunterging, hatte er psychisch und physisch nichts mehr drauf. Da war nichts mehr, alles verbraucht.«

Um 16 Uhr 30, und ein weiteres Mal um 16 Uhr 41, gab Rob über Funk durch, daß er und Hansen oben am Gipfelgrat in Schwierigkeiten steckten und unbedingt Flaschensauerstoff bräuchten. Auf dem Südgipfel warteten zwei volle Flaschen auf sie. Wenn Hall dies gewußt hätte, hätte er die Flaschen relativ schnell holen und dann zurückklettern können, um Hansen einen frischen Behälter zu geben. Aber Andy Harris, der immer noch am Vorratslager war, bekam diese Funkrufe mit, schaltete sich ein und sagte Hall in seiner durch Sauerstoffmangel hervorgerufenen geistigen Verwirrung – fälschlicherweise, ebenso wie er es Mike Groom und mir gesagt hatte –, daß alle Flaschen auf dem Südgipfel leer wären.

Groom, der sich gerade mit Yasuko Namba auf dem Südostgrat gleich oberhalb des Balkons befand, hörte das Gespräch zwischen Harris und Hall auf seinem Funkgerät mit an. Er versuchte Rob zu rufen, um die Fehlinformation richtigzustellen und ihn wissen zu lassen, daß auf dem Südgipfel sehr wohl volle Sauerstoffflaschen auf ihn warteten. Aber, wie Groom erklärte:»Mein Funkgerät hat nicht richtig funktioniert. Ich konnte zwar die meisten Funksprüche empfangen, aber wenn ich was durchgegeben habe, hat das fast niemand gehört. Ein paarmal hat Rob meine Funkrufe dann doch empfangen, und ich versuchte, ihm zu sagen, wo die vollen Stahlflaschen sind, wurde aber immer sofort von Andy unterbrochen, der durchgab, daß auf dem Südgipfel kein Sauerstoff sei.«

Hall, der sich also nicht sicher sein konnte, ob da nun Sauerstoff auf ihn wartete, beschloß, bei Hansen zu bleiben und zu versuchen, den beinahe völlig Hilflosen ohne zusätzlichen Sauerstoff hinunterzubringen. Als sie jedoch oben am Hillary-Step ankamen, gelang es Hall nicht, Hansen den senkrechten, beinahe fünfzehn Meter hohen Abbruch hinabzubringen, und damit saßen sie fest.

Kurz vor 17 Uhr schaffte es Groom schließlich, zu Hall durchzukommen und ihm klarzumachen, daß auf dem Südgipfel sehr wohl Sauerstoff lagere. 15 Minuten später kam Lopsang auf dem Südgipfel an und stieß auf Harris.*

Lopsang zufolge muß Harris zu dem Zeitpunkt schließlich doch noch begriffen haben, daß mindestens zwei der dort ge-

---

* Erst als ich Lopsang am 25. Juli in Seattle interviewte, erfuhr ich, daß er Harris am Abend des 10. Mai getroffen hatte. Ich hatte mit Lopsang zuvor bereits mehrere Male kurz gesprochen, war aber nie auf den Gedanken gekommen, ihn zu fragen, ob er Harris auf dem Südgipfel begegnet war. Ich war mir damals noch völlig sicher, Harris um 18 Uhr 30 auf dem Südsattel 1000 Meter unterhalb des Südgipfels gesehen zu haben. Darüber hinaus hatte Guy Cotter Lopsang gefragt, ob er Harris gesehen hatte, und aus irgendeinem Grund – vielleicht einfach, weil er die Frage nicht richtig verstanden hatte – verneinte das Lopsang damals.

lagerten Flaschen voll waren, da er den Sherpa eindringlich bat, ihm zu helfen, den lebensrettenden Sauerstoff zu Hall und Hansen auf den Hillary-Step hochzubringen. »Andy sagte mir, er würde mir fünfhundert Dollar zahlen, wenn ich den Sauerstoff zu Rob und Doug bringe«, erzählt Lopsang. »Aber ich sollte auf meine Leute aufpassen. Ich mußte mich um Scott kümmern. Also sagte ich zu Andy, nein, ich gehe schnell runter.«

Lopsang brach um 17 Uhr 30 vom Südgipfel auf und machte sich wieder auf den Weg nach unten. Als er sich noch einmal umwandte, sah er, wie Harris – der stark geschwächt sein mußte, wenn man von dem Zustand ausgeht, in dem ich ihn zwei Stunden zuvor auf dem Südgipfel gesehen hatte – langsam den Gipfelgrat hochstapfte, um Hall und Hansen zu helfen. Es war eine heroische Tat, die Harris mit seinem Leben bezahlte.

Wenige 100 Meter weiter unten kämpfte sich Scott Fischer den Südostgrat hinunter. Mit jedem Schritt schwanden seine Kräfte. Mit Erreichen der Felsstufen auf 8650 Meter, sah er sich mit einer Serie von kurzen, aber lästigen Hindernissen konfrontiert, welche sich entlang des Grates vor ihm aufbauten. Zu erschöpft, um dem umständlichen Abklettern am Seil gewachsen zu sein, rutschte Fischer auf seinem Hintern geradewegs eine Schneeflanke hinab. Dies war zwar leichter, als den Fixseilen zu folgen, bedeutete aber, daß er dann, unterhalb des Niveaus der Felsstufen angekommen, eine mühsame, 100 Meter ansteigende Querung durch knietiefen Schnee zu bewältigen hatte, um wieder auf die Route zurückzukommen.

Tim Madsen, der mit Beidlemans Gruppe abstieg, blickte gegen 17 Uhr 20 zufällig vom Balkon aus hinauf und sah Fischer, wie er gerade mit der Überquerung begann. »Er wirkte wirklich müde und erschöpft«, weiß Madsen noch. »Er hat etwa zehn Schritte gemacht, sich hingesetzt und ausgeruht, wieder ein paar Schritte gemacht, sich wieder ausgeruht. Er bewegte sich unheimlich langsam. Aber dann sehe ich Lopsang ein bißchen oberhalb, wie er den Grat herunterkommt, und ich denke, mit Lopsang an seiner Seite wird's Scott schon schaffen.«

Lopsang zufolge schloß er gegen 18 Uhr gleich oberhalb des Balkons zu Fischer auf:»Scott benutzte keinen Sauerstoff, also setzte ich ihm die Maske auf. Er sagte: ›Ich fühle mich sehr schlecht, zu schlecht, um abzusteigen. Ich werd springen.‹ Das sagte er viele Male und er benahm sich wie ein Verrückter, so nahm ich ihn ans Seil, schnell, denn sonst wäre er nach Tibet hinabgesprungen.«

Er sicherte Fischer mit einem 25 Meter langen Seil und brachte seinen Freund dazu, nicht zu springen und statt dessen mit ihm langsam Richtung Südsattel hinabzusteigen. »Das Wetter war jetzt ganz übel«, erzählt Lopsang weiter. »BUM! BUM! Zweimal wie von einem Gewehr, es war ein großes Donnern. Zweimal schlugen Blitze ganz nah bei mir und Scott ein, es war sehr laut und wir sind sehr erschrocken.«

100 Meter unterhalb des Balkons ging die sanft geneigte Schneerinne, in der sie abgestiegen waren, in Stufen aus lokkerem, steilem Schiefer über, und Fischer war mittlerweile zu geschwächt, um mit diesem schwierigen Gelände fertig zu werden. »Scott kann jetzt nicht mehr gehen, ich habe ein großes Problem«, sagte Lopsang. »Ich versuche ihn zu tragen, aber ich bin auch sehr kaputt. Scott ist ein riesiger Kerl, ich bin ganz klein. Ich kann ihn nicht tragen. Er sagt mir: ›Lopsang, du gehst nach unten. Du gehst nach unten.‹ Ich sage ihm: ›Nein, ich bleibe hier bei dir.‹«

Gegen 20 Uhr, als Lopsang mit Fischer zusammengekauert auf einer schneebedeckten Leiste ausharrte, tauchten Makalu Gau und seine beiden Sherpas aus dem heulenden Schneesturm auf. Gau war beinahe ebenso geschwächt wie Fischer und vermochte ebensowenig, über die schwierigen Schieferstufen abzusteigen. Seine Sherpas setzten also den Taiwanesen neben Lopsang und Fischer und stiegen dann ohne ihn weiter ab.

»Ich bin eine Stunde bei Scott und Makalu geblieben, vielleicht länger«, erzählt Lopsang. »Mir war sehr kalt, ich war sehr erschöpft. Scott sagte mir: »Du gehst nach unten, schickst Anatoli hoch.‹ Ich sagte dann: ›O.k., ich geh runter, schick sofort Sherpa und Anatoli hoch.‹ Dann machte ich für Scott einen guten Platz zum Sitzen und ging runter.«

Lopsang ließ Fischer und Gau etwa 400 Meter über dem Südsattel auf dem Absatz zurück und kämpfte sich durch den Schneesturm nach unten. Da er kaum sehen konnte, kam er weit nach Westen von der Route ab. Unterhalb der Höhe des Südsattels bemerkte er schließlich seinen Irrtum und mußte nun über den nördlichen Rand der Lhotse-Flanke* wieder aufsteigen, um zu den Zelten zu gelangen. Gegen Mitternacht hatte er es jedoch ins schützende Lager geschafft. »Ich gehe zu Anatolis Zelt«, berichtet Lopsang. »Ich sage zu Anatoli: ›Bitte, geh du hoch, Scott geht es sehr schlecht, er kann nicht laufen‹. Dann gehe ich in mein Zelt und schlafe sofort ein, wie ein Toter.«

Guy Cotter, ein langjähriger Freund sowohl von Hall als auch von Harris, hielt sich am Nachmittag des 10. Mai zufällig nur ein paar Meilen vom Basislager entfernt auf. Er hatte eine Expedition auf den Pumori geleitet und über den ganzen Tag hinweg Halls Funksprüche mitgehört. Um 14 Uhr 15 sprach er mit Hall auf dem Gipfel, und alles schien in bester Ordnung. Um 16 Uhr 30 und 16 Uhr 41 gab Hall Funksprüche nach unten durch, um mitzuteilen, daß Doug der Flaschensauerstoff ausgegangen war und er sich nicht mehr allein fortbewegen konnte. Cotter war zutiefst beunruhigt. Um 16 Uhr 53 funkte er Hall an und bat ihn eindringlich, zum Südgipfel abzusteigen. »Ich habe ihn vor allem deshalb angerufen, um ihn dazu zu bringen, runterzukommen und

---

* Als ich am nächsten Morgen in der Früh den Südsattel nach Andy Harris absuchte, stieß ich auf Lopsangs Steigeisenspuren, die von der Lhotse-Flanke nach oben verliefen, und nahm irrtümlicherweise an, daß es sich dabei um Harris' Spuren handelte, die an der Flanke hinunterführten – weshalb ich davon ausging, daß Harris über die Abbruchkannte des Sattels gefallen war.

293

sich Sauerstoff zu holen«, erzählt Cotter, »denn uns war gleich klar, daß er für Doug ohne Sauerstoff nichts tun kann. Rob hat gesagt, daß er es allein schon noch nach unten schaffen würde, aber nicht mit Doug.«

40 Minuten später befand sich Hall jedoch immer noch mit Hansen oberhalb vom Hillary-Step, ohne irgendwie voranzukommen. Als Hall sich um 17 Uhr 36 und erneut um 17 Uhr 57 über Funk meldete, beschwor Cotter seinen Kameraden, Hansen zurückzulassen und alleine herunterzukommen. »Ich weiß, es hört sich teuflisch an, Rob zu sagen, er soll seinen Kunden im Stich lassen«, räumt Cotter ein, »aber zu dem Zeitpunkt lag es einfach auf der Hand, daß Rob nur eine Chance hat, wenn er Doug zurückläßt.« Hall lehnte es jedoch ab, ohne Doug abzusteigen.

Hall ließ erst spät in der Nacht wieder von sich hören. Um 2 Uhr 46 erwachte Cotter in seinem Zelt am Fuß des Pumori und hörte eine lange, immer wieder unterbrochene Funkübertragung mit, die wahrscheinlich unbeabsichtigt war: Hall trug am Schulterriemen seines Rucksacks ein externes, kabelloses Mikrofon, das manchmal unbeabsichtigt eingeschaltet war. In diesem Fall, so Cotter, »glaube ich nicht einmal, daß er gewußt hat, daß wir ihn hören. Ich habe irgend jemand rufen gehört – es könnte Rob gewesen sein, aber ich bin mir nicht sicher gewesen, weil der Wind im Hintergrund so laut war. Aber er hat so was gesagt wie: ›Geh weiter! Geh weiter!‹, wahrscheinlich zu Doug, den er angetrieben hat.«

Falls dies zutrifft, hieße das, daß Hall und Hansen – vielleicht zusammen mit Harris – sich in den frühen Morgenstunden und bei orkanartigem Sturm immer noch vom Hillary-Step Richtung Südgipfel kämpften. Und falls dem so ist, hieße dies ebenfalls, daß sie für eine Strecke im Grat, die von absteigenden Bergsteigern normalerweise in weniger als einer halben Stunde zurückgelegt wird, mehr als zehn Stunden brauchten.

Natürlich ist all dies reine Spekulation. Sicher ist nur, daß Hall sich um 17 Uhr 57 über Funk meldete. Und da befanden er und Hansen sich noch immer oberhalb vom Hillary-Step; und um 4 Uhr 43 am Morgen des 11. Mai, als er das nächste Mal mit dem Basislager in Verbindung trat, war er zum Südgipfel hinabgestiegen. Und zu diesem Zeitpunkt waren weder Hansen noch Harris bei ihm.

Rob klang in den mehreren, über die nächsten zwei Stunden verteilten Funkrufen beunruhigend verwirrt und irrational. Um 4 Uhr 43 sagte er Caroline Mackenzie, unserer Basislagerärztin, daß seine Beine es nicht mehr machten und er sei »zu schwerfällig, sich zu bewegen«. Mit heiserer, kaum verständlicher Stimme krächzte Rob: »Harold war gestern nacht bei mir, aber jetzt scheint er irgendwie nicht mehr da zu sein. Er war sehr schwach.« Dann, in offensichtlicher Verwirrung, fragte er: »War Harold bei mir? Könnt ihr mir das sagen?«*

Hall hatte zu diesem Zeitpunkt zwei volle Sauerstoffflaschen zu seiner Verfügung; da aber die Ventile seiner Maske vereist waren, konnte er den Sauerstoff nicht nutzen. Er erwähnt jedoch kurz, daß er dabei sei, das Gerät zu enteisen, »was«, wie Cotter erzählt, »alle ein wenig aufatmen ließ. Es war das erste positive Zeichen, das wir von ihm hörten.«

Um 5 Uhr stellte das Basislager einen Anruf über Satellitentelefon an Jan Arnold durch, Halls Frau in Christchurch, Neuseeland. Sie war mit Hall 1993 auf den Gipfel des Everest gestiegen und machte sich keine Illusionen über den Ernst der Lage, in der ihr Mann sich befand. »Ich habe fast allen Mut verloren, als ich seine Stimme gehört habe«, weiß sie noch. »Er hat die Worte kaum noch rausbekommen. Er klang wie Major Tom oder so was, so als würde er einfach davonschweben. Ich war ja auch oben gewesen. Ich habe gewußt,

---

* Ich hatte bereits allen gesagt, daß ich Harris mit absoluter Sicherheit am 10. Mai um 18 Uhr 30 auf dem Südsattel gesehen hatte. Als Hall sagte, daß Harris mit ihm auf dem Südgipfel sei – 1000 Meter höher als dort, wo ich meinte, ihn gesehen zu haben –, nahmen die meisten Leute aufgrund meines Irrtums fälschlicherweise an, daß Hall in seinem erschöpften, durch Sauerstoffmangel stark beeinträchtigten Zustand einfach nur unzusammenhängend vor sich hin redete.

wie es einem bei schlechtem Wetter ergehen kann. Rob und ich hatten darüber gesprochen, wie unmöglich es ist, jemanden vom Gipfelgrat zu bergen. Wie er selbst es ausgedrückt hat: ›Da kannst du genausogut auf dem Mond sein.‹«

Um 5 Uhr 31 nahm Hall vier Milligram Dexamethason ein und sagte, daß er immer noch versuche, seine Sauerstoffmaske vom Eis zu befreien. In den Gesprächen mit dem Basislager fragte er ständig danach, wie es um Makalu Gau, Fischer, Beck Weathers, Yasuko Namba und seine anderen Kunden stünde. Die größten Sorgen machte er sich um Andy Harris. Immer wieder wollte er wissen, wo Harris geblieben war. Cotter erzählt, daß sie versucht haben, das Gespräch von Harris wegzulenken, der aller Wahrscheinlichkeit nach tot war, »weil wir nicht wollten, daß Rob einen weiteren Grund hat, oben zu bleiben. Einmal hat sich Ed Viesturs auf Camp Zwei dazwischengeschaltet und ihm vorgeschwindelt: ›Mach dir keine Sorgen um Andy. Er ist hier unten bei uns.‹«

Etwas später fragte Mackenzie Rob, wie es Hansen ging. »Doug«, erwiderte Rob, »ist weg«. Mehr sagte er nicht, und es war das letzte Mal, daß er Hansen erwähnte.

Als David Breashears und Ed Viesturs am 23. Mai den Gipfel erreichten, war von Hansens Leiche weit und breit nichts zu sehen. Etwa 15 Höhenmeter oberhalb des Südgipfels, an einer sehr exponierten Stelle im Gipfelgrat, an der die Fixseile endeten, fanden sie jedoch einen Eispickel. Es ist durchaus möglich, daß Hall und/oder Harris es geschafft hatten, Hansen an den Seilen entlang bis zu dieser Stelle hinabzubringen, wo er dann jedoch das Gleichgewicht verlor und über 2000 Meter tief die Südwestflanke hinunterstürzte. Vielleicht saß der Eispickel genau an der Stelle im Grat fest, an der Hansen ausrutschte. Aber auch dies ist reine Spekulation.

Welches Schicksal Harris ereilte, ist ein noch viel größeres Rätsel. Aufgrund Lopsangs Augenzeugenbericht, Halls Funkrufen und der Tatsache, daß auf dem Südgipfel ein weiterer Eispickel gefunden wurde, der eindeutig als Andys identifiziert werden konnte, ist es mehr als nur wahrscheinlich, daß er die Nacht vom 10. auf den 11. Mai mit Rob Hall auf dem Südgipfel verbrachte. Darüber hinaus ist jedoch nicht bekannt, wie der junge Bergführer ums Leben kam.

Um 6 Uhr fragte Cotter Hall, ob ihn bereits die ersten Sonnenstrahlen erreicht hätten. »Fast«, antwortete Hall – was wie ein Hoffnungsschimmer war, denn erst kurz zuvor hatte er erwähnt, daß er wegen der fürchterlichen Kälte von einem unkontrollierbaren Schütteln ergriffen war. In Verbindung mit seiner früheren Bemerkung, daß er sich nicht mehr fortbewegen konnte, war dies für die Leute unten eine schlimme Nachricht gewesen. Und dennoch war es bemerkenswert, daß Hall überhaupt noch lebte, nachdem er in 8750 Meter Höhe eine ganze Nacht schutzlos in orkanartigen Winden und einem Wind-chill von minus fünfundsiebzig Grad durchgemacht hatte.

Hall fragte auch diesmal wieder nach Harris: »Hat gestern nacht irgend jemand außer mir Harold gesehen?« Etwa drei Stunden später war Rob immer noch von der Frage besessen, wo Andy abgeblieben war. Um 8 Uhr 43 sinnierte er über Funk: »Ein paar Sachen von Andys Ausrüstung sind immer noch hier. Und ich hab gedacht, er ist in der Nacht vorausgegangen. Hört mal, wißt ihr nun, wo er ist, oder nicht?« Helen Wilton versuchte der Frage auszuweichen, aber Rob bohrte weiter und ließ sich nicht vom Thema abbringen: »O.k., ich meine, sein Eispickel ist hier und seine Jacke und so weiter.« – »Rob«, schaltete sich Ed Viesturs auf Camp Zwei ein, »wenn du seine Jacke anziehen kannst, dann tu's. Geh weiter nach unten und denk jetzt nur an dich selbst. Um die anderen kümmern wir uns schon. Sieh einfach nur zu, wie du nach unten kommst.«

Nachdem Hall sich vier Stunden lang damit abgeplagt hatte, seine Maske zu enteisen, funktionierte sie endlich wieder, und um 9 Uhr atmete er zum ersten Mal wieder zusätzlichen Sauerstoff. Da hatte er allerdings bereits über sechzehn Stunden auf über 8750 Meter ohne Flaschensauerstoff verbracht. Tausende Meter weiter unten ließen seine Freunde nichts unversucht, ihn zum Abstieg zu bewegen. »Rob, hier spricht Helen Wilton vom Basislager«, meldete sich Wilton hartnäckig. Sie klang, als würde sie jeden Moment in Tränen ausbrechen. »Du denkst jetzt an dein kleines Baby. In nur ein paar Monaten schaust du ihm ins Gesicht, also geh jetzt weiter.«

Mehrere Male kündigte Rob an, daß er sich bereitmachte abzusteigen, und einmal waren wir fest davon überzeugt, daß er den Südgipfel verlassen hatte. Als ich draußen in der Kälte bibbernd mit Lhakpa Chhiri vor den Zelten auf Camp Vier stand, erspähten wir einen winzigen Fleck, der sich langsam am oberen Südgrat hinunterschob. In der Überzeugung, daß dies Rob sein mußte, der endlich herunterkam, klopften Lhakpa und ich uns auf den Rücken und feuerten ihn an. Eine Stunde später jedoch wurde mein Optimismus bereits wieder zunichte gemacht. Der Fleck war immer noch an Ort und Stelle: Es war nur ein Felsen, mehr nicht – eine weitere, auf Sauerstoffmangel beruhende Halluzination. In Wahrheit hatte Rob den Südgipfel nie verlassen.

Gegen 9 Uhr 30 brachen Ang Dorje und Lhakpa Chiri mit einer Thermosflasche heißen Tee und zwei zusätzlichen Flaschen Sauerstoff Richtung Südgipfel auf, um Hall zu bergen. Sie sahen sich einer enorm schwierigen Aufgabe gegenüber. So erstaunlich und mutig Boukreevs Bergung von Pittman und Fox in der Nacht zuvor gewesen war, sie verblaßte im Vergleich zu dem, was die beiden Sherpas sich nun vornahmen. Pittman und Fox waren nur einen 20 Minuten langen Marsch durch flaches Gelände von den Zelten entfernt gewesen; Hall befand sich 500 Höhenmeter oberhalb von Camp Vier – bei besten Bedingungen ein aufreibender fünf, sechs Stunden langer Aufstieg.

Und dies waren gewiß nicht die besten Bedingungen. Der Wind blies mit über achtzig Stundenkilometern. Sowohl

Ang Dorje als auch Lhakpa waren unterkühlt und geschwächt vom Aufstieg zum Gipfel und dem Rückweg am Vortag. Sie konnten Hall frühestens am späten Nachmittag erreichen, falls es ihnen überhaupt gelang, zu ihm vorzustoßen. Damit blieben ihnen für die viel schwierigere Bergung nur ein, zwei Stunden Tageslicht. Sie waren Hall jedoch treu ergeben, ignorierten einfach die Tatsache, daß fast alles gegen sie sprach, und kletterten, so schnell sie konnten, Richtung Südgipfel.

Kurz danach machten sich zwei Sherpas des Mountain-Madness-Teams – Tashi Shering und Ngawang Sya Kya (Lopsangs Vater, ein kleiner, zierlicher Mann mit ergrauenden Schläfen) – und ein Sherpa aus dem taiwanesischen Team auf den Weg nach oben, um Scott Fischer und Makalu Gau vom Berg zu holen. 400 Meter oberhalb des Südsattels fanden die drei Sherpas die völlig ausgezehrten Bergsteiger auf dem Absatz, auf dem Lopsang sie zurückgelassen hatte. Sie versuchten, Fischer Sauerstoff zuzuführen, aber er reagierte kaum noch. Scott atmete zwar noch leicht, aber seine Augen waren in ihren Höhlen erstarrt, die Zähne fest zusammengebissen. Sie folgerten daraus, daß für ihn keine Hoffnung mehr bestand, und ließen ihn auf dem Absatz zurück. Dann begannen die drei Sherpas den Abstieg mit Gau, dem sie heißen Tee und Sauerstoff gegeben hatten. Der Taiwanese mußte zwar ans kurze Seil genommen werden, schaffte es aber dennoch aus eigener Kraft zu den Zelten zurück.

Der Tag hatte mit sonnigem, klarem Wetter begonnen, aber der Wind blies mit unverminderter Heftigkeit, und am Vormittag war der obere Teil des Berges bereits wieder in dicke Wolken gehüllt. Unten auf Camp Zwei vermeldete das IMAX-Team, daß die Winde über dem Gipfel wie ein 747-Geschwader klangen, selbst 2000 Höhenmeter weiter unten. In der Zwischenzeit drangen Ang Dorje und Lhakpa Chhiri hoch oben auf dem Südostgrat mit letzter Entschlossenheit durch den stärker werdenden Sturm weiter zu Hall vor. Um 15 Uhr jedoch, immer noch gut 200 Meter unterhalb des Südgipfels, stellten sich ihnen der Wind und die bittere Kälte als unüberwindbares Hindernis entgegen, und die Sherpas mußten aufgeben. Es war ein tapferes Unterfangen, das jedoch gescheitert war – und als sie umkehrten und mit dem Abstieg begannen, waren Halls Überlebenschancen praktisch auf Null gesunken.

Über den ganzen 11. Mai hinweg flehten seine Freunde und Teamgefährten ihn unaufhörlich an, es aus eigener Kraft zu versuchen und herunterzukommen. Mehrere Male kündigte Hall an, daß er sich auf den Abstieg vorbereitete, nur um sich's wieder anders zu überlegen und weiter auf dem Südgipfel zu verharren. Um 15 Uhr 20 brüllte Cotter – der mittlerweile von seinem Camp am Fuße des Pumori zum Everest-Basislager herübergekommen war – Rob über Funk an:»Rob, mach endlich, daß du den Berg runterkommst.«

Rob konterte mit verärgerter Stimme:»Jetzt hör mal zu, Alter, wenn ich glauben würde, daß ich mit meinen erfrorenen Händen die Knoten an den Fixseilen schaffen würde, dann wär ich schon vor sechs Stunden hier weg. Jetzt schick endlich ein paar von den Jungs mit einer großen Thermo-Pulle hoch – dann wird's mir schon wieder bessergehen.«

»Die Sache ist die, Junge, die Leute, die heute hochgegangen sind, sind in ein paar ziemlich heftige Winde gelaufen und mußten umkehren«, erwiderte Cotter und versuchte, Rob so schonend wie möglich beizubringen, daß der Rettungsversuch aufgegeben worden war.»Wir sind hier also der Meinung, daß deine beste Chance darin besteht, weiter nach unten zu kommen.«

»Ich kann hier noch eine weitere Nacht durchhalten, wenn ihr ein paar Jungs mit Sherpa-Tee hochschickt, morgen früh als erstes, nicht später als halb zehn, zehn«, antwortete Rob.

»Du bist 'n harter Kerl, einer der Größten«, sagte Cotter mit zitternder Stimme.»Morgen früh schicken wir dir ein paar Jungs hoch.«

Um 18 Uhr 20 rief Cotter Hall, um ihm zu sagen, daß Jan Arnold am Satellitentelefon in Christchurch sei und darauf wartete, durchgestellt zu werden. »Nur einen Moment«, sagte Rob. »Mein Mund is' trocken. Ich will noch ein bißchen Schnee essen, bevor ich mit ihr rede.« Kurz darauf war er wieder am Gerät und krächzte mit schleppender, schrecklich verzerrter Stimme: »Hi, mein Schatz. Ich hoffe, du liegst warm eingepackt im Bett. Wie geht's dir?«

»Ich kann dir gar nicht sagen, wie sehr ich an dich denke!« antwortete Arnold. »Du klingst ja viel besser, als ich erwartet habe... Ist dir auch nicht zu kalt, Liebling?«

»Wenn man die Höhe und die Umgebung bedenkt, geht's mir eigentlich verhältnismäßig gut«, antwortete Hall, der sie nicht allzusehr beunruhigen wollte. »Wie geht's deinen Füßen?«

»Ich hab die Schuhe noch nicht ausgezogen und noch nicht nachgesehen, aber ich schätze, ein paar Erfrierungen werde ich mir schon geholt haben...«

»Ich kann's kaum erwarten, dich ganz gesund zu pflegen, wenn du wieder zu Hause bist«, sagte Arnold. »Ich weiß einfach, daß du gerettet wirst. Denk nicht, daß du allein und verlassen bist. Ich schicke all meine positiven Energien in deine Richtung los!«

Bevor er Schluß machte, sagte Hall seiner Frau: »Ich liebe dich. Schlaf gut, mein Schatz. Mach dir bitte nicht zu viele Sorgen.«

Dies sollten die letzten Worte sein, die je von ihm gehört wurden. Spätere Versuche während der Nacht und am nächsten Tag, mit ihm in Funkkontakt zu treten, blieben unbeantwortet. Zwölf Tage später, als Breashears und Viesturs auf ihrem Weg zum Gipfel über den Südgipfel kletterten, fanden sie Hall in einer seichten Eismulde. Er lag auf seiner rechten Seite, den Oberkörper von Schneewehen begraben.

KAPITEL ACHTZEHN

Nordostgrat
10. Mai 1996
8700 Meter

Der Everest war die Verkörperung der physischen Gewalten der Erde schlechthin. Dagegen mußte er die Kraft und das Streben des Menschen setzen. Er sah bereits die Freude in den Gesichtern seiner Kameraden, wenn er es schaffen würde. Er stellte sich die Begeisterung vor, die sein Erfolg überall unter den Bergsteigern auslösen würde, den Ruhm, den es England einbringen würde, die Anteilnahme in der ganzen Welt, die Berühmtheit, die er erlangen würde; und die anhaltende Zufriedenheit darüber, daß er in seinem Leben etwas erreicht hatte... Möglich, daß er dies nie wirklich in Worte faßte, aber in seinen Gedanken muß die Vorstellung von »Alles oder nichts« gegenwärtig gewesen sein. Von den beiden Alternativen, entweder ein drittes Mal umzukehren oder zu sterben, war die letztere für Mallory wohl leichter zu ertragen. Das Martyrium der ersteren wäre mehr, als er als Mann, als Bergsteiger und als Künstler auszuhalten vermochte.

SIR FRANCES YOUNGHUSBAND
»The Epic of Mount Everest«, 1926

Um 16 Uhr am 10. Mai, ungefähr zur gleichen Zeit, als Doug Hansen an Rob Halls Schultern gelehnt auf dem Gipfel ankam, funkten drei Bergsteiger aus der nordindischen Provinz Ladakh zu ihrem Expeditionsleiter hinunter, daß auch sie auf dem Gipfel standen. Tsewang Smanla, Tsewang Paljor und Dorje Morup gehörten einer 39 Personen umfassenden Expedition an, die von der indisch-tibetischen Grenzpolizei organisiert worden war. Die drei waren von der tibetischen Seite des Berges über den Nordostgrat hinaufgestiegen – auf eben der Route, auf der 1924 George

Leigh Mallory und Andrew Irvine so aufsehenerregend verschwunden waren. Als sie zu sechst aus ihrem auf 8300 Meter gelegenen Hochlager aufbrachen, war es bereits 5 Uhr 45 in der Früh.* Am Nachmittag, immer noch mehr als 300 Höhenmeter vom Gipfel entfernt, wurden sie von denselben Gewitterwolken verschlungen wie wir auf der anderen Seite des Berges. Drei Mitglieder des Teams warfen das Handtuch und kehrten gegen 14 Uhr um: Smanla, Paljor und Morup stiegen jedoch trotz der sich verschlechternden Wetterverhältnisse weiter auf.»Sie waren völlig im Gipfelfieber«, erklärte Harbhajan Singh, einer der drei, die umkehrten. Die anderen drei erreichten um 16 Uhr die Stelle, die sie für den Gipfel hielten. Zu dem Zeitpunkt hatte die Wolkendecke sich bereits so verdichtet, daß die Sichtweite nur 30 Meter betrug. Sie riefen ihr Basislager auf dem Rongbuk-Gletscher und meldeten, daß man auf dem Gipfel angekommen sei, worauf der Expeditionsleiter, Mohindor Singh, über Satellit in Neu-Delhi anrief und Premierminister Narashima Rao von dem Triumph unterrichtete. Das Gipfelteam feierte unterdessen seinen Erfolg, hinterließ auf dem seiner Meinung nach höchsten Punkt des Berges Gebetsfahnen, Katas und Sicherungshaken als Opfergaben und stieg in den rasch an Heftigkeit zunehmenden Schneesturm hinab.

In Wirklichkeit befanden sich die Ladakhis zum Zeitpunkt ihrer Umkehr auf einer Höhe von 8700 Meter, etwa zwei Stunden vom tatsächlichen Gipfel entfernt, der da noch aus den höchsten Wolkenschichten emporragte. Die Tatsache, daß sie in ihrer Ahnungslosigkeit etwa 150 Höhenmeter vor ihrem Ziel stehenblieben, erklärt, warum sie weder Hall noch Hansen, noch Lopsang auf dem Gipfel sahen und umgekehrt.

* Um möglicher Verwirrung vorzubeugen: Sämtliche in diesem Kapitel erwähnten Zeitangaben wurden in Nepal-Zeit umgewandelt, obwohl es sich um Ereignisse handelt, die in Tibet stattfanden. In Tibet richten sich die Uhren nach der Peking-Zeitzone, die der nepalesischen Zeit zwei Stunden und fünfzehn Minuten voraus ist; wenn es in Nepal z. B. 6 Uhr morgens ist, ist es in Tibet 8 Uhr 15.

Kurz nach Einbruch der Dunkelheit meldeten dann Bergsteiger im unteren Teil des Nordostgrates, daß sie den Schein zweier Stirnlampen sehen würden, etwa auf 8600 Meter, ganz in der Nähe eines schwierigen Steilstücks, das als Second Step bekannt ist. Von den Ladakhis sollte es jedoch in jener Nacht keiner mehr zu den Zelten schaffen, und auch über Funk ließen sie nichts mehr von sich hören.

Am 11. Mai um 1 Uhr 45 – Anatoli Boukreev suchte etwa zur gleichen Zeit den Südsattel nach Sandy Pittman, Charlotte Fox und Tim Madsen ab – machten sich zwei Bergsteiger eines japanischen Teams trotz der heftigen Winde zum Gipfel auf. In Begleitung dreier Sherpas brachen sie von dem gleichen Hochlager auf dem Nordostgrat auf, das auch die Ladakhis benutzt hatten. Als sie gegen 6 Uhr einen steilen Felsvorsprung, First Step genannt, umgingen, stießen der einundzwanzigjährige Eisuke Shigekawa und der sechsunddreißigjährige Hiroshi Hanada auf einen noch lebenden Ladakhi, wahrscheinlich Paljor. Die beiden Japaner waren zunächst schockiert, als sie den halberfrorenen, unverständlich vor sich hin stöhnenden Ladakhi, der eine ganze Nacht schutzlos und ohne Flaschensauerstoff im Freien verbracht hatte, da im Schnee liegen sahen. Da man jedoch die Gipfelchance nicht durch eine Hilfsaktion gefährden wollte, zog das japanische Team Richtung Gipfel weiter.

Um 7 Uhr 15 kamen sie am Fuß des Second Step an, einer völlig senkrechten Stufe aus brüchigem Schiefer, die gewöhnlich mittels einer Aluminiumleiter überwunden wird, die 1975 von einem chinesischen Team an den Felsen festgebunden worden war. Die japanischen Bergsteiger mußten jedoch zu ihrer Bestürzung feststellen, daß die Leiter zu wacklig geworden war und sich teilweise vom Fels gelöst hatte. Die Japaner mußten sich nun anderthalb Stunden lang abschinden, bis sie die sieben Meter hohe Felsstufe überwunden hatten.

Nicht weit vom oberen Ende des Second Step entfernt stießen sie auf die beiden anderen Ladakhis, Smanla und Morup. Nach einem Artikel in der *Financial Times*, verfaßt von dem britischen Journalisten Richard Cowper, der Hanada und Shigekawa gleich nach ihrer Besteigung auf 6400 Meter Höhe interviewte, lag einer der Ladakhis »offensichtlich im Sterben, der andere kauerte im Schnee. Die Japaner gingen wortlos weiter. Kein Wasser, kein Essen und kein Flaschensauerstoff wurde hergegeben. Etwa 50 Meter weiter machten die Japaner Rast und wechselten die Sauerstoffflaschen aus.« Hanada sagte Cowper: »Wir kannten sie nicht. Nein, wir haben ihnen kein Wasser gegeben. Wir haben kein Wort mit ihnen geredet. Sie waren schwer angeschlagen von der Höhenkrankheit. Sie haben gefährlich ausgesehen.« Shigekawa führte aus: »Wir waren zu erschöpft, um ihnen zu helfen. Oberhalb von 8000 Meter ist nicht der Ort, wo Leute sich so was wie Moral leisten können.«

Das japanische Team wandte Smanla und Morup den Rücken zu, setzte seinen Aufstieg fort, zog an den von den Ladakhis auf 8700 Meter zurückgelassenen Gebetsfahnen und Haken vorbei, um schließlich – unter einer erstaunlichen Demonstration von Hartnäckigkeit – um 11 Uhr 45 im heulenden Sturm den Gipfel zu erreichen. Rob Hall lag zu dem Zeitpunkt zusammengekauert auf dem Südgipfel und kämpfte um sein Leben, etwa eine halbe Stunde Kletterei über den Südostgrat von ihnen entfernt.

Auf ihrem Abstieg über den Nordostgrat zu ihrem Hochlager stieß das japanische Team oberhalb des Second Step wieder auf Smanla und Morup. Dieses Mal schien Morup bereits tot zu sein; Smanla lebte zwar noch, hatte sich aber hoffnungslos in einem Fixseil verheddert. Pasang Kami, ein Sherpa aus dem japanischen Team, befreite Smanla aus dem Seil und stieg dann weiter den Grat hinab. Als sie am First Step abstiegen – wo sie auf dem Hinweg an Paljor vorbeigegangen waren, der zusammengesackt im Schnee vor sich hin phantasierte –, war von dem dritten Ladakhi keine Spur mehr zu sehen.

Sieben Tage später startete die indisch-tibetische Grenzpolizei einen weiteren Gipfelversuch. Schon bald nachdem zwei Ladakhis und drei Sherpas um 1 Uhr 15 von ihrem Hochlager aufgebrochen waren, stießen sie auf die gefrorenen Leichen ihrer Teamgefährten. Sie berichteten, daß einer der Männer sich im Todeskampf seine Kleidung fast vollständig vom Leib gerissen hatte, bevor er schließlich starb. Smanla, Morup und Paljor wurden auf dem Berg zurückgelassen, dort, wo sie den Tod gefunden hatten. Die fünf Bergsteiger stiegen weiter zum Gipfel vor, den sie um 7 Uhr 40 erreichten.

KAPITEL NEUNZEHN

Südsattel
7 Uhr 30
11. Mai 1996
7900 Meter

Kreisend und kreisend in immer weiterem Bogen
Entschwindet der Falke dem Ruf des Falkners.
Alles fällt auseinander, die Mitte hält nicht mehr,
Bare Anarchie bricht aus über die Welt.
Blutgeblendete Strömungen sind losgelassen. Allenthalben
Wird der heilige Vorgang der Unschuld überschwemmt.

WILLIAM BUTLER YEATS
Der jüngste Tag

Als ich am Samstag morgen, dem 11. Mai, gegen 7 Uhr 30 nach Camp Vier zurückwankte, wurde all dies, von dem ich mir gar nicht vorstellen konnte, daß es wirklich passiert war – und noch immer passierte –, allmählich zur lähmenden Gewißheit. Ich hatte gerade eine Stunde lang den Südsattel nach Andy Harris abgesucht und war physisch und emotional am Ende. Die Suche hatte mich davon überzeugt, daß er tot war. Die Funkgespräche mit Rob Hall auf dem Südgipfel, die mein Teamgefährte Stuart Hutchison mit angehört hatte, ließen nur den Schluß zu, daß unser Expeditionsleiter sich in einer verzweifelten Lage befand und Doug Hansen tot war. Teilnehmer von Fischers Expedition, die beinahe die ganze Nacht auf dem Südsattel umhergeirrt waren, berichteten, daß Yasuko Namba und Beck Weathers tot waren. Und von Scott Fischer und Makalu Gau wurde ebenfalls angenommen, daß sie entweder tot waren oder kurz vor dem Tod standen, knapp 400 Meter oberhalb der Zelte.

Immer wieder führte ich mir diese Verluste vor Augen, bis

mein Verstand schließlich streikte und sich in einen sonderbaren, beinahe roboterhaften Zustand der Teilnahmslosigkeit flüchtete. Ich fühlte mich emotional betäubt, bei gleichzeitiger äußerster Konzentration, so als wäre ich in einen Bunker im tiefsten Inneren meines Schädels geflohen und blickte nun durch einen schmalen gepanzerten Schlitz nach draußen auf die Trümmer um mich herum. Als ich so mit leeren Augen gen Himmel starrte, schien er einen unnatürlich blassen Blauton angenommen zu haben, als wären auch die letzten Farbreste aus ihm herausgebleicht worden. Der gezackte Horizont war mit einer glühenden Aureole bemalt, die vor meinen Augen flackerte und zuckte. Allmählich überkam mich das Gefühl, mich auf einer Spirale zu befinden, die sich abwärts wand, in das alptraumhafte Reich des Wahnsinns. Nachdem ich eine Nacht auf 7900 Meter ohne zusätzlichen Sauerstoff verbracht hatte, fühlte ich mich sogar noch schwächer und ausgezehrter als am Abend zuvor, als ich vom Gipfel zurückgekehrt war. Wenn wir nicht bald irgendwie mehr Flaschensauerstoff auftrieben oder zu einem Lager weiter unten abstiegen, würden meine Teamgefährten und ich bald völlig flachliegen, soviel war gewiß.

Die Strategie der schnellen Akklimatisierung, wie sie von Hall und den meisten anderen Everest-Besteigern befolgt wird, ist bemerkenswert effektiv: Sie erlaubt einem Bergsteiger, nach einem nur vierwöchigen Aufenthalt oberhalb von 5200 Meter* – einschließlich einem einzigen Akklimatisie-

---

* 1996 verbrachte Halls Team nur acht Nächte auf Camp Zwei (6500 Meter) oder höher, bevor man vom Basislager aus zum Gipfel zog – heutzutage eine normal lange Akklimatisierungsphase. Vor 1990 verbrachte ein Bergsteiger für gewöhnlich wesentlich mehr Zeit auf Camp Zwei oder höher – einschließlich eines letzten Akklimatisierungstrips auf 7900 Meter – bevor er zum Gipfel aufbrach. Dabei ist es durchaus anfechtbar, inwieweit Akklimatisierungsphasen in Höhen über 7900 Meter tatsächlich von Nutzen sind (der Kräfteverschleiß könnte die Vorteile eines zusätzlichen Aufenthalts in solch extremen Höhen aufheben). Andererseits besteht kaum ein Zweifel daran, daß eine Verlängerung der gegenwärtigen acht- oder neuntägigen Akklimatisierungsphase die Sicherheit erhöhen würde.

rungsausflug mit Übernachtung auf 7300 Meter – Richtung Gipfel aufzubrechen. Seine Strategie beruht jedoch auf der Annahme, daß sämtliche Teilnehmer in Höhen oberhalb von 7300 Meter ständig zusätzlichen Sauerstoff atmen. Sobald dies nicht mehr der Fall ist, werden die Karten neu gemischt. Ich machte mich auf, den Rest unserer Crew aufzustöbern, und fand Frank Fischbeck und Lou Kasischke in einem Zelt ganz in der Nähe. Lou lag im Delirium und war schneeblind; er konnte absolut nichts mehr sehen, war völlig hilflos und murmelte nur noch unverständliches Zeug vor sich hin. Frank schien einen schweren Schock erlitten zu haben, kümmerte sich aber so gut er konnte um Lou. In einem anderen Zelt stieß ich auf John Taske und Mike Groom. Beide schienen entweder zu schlafen oder in einen Zustand der Bewußtlosigkeit versunken zu sein. So wackelig und schwach ich selbst auf den Beinen war – es war offensichtlich, daß es allen außer Stuart Hutchison noch schlechter ging.

Als ich so von Zelt zu Zelt ging, versuchte ich, Sauerstoff ausfindig zu machen, aber sämtliche Behälter, die ich finden konnte, waren leer. Der anhaltende Sauerstoffmangel, verbunden mit einer tiefen Erschöpfung, verschlimmerte noch das Gefühl von Konfusion und Verzweiflung. Wegen des Höllenlärms, den die im Wind schlagenden Nylonwände veranstalteten, war es praktisch unmöglich, von Zelt zu Zelt zu kommunizieren. Die Batterien unseres einzigen verbliebenen Funkgeräts waren so gut wie leer. Endzeitstimmung machte sich breit, ein Gefühl, das durch die Tatsache noch verschlimmert wurde, daß unser Team – das in den vergangenen sechs Wochen immer dazu ermahnt worden war, sich ganz und gar auf die Bergführer zu verlassen – nun plötzlich völlig ohne Führung dastand: Mit Rob und Andy war nicht mehr zu rechnen, und Groom war von der vergangenen Nacht schwer mitgenommen. An ernsten Erfrierungen leidend, lag er benommen in seinem Zelt und war vorläufig nicht ansprechbar.

Schließlich füllte Hutchison die Lücke und übernahm die

Verantwortung. Der reizbare, sich selbst sehr ernst neh-
mende junge Mann aus der englisch sprechenden Oberschicht Montreals war ein hervorragender wissenschaftlich-
medizinischer Forscher. Alle zwei, drei Jahre ging er auf eine
große Bergexpedition, hatte darüber hinaus jedoch kaum
Zeit fürs Klettern. Als die Krise auf Camp Vier sich zuspitzte,
tat er sein Bestes, sich der Lage gewachsen zu zeigen.

Während ich versuchte, mich einigermaßen von meiner
ergebnislosen Suche nach Harris zu erholen, stellte Hutchison ein Team von Sherpas auf. Er wollte die Leichen von
Namba und Weathers ausfindig machen, die ja in der Nacht
zuvor, als Anatoli Boukreev Charlotte Fox, Sandy Pittman
und Tim Madsen ins Lager führte, am anderen Ende des Sattels zurückgelassen worden waren. Der Sherpa-Suchtrupp
wurde von Lhakpa Chhiri angeführt und brach kurz vor
Hutchison auf, der dermaßen erschöpft und wirr im Kopf
war, daß er vergaß, die Außenschuhe anzuziehen, und das
Lager in den leichten, glattsohligen Innenschuhen verlassen
wollte. Erst als Lhakpa Hutchison auf seinen Patzer hinwies,
kehrte er zurück, um die Außenschuhe drüberzuziehen. Die
Sherpas, die nur Boukreevs Richtungsangaben zu folgen
brauchten, fanden die beiden schon bald auf einem grauen,
mit Felsblöcken durchsetzten Eishang nahe des Abbruchs
der Kangshung-Flanke. Die Sherpas, die äußerst abergläu-
bisch sind, was Tote angeht, blieben etwa zwanzig Meter
entfernt stehen und warteten auf Hutchison.

»Der Schnee hatte die beiden zum Teil unter sich begraben«, weiß Hutchison noch. »Ihre Rucksäcke lagen etwa 30
Meter oberhalb von ihnen. Gesichter und Körper waren von
Schnee bedeckt. Nur Hände und Füße haben herausgeragt.
Der Wind ist über den Sattel nur so hinweggepfiffen.« Zuerst
stieß er auf Namba, wie sich herausstellte – Hutchison hatte
sie erst erkannt, nachdem er sich in den Wind gekniet und einen acht Zentimeter dicken Eispanzer von ihrem Gesicht ge-
kratzt hatte. Fassungslos stellte er fest, daß sie noch atmete.
Beide Handschuhe fehlten, und ihre entblößten Hände wa-

ren steinhart gefroren. Ihre Augen waren weit aufgerissen. Ihr Gesicht war weiß wie Porzellan. »Es war schrecklich«, erzählt Hutchison. »Es verschlug mir den Atem. Sie stand kurz vor dem Tod. Ich habe nicht mehr gewußt, was ich tun sollte.«

Er wandte sich Beck zu, der sechs, sieben Meter weiter lag. Auch Becks Kopf war mit einem dicken Eispanzer überzogen. Weintraubengroße Eiskugeln verfilzten sein Haar und seine Augenlider. Nachdem er Becks Gesicht von den gefrorenen Ablagerungen befreit hatte, stellte Hutchison fest, daß auch der Texaner noch lebte. »Beck hat irgendwas vor sich hin gemurmelt, glaube ich, aber ich hab's nicht verstanden. Sein rechter Handschuh fehlte, und er hat verheerende Erfrierungen gehabt. Ich hab dann versucht, ihn aufzurichten, aber es ging einfach nicht. Er war dem Tod so nah, wie ein Mensch nur sein kann, der trotzdem noch atmet.«

Völlig erschüttert ging Hutchison zu den Sherpas hinüber und fragte Lhakpa um Rat. Lhakpa, ein alter Hase auf dem Everest, der wegen seiner Bergerfahrung sowohl von den Sherpas als auch den Sahibs respektiert wird, riet Hutchison eindringlich, Yasuko und Beck liegenzulassen. Selbst wenn man sie noch lebend ins Camp Vier schleppen könnte, würden sie mit Sicherheit sterben, bevor sie ins Basislager gebracht werden könnten. Und ein Bergungsversuch würde ganz sinnlos das Leben der anderen Bergsteiger auf dem Sattel gefährden, von denen die meisten genug Schwierigkeiten hatten, es halbwegs unversehrt nach unten zu schaffen.

Hutchison sagte sich, daß Lhakpa recht hatte – es gab nur die eine Wahl, wie schwer sie einem auch fallen mochte: was Beck und Yasuko betraf, die Natur ihren unaufhaltsamen Lauf nehmen zu lassen und die Kraftreserven der Gruppe für jene aufzusparen, denen tatsächlich geholfen werden konnte. Es war ein klassischer Fall von natürlicher Auslese. Als Hutchison ins Lager zurückkehrte, stand er den Tränen nahe und sah aus wie sein eigenes Gespenst. Auf sein Bitten hin weckten wir Taske und Groom und drängten uns dann in ihr Zelt, um darüber zu beraten, was wir nun mit Beck und Yasuko anfangen sollten. Das daraufhin folgende Gespräch verlief qualvoll und stockend. Wir vermieden, uns in die Augen zu sehen. Nach fünf Minuten stimmten wir jedoch alle in einem Punkt überein: Hutchisons Entscheidung, Beck und Yasuko zurückzulassen, war richtig gewesen. Wir diskutierten ebenfalls darüber, ob wir uns bereits am Nachmittag nach Camp Zwei aufmachen sollten, aber Taske bestand darauf, so lange nicht abzusteigen, wie Hall hilflos und verlassen auf dem Südgipfel festsaß. »Ich denk nicht dran, ohne ihn loszuziehen«, sagte er mit fester Stimme. Es war ein strittiger Punkt, trotz allem: Kasischke und Groom waren dermaßen am Ende ihrer Kräfte, daß ein Aufbruch vorläufig ohnehin völlig illusorisch war.

»Da fing ich an, mir ernsthaft Sorgen zu machen, ob wir vielleicht auf eine Wiederholung der Katastrophe auf dem K2 von 1986 zusteuern«, sagt Hutchison. Am 4. Juli jenes Jahres brachen sieben himalajaerfahrene Bergsteiger – einschließlich des legendären Österreichers Kurt Diemberger – zum zweithöchsten Gipfel der Welt auf. Sechs der sieben erreichten den Gipfel: Als sie sich jedoch auf dem Abstieg befanden, wurden die oberen Hänge des K2 von einem schweren Unwetter heimgesucht, wodurch die Bergsteiger auf 8000 Meter im Hochlager festgehalten wurden. Der Schneesturm währte ohne Unterlaß fünf ganze Tage, und sie wurden mit jedem Tag schwächer und schwächer. Als das Unwetter schließlich abklang, gelang es nur Diemberger und einem Gefährten, lebend von dem Berg herunterzukommen.

Samstag morgen, während wir darüber diskutierten, wie wir mit Namba und Beck verfahren und ob wir nun absteigen sollten oder nicht, rief Neal Beidleman Fischers Team vor den Zelten zusammen und trieb sie dazu an, sich vom Südsattel aufzumachen. »Die Leute waren von der Nacht zuvor dermaßen fertig und durcheinander, daß man sie kaum aus den Zelten kriegen konnte – ein paar Leute mußte ich prak-

tisch mit Gewalt in ihre Schuhe zwingen«, erzählt er. »Aber
ich habe nicht lockergelassen und wollte unbedingt gleich
aufbrechen. Meiner Ansicht nach kann das nicht gutgehen,
wenn man sich länger als absolut notwendig in 7900 Meter
Höhe aufhält. Die Bergungsaktionen für Scott und Rob waren angelaufen, also habe ich mich voll darauf konzentriert,
wie ich unsere Kunden vom Sattel in ein niedriger gelegenes
Lager kriege.«

Während Boukreev zurückblieb, um auf Fischer zu warten, trieb Beidleman seine Leute nach und nach vom Südsattel. Auf 7600 Meter hielt er an, um Pittman eine Dexametha-
son-Spritze zu verabreichen, und dann machten alle längere
Zeit in Camp Drei Rast, um sich auszuruhen und den Flüs-
sigkeitsverlust auszugleichen. »Als ich die Leute gesehen
habe«, erzählt David Breashears, der in Camp Drei war, als
Beidleman dort eintraf, »habe ich meinen Augen nicht ge-
traut. Sie haben ausgesehen, als kämen sie gerade aus einem
fünf Monate währenden Krieg zurück. Sandy war mit den
Nerven völlig fertig – sie hat gebrüllt: ›Es war schrecklich!
Ich hab aufgegeben, mich hingelegt und wollte sterben!‹ Sie
schienen alle unter schwerem Schock zu stehen.«

Kurz vor Einbruch der Dunkelheit, als die letzten Nachzügler von Beidlemans Gruppe sich über das steile Eis der
Lhotse-Flanke hinunterarbeiteten, wurden sie etwa 150 Meter vor Ende der Fixseile von ein paar Sherpas einer nepalesischen Säuberungsaktion in Empfang genommen. Die Sherpas waren hochgekommen, um ihnen zu helfen. Als sie ihren
Abstieg wiederaufnahmen, kam von oben eine Salve faust-
großer Steine herabgeschossen. Ein Sherpa wurde am Hinterkopf getroffen. »Der Stein hat ihn voll von den Beinen
geholt«, erzählt Beidleman, der nur ein Stück weiter oben gestanden und das Unglück mit angesehen hatte.

»Es war schauderhaft«, weiß Klev Schoening noch. »Es hat
so geklungen, als ob er einen Schlag mit einem Baseballschläger abbekommen hätte.»Die Wucht des Aufpralls war so
groß, daß dem Sherpa ein silberdollargroßer Splitter seines

Schädels herausgehackt wurde. Er verlor sofort das Bewußtsein und erlitt einen Herz-Lungen-Stillstand. Er stürzte
vornüber und rutschte am Seil entlang hinab. Schoening
sprang vor ihn und schaffte es, seinen Sturz aufzuhalten. Einen Moment später jedoch, als Schoening den Sherpa in den
Armen hielt, kam ein zweiter Felsbrocken auf den Sherpa
herabgeschossen; wieder wurde er voll am Hinterkopf getroffen.

Trotz des zweiten Treffers keuchte der Verwundete nach
ein paar Minuten wild auf und fing wieder an zu atmen.
Beidleman schaffte es, ihn zum Fuß der Lhotse-Flanke hinabzubringen, wo ein Dutzend der Gefährten des Sherpas auf
sie warteten und den Mann nach Camp Zwei hinabtrugen.
Nachdem all dies passiert war, erzählt Beidleman, »haben
Klev und ich uns nur ungläubig angeschaut und uns gefragt:
›Was ist hier eigentlich los? Was haben wir Schlimmes getan,
daß dieser Berg so wütend auf uns ist?‹«

Den ganzen April über bis in den Mai hinein hatte Hall sich
wiederholt besorgt darüber geäußert, daß eines oder mehrere der weniger tauglichen Teams durch ein paar dumme
Schnitzer in ernste Schwierigkeiten geraten könnten. Unser
Team, das gezwungen wäre, sie zu bergen, würde dadurch
um seine Gipfelchancen betrogen werden. Nun war es – Iro-
nie des Schicksals – Halls Expedition, die tief in der Patsche
saß, und es war an den anderen Teams, uns zu Hilfe zu eilen.
Drei dieser Teams – Todd Burlesons Alpine Ascents International Expedition, David Breashears IMAX-Expedition und
Mal Duffs kommerzielle Expedition – verschoben sofort ihre
eigenen Gipfelpläne, um den angeschlagenen Bergsteigern
zu helfen.

Am Vortag – Freitag, den 10. Mai –, während wir alle aus
Halls und Fischers Teams von Camp Vier zum Gipfel aufstiegen, traf die von Burleson und Pete Athans geleitete Alpine Ascents International Expedition in Camp Drei ein. Am
Samstagmorgen, gleich nachdem sie von der Katastrophe er-

317

fahren hatten, die sich hoch oben abspielte, überließen Burleson und Athans ihre Kunden der Obhut ihres dritten Bergführers, Jim Williams, und eilten zum Südsattel hoch, um zu helfen. Breashears, Ed Viesturs und der Rest des IMAX-Teams befanden sich damals zufällig auf Camp Zwei. Breashears unterbrach sofort die Filmarbeit, um alles, was die Expedition an Hilfsmitteln zu bieten hatte, auf die Bergungsbemühungen zu konzentrieren. Zuerst ließ er mir ausrichten, daß in einem der IMAX-Zelte auf dem Südsattel ein paar Ersatzbatterien gelagert waren. Am Nachmittag hatte ich sie gefunden, und Halls Team war nun wieder in der Lage, Funkkontakt zu den unteren Camps zu halten. Dann stellte Breashears den Sauerstoffvorrat seiner Expedition – 50 Behälter, die in mühseliger Arbeit auf 7900 Meter geschleppt worden waren – den geschwächten Bergsteigern und künftigen Rettern auf dem Südsattel zur Verfügung. Obwohl dies sein fünfeinhalb Millionen teures Filmprojekt gefährdete, gab er den so wichtigen Flaschensauerstoff ohne zu zögern frei.

Athans und Burleson trafen am frühen Vormittag auf Camp Vier ein und begannen sofort damit, die IMAX-Behälter an all jene zu verteilen, die es ohne zusätzlichen Sauerstoff kaum noch schafften. Dann warteten sie die Bemühungen der Sherpas ab, Hall, Fischer und Gau zu bergen. Als Burleson um 16 Uhr 35 draußen vor den Zelten stand, bemerkte er plötzlich, wie jemand mit steifen, eigenartigen Schritten aufs Lager zugehumpelt kam. »Hey, Pete«, rief er Athans. »Schau dir das mal an. Da kommt jemand.« Die entblößte, dem bitterkalten Wind ausgesetzte rechte Hand jenes sonderbaren Wesens war von Erfrierungen entstellt und zu irgendeinem seltsamen, steifgefrorenen Gruß erhoben. Athans fühlte sich an eine Mumie aus einem drittklassigen Horrorstreifen erinnert. Als die Mumie dann schließlich ins Lager taumelte, wurde Burleson klar, daß dies niemand anderes als Beck Weathers war, offensichtlich irgendwie von den Toten auferstanden.

Als Beck in der vergangenen Nacht mit Groom, Beidleman, Namba und den anderen Leuten jener Gruppe zusammengekauert ausgeharrt hatte, merkte er, wie ihm »kälter und kälter wurde. Ich hatte meinen rechten Handschuh verloren. Mein Gesicht war eiskalt. Meine Hände waren eiskalt. Ich habe gemerkt, wie aus meinen Gliedern nach und nach alles Gefühl gewichen ist, und dann ist es mir immer schwerer gefallen, klar zu denken, und dann war plötzlich alles weg, und ich muß so nach und nach das Bewußtsein verloren haben.«

Den Rest der Nacht und den Großteil des folgenden Tages verbrachte Beck flach auf dem Eis liegend, dem erbarmungslosen Wind ausgesetzt, erstarrt und dem Tod nah. Er kann sich weder daran erinnern, wie Boukreev Pittman, Fox und Madsen holen kam, noch daran, wie Hutchison ihn morgens fand und ihm das Eis vom Gesicht kratzte. Über zwölf Stunden hatte er im Koma gelegen. Am späten Samstag nachmittag muß dann im innersten Kern von Becks Hirn irgendein Licht aufgegangen sein, und er erwachte nach und nach aus seiner Bewußtlosigkeit.

»Zuerst habe ich gedacht, ich bin in irgendeinem Traum«, weiß Beck noch. »Ganz am Anfang, als ich zu mir gekommen bin, dachte ich, ich liege im Bett. Mir war nicht kalt oder unbequem. Ich wälze mich dann so auf die Seite, öffne die Augen, und dann war da meine rechte Hand, die mich anstarrt. Dann merke ich, wie schlimm die Erfrierungen sind, und das hat mich dann mit einem Schlag zurück in die Wirklichkeit geholt. Schließlich war ich wach genug, um zu erkennen, daß ich bis zum Hals in der Scheiße stecke und daß die Kavallerie wohl nicht kommt und daß ich besser selbst sehe, wie ich da rauskomme.«

Obwohl Beck auf dem rechten Auge praktisch blind war und mit dem linken nur im Radius von einem Meter scharf sehen konnte, marschierte er geradewegs in den Wind hinein. Er hatte richtig geschlossen, daß das Lager in dieser Richtung liegen mußte. Hätte er sich geirrt, so wäre er unmittelbar die Kangshung-Flanke hinuntergestürzt, deren Abbruchkante in genau entgegengesetzter Richtung lag, nur zehn Meter entfernt. Ungefähr anderthalb Stunden später stieß er auf »ein paar unnatürlich glatte, bläuliche Felsen«, welche sich als die Zelte von Camp Vier erwiesen.

Hutchison und ich waren gerade in unserem Zelt und hörten einen Funkruf von Rob Hall auf dem Südgipfel mit an. Plötzlich kam Burleson herbeigeeilt. »Doktor! Sie werden dringend gebraucht!« rief er Stuart von draußen zu. »Nehmen Sie Ihr Zeug mit. Beck ist gerade hier angekommen, und er sieht sehr schlecht aus!« Hutchison, von Becks Wiederauferstehung wie vom Schlag gerührt, kroch erschöpft nach draußen, um zu helfen.

Er, Athans und Burleson legten Beck in ein freies Zelt, wickelten ihn in zwei Schlafsäcke mit mehreren mit heißem Wasser gefüllten Flaschen ein und setzten ihm eine Sauerstoffmaske auf. »Zu dem Zeitpunkt«, wie Hutchison gesteht, »hat keiner von uns geglaubt, daß Beck die Nacht übersteht. Ich konnte seinen Puls an der Halsschlagader nur ganz schwach fühlen, und das ist der letzte Puls, den man verliert, bevor man stirbt. Sein Zustand war äußerst kritisch. Und selbst wenn er morgen früh noch am Leben wäre, konnte ich mir beim besten Willen nicht vorstellen, wie wir ihn nach unten kriegen sollten.«

Mittlerweile waren auch die drei Sherpas, die hochgestiegen waren, um Scott Fischer und Makalu Gau zu bergen, mit Gau ins Lager zurückgekehrt. Sie hatten Fischer auf einem Absatz auf 8300 Meter Höhe zurückgelassen, nachdem sie zu dem Schluß gekommen waren, daß für ihn jede Hilfe zu spät kam. Anatoli Boukreev jedoch, der gerade gesehen hatte, wie der totgesagte Beck ins Lager zurückfand, wollte Fischer nicht einfach abschreiben. Um 17 Uhr, als der Sturm stärker wurde, zog der Russe allein los, um ihn zu retten.

»Ich fand Scott um sieben Uhr, vielleicht halb acht oder acht«, erzählt Boukreev. »Da war es schon dunkel und der Sturm sehr stark. Seine Sauerstoffmaske hing im Gesicht, aber die Flasche war leer. Er trug keine Handschuhe, die Hände waren total nackt. Der Daunenanzug war geöffnet und von der Schulter gezogen, ein Arm war außerhalb der Kleidung. Ich konnte nichts mehr tun. Scott war tot.« Schweren Herzens warf Boukreev Fischers Rucksack als ein Leichentuch über sein Gesicht und ließ ihn auf dem Absatz zurück. Dann sammelte er Scotts Kamera, Eispickel und sein Lieblingstaschenmesser ein – das Beidleman später Scotts neunjährigem Sohn in Seattle gab – und begann im Sturm den Abstieg.

Am Samstag abend peitschte der Sturm sogar mit noch größerer Heftigkeit über den Südsattel als in der vorangegangenen Nacht. Als Boukreev Camp Vier erreichte, betrug die Sichtweite nur noch ein paar Meter, und beinahe hätte er die Zelte nicht mehr gefunden.

Mit dem zusätzlichen Sauerstoff, den ich nun zum ersten Mal seit dreißig Stunden wieder atmete (dank des IMAX-Teams), fiel ich trotz des Getöses des wild im Wind schlagenden Zeltes in einen fiebrigen, unruhigen Schlaf. Kurz nach Mitternacht fand ich mich mitten in einem Alptraum über Andy Harris wieder – er stürzte mit einem Seil in den Händen die Lhotse-Flanke hinunter und wollte wissen, warum ich das andere Ende nicht festgehalten hatte. Plötzlich wurde ich von Hutchison wach gerüttelt. »Jon«, rief er aus voller Kehle, um den heulenden Wind zu übertönen, »das Zelt macht mir langsam Sorgen. Glaubst du, es hält?«

Wie ein Ertrinkender, der an der Oberfläche des Ozeans auftaucht, wand ich mich benommen aus den Tiefen meines beunruhigten Traums heraus. Ich brauchte ungefähr eine Minute, um zu kapieren, warum Stuart sich solche Sorgen machte. Der Wind hatte die Hälfte unserer schützenden Behausung umgeweht, die nun bei jeder Bö wild umherschlug. Einige Zeltstangen waren arg verbogen, und im Licht meiner Stirnlampe sahen wir, daß zwei der wichtigsten Nähte drauf und dran waren, auseinanderzureißen. Die Luft im Zelt war voller umherwehender Schneepartikel, die alles mit Reif bedeckten. Der Wind blies mit einer Heftigkeit, wie ich es noch nie erlebt hatte, nicht einmal auf dem patagonischen Inlandeis, das als die windigste Gegend auf dem ganzen Planeten gilt. Wenn das Zelt vor Tagesanbruch in Stücke gerissen würde, saßen wir tief in der Patsche.

Stuart und ich sammelten unsere Schuhe und all unsere Kleidung ein und brachten uns dann auf der zum Wind gelegenen Seite des Zeltes in Stellung. Mit Rücken und Schultern stützten wir die beschädigten Zeltstangen und stemmten uns gegen den Orkan. Trotz unendlicher Erschöpfung hielten wir unsere gebeutelte Nylonkuppel aufrecht, so als würde unser Leben davon abhängen. Immer wieder mußte ich an Rob denken, wie er oben auf 8750 Meter am Südgipfel festsaß, sämtliche Sauerstoffreserven aufgebraucht, völlig schutzlos der ganzen Wucht dieses wütenden Sturms ausgesetzt – aber allein die Vorstellung war so schlimm, daß ich versuchte, sie zu verdrängen.

Kurz vor Tagesanbruch – es war nun Sonntag, der 12. Mai – ging Stuart der Sauerstoff aus.»Ich habe sofort gespürt, wie mir ohne ihn immer kälter wurde und wie ich langsam auskühlte«, sagte er.»Nach und nach wich das Gefühl aus Händen und Füßen. Ich hatte Angst, daß es mit mir langsam zu Ende geht, daß ich es nicht mehr vom Südsattel schaffe. Und dann hatte ich Angst, daß, wenn ich am Morgen nicht runterkomme, dann schaffe ich's nie.« Ich gab Stuart meine Sauerstoffflasche, durchstöberte das Zelt, bis ich eine andere fand, in der noch ein wenig drin war, und wir machten uns daran, für den Abstieg zu packen.

Als ich mich schließlich hinauswagte, sah ich, daß zumindest eines der unbenutzten Zelte völlig weggeweht worden war. Dann bemerkte ich Ang Dorje, den Robs Tod so schwer getroffen hatte, daß er in Tränen zerflossen allein im stürmischen Wind stand. Als ich seiner kanadischen Freundin Marion Boyd nach der Expedition von Ang Dorjes Trauer erzählte, erklärte sie mir, daß»Ang Dorje es als seine Aufgabe in dieser Welt ansieht, Menschen zu beschützen – wir haben sehr viel miteinander darüber geredet. Es ist absolut wichtig für ihn aufgrund seiner Religion und als Vorbereitung für sein nächstes Leben.*

Obwohl Rob der Expeditionsleiter war, betrachtete Ang Dorje sich dafür verantwortlich, die Sicherheit von Rob, Doug Hansen und den anderen zu gewährleisten. Als sie starben, konnte er nicht anders, als sich selbst die Schuld dafür zu geben.«

Hutchison befürchtete, daß Ang Dorje sich in all seiner Verzweiflung weigern würde, den Weg nach unten anzutreten. Er flehte ihn daher förmlich an, sofort vom Südsattel abzusteigen. Um 8 Uhr 30 dann – in der Annahme, daß Rob, Andy, Doug, Scott, Yasuko und Beck zweifellos alle tot waren – raffte sich ein unter schlimmen Erfrierungen leidender Mike Groom aus seinem Zelt auf, versammelte humpelnd Hutchison, Taske, Fischbeck und Kasischke um sich und führte sie den Berg hinunter.

Da wir zwei Bergführer verloren hatten, erklärte ich mich bereit, als letzter zu gehen und die Nachzügler hinunterzuführen. Als unsere verzagte, angeschlagene Truppe dann langsam von Camp Vier in Richtung des Genfer Sporns aufbrach, riß ich mich noch einmal zusammen und schaute ein letztes Mal bei Beck vorbei, von dem ich annahm, daß er letzte Nacht gestorben war. Sein Zelt, das ich erst ausfindig machen mußte, war vom Orkan flachgelegt worden, und die Eingänge waren sperrangelweit geöffnet. Als ich hineinspähte, stellte ich völlig schockiert fest, daß Beck noch lebte.

Er lag, von einem krampfhaften Schütteln befallen, mit dem Rücken auf dem Boden des zusammengefallenen Nylon-Schutzes. Sein Gesicht war entsetzlich angeschwollen. Nase und Wangen waren von pechschwarzen Erfrierungen übersät. Der Sturm hatte beide Schlafsäcke von seinem Kör-

---

* Gläubige Buddhisten glauben an *Sonam* – eine Aufrechnung guter Taten, die einen, wenn ausreichend, dazu in die Lage versetzt, dem Kreislauf von Geburt und Wiedergeburt zu entkommen und diese Welt aus Schmerz und Leid für immer zu überwinden.

per geweht und ihn der eisigen Windkälte ausgesetzt. Mit seinen erfrorenen Händen war er nicht mehr in der Lage, sich in die Schlafsäcke wieder einzuwickeln oder den Reißverschluß des Zeltes zu schließen. »Scheiße noch mal!« schrie er mit schmerzverzerrter, verzweifelter Miene, als er mich sah. »Was muß denn noch alles passieren, bis einem hier oben mal jemand zu Hilfe kommt!« Seit zwei, drei Stunden hatte er ununterbrochen um Hilfe geschrien, aber der Sturm hatte seine Rufe erstickt.

Beck war mitten in der Nacht aufgewacht und hatte gemerkt, daß »der Sturm das Zelt umgeweht hat und es langsam in Stücke zerriß. Der Wind hat mir die Zeltwand dermaßen ins Gesicht gedrückt, daß ich keine Luft mehr gekriegt habe. Und wenn's mal kurz nachgelassen hat, dann hat's gleich wieder angefangen, und wieder bekomme ich mit einer solchen Wucht das Zelt ins Gesicht und auf die Brust geschlagen, daß mir die Luft wegbleibt. Zu allem Übel ist mein rechter Arm immer mehr angeschwollen, und ich hatte diese blöde Armbanduhr an. Mein Arm wird also immer dicker, und die Uhr immer enger, bis meine Hand schließlich kaum noch Blut kriegt. Und mit solchen Händen war es natürlich völlig unmöglich, dieses Scheißding abzunehmen. Ich hab mir die Kehle nach euch rausgeschrien, aber niemand ist gekommen. Das war vielleicht eine Nacht. Mann, ich war wirklich heilfroh, als du dein Gesicht durch den Eingang gesteckt hast.«

Als ich Beck im ersten Moment da so liegen sah, war ich dermaßen erschrocken über seinen fürchterlichen Zustand – und über die unverzeihliche Art, wie wir ihn ein weiteres Mal im Stich gelassen hatten –, daß ich beinahe in Tränen ausgebrochen wäre. »Jetzt wird alles gut«, log ich. Ich unterdrückte mein Schluchzen, zog ihm die Schlafsäcke über, schloß das Zelt und versuchte es wieder halbwegs aufzurichten. »Keine Angst, Junge. Wir haben jetzt alles im Griff.«

Gleich nachdem ich Beck so gut es ging versorgt hatte, schnappte ich mir das Funkgerät und rief Dr. Mackenzie im

Basislager. »Caroline!« flehte ich hysterisch. »Was soll ich mit Beck machen? Er ist noch am Leben, aber ich glaube nicht, daß er's noch lange macht. Sein Zustand ist sehr, sehr ernst!« »Beruhig dich erst mal, Jon«, antwortete sie. »Du mußt mit Mike und den anderen absteigen. Wo sind Pete und Todd? Bitte sie, nach Beck zu schauen, und mach dich dann auf den Weg nach unten.« Völlig aufgelöst weckte ich Athans und Burleson, die sofort mit einer Feldflasche heißen Tees zu Becks Zelt hinübereilten. Gleich darauf rannte ich aus dem Lager, um zu meinen Teamgefährten aufzuschließen. Als ich ging, war Athans bereits dabei, eine Spritze mit vier Milligramm Dexamethason vorzubereiten, um sie dem Texaner in den Oberschenkel zu injizieren. Dies waren lobenswerte Gesten, aber es war kaum anzunehmen, daß sie Beck noch viel halfen.

KAPITEL ZWANZIG

Genfer Sporn
9 Uhr 45
12. Mai 1996
7890 Meter

Der große Vorteil, welchen die Unerfahrenheit dem künftigen Bergstei-
ger verschafft, ist, daß er nicht in Traditionen und alten Vorgehenswei-
sen steckenbleibt. Alles erscheint ihm unkompliziert, und sieht er sich
einem Problem gegenüber, so wählt er die einfachste Lösung. Oft ver-
baut er sich dadurch natürlich den so sehr herbeigesehnten Erfolg, und
manchmal nimmt es ein tragisches Ende, aber er selbst weiß von all-
dem nichts, wenn er in sein Abenteuer zieht. Maurice Wilson, Earl
Denman, Klavs Becker-Larsen – keiner von ihnen war im Bergsteigen
sonderlich erfahren, sonst hätten sie sich wohl kaum auf ihre hoff-
nungslosen Abenteuer begeben, aber so, befreit von den Fesseln techni-
scher Erörterungen, brachte sie ihre Entschlossenheit ziemlich weit.

WALT UNSWORTH
Everest

15 Minuten nachdem ich am Sonntag morgen, dem 12. Mai,
vom Südsattel aufgebrochen war, holte ich meine Teamgefährten ein. Sie boten einen jämmerlichen Anblick, wie sie
vom Scheitelpunkt des Genfer Sporns abstiegen: Wir waren
alle dermaßen geschwächt, daß unsere Gruppe eine halbe
Ewigkeit brauchte, um die kurze Strecke zur Schneeflanke
abzusteigen, die unmittelbar darunter ansetzte. Das
schmerzlichste an der Sache war jedoch die Tatsache, daß wir
praktisch nur noch eine Rumpfmannschaft waren: Als wir
hier vor drei Tagen aufstiegen, waren wir elf Bergsteiger gewesen; jetzt waren wir nur noch zu sechst.

Stuart Hutchison, der am Ende der Gruppe ging, war immer noch oben auf dem Sporn, als ich zu ihm aufschloß. Er

machte sich gerade bereit, sich an den Fixstellen herabzulassen. Mir fiel auf, daß er seine Schneebrille nicht trug. Auch wenn es ein wolkenverhangener Tag war, würde ihn die heimtückische ultraviolette Strahlung in dieser Höhe sehr rasch schneeblind machen.»Stuart!« schrie ich ihm gegen den Wind zu und zeigte auf meine Augen.»Deine Schneebrille!«
»Ach ja, stimmt«, antwortete er träge.»Tausend Dank, daß du mich dran erinnerst. Hey, wo du gerade hier bist, kannst du dir vielleicht kurz meinen Klettergurt anschauen? Ich bin so am Ende meiner Kräfte, daß ich einfach nicht mehr klar denken kann. Wäre nett, wenn du ein wenig auf mich aufpassen könntest.« Ich überprüfte seinen Gurt und bemerkte gleich, daß die Schnalle nur halb geschlossen war. Hätte er sich so ins Seil eingehängt, wäre sie unter seinem Körpergewicht aufgegangen, und Hutchison wäre die Lhotse-Flanke hinuntergestürzt. Als ich ihn darauf hinwies, sagte er:»Ja, hatte ich mir schon gedacht. Aber meine Hände waren einfach zu kalt, und ich hab's nicht richtig hingekriegt.« Ich riß mir in dem schneidend kalten Wind die Handschuhe von den Fingern, schnallte ihm rasch den Klettergurt um die Hüften fest und schickte ihn den Sporn hinunter, den anderen hinterher.

Als er seinen Sicherungsstrick ins Fixseil einhängte, warf er seinen Eispickel beiseite und ließ ihn dann, als er sich an dem ersten Seilabschnitt hinunterließ, auf dem Felsen liegen.»Stuart!« rief ich.»Dein Eispickel!«

»Ich schaff's nicht mehr, ihn zu tragen«, rief er zurück.»Laß ihn einfach da liegen.« Ich war selbst so kaputt, daß ich ihm nicht lange widersprechen wollte. Ich ließ den Eispickel an Ort und Stelle, klinkte mich ins Seil ein und folgte Stuart die steile Flanke des Genfer Sporns hinunter.

Eine Stunde später kamen wir am oberen Rand des Gelben Bandes an, wo sich ein kleiner Stau gebildet hatte. Einer nach dem anderen stiegen wir vorsichtig über die senkrechte Kalksteinstufe hinunter. Ich befand mich am Ende der Schlange, und während ich wartete, schlossen einige von

Scott Fischers Sherpas zu uns auf. Unter ihnen war auch Lopsang Jangbu, halb wahnsinnig vor Trauer und Erschöpfung. Ich legte eine Hand auf seine Schulter und sagte ihm, daß es mir leid täte wegen Scott. Lopsang schlug sich auf die Brust und rief tränenerstickt:»Ich bin großes Unglück, großes Unglück. Scott ist tot. Es ist mein Fehler. Ich bin großes Unglück. Es ist mein Fehler. Ich bin großes Unglück.«

Gegen 13 Uhr 30 schleppte ich meinen abgezehrten Körper ins Camp Zwei. Obwohl ich mich rational betrachtet immer noch in großer Höhe befand – 6500 Meter –, fühlte ich mich an diesem Ort wesentlich besser als auf dem Südsattel. Der mörderische Wind hatte sich vollkommen gelegt. Anstatt zu zittern und Angst vor Erfrierungen zu haben, war ich nun von der sengenden Sonne wie in Schweiß gebadet. Ich hatte nun nicht mehr das Gefühl, daß mein Leben an einem seidenen Faden hing.

Unser Speisezelt war, wie mir nun auffiel, in ein improvisiertes Feldlazarett umgewandelt worden, in dem Henrik Jessen Hansen, ein dänischer Arzt im Team von Mal Duff, und Ken Kamler, ein amerikanischer Kunde und Arzt in Todd Burlesons Expedition, Dienst taten. Um 15 Uhr, als ich gerade eine Tasse Tee trank, trugen sechs Sherpas einen halb weggetretenen Makalu Gau schnell ins Zelt, und die Ärzte traten in Aktion.

Sie legten ihn sofort flach hin, zogen ihn aus und steckten ihm ein Infusionsröhrchen in den Arm. Als Kamler die Erfrierungen an den Händen und Füßen untersuchte, bemerkte er düster:»Ich habe noch nie so schlimme Erfrierungen gesehen.« Als er Gau fragte, ob er seine Gliedmaßen zur medizinischen Dokumentation fotografieren dürfe, gab der Bergsteiger mit breitem Grinsen seine Einwilligung; wie ein Soldat, der nach geschlagener Schlacht seine Wunden zur Schau stellt, schien er beinahe stolz auf die grausigen Verletzungen zu sein, die er davongetragen hatte.

Anderthalb Stunden später – die Ärzte waren noch immer mit Makalu beschäftigt – meldete David Breashears mit bellender Stimme über Funk:»Wir sind mit Beck auf dem Weg nach unten. Vor Einbruch der Dunkelheit werden wir ihn auf Camp Zwei haben.«

Mein Herz stand beinahe still, und ich brauchte einen Moment, bis mir klar wurde, daß Breashears nicht von der Bergung einer Leiche sprach. Er und seine Kameraden brachten einen lebenden Beck herunter. Ich konnte es nicht fassen. Als ich ihn vor sieben Stunden auf dem Südsattel zurückgelassen hatte, war ich noch ganz erschrocken bei dem Gedanken gewesen, daß er den Morgen nicht überleben würde.

Beck, wieder einmal totgesagt, weigerte sich einfach zu sterben. Später erfuhr ich von Pete Athans, daß sich der Zustand des Texaners kurz nach der Dexamethasonspritze erstaunlich schnell gebessert hatte.»So um halb elf rum haben wir ihn angezogen, ihm den Klettergurt angelegt und dann festgestellt, daß er tatsächlich aufstehen und gehen konnte. Wir waren alle völlig baff.«

Sie machten sich auf den Weg und stiegen vom Südsattel ab. Athans ging direkt vor Beck und sagte ihm, wo er die Füße hinzusetzen hatte. Beck ließ also einen Arm über Athans Schulter hängen, und Burleson hielt den Texaner am Klettergurt fest. So trotteten sie vorsichtig den Berg hinunter. »Manchmal mußten wir ihm ganz schön unter die Arme greifen«, erzählt Athans,»aber wirklich, es war erstaunlich, wie gut er ging.«

Als sie auf 7600 Meter oberhalb der Kalkabbrüche des Gelben Bandes ankamen, wurden sie von Ed Viesturs und Robert Schauer in Empfang genommen, die Beck schnell und sicher über die steilen Felsen hinunterließen. In Camp Drei gingen ihnen Breashears, Jim Williams, Veikka Gustafsson und Araceli Segarra zur Hand. Die acht Bergsteiger, in bester körperlicher Verfassung, manövrierten den schwer angeschlagenen Beck die Lhotse-Flanke in wesentlich kürzerer Zeit hinunter, als wir sie am Morgen abgestiegen waren.

Als ich hörte, daß Beck auf dem Weg nach unten war, ging ich zu meinem Zelt, stieg erschöpft in meine Bergschuhe und stapfte der Bergungsmannschaft entgegen, der ich im unteren Bereich der Lhotse-Flanke zu begegnen hoffte. Aber nur 20 Minuten oberhalb von Camp Zwei kam mir die ganze Crew entgegen. Unglaublich, wie schnell sie waren. Obwohl Beck am kurzen Seil ging, war er aus eigener Kraft abgestiegen. Breashears und die anderen führten ihn in einem Tempo den Gletscher hinunter, daß ich in meinem jämmerlichen Zustand kaum mithalten konnte.

Beck wurde neben Gau ins Krankenzelt gelegt, und die Ärzte zogen ihn aus. »Mein Gott!« rief Kamler, als er Becks rechte Hand sah. »Die Erfrierungen sind ja noch schlimmer als Makalus.« Als ich mich drei Stunden später in meinen Schlafsack verkroch, waren die Ärzte immer noch dabei, mit eingeschalteter Stirnlampe Becks erfrorene Gliedmaßen in einem Topf mit lauwarmem Wasser aufzutauen.

Am nächsten Morgen – Montag, den 13. Mai – brach ich beim ersten Morgenlicht von den Zelten auf und marschierte zweieinhalb Meilen weit durch den tiefen Einschnitt des Cwm zur Kante des Eisfalls. Auf Anweisungen von Guy Cotter, mit dem ich über Funk in Verbindung stand, hielt ich dort Ausschau nach flachem, ebenem Gelände, das als Hubschrauberlandeplatz herhalten konnte.

Cotter hatte sich in den vergangenen Tagen immer wieder ans Satellitentelefon gehängt, um eine Hubschrauberbergung vom unteren Ende des Cwm zu organisieren. Beck hätte sonst an den tückischen Seilen und Leitern des Gletscherbruchs hinabsteigen müssen, was für ihn wegen seiner schlimmen Handverletzungen äußerst gefährlich und praktisch kaum zu schaffen gewesen wäre. Schon 1973 waren im Cwm Hubschrauber gelandet, als eine italienische Expedition sie zum Lastentransport vom Basislager aus einsetzte. Dennoch war es ein extrem gefährliches Unterfangen, das an die Grenze der Reichweite des Helikopters ging. Eine der italienischen Maschinen war damals auf den Gletscher gestürzt. Seit nunmehr dreiundzwanzig Jahren war kein weiterer Versuch unternommen worden, oberhalb des Gletscherbruchs zu landen.

Cotter blieb jedoch hartnäckig, und dank seiner Bemühungen ließ sich die nepalesische Armee von der amerikanischen Botschaft dazu überreden, eine Hubschrauberbergung im Cwm zu riskieren. Am Montag morgen gegen 8 Uhr, als ich im Chaos der Seracs an der Kante des Eisfalls vergeblich nach einem Landeplatz suchte, meldete sich Cotter mit knisternder Stimme über Funk.»Der Hubschrauber ist unterwegs, Jon. Er kann jede Minute da sein. Du mußt jetzt unbedingt einen Platz zum Landen finden.« In der Hoffnung, weiter oben ebenes Gelände zu finden, stieg ich ein Stück den Gletscher hoch, und prompt lief mir Beck über den Weg, wie er von Athans, Burleson, Gustafsson, Breashears, Viesturs und dem Rest des IMAX-Teams am kurzen Seil das Cwm hinuntergeführt wurde.

Breashears, der während seiner langen und vielbeachteten Filmkarriere sehr viel mit Hubschraubern zu tun gehabt hatte, fand sofort zwischen zwei klaffenden Gletscherspalten auf 6050 Meter einen Landeplatz. Eine Seidenkata, die ich um einen Bambusstock band, diente uns als Windfahne. Breashears benutzte eine Flasche rotes Kool-Aid als Farbmittel, um im Schnee ein riesiges X im Zentrum der Landefläche zu markieren. Ein paar Minuten später tauchte Makalu Gau auf, wie er von einem halben Dutzend Sherpas auf einer Plastikplane den Gletscher hinuntergetragen wurde. Und dann hörten wir auch schon das SCHLOCK-SCHLOCK-SCHLOCK des Hubschraubers, dessen Rotor wütend in der dünnen Luft peitschte.

Der oliv-braune B2-Squirrel-Hubschrauber, der nur mit einem Minimum an Benzin und Ausrüstung flog, wurde von Lieutenant Colonel Madan Khatri Chhetri der nepalesischen Armee geflogen. Madan machte zwei Landungsversuche, brach aber beide im letzten Moment ab. Bei seinem dritten Versuch schaffte er es jedoch und setzte schwankend und

wankend auf dem Gletscher auf; der Schwanz des Hubschraubers ragte über eine bodenlos tiefe Gletscherspalte
hinweg. Madan ließ den Rotor mit voller Kraft weiterlaufen,
nahm nicht eine Sekunde die Augen von den Kontrollanzei-
gen und hob einen Finger, um anzuzeigen, daß er nur einen
Passagier an Bord nehmen konnte. In dieser Höhe konnte jedes zusätzliche Gewicht beim Abheben zum Absturz führen.

Da Gaus erfrorene Füße auf Camp Zwei aufgetaut worden
waren, konnte er weder gehen noch stehen; Breashears, Athans und ich kamen also darin überein, daß der Taiwanese
ausgeflogen werden sollte.»Tut mir leid«, rief ich Beck im
Getöse der Turbinen zu.»Vielleicht schafft er's ja noch und
fliegt ein zweites Mal her.« Beck nickte gelassen.

Wir hievten Gau ins Heck des Hubschraubers, und die
Maschine quälte sich zögernd in die Lüfte. Gleich nachdem
Madan mit seinen Kufen vom Gletscher abgehoben hatte,
drehte er die Maschine nach vorne und ließ sie, wie einen fal-
lenden Stein, über die Kante des Eisfalls abtauchen und verschwand in den Schatten. Eine drückende Stille lastete über
dem Cwm.

Als wir 30 Minuten später noch immer um den Landeplatz
herumstanden und darüber diskutierten, wie wir nun Beck
hinunterschaffen sollten, drang ein entferntes SCHLOCK-
SCHLOCK-SCHLOCK-SCHLOCK aus dem Tal zu uns herauf. Das
Geräusch wurde immer lauter, und plötzlich tauchte der
kleine grüne Hubschrauber vor unseren Augen auf. Madan
flog die Maschine noch ein Stück weiter das Cwm hoch und
wendete dann, so daß die Schnauze bergabwärts zeigte.
Dann setzte er mit dem Squirrel ohne langes Zaudern ein
zweites Mal auf dem Kool-Aid-Landekreuz auf, und Breashears und Athans brachten Beck in aller Eile an Bord. Ein
paar Sekunden später befand sich der Hubschrauber wieder
in der Luft und huschte wie eine skurrile Libelle an der Westschulter des Everest vorbei. Eine Stunde später waren Beck
und Makalu Gau in einem Krankenhaus in Kathmandu in
Behandlung.

Als die Bergungsmannschaft sich nach und nach aufgelöst hatte, blieb ich noch lange Zeit allein im Schnee sitzen, starrte meine Schuhe an und versuchte, mir irgendwie einen Reim auf das zu machen, was in den letzten 72 Stunden geschehen war. Warum nur war alles so dermaßen schiefgegangen? Warum nur waren Andy und Rob und Scott und Doug und Yasuka tot? Aber sosehr ich mich auch bemühte – mir wollte einfach keine Antwort auf diese Fragen einfallen. Das Ausmaß dieser Katastrophe lag so weit jenseits meines Vorstellungsvermögens, daß mein Hirn eine Art Kurzschluß erlitt und wie in Dunkelheit getaucht war. Ich ließ schließlich alle Hoffnungen fahren, jemals zu begreifen, was sich hier abgespielt hatte. Ich nahm meinen Rucksack auf und machte mich, ängstlich wie eine Katze, auf den Weg in die zu Eis gefrorene Hölle des Gletscherbruchs, um meinen letzten Trip durch diesen Irrgarten zusammenstürzender Seracs anzutreten.

KAPITEL EINUNDZWANZIG

Basislager des Everest
13. Mai 1996
5400 Meter

Natürlich wird man hier ein paar Worte des reiflichen Urteils über eine Expedition erwarten, die in einem Moment scheiterte, in dem wir dem Erfolg so nahe waren. Auf der einen Seite Amundsen, der kurzerhand dorthin fuhr, als erster ankam und zurückkehrte, ohne auch nur einen einzigen Mann verloren zu haben und ohne sich und seinen Männern mehr abverlangt zu haben, als es das Tagwerk einer Polarexpedition erfordert. Auf der anderen Seite unsere Expedition, die sich in schlimmste Gefahren begab, Wunderwerke übermenschlicher Ausdauer vollbrachte, unsterblichen Ruhm erntete, der in feierlichen kirchlichen Messen und mit öffentlichen Statuen gedacht wurde, und die doch nur am Pol ankam, um zu entdecken, daß die schreckliche Fahrt umsonst war, und die dann unsere besten Männer tot auf dem Eis zurückließ. Einen solchen Widerspruch zu ignorieren wäre geradezu lächerlich: und ein Buch zu schreiben, ohne eine genügende Erklärung zu finden, reine Zeitverschwendung.

APSLEY CHERRY-GARRARD
The Worst Journey in the World
Ein Bericht über Robert Falcon
Scotts verhängnisvolle
Expedition von 1912 an den Südpol

Als ich am Montag morgen, dem 13. Mai, am Fuß des Khumbu-Eisfalls ankam, warteten Ang Tshering, Guy Cotter und Caroline Mackenzie unten am letzten Hang auf mich. Guy gab mir ein Bier, Caroline umarmte mich, und dann weiß ich nur noch, wie ich tränenüberströmt auf dem Eis saß, den Kopf in die Hände gestützt. Seit meiner Kindheit hatte ich nicht mehr so geweint. Ich war nun in Sicherheit, und die ganze zermürbende Anspannung der letzten Tage fiel von mir ab. Ich weinte um die Kameraden, die ich verloren hatte, ich weinte aus Dankbarkeit, am Leben zu sein, ich weinte, weil es ein schreckliches Gefühl war, überlebt zu haben, während andere sterben mußten.

Am Dienstag nachmittag leitete Neal Beidleman eine Gedenkfeier im Mountain-Madness-Lager. Lopsang Jangbus Vater, Ngawang Sya Kya – ein geweihter Lama –, entfachte unter stahlgrauem Himmel Räucherwerk aus Wacholderzweigen und sang aus buddhistischen Schriften. Neal sagte ein paar Worte, dann sprach Guy, und schließlich beklagte Anatoli Boukreev den Verlust Scott Fischers. Ich erhob mich und stammelte ein paar Erinnerungen an Doug Hansen. Pete Schoening versuchte uns allen Mut zuzusprechen, indem er uns aufforderte, nach vorn zu blicken, nicht zurück. Aber als die Zeremonie zu Ende war und jeder sich in sein Zelt zurückzog, hing über dem Lager düstere Beerdigungsstimmung.

Am nächsten Morgen kam in aller Früh ein Hubschrauber an, um Charlotte Fox und Mike Groom auszufliegen. Sie hatten beide schwere Erfrierungen an den Füßen erlitten, die sofortiger medizinischer Behandlung bedurften. John Taske, der Arzt war, begleitete sie, um Charlotte und Mike auf dem Flug zu betreuen. Dann, kurz vor Mittag, während Helen Wilton und Guy Cotter zurückblieben, um den Abbruch des Adventure-Consultants-Lagers zu beaufsichtigen, brachen Lou Kasischke, Stuart Hutchison, Frank Fischbeck, Caroline und ich vom Basislager Richtung Heimat auf.

Am Donnerstag, dem 16. Mai, wurden wir per Hubschrauber von Pheriche nach Syangboche geflogen, einem kleinen Dorf gleich oberhalb von Namche Bazaar. Als wir über die unbefestigte Landebahn gingen, um auf unseren Anschlußflug nach Kathmandu zu warten, wurden Caroline und ich von drei Japanern mit aschfahlen Gesichtern angesprochen. Der erste stellte sich als Muneo Nukita vor – ein ausgezeichneter Himalaja-Bergsteiger, der bereits zweimal den Gipfel des Everest erreicht hatte – und erklärte dann höflich weiter, daß er als Begleiter und Dolmetscher für die anderen beiden agiere, die er als Yasuko Nambas Ehemann, Kenichi Namba, und ihren Bruder vorstellte. In den nächsten fünfundvierzig Minuten stellten sie viele Fragen, von denen ich nur wenige beantworten konnte.

Yasukos Tod hatte inzwischen in ganz Japan Schlagzeilen gemacht. Tatsächlich hatte bereits am 12. Mai – weniger als vierundzwanzig Stunden nachdem Yasuko auf dem Südsattel den Tod gefunden hatte – ein Hubschrauber mitten im Basislager aufgesetzt. Herausgesprungen kamen zwei japanische Journalisten mit Sauerstoffmasken. Die beiden schnappten sich den ersten, der ihnen über den Weg lief – einen amerikanischen Bergsteiger namens Scott Darsney –, und wollten alles über Yasuko wissen. Jetzt, vier Tage später, warnte uns Nukita, daß ein ähnlich sensationslüsterner Schwarm von Zeitungs- und Fernsehreportern in Kathmandu auf uns wartete.

Am späten Nachmittag zwängten wir uns in einen riesigen Mi-17-Hubschrauber und flogen durch ein Wolkenloch davon. Eine Stunde später landete die Maschine auf dem Tribhuvan International Airport, und wir traten in ein Dikkicht aus Mikrofonen und Fernsehkamers. Als Journalist empfand ich es als höchst lehrreich, die Dinge einmal von der anderen Seite des Zauns zu erleben. Das Reporterrudel, das zum größten Teil aus Japanern bestand, verlangte es nach einer fein säuberlich niedergeschriebenen Version der Katastrophe, ausgeschmückt mit Schurken und Helden. Aber das Chaos und Leid, das ich erlebt und mit angesehen hatte, konnte nun einmal nicht so einfach auf ein paar Geräusch-Häppchen reduziert werden. Nachdem ich 20 Minuten lang auf dem Rollfeld mit Fragen durchlöchert worden war, wurde ich von David Schensted gerettet, dem Konsul der amerikanischen Botschaft. Er lieferte mich im Garuda Hotel ab.

Es folgten weitere ausführliche Interviews – mit anderen Reportern, und dann Gespräche mit einer ganzen Schar düster dreinblickender Beamter des Ministeriums für Tourismus. Es war ein einziger Spießrutenlauf. Freitag abend schließlich, als ich ziellos durch die Gassen Thamels, des Touristenviertels Kathmandus, wanderte, sagte ich mir, daß ich unbedingt was tun mußte, um meiner immer schlimmer werdenden depressiven Stimmung zu entkommen. Ich gab einem dürren nepalesischen Jungen eine Handvoll Rupien und bekam dafür ein in Papier gewickeltes, mit einem fauchenden Tiger verziertes Päckchen. Zurück im Hotelzimmer wickelte ich es aus und zerbröselte den Inhalt über einem Zigarettenpapier. In den blaßgrünen, nach überreifen Früchten duftenden Knospen klebte das Harz. Ich drehte einen Joint, rauchte ihn bis auf den Stummel auf, drehte eine zweite Tüte und paffte auch diese beinahe bis zur Hälfte runter. Dann fingen die Wände an, sich zu drehen, und ich drückte ihn aus.

Ich lag nackt auf dem Bett und lauschte den durch das offene Fenster hereinwehenden Geräuschen der Nacht. Das Klingeln der Rikscha-Glocken vermischte sich mit dem Hupen der Autos, den Lockrufen der Straßenhändler, dem Gelächter einer Frau oder der Musik von der Bar gleich unten. Flach auf dem Rücken liegend, zu stoned, um auch nur einen Finger zu bewegen, schloß ich die Augen und aalte mich in der klebrigen Hitze des Vormonsuns wie in warmem Balsam. Ich hatte das Gefühl, mit der Matratze zu verschmelzen. Eine Prozession aus feinziselierten Windmühlenrädern und Comicfiguren mit großen Nasen zog in grellen Neonfarben über meine Augenlider hinweg.

Als ich den Kopf auf die Seite legte, streifte ich mit dem Ohr eine feuchte Stelle. Tränen rannen mir übers Gesicht, wie ich nun bemerkte, und näßten die Bettwäsche. Ich spürte, wie ein gurgelnder, aufblähender Schluchzer aus Schmerz und Scham von irgendwo tief unten in meinem Innern die Wirbelsäule hochgerollt kam. Als er schließlich in einer Schleimflut aus Nase und Mund hervorbrach, folgte gleich ein zweiter, dann ein weiterer und ein weiterer.

Am 19. Mai flog ich in die Staaten zurück. Ich hatte zwei Seesäcke mit Doug Hansens Habseligkeiten dabei, die ich den Menschen zurückbringen wollte, die ihn liebten. Am Flughafen von Seattle wurde ich von seinen Kindern Angie und Jaime in Empfang genommen; ferner von seiner Freundin Karen Marie und von weiteren Freunden und Verwandten. Als ich mit ihren Tränen konfrontiert wurde, kam ich mir dumm und völlig ohnmächtig vor.

Ich atmete dicke, nach Ebbe duftende Meeresluft und war ganz erstaunt darüber, wie üppig der Frühling in Seattle war. Ich schwelgte in seinen moosig feuchten Reizen wie noch nie. Linda und ich mußten uns erst wieder miteinander vertraut machen: ein Prozeß, der seine Zeit brauchte. Die fünfundzwanzig Pfund, die ich in Nepal abgenommen hatte, waren im Nu wieder drauf. Die schlichten Freuden des häuslichen Lebens – mit meiner Frau zu frühstücken, den Sonnenuntergang über dem Puget Sund zu beobachten, mitten in der Nacht aufstehen und barfuß in ein warmes Badezimmer gehen zu können – riefen Glücksgefühle in mir hervor, die an Verzückung grenzten. Aber solche Momente wurden von dem weiten Halbschatten verdunkelt, den der Everest warf und der auch mit der Zeit kaum schwächer wurde.

Ich hatte an meinen Schuldgefühlen arg zu knabbern und zögerte es so immer wieder hinaus, mich bei Andy Harris' Lebensgefährtin Fiona McPherson und Rob Halls Frau Jan Arnold zu melden. Schließlich riefen sie mich aus Neuseeland an. Ich sah mich schier außerstande, etwas zu sagen, das Fionas Wut oder Verwirrung gelindert hätte. Und Jan war während unseres Gesprächs mehr damit beschäftigt, mich zu trösten als ich sie.

Mir war schon immer klar gewesen, daß Bergsteigen eine hochgefährliche Sache war. Ich akzeptierte, daß das Risiko ein wesentlicher Bestandteil des Spiels war – ohne das würde sich das Bergsteigen kaum von Hunderten von anderen Freizeitbeschäftigungen unterscheiden. Es war ein prikkelndes Gefühl, das Geheimnis des Todes zu streifen, einen verstohlenen Blick über die verbotene Grenze zu werfen. Bergsteigen war eine phantastische Betätigung, und zwar, wie ich fest glaubte, nicht trotz, sondern vor allem wegen der damit einhergehenden Gefahren.

Bevor ich in den Himalaja gereist war, war ich jedoch noch nie so hautnah mit dem Tod in Berührung gekommen. Verdammt, bevor ich zum Everest ging, war ich noch nicht einmal auf einer Beerdigung gewesen. Die menschliche Sterblichkeit war für mich nichts als ein bequemes hypothetisches Konzept, eine Idee, über der man in abstrakten Gedanken verweilt. Klar, eine derartig privilegierte Unschuld mußte früher oder später in sich zusammenbrechen, aber als es dann schließlich passierte, war der Schock durch das schiere Ausmaß des Blutbads doppelt so groß: Alles in allem starben im Frühjahr 1996 zwölf Männer und Frauen am Everest, die schlimmste Todesrate seit 75 Jahren, als der Berg zum ersten Mal von Bergsteigern betreten wurde.

Von den sechs Bergsteigern der Hall-Expedition, die den Gipfel erreichten, kamen nur Mike Groom und ich wieder unten an: Vier Teamgefährten, mit denen zusammen ich gelacht, gekotzt und lange, persönliche Gespräche geführt hatte, verloren ihr Leben. Mein Verhalten – oder mein Versagen – spielte eine direkte Rolle im Zusammenhang mit Andy Harris' Tod. Und während Yasuko Namba sterbend auf dem Südsattel lag, kauerte ich ganze dreihundert Meter weiter in einem Zelt, ohne ihren Überlebenskampf auch nur zu bemerken, froh darüber, die eigene Haut gerettet zu haben. Der schwarze Fleck, den dies auf meiner Psyche hinterließ, ist nicht gerade etwas, von dem man sich nach ein paar Monaten der Trauer und der Selbstvorwürfe wieder reinwäscht.

Irgendwann sprach ich dann mit Klev Schoening, der in meiner Nähe wohnt, über meine anhaltende Unruhe. Klev sagte, daß auch er sich angesichts der vielen Opfer schrecklich fühle, daß er aber im Unterschied zu mir nicht am »Schuldkomplex des Überlebenden« leide. Wie er weiter ausführte: »In jener Nacht auf dem Südsattel habe ich alles gegeben, was in mir steckt, um mich und die Leute, die damals bei mir waren, zu retten. Als wir dann bei den Zelten angekommen sind, hatte ich mich völlig verausgabt. Die Hornhaut von einem Auge war durch die Kälte total hinüber, und ich war praktisch blind. Ich habe an Unterkühlung gelitten, war halb im Delirium und habe nur noch unkontrollierbar gezittert. Es war eine schlimme Sache, Yasuko zu verlieren, aber ich habe mit mir selbst Frieden geschlossen, weil ich tief in meinem Herzen weiß, daß ich nichts für sie tun konnte. Du solltest nicht so streng mit dir sein. Das Unwetter war wirklich verheerend. Was hättest du in dem Zustand, in dem du damals warst, denn schon für sie tun können?«

Vielleicht nichts, meinte auch ich. Aber im Gegensatz zu Schoening werde ich mir dessen nie sicher sein. Und der beneidenswerte Friede, von dem er spricht, will sich bei mir nicht einstellen.

Ein Großteil der Bergsteiger, die heutzutage in Scharen zum Everest strömen, sind nur in begrenztem Maße qualifiziert; vor allem deshalb sind viele Leute der Meinung, daß eine Tragödie dieser Größenordnung längst überfällig war. Aber niemand konnte sich vorstellen, daß dabei eine von Rob Hall geleitete Expedition im Mittelpunkt stehen würde. Halls Unternehmen war auf dem Berg weit und breit das durchorganisierteste und sicherste. In seiner fast zwanghaft methodischen Art hatte er am Berg systematisch Vorgehensweisen ausgearbeitet, die dazu gedacht waren, eine solche Katastrophe von vornherein auszuschließen. Was war also passiert? Wie läßt sich dies erklären, nicht nur den in Liebe trauernden Hinterbliebenen, sondern auch einer argwöhnischen, extrem kritisch urteilenden Öffentlichkeit?

Menschliche Hybris spielte aller Wahrscheinlichkeit nach eine Rolle. Hall hatte eine solche Sicherheit darin entwickelt,

344

Bergsteiger sämtlicher Kategorien den Everest hoch- und wieder hinunterzuführen, daß er vielleicht ein wenig überheblich geworden war. Bei mehr als nur einer Gelegenheit hatte er damit geprahlt, daß er so gut wie jeden körperlich einigermaßen leistungsfähigen Menschen auf den Gipfel bringen könne, und die Erfolge der Vergangenheit schienen dies zu bestätigen. Er hatte darüber hinaus eine bemerkenswerte Fähigkeit an den Tag gelegt, auch die heikelsten Situationen zu meistern.

1995 zum Beispiel mußten Hall und seine Bergführer nicht nur mit Hansens Problemen hoch oben im Gipfelbereich fertig werden, sondern auch mit dem totalen Zusammenbruch einer anderen Kundin, Chantal Mauduit, einer bekannten französischen Alpinistin bei ihrem siebten Versuch, den Everest ohne zusätzlichen Sauerstoff zu besteigen. Mauduit war auf 8750 Meter ohnmächtig geworden und mußte »wie ein Sack Kartoffeln«, wie Cotter sich ausdrückte, den ganzen Weg vom Südgipfel zum Südsattel geschleppt und getragen werden. Nachdem alle den Gipfelversuch lebend überstanden hatten, dachte Hall vielleicht, daß es kaum etwas geben konnte, was er nicht in den Griff bekäme.

Abgesehen von diesem Jahr, hatte Hall jedoch bisher immer ungewöhnlich viel Glück mit dem Wetter gehabt, was ihn vielleicht leichtsinnig werden ließ. »Rob hatte Saison für Saison«, wie David Breashears bestätigte, der mehr als ein Dutzend Himalaja-Expeditionen auf dem Buckel hat und den Everest bereits dreimal bestieg, »am Gipfeltag stets strahlend schönes Wetter. Er war noch nie von einem Unwetter hoch oben im Gipfelbereich überrascht worden.« Tatsächlich war der Sturm des 10. Mai zwar heftig, aber letztlich nichts Ungewöhnliches; ein mehr oder minder typischer Everest-Sturm. Wenn er zwei Stunden später hereingebrochen wäre, wäre wahrscheinlich niemand zu Schaden gekommen. Umgekehrt jedoch hätten zwei Stunden früher ohne weiteres achtzehn oder zwanzig Bergsteiger das Leben kosten können – unter anderem auch mich.

Zweifellos spielte neben dem Wetter auch der Faktor Zeit eine Rolle in der heraufziehenden Katastrophe, und nicht auf die Uhr zu schauen, kann wohl kaum als ein Akt Gottes durchgehen. Verzögerungen an den Fixseilen waren vorhersehbar und daher auch vermeidbar. Vorher festgelegte Umkehrzeiten wurden mit einer Sorglosigkeit ignoriert, die zu denken geben muß.

Die Entscheidung, die Umkehrzeiten zu verlängern, mag bis zu einem gewissen Grad von der Rivalität zwischen Fischer und Hall beeinflußt worden sein. Fischer hatte vor 1996 noch nie eine kommerzielle Bergtour auf dem Everest geleitet. Aus unternehmerischer Sicht muß also ein ungeheurer Erfolgsdruck auf ihm gelastet haben. Er war extrem motiviert, seine Kunden auf den Gipfel zu bringen, vor allem VIP-Kunden wie Sandy Hill Pittman.

Desgleichen wäre es auch für Halls Unternehmen schlechte Reklame gewesen, wenn er, der bereits 1995 niemanden auf den Gipfel gebracht hatte, auch diesmal sein Soll nicht erreichte – vor allem falls Scott Fischer erfolgreich wäre. Scott war eine charismatische Persönlichkeit, und dieses Charisma wurde von Jane Bromet offensiv vermarktet. Fischer ließ nichts unversucht, um Hall die Butter vom Brot zu nehmen, und niemand wußte dies besser als Hall selbst. Unter diesen Umständen war die Aussicht, seine Kundschaft umkehren zu lassen, während die Kunden seines Rivalen zum Gipfel vorstießen, vielleicht unerfreulich genug, um Halls Urteilsvermögen zu trüben.

Darüber hinaus kann jedoch nicht oft genug betont werden, daß Hall, Fischer und auch wir anderen gezwungen waren, äußerst kritische Entscheidungen in einem Zustand zu treffen, in dem wir alle stark vom Sauerstoffmangel beeinträchtigt waren. Wer die Ursachen der Katastrophe ergründen will, darf nicht vergessen, daß auf 8800 Meter klares Denken praktisch unmöglich ist.

Hinterher ist man immer klüger. Unter dem Schock der vielen Opfer waren Kritiker schnell mit Vorschlägen zur

Hand, wie sich eine Wiederholung der Katastrophen dieser Saison ausschließen ließe. So wurde zum Beispiel verlangt, auf dem Everest ein Normverhältnis von eins zu eins zwischen Bergführer und Kunde festzulegen – was hieße, daß jeder Kunde mit seinem oder ihrem persönlichen Bergführer unterwegs ist und die ganze Zeit von diesem am Seil gesichert wird.

Der vielleicht einfachste Weg, in Zukunft das Risiko einer ähnlichen Tragödie zu mindern, wäre, Flaschensauerstoff zu verbieten und seinen Gebrauch auf den medizinischen Notfall zu beschränken. Ein paar leichtsinnige Seelen werden dann wohl weiterhin bei dem Versuch sterben, den Gipfel ohne zusätzlichen Sauerstoff zu erreichen. Der größte Teil der weniger erfahrenen Bergsteiger wäre jedoch durch die Grenzen der eigenen physischen Belastbarkeit dazu gezwungen umzukehren – und dies lange bevor sie hoch genug wären, um in ernsthafte Schwierigkeiten zu geraten. Darüber hinaus hätte ein Verbot von Flaschensauerstoff den wünschenswerten Nebeneffekt, den Abfall und das Gedränge am Berg zu reduzieren. Sobald bekannt wird, daß der Gebrauch von zusätzlichem Sauerstoff nicht in Frage kommt, werden wesentlich weniger Menschen versuchen, auf den Everest zu steigen.

Führungen am Everest unterliegen jedoch kaum irgendwelchen Vorschriften. Sie werden von Dritte-Welt-Bürokraten verwaltet, die völlig außerstande sind, die Qualifikationen eines Bergführers oder eines Kunden zu beurteilen. Darüber hinaus sind Nepal und China, die beiden Länder, die den Zugang zu dem Berg kontrollieren, bettelarm. Ihre Regierungen sind auf harte Devisen angewiesen und sind stark daran interessiert, so viele teuere Besteigungsgenehmigungen auszustellen, wie es die Nachfrage zuläßt. Es ist daher unwahrscheinlich, daß sie Verordnungen erlassen, die ihre Einkünfte beträchtlich schmälern.

Ich halte es für durchaus der Mühe wert, kritisch zu untersuchen, was denn nun am Everest alles schiefgegangen war;

so mancher Todesfall könnte dadurch wahrscheinlich verhindert werden. Aber zu glauben, daß eine bis ins kleinste Detail gehende Fehleranalyse der tragischen Ereignisse von 1996 die Zahl der Opfer in Zukunft nennenswert verringern würde, ist reines Wunschdenken. Der Zwang, all die vielen Fehlentscheidungen fein säuberlich zu katalogisieren, um »aus Fehlern zu lernen«, entspringt eigentlich mehr dem Bedürfnis, zu verdrängen und sich selbst zu täuschen. Wem es gelingt, sich davon zu überzeugen, daß Rob Hall starb, weil er eine Reihe von Irrtümern beging, und wer sich selbst für zu schlau hält, um die gleichen Irrtümer zu wiederholen, dem fällt es natürlich leichter, sich am Everest zu versuchen, und mögen auch noch so viele zwingende Beweise dagegen sprechen.

Tatsächlich war das mörderische Ergebnis von 1996 in vielerlei Hinsicht schlicht und einfach »business as usual«. Auch wenn in der Frühjahrssaison so viele Menschen ums Leben kamen wie noch nie, machten die zwölf Todesfälle nur drei Prozent der 398 Bergsteiger aus, die über das Basislager hinausstiegen – was sogar leicht unter der historischen Todesquote von drei Komma drei Prozent liegt. Oder anders ausgedrückt: Zwischen 1921 und Mai 1996 starben 144 Menschen, während der Berg sechshundertdreißigmal bestiegen wurde – ein Verhältnis von eins zu vier. Im vergangenen Frühjahr verloren zwölf Menschen ihr Leben, während vierundachtzig den Gipfel erreichten – ein Verhältnis von eins zu sieben. Verglichen mit diesen historischen Daten, schneidet 1996 genaugenommen als ein überdurchschnittlich sicheres Jahr ab.

Um ehrlich zu sein, war eine Besteigung des Everest jedoch schon seit jeher ein extrem gefährliches Unterfangen und wird es zweifellos auch bleiben, egal, ob es sich nun um Himalaja-Neulinge handelt, die zum Gipfel geführt werden, oder um Weltklassebergsteiger, die mit ihresgleichen klettern. Vielleicht sollte man sich einmal vor Augen führen, daß der Berg, bevor er Fischer und Hall das Leben kostete, bereits eine ganze Garde von Elite-Bergsteigern ausgelöscht hatte, einschließlich Peter Boardman, Joe Tasker, Marty Hoey, Jake Breitenbach, Mike Burgh, Michel Parmentier, Roger Marshall, Ray Genet und George Leigh Mallory.

Was die hochgeführte Bergsteigerspezies betrifft, wurde mir 1996 schnell klar, daß nur wenige Kunden auf dem Berg (mich eingeschlossen) sich wirklich bewußt waren, in welch ernsthafter Gefahr sie sich befanden – der seidene Faden, an dem das Leben in Höhen über 8000 Meter hängt. Selbsternannte Helden mit Everest-Flausen im Kopf sollten sich stets vergegenwärtigen, daß, wenn die Dinge hoch oben in der Todeszone einmal nicht so laufen wie vorgesehen – und früher oder später passiert genau dies –, auch die stärksten Bergführer machtlos sind, das Leben eines Kunden zu retten; genaugenommen sind, wie die Ereignisse von 1996 zeigten, die stärksten Bergführer nicht einmal mehr in der Lage, ihr eigenes Leben zu retten. Vier meiner Teamgefährten starben nicht etwa, weil Halls Taktik mangelhaft gewesen wäre – tatsächlich hatte niemand eine bessere –, sondern weil es auf dem Everest nur natürlich ist, daß Taktiken völlig in sich zusammenbrechen.

Inmitten all der nachträglichen Erörterungen verliert man schnell die Tatsache aus den Augen, daß Bergsteigen niemals ein risikoloses, vorhersehbares, nach bestimmten Regeln ablaufendes Unterfangen sein wird. Wir haben es hier mit einer Tätigkeit zu tun, bei der das Eingehen von Risiken geradezu idealisiert wird. In dieser Sportart wurden schon immer diejenigen am meisten gefeiert, die Kopf und Kragen riskierten und dennoch davonkamen. Bergsteiger zeichneten sich noch nie durch einen Überschuß an gesundem Menschenverstand aus. Und dies gilt insbesondere für Everest-Bergsteiger: Wer die Chance erhält, den höchsten Punkt der Erde zu erreichen, neigt, wie die Geschichte uns lehrt, überraschend schnell dazu, objektive Gefahren zu übersehen. »Das, was diese Saison auf dem Everest passiert ist«, warnt Tom Hornbein dreiunddreißig Jahre nach seiner Besteigung über den Westgrat, »wird mit Sicherheit wieder passieren.«

Um sich vor Augen zu führen, wie wenig aus den Fehlern des 10. Mai gelernt wurde, braucht man sich nur anzuschauen, was in den Wochen gleich danach am Everest geschah.

Am 17. Mai, zwei Tage nachdem Halls Team das Basislager Richtung Heimat verlassen hatte, steigen drüben auf der tibetischen Seite des Berges ein Österreicher namens Reinhard Wlasich und sein ungarischer Teamgefährte ohne zusätzlichen Sauerstoff auf. Sie kamen bis zu dem auf 8270 Meter gelegenen Hochlager, wo sie in einem der Zelte übernachteten, die von der so verhängnisvoll verlaufenen Ladakhi-Expedition zurückgelassen worden waren. Am Morgen darauf klagte Wlasich, daß er sich krank fühle; kurz darauf verlor er das Bewußtsein. Ein norwegischer Arzt, der sich zufällig gerade dort aufhielt, stellte fest, daß der Österreicher sowohl an einem Lungen- als auch an einem Gehirnödem litt. Obwohl der Arzt sofort Sauerstoff und Arzneien verabreichte, war Wlasich um Mitternacht tot.

Drüben auf der nepalesischen Seite des Everest gruppierte sich David Breashears IMAX-Team von neuem und überlegte sich, was nun zu tun sei. Da in ihr Filmprojekt fünfeinhalb Millionen Dollar investiert waren, wollten sie unbedingt am Berg bleiben und einen Gipfelversuch starten. Mit Breashears, Ed Viesturs und Robert Schauer waren sie zweifellos das stärkste und fähigste Team am Berg. Sie hatten zwar die Hälfte ihres Sauerstoffvorrats an die in Not geratenen Bergsteiger und ihre Retter weggegeben, konnten aber bei Expeditionen, die den Berg verließen, genügend Flaschen abstauben, um ihr Vorratslager wieder aufzustocken.

Paula Barton Viesturs, Eds Frau, die für das IMAX-Team das Basislager leitete, hatte während der Katastrophe am 10. Mai den Funkverkehr im Lager überwacht. Sie war sowohl mit Fischer als auch mit Hall befreundet und war am Boden zerstört. Paula ging davon aus, daß das IMAX-Team nach einer solchen Tragödie automatisch die Zelte abbrechen und sich auf den

Heimweg machen würde. Dann hörte sie ein Funkgespräch zwischen Breashears und einem weiteren Bergsteiger mit, in dem der Teamleiter ganz ungeniert erklärte, daß das Team sich nun eine kurze Zeit im Basislager ausruhen und anschließend einen Gipfelversuch starten wolle.

»Nach all dem, was passiert war, habe ich einfach nicht fassen können, daß sie da wieder hoch wollen«, gesteht Paula. »Als ich das Gespräch gehört habe, wäre ich beinahe an die Decke gegangen.« Sie war dermaßen verärgert, daß sie das Basislager verließ und für fünf Tage nach Tengboche ging, um sich wieder zu sammeln.

Am Mittwoch, dem 22. Mai, kam das IMAX-Team bei idealem Wetter auf dem Südsattel an und brach noch in der gleichen Nacht Richtung Gipfel auf. Ed Viesturs, der in dem Film die Hauptrolle spielt, kam am Donnerstag morgen um 11 Uhr auf dem Gipfel an, ohne zusätzlichen Sauerstoff benutzt zu haben.*

Breashears kam 20 Minuten später an, gefolgt von Araceli Segarra, Robert Schauer und Jamling Norgay Sherpa – Sohn des Erstbesteigers Tenzing Norgay, und das neunte Mitglied des Norgay-Clans, das den Berg besteigen konnte. Alles in allem erreichten an jenem Tag 16 Bergsteiger den Gipfel, einschließlich des Schweden Göran Kropp, der mit dem Fahrrad von Stockholm aus nach Nepal gereist war, und Ang Rita Sherpa, der zum zehnten Mal auf dem Gipfel des Everest stand.

Auf dem Weg nach oben war Viesturs an den gefrorenen Körpern von Fischer und Hall vorbeigekommen. »Sowohl Jean [Fischers Frau] als auch Jan [Halls Frau] hatten mich gebeten, ihnen ein paar persönliche Gegenstände mitzubrin-

---

* Viesturs hatte den Everest bereits 1990 und 1991 ohne zusätzlichen Sauerstoff bestiegen. 1994 bestieg er den Berg ein drittes Mal mit Rob Hall. Während letzterer Besteigung benutzte er Flaschensauerstoff, da er als Bergführer fungierte und ein Verzicht darauf in diesem Fall seiner Ansicht nach unverantwortlich ist.

351

gen«, erzählt Viesturs sichtlich verlegen. »Ich wußte, daß Scott seinen Ehering um den Hals trug, und ich wollte ihn für Jeannie mit runterbringen, aber ich konnte mich nicht dazu überwinden, um seine Leiche herumzugraben. Hab's einfach nicht über mich bringen können.« Anstatt irgendwelche Erinnerungsstücke einzusammeln, setzte Viesturs sich beim Abstieg neben Fischer und verbrachte ein paar Minuten mit ihm allein. »Hey, Scott, wie geht's?« fragte Ed seinen Freund traurig. »Was ist denn passiert, Mann?«

Als das IMAX-Team am Freitagnachmittag, dem 24. Mai, von Camp Vier auf Camp Zwei abstieg, traf es am Gelben Band auf die kümmerlichen Reste des südafrikanischen Teams Ian Woodall, Cathy O'Dowd, Bruce Herrod und drei Sherpas. Sie waren auf dem Weg zum Südsattel, um ihren Gipfelversuch zu starten. »Bruce schien in großartiger Verfassung zu sein, er sah richtig gut aus«, weiß Breasheras noch. »Er hat mir richtig kräftig die Hand geschüttelt, uns gratuliert und gesagt, daß er sich großartig fühlt. Eine halbe Stunde hinter ihm waren Ian und Cathy, die total fertig über ihren Eispickeln hingen und wie Gespenster ausgesehen haben – wirklich völlig am Ende.

Ich bin dann extra ein bißchen länger bei ihnen geblieben«, fährt Breashears fort. »Ich habe ja gewußt, daß sie sehr unerfahren waren, und also gesagt: ›Seid bitte vorsichtig. Ihr habt ja gesehen, was hier Anfang des Monats passiert ist. Macht euch immer klar, daß auf den Gipfel zu kommen der leichte Teil ist. Richtig schwer wird's erst beim Abstieg.‹«

Die Südafrikaner brachen noch in jener Nacht zum Gipfel auf, O'Dowd und Woodall verließen 20 Minuten nach Mitternacht die Zelte, gemeinsam mit den Sherpas Pemba Tendi, Ang Dorje* und Janbu, die den Flaschensauerstoff für sie trugen. Herrod hatte das Lager allem Anschein nach nur wenige Minuten nach der Hauptgruppe verlassen, fiel jedoch im Verlauf des Anstiegs immer weiter zurück. Am Samstag, dem 25.

---

* Zur Erinnerung: Der Sherpa Ang Dorje im südafrikanischen Team ist nicht zu verwechseln mit dem Sherpa Ang Dorje in Rob Halls Team.

Mai, rief Woodall um 9 Uhr 50 über Funk Patrick Conroy, den Leiter des Basislagers, um zu melden, daß er mit Pemba auf dem Gipfel stünde und daß O'Dowd in 15 Minuten mit Ang Dorje und Jangbu ebenfalls die Spitze des Everest erreichen würde. Woodall sagte weiter, daß Herrod sich in unbekannter Entfernung weiter unten befinden würde.

Herrod, dem ich mehrere Male am Berg begegnet war, war ein liebenswürdiger Siebenunddreißiger von der Statur eines Bären. Obwohl er über keinerlei Höhenerfahrung verfügte, war er ein fähiger Bergsteiger, der als Geophysiker achtzehn Monate in den Eiswüsten der Antarktis verbracht hatte – er war bei weitem der beste im südafrikanischen Team verbliebene Bergsteiger. Seit 1988 versuchte er sich als freischaffender Fotograf zu etablieren, und er hatte die Hoffnung, daß seine Karriere durch eine Besteigung des Everest einen kräftigen Aufschwung nehmen würde.

Als Woodall und O'Dowd längst auf dem Gipfel standen, war Herrod, wie sich später herausstellte, noch weit unten und kämpfte sich bedenklich langsam allein den Südostgrat hoch. Gegen 12 Uhr 30 begegnete er Woodall, O'Dowd und den drei Sherpas auf ihrem Weg nach unten. Ang Dorje gab Herrod ein Funkgerät und beschrieb ihm die Stelle, wo man für ihn eine Sauerstoffflasche deponiert hatte. Dann stieg Herrod alleine weiter. Erst kurz nach 17 Uhr erreichte er den Gipfel, sieben Stunden nach den anderen; Woodall und O'Dowd waren zu jenem Zeitpunkt bereits wieder zurück in ihren Zelten auf dem Südsattel.

Zufälligerweise rief im gleichen Moment, als Herrod dem Basislager über Funk meldete, daß er oben angekommen war, seine Freundin Susan Thompson über Satellitentelefon aus ihrer Wohnung in London an und sprach mit Conroy. »Als Patrick mir gesagt hat, daß Bruce auf dem Gipfel ist«, weiß Thompson noch, »hab ich gesagt: ›Scheiße! Er kann doch nicht so spät auf dem Gipfel sein – es ist Viertel nach fünf! Das gefällt mir nicht.‹«

Einen Augenblick später stellte Conroy sie zu Herrod auf

dem Gipfel des Everest durch.»Bruce schien bei klarem Verstand«, berichtete sie.»Ihm war vollkommen klar, daß er sehr lange gebraucht hatte, um da hinaufzukommen, aber er klang so normal, wie man in dieser Höhe nur klingen kann. Er hatte ja zum Sprechen seine Sauerstoffmaske abgenommen. Ich hatte auch nicht den Eindruck, daß er völlig aus der Puste ist.«

Dennoch, Herrod hatte vom Südsattel bis zum Gipfel siebzehn Stunden gebraucht. Obwohl es nicht sonderlich windig war, verhüllten nun Wolken den Gipfelbereich, und die Dunkelheit rückte immer näher. Er war allein auf dem Dach der Welt, völlig erschöpft, und wahrscheinlich war ihm der Sauerstoff ausgegangen oder fast ausgegangen.»Daß er so spät noch da oben war, ganz allein, war schierer Wahnsinn«, sagt sein früherer Teamgefährte Andy de Klerk.»Das gibt's einfach nicht.«

Herrod war zwischen dem 9. und 12. Mai auf dem Südsattel gewesen. Er hatte den tosenden Sturm zu spüren bekommen, die verzweifelt um Hilfe rufenden Funksprüche gehört, Beck Weathers erfrorenen, halbverkrüppelten Arm gesehen. Am Anfang seiner Besteigung vom 25. Mai war Herrod direkt an der Leiche Scott Fischers vorbeigekommen, und ein paar Stunden danach mußte er am Südgipfel über Rob Halls leblose Beine gestiegen sein. Allem Anschein nach haben die Leichen Herrod jedoch nur wenig beeindrucken können, denn trotz seines langsamen Tempos und der vorgerückten Stunde stieg er weiter unbeirrt Richtung Gipfel.

Herrod sollte sich nach seinem Funkruf um 17 Uhr 15 nicht mehr melden.»Wir haben mit eingeschaltetem Funkgerät im Camp Vier gesessen und auf ihn gewartet«, erklärte Cathy O'Dowd in einem Interview mit dem *Johannesburg Mail & Guardian*.»Wir waren total erschöpft und sind dann irgendwann eingeschlafen. Als ich gegen 5 Uhr aufgewacht bin, und er sich immer noch nicht gemeldet hatte, war mir klar, daß wir ihn verloren hatten.«

Bruce Herrod wurde für tot erklärt, das zwölfte Opfer der Saison.

EPILOG

Seattle
29. November 1996
80 Meter

Nun träumte ich von der sanften Berührung einer Frau, dem Singen der Vögel, dem Duft von zwischen meinen Fingern zerbröckelndem Ackerboden und von dem strahlenden Grün der Pflanzen, die ich eifrig gieße. Ich möchte ein Stück Land kaufen, und ich werde darauf Rehe und Hirsche und Wildschweine und Vögel großziehen und es mit Pappeln und Platanen bepflanzen und einen Teich anlegen, und die Enten werden kommen, und Fische werden im dämmrigen Abendlicht auftauchen und mit ihren Mäulern nach Insekten schnappen. Durch die Wälder werden Pfade führen, und du und ich werden uns in den sanften Wölbungen und Furchen des Erdbodens verlieren. Wir werden am Ufer ankommen und im Gras liegen, und es wird da ein kleines unauffälliges Schild geben, auf dem steht: DIES IST DIE WIRKLICHE WELT, MUCHACHOS, UND WIR SIND ALLE HIER. – B. Traven...

CHARLES BOWDEN
Blood Orchid

Ein paar von den Leuten, die letzten Mai auf dem Everest waren, erklärten mir, daß sie es schafften, die Tragödie hinter sich zu lassen. Mitte November erhielt ich einen Brief von Lou Kasischke, in dem er schrieb: *In meinem Fall hat es ein paar Monate gedauert, bis das Positive sich herauskristallisierte. Aber irgendwann war's dann soweit. Der Everest war die schlimmste Erfahrung meines Lebens. Aber das war damals. Und jetzt ist jetzt. Ich konzentriere mich auf das Positive. Ich habe ein paar wichtige Dinge über das Leben, über andere und mich selbst herausgefunden. Ich spüre förmlich, daß ich das Leben nun mit klareren Augen sehe. Ich sehe Dinge, die mir bisher stets verborgen geblieben sind.*

Lou war gerade von einem Wochenende bei Beck Weathers in Dallas zurückgekehrt. Nach seiner Hubschrauberbergung aus dem Cwm wurde Beck der rechte Unterarm bis zur Hälfte amputiert. Alle vier Finger und der Daumen der linken Hand mußten entfernt werden. Seine Nase wurde wegoperiert und mit Gewebe aus seinem Ohr und seiner Stirn rekonstruiert. Lou sinnierte, daß der Besuch bei Beck...

...sowohl traurig als auch triumphal war. Es tat weh, Beck so zu sehen, mit seiner wiederaufgebauten Nase und dem vernarbten Gesicht, wie er sich fragte, ob er, ein Invalide für den Rest seines Lebens, wieder als Arzt praktizieren kann und so was. Aber es war schon beeindruckend zu sehen, wie ein Mann sich mit alldem abfinden kann und immer nach vorn schaut. Schritt für Schritt versucht er, damit fertig zu werden. Er wird den Kampf gewinnen.

Beck hatte über alle nur Gutes zu sagen. Schuldzuweisungen sind nicht seine Sache. Auch wenn du politisch nicht immer einer Meinung mit ihm warst, wärst du genauso stolz auf ihn wie ich, wenn du sehen würdest, wie er mit der Sache umgeht. Irgendwie wird eines Tages viel Positives daraus für Beck entstehen.

Es macht mir Mut zu hören, daß Beck, Lou und die anderen offensichtlich in der Lage sind, die Sache als eine Erfahrung zu sehen, die auch ihre positiven Seiten hat – aber es macht mich auch neidisch. Vielleicht werde auch ich mit der Zeit in der Lage sein, irgend etwas Positives in all dem Leid zu erkennen, aber momentan will mir dies nicht so recht gelingen.

Während ich dies schreibe, ist seit meiner Rückkehr aus Nepal bereits ein halbes Jahr vergangen, und in diesen sechs Monaten gab es keinen Tag, an dem meine Gedanken nicht mindestens zwei, drei Stunden lang vom Everest beherrscht gewesen wären. Nicht einmal der Schlaf gewährt mir eine Atempause: Fiebrige Bilder von der Besteigung und ihrem Ausgang durchdringen meine Träume.

Mein Artikel über die Expedition löste nach seinem Erscheinen in der September-Ausgabe von *Outside* eine Flut von Leserbriefen aus. Viele der Schreiber boten jenen von uns, die zurückgekehrt waren, ihre Hilfe und ihr Mitgefühl an, aber es gab auch massenweise beißende Kritik. So rügte zum Beispiel ein Anwalt aus Florida: *Ich kann nur sagen, daß ich mit Jon Krakauer vollkommen übereinstimme, wenn er sagt, »Mein Verhalten – oder mein Versagen – spielte eine direkte Rolle im Zusammenhang mit Andy Harris' Tod. Ich stimme ebenfalls mit ihm überein, wenn er sagt: »[Er war] nur ganze einhundert Meter [entfernt], in einem Zelt liegend, ohne auch nur irgendwie einzugreifen...« Ich weiß nicht, wie er damit leben kann.*

Ein paar der wütenden Briefe – und der bei weitem am beunruhigendsten zu lesende – kamen von Verwandten der Verstorbenen. Scott Fischers Schwester, Lisa Fischer-Luckenbach, schrieb: *Wenn man von Ihrem geschriebenen Wort ausgeht, dann scheinen SIE ja die geradezu unheimliche Fähigkeit zu besitzen, genau zu wissen, was in den Köpfen und Herzen eines jeden einzelnen Expeditionsteilnehmers vorging. Jetzt, wo SIE zu Hause sitzen, heil und unversehrt, urteilen Sie über die Urteilsfähigkeit der anderen und analysieren ihre Intentionen, Verhaltensweisen, persönlichen Eigenarten und Beweggründe. Sie geben Kommentare darüber ab, was von den Bergführern hätte getan werden SOLLEN, von den Sherpas, den Kunden, und arrogant gehen Sie hin und bezichtigen andere des Fehlverhaltens. Ausgerechnet Jon Krakauer, der, nachdem er das hereinbrechende Verhängnis spürte, in sein Zelt zurückgekrochen ist, um seine eigene Haut zu retten...*

Vielleicht überlegen Sie sich einmal, was Sie anrichten, indem Sie vorgeben, ALLES ZU WISSEN. Sie haben sich bereits mit Ihrer SPEKULATION über Andy Harris' Schicksal geirrt und haben so seine Familie und seine Freunde in tiefste Trauer und Verzweiflung gestürzt. Und jetzt haben Sie Lopsangs Integrität mit Ihren »Klatschgeschichten« angezweifelt.

Ich lese in Ihrem Artikel nichts weiter als IHR EIGENES EGO, das sich völlig kopflos abmüht, in den Geschehnissen einen Sinn zu erkennen. Sie werden Ihren Seelenfrieden, nach dem Sie so verzweifelt suchen, nicht finden, und wenn Sie noch soviel analysieren, kritisieren, beurteilen oder Hypothesen aufstellen. Es gibt keine Antworten. Niemand hat sich einer Verfehlung schuldig gemacht. Niemandem sind Vorwürfe zu machen. Alle haben damals unter den gegebenen Umständen ihr Bestes getan. Niemand wollte, daß dem anderen etwas zustößt. Niemand wollte sterben.

Dieses letzte Schreiben war besonders bestürzend und verletzend, weil ich es zur selben Zeit erhielt, als ich erfahren mußte, daß die Liste der Opfer nun auch Lopsang Jangbu einschloß.

Lopsang war im August, nachdem der Monsun sich aus dem Himalaja zurückgezogen hatte, an den Everest zurückgekehrt, um einen japanischen Kunden über den Südsattel und den Südostgrat zum Gipfel zu führen. Als sie am 25. September von Camp Drei auf Camp Vier stiegen, um ihren Gipfelversuch zu starten, wurden Lopsang, ein weiterer Sherpa und ein französischer Bergsteiger unterhalb vom Genfer Sporn von einem Schneebrett erfaßt, das sie über die Lhotse-Flanke in den Tod riß. Lopsang hinterließ eine junge Frau und ein zwei Monate altes Baby in Kathmandu.

Es trafen noch andere schlechte Nachrichten ein. Am 17. Mai, nachdem er vom Everest abgestiegen und sich zwei Tage im Basislager ausgeruht hatte, bestieg Anatoli Boukreev im Alleingang den Lhotse. »Ich bin müde«, sagte er mir, »aber ich gehe für Scott.« Boukreev hatte es sich zum Ziel gesetzt, sämtliche vierzehn Achttausender der Erde zu besteigen, und im September reiste er nach Tibet und bestieg den Cho Oyu und den 8046 Meter hohen Sisha Pangma. Aber Mitte November, während eines Aufenthalts in seiner Heimat Kasachstan, verunglückte er in einem Bus. Der Fahrer kam ums Leben, und Anatoli erlitt schwere Kopfverletzungen. Vor allem ein Auge erlitt dabei schwere, möglicherweise bleibende Schäden.

Am 14. Oktober 1996 wurde im Rahmen des südafrikanischen Diskussionsforums über den Everest folgende Botschaft im Internet verbreitet: *Ich bin eine Sherpa-Waise. Mein Vater kam im Khumbu-Eisfall ums Leben, als er Ende der Sechziger für eine Expedition Lastentransporte durchführte. Meine Mutter starb kurz unterhalb von Pheriche, als ihr Herz unter einer Last versagte, die sie 1970 für eine andere Expedition schleppte. Drei meiner Geschwister starben an verschiedenen Ursachen, meine Schwester und ich wurden zu Pflegeeltern in Europa und den Vereinigten Staaten geschickt.*

Ich bin in mein Heimatland nie zurückgekehrt, weil ich glaube, daß es verflucht ist. Meine Vorfahren zogen in die Khumbu-Region, um der Verfolgung in den Tiefebenen zu entfliehen. Dort, im Schatten der »Sagarmathaji«, »Göttin Mutter der Erde«, fanden sie heilige Zuflucht. Als Gegenleistung wurde von ihnen erwartet, die heilige Stätte dieser Göttin vor Fremden zu schützen.

Aber mein Volk hat das Gegenteil getan. Sie zeigten Fremden den Weg zu dieser heiligen Stätte, und indem sie siegschreiend auf ihr standen, schlugen sie an jedem einzelnen Glied ihres Körpers Wunden, besudelten und beschmutzten ihren Busen. Ein paar mußten ihr Leben dafür lassen, andere kamen gerade noch davon oder brachten statt dessen das Leben anderer als Opfergabe dar ...

Ich glaube also, daß sogar die Sherpas mitschuldig an der Tragödie von 1996 auf »Sagarmatha« sind. Ich bedaure meinen Entschluß nicht, nicht zurückzukehren, denn ich weiß, daß die Menschen dort dem Untergang geweiht sind, ebenso wie die reichen, überheblichen Fremden, die von sich meinen, sie könnten die Welt erobern. Erinnert Euch an die Titanic. Selbst die Unsinkbare sank, und was sind schon dumme kleine Sterbliche wie Weathers, Pittman, Fischer, Lopsang, Tenzing, Messner oder Bonington im Angesicht der »Göttin Mutter«. Da dies nun einmal so ist, habe ich mir geschworen, niemals in meine Heimat zurückzukehren und mich nicht an diesem Sakrileg zu beteiligen.

Der Everest scheint das Leben vieler Menschen vergiftet zu haben. Beziehungen gingen in die Brüche. Die Frau eines der Opfer mußte wegen Depressionen in einer Klinik untergebracht werden. Als ich das letzte Mal mit einem bestimmten

Teamgefährten sprach, war sein Leben völlig aus der Bahn geworfen. Er erzählte mir, daß der Streß, mit den Nachwirkungen der Expedition fertigzuwerden, seine Ehe zu zerstören drohte. Zum Arbeiten fehle ihm die Konzentration, sagte er, und des öfteren mußte er sich Spott und Hohn irgendwelcher Fremden gefallen lassen.

Bei ihrer Rückkehr nach Manhattan mußte Sandy Hill Pittman entdecken, daß sie für einen Großteil der öffentlichen Empörung über die Geschehnisse am Everest als Blitzableiter herhalten mußte. Die Zeitschrift *Vanity Fair* veröffentlichte in ihrer August-Ausgabe 1996 einen vernichtenden Artikel. Ein Kamerateam des Boulevard-Fernsehmagazins *Hard Copy* legte sich vor ihrer Wohnung auf die Lauer. Auf der Rückseite des *The New Yorker* bedachte der Schriftsteller Christopher Buckley sie mit einer scharfen Pointe über ihr Höhen-Martyrium. Im Herbst hatte sich die Situation derartig zugespitzt, daß sie einer Freundin tränenüberströmt gestand, daß ihr Sohn auf seiner exklusiven Privatschule bespöttelt und wie ein Ausgestoßener behandelt wurde. Die brodelnde Intensität des kollektiven Zorns über die Everest-Geschehnisse – und die Tatsache, daß dieser Zorn sich vor allem gegen sie richtete – hatte Pittman völlig unvorbereitet erwischt und sie tief erschüttert.

Was Neal Beidleman betrifft, so hatte er fünf Kunden das Leben gerettet, indem er sie den Berg hinunterführte; dennoch läßt ihn ein Tod, den er nicht verhindern konnte, nicht mehr los. Dabei gehörte jene Kundin nicht einmal seinem Team an; Beidleman war also strenggenommen nicht für sie verantwortlich.

Nachdem Beidleman und ich uns an unsere heimatliche Scholle reakklimatisiert hatten, unterhielten wir uns ein wenig. Er schilderte mir, was er damals alles fühlte und dachte, draußen auf dem Südsattel, als er sich mit den anderen gegen den Wind zusammenkauerte und verzweifelt versuchte, alle am Leben zu halten. »Gleich als der Himmel so weit aufklarte, daß man zumindest ahnen konnte, wo das Lager war«, erzählte er, »war es wie: ›Hey, wenn wir noch lange warten, geht's mit dem Sturm bestimmt gleich wieder los, also MARSCH jetzt!‹ Ich habe alle angeschrien, um sie auf Trab zu bringen, aber es hat sich dann schnell herausgestellt, daß einige zu schwach waren, um zu gehen oder auch nur aufzustehen.

Einige haben geweint. Ich habe jemanden schreien gehört: ›Laß mich hier nicht sterben!‹ Es war klar, daß es jetzt oder nie war. Ich versuchte, Yasuko auf die Beine zu stellen. Sie greift meinen Arm, aber sie war zu schwach und schafft's nur bis zu den Knien. Ich gehe also los und ziehe sie ein, zwei Schritte hinter mir her, und dann läßt sie langsam los und fällt von mir ab. Ich muß weiter. Irgend jemand mußte es zu den Zelten schaffen und Hilfe holen, sonst wären wir alle gestorben.«

Beidleman verfiel in kurzes Schweigen. »Aber ich muß immer wieder an Yasuko denken«, fuhr er schließlich fort, »sie war so klein. Ich spüre noch immer ihre Finger, wie sie über meine Muskeln am Oberarm gleiten und wie sie dann losgelassen hat. Ich habe mich nicht einmal nach ihr umgedreht.«

Nachbemerkung des Autors

Mein Artikel in *Outside* hat einige der Leute, über die ich dort schrieb, verärgert und die Freunde und Verwandten mancher Everest-Opfer verletzt. Dies tut mir aufrichtig leid – ich wollte niemanden kränken. Meine Absicht war es vielmehr, mit dem Artikel, und mehr noch mit diesem Buch, so genau und wahr wie möglich darüber zu berichten, was auf dem Berg tatsächlich passiert ist, und zwar mit Gefühl und Achtung. Ich bin fest davon überzeugt, daß diese Geschichte erzählt werden muß, doch nicht alle teilen diese Ansicht, und ich bitte die, die sich durch meine Worte verletzt fühlen, um Vergebung.

Zudem möchte ich Fiona McPherson, Ron Harris, Mary Harris, David Harris, Jan Arnold, Sarah Arnold, Eddie Hall, Millie Hall, Jaime Hansen, Angie Hansen, Karen Marie Rochel, Kenichi Namba, Jean Price, Andy Fischer-Price, Katie Rose Fischer-Price, Gene Fischer, Shirley Fischer, Lisa Fischer-Lukkenbach, Rhonda Fischer Salerno, Sue Thompson und Ngawang Sya Kya Sherpa mein aufrichtiges Beileid aussprechen.

Beim Schreiben dieses Buches erhielt ich unschätzbare Hilfe von vielen Leuten, doch Linda Miriam Moore und David S. Robert haben eine besondere Erwähnung verdient. Sie haben mich nicht nur mit ihrem fachmännischen Rat, sondern auch mit ihrer stetigen Unterstützung und Ermutigung versehen, ohne die ich mich nie der zweifelhaften Aufgabe gestellt hätte, mit dem Schreiben meinen Lebensunterhalt zu verdienen.

Auf dem Mount Everest selbst war mir die Begleitung von Chhiri Sherpa, Chhongba Sherpa, Ang Tshering Sherpa, Kami Sherpa, Tenzing Sherpa, Arita Sherpa, Chuldum Sherpa, Ngawang Norbu Sherpa, Pemba Sherpa, Tendi

Sherpa, Beck Weathers, Stuart Hutchison, Frank Fischbeck, Lou Kasischke, John Taske, Guy Cotter, Nancy Hutchison, Susan Allen, Anatoli Boukreev, Neal Beidleman, Jane Bromet, Ingrid Hunt, Ngima Kale Sherpa, Sandy Hill Pittman, Charlotte Fox, Tim Madsen, Pete Schoening, Klev Schoening, Lene Gammelgaard, Martin Adams, Dale Kruse, David Breashears, Robert Schauer, Ed Viesturs, Paula Viesturs, Liz Cohen, Araceli Segarra, Sumiyo Tsuzuki, Laura Ziemer, Jim Litch, Peter Athans, Todd Burleson, Scott Darsney, Brent Bishop, Andy de Klerk, Ed February, Cathy O'Dowd, Deshun Deysel, Alexandrine Gaudin, Philip Woodall, Makalu Gau, Ken Kamler, Charles Corfield, Becky Johnston, Jim Williams, Mal Duff, Mike Trueman, Michael Burns, Henrik Jessen Hansen, Veikka Gustafsson, Henry Todd, Mark Pfetzer, Ray Door, Göran Kropp, Dave Hiddleston, Chris Jillet, Dan Mazur, Jonathan Pratt und Chantal Mauduit eine große Hilfe.

Ich möchte meinen Lektoren, David Rosenthal und Ruth Fecych von Villard Books/Random House danken. Dank auch an Adam Rothberg, Annik LaFarge, Dan Rembert, Diana Frost, Kirsten Raymond, Jennifer Webb, Melissa Milsten, Dennis Ambrose, Bonnie Thompson, Brian McLendon, Beth Thomas, Caroline Cunningham, Dianne Russell, Katie Mehan und Suzanne Wickham.

Dieses Buch war ursprünglich als Artikel für *Outside* geplant. Besonderer Dank geht an Mark Bryant für die unermüdliche und umsichtige Redaktion meiner Arbeit, die er nun schon seit fast fünfzehn Jahren leistet, und an Larry Burke, der meine Texte seit noch längerer Zeit druckt. Weitere Mitarbeiter an dem Artikel über den Mount Everest waren Brad Wetzler, John Alderman, Katie Arnold, John Tayman, Sue Casey, Greg Cliburn, Hampton Sides, Amanda Stuermer, Lorien Warner, Sue Smith, Cricket Lengyel, Lolly Merrell, Stephanie Gregory, Laura Hohnhold, Adam Horowitz, John Galvin, Adam Hicks, Elizabeth Rand, Chris Czmyrid, Scott Parmalee, Kim Gattone und Scott Mathews.

Besonderen Dank schulde ich meinem hervorragenden

364

Agenten John Ware. Dank auch an David Schenstedt und Peter Bodde von der amerikanischen Botschaft in Kathmandu sowie an Lisa Choegyal von Tiger Mountain und Deepak Lama von Wilderness Experience Trekking für ihre Hilfe im Anschluß an die Tragödie.

Für Anregung, Gastlichkeit, Freundschaft, Auskunft und weisen Rat möchte ich Tom Hornbein, Bill Atkinson, Madeleine David, Steve Gipe, Don Peterson, Martha Kongsgaard, Peter Goldman, Rebecca Roe, Keith Mark Johnson, Jim Clash, Muneo Nukita, Helen Trueman, Steve Swenson, Conrad Anker, Alex Lowe, Colin Grissom, Kitty Calhoun, Peter Hackett, David Shlim, Brownie Schoene, Michael Chessler, Marion Boyd, Graem Nelson, Stephen P. Martin, Jane Tranel, Ed Ward, Sharon Roberts, Matt Hale, Roman Dial, Peggy Dial, Steve Rottler, David Trione, Deborah Shaw, Nick Miller, Dan Cauthorn, Greg Collum, Dave Jones, Fran Kaul, Dielle Havlis, Lee Joseph, Pat Joseph, Pierret Vogt, Paul Vogt, David Quammen, Tim Cahill, Paul Theroux, Charles Bowden, Alison Lewis, Barbara Detering, Lisa Anderheggen-Leif, Helen Forbes und Heidi Baye danken.

Eine große Hilfe war die Arbeit zahlreicher Kollegen – Schriftsteller wie Journalisten: Elizabeth Hawley, Michael Kennedy, Walt Unsworth, Sue Park, Dile Seitz, Keith McMillan, Ken Owen, Ken Vernon, Mike Loewe, Keith James, David Beresford, Greg Schild, Bruce Barcott, Peter Potterfield, Stan Armington, Jennet Conant, Richard Cowper, Brian Blessed, Jeff Smoot, Patrick Morrow, John Colmey, Meenakshi Ganguly, Jennifer Mattos, Simon Robinson, David Van Biema, Jerry Adler, Rod Nordland, Tony Clifton, Patricia Roberts, David Gates, Susan Miller, Peter Wilkinson, Claudia Glenn Dowling, Steve Kroft, Joanne Kaufman, Howie Masters, Forrest Sawyer, Tom Brokaw, Audrey Salkeld, Liesl Clark, Jeff Herr, Jim Curran, Alex Heard und Lisa Chase.

Nachwort zur 15. Auflage

Im November 1997 kam ein Buch mit dem Titel *Der Gipfel* in die Buchhandlungen – Anatoli Boukreevs Bericht über das Unglück von 1996 am Everest aus der Feder des Amerikaners G. Weston DeWalt. Da Boukreev erheblichen Anstoß daran nahm, wie er in *In eisige Höhen* dargestellt wurde, ist ein großer Teil von *Der Gipfel* der Rechtfertigung des Vorgehens Boukreevs am Everest gewidmet, wobei die Richtigkeit meiner Darstellung angezweifelt und meine Integrität als Journalist in Frage gestellt wird. Auch wenn es für mich sehr interessant war, die Ereignisse von 1996 aus der Sicht Boukreevs kennenzulernen, und das Buch mich stellenweise sehr berührt hat, empfand ich *Der Gipfel* doch als eine ganz und gar nicht aufrichtige Darstellung der Tragödie am Everest. Mir lag nicht daran, Boukreev oder DeWalt in Schwierigkeiten zu bringen, und ich verzichtete deshalb darauf, öffentlich gegen ihr Buch vorzugehen. Ich habe vielmehr in mehreren Briefen an DeWalt und seinen Verlag St. Martin's Press einige der zahlreichen Fehler des Buches aufgeführt. Ein Verlagssprecher kündigte an, daß nachfolgende Ausgaben korrigiert würden.

Als St. Martin's im Juli 1998 eine Paperback-Ausgabe von *Der Gipfel* herausbrachte, stellte ich zu meinem Unmut fest, daß die Neuauflage noch immer die meisten der von mir vor sieben Monaten aufgezeigten Fehler enthielt. Diese offenkundige Mißachtung der Wahrheit durch DeWalt und den Verlag veranlaßte mich, mein Schweigen zu brechen und für die Richtigkeit und Wahrheit von *In eisige Höhen* einzustehen. Die einzige Möglichkeit dazu besteht leider darin, einige der Sachfehler aus *Der Gipfel* aufzuzeigen.

Von den sechs professionellen Bergführern, die am 10. Mai 1996 oben am Everest in einen Schneesturm gerieten, überlebten nur drei: Anatoli Boukreev, Michael Groom und Neal Beidleman. Ein gewissenhafter Journalist, dem an einer wahrheitsgemäßen Schilderung der Tragödie in ihrem ganzen Umfang gelegen hätte, hätte vermutlich jeden der überlebenden Bergführer interviewt (was ich für *In eisige Höhen* getan habe). Schließlich hatten die Entscheidungen der Bergführer weitreichende Auswirkungen auf den Ausgang des Unglücks. DeWalt interviewte zwar Boukreev, verzichtete aber darauf, auch Groom oder Beidleman zu befragen.

Nicht weniger verwunderlich ist DeWalts Versäumnis, sich mit Lopsang Jangbu in Verbindung zu setzen, Fischers Sherpa-Anführer. Lopsang spielte eine der entscheidenden und umstrittensten Rollen in dieser Katastrophe. Er führte Sandy Hill Pittman am Kurzseil. Er war bei Fischer, als der Leiter von Mountain Madness beim Abstieg zusammenbrach; Lopsang war der letzte, der mit Fischer vor dessen Tod gesprochen hat. Lopsang war auch der letzte, der Rob Hall, Andy Harris und Doug Hansen lebend gesehen hat. Doch DeWalt nahm nie Kontakt zu Lopsang auf, obwohl der Sherpa einen großen Teil des Sommers 1996 in Seattle verbrachte und telefonisch leicht zu erreichen gewesen wäre.

Über die Gründe für diese offenkundigen journalistischen Fehlleistungen kann nur spekuliert werden, doch das Endergebnis ist ein ziemlich blamables Dokument. Vielleicht hängt es damit zusammen, daß DeWalt – ein Amateurfilmer, der die Nachforschungen überwachte und letztlich *Der Gipfel* geschrieben hat – keine bergsteigerischen Vorkenntnisse besaß, die Berge Nepals nie besucht hat und sehr begrenzte Erfahrungen als Text-Journalist hatte. Beidleman war jedenfalls, nachdem er das Buch gelesen hatte, so ernüchtert, daß er im Dezember 1997 DeWalt in einem Brief unter anderem schrieb: »Ich halte *Der Gipfel* für eine unredliche Darstellung der Mai-Tragödie... Weder Sie noch Ihre Kollegen haben jemals bei mir angerufen, um auch nur ein einziges Detail zu überprüfen.« DeWalts Versäumnis, Groom, Beidleman und Lopsang Jangbu Sherpa zu befragen, ist zwar sein unverständlichster Fehler, er unterließ es aber auch, einen der anderen betroffenen Sherpas zu befragen, oder drei der acht Kunden aus Boukreevs eigenem Team sowie einige andere Bergsteiger, die bei dieser Tragödie und/oder der anschließenden Rettung eine wichtige Rolle spielten. Es ist vielleicht nur ein Zufall, aber die meisten Schlüsselpersonen, zu denen DeWalt offenbar keinen Kontakt aufnehmen wollte, stehen Boukreevs Verhalten am Everest kritisch gegenüber.

Klev Schoening, Neal Beidleman und Lopsang Jangbu werden in *Der Gipfel* wiederholt zitiert, sämtliche Zitate stammen jedoch aus sogenannten Lagebesprechungsbändern, die Sandy Pittman am 15. Mai 1996 im Basislager am Everest aufgenommen hat. DeWalt stellte keine einzige der von Kruse, Beidleman, Lopsang, Klev Schoening oder Pete Schoening gemachten Aussagen richtig. Beidleman und Klev Schoening erklärten mir gegenüber, daß ihre von Pittman aufgenommenen Worte von DeWalt in *Der Gipfel* aus dem Zusammenhang gerissen und völlig falsch interpretiert wurden und nicht den Sinn dessen wiedergeben, was gesagt wurde.

Aufgrund der planlosen Nachforschungen DeWalts enthält *Der Gipfel* zahllose sachliche Fehler. Ich möchte nur ein Beispiel von vielen anführen: das Eisbeil von Andy Harris – dessen Fundort einen wichtigen Hinweis darauf liefert, wie Harris umgekommen sein könnte – wurde nicht dort gefunden, wo DeWalt berichtet. Das war einer der Fehler, auf den ich DeWalt und den Verlag nach dem Erscheinen der ersten Auflage von *Der Gipfel* im November 1997 hingewiesen habe, der jedoch in der Paperbackausgabe nicht berichtigt wurde. Diese Gleichgültigkeit bedrückt diejenigen von uns, deren Leben durch dieses Unglück verändert wurde und die sich noch immer damit quälen, zu begreifen, was sich da oben wirklich zugetragen hat. Die Familie von Andy Harris hält die Frage, wo sein Eisbeil gefunden wurde, sicher nicht für ein belangloses Detail.

Noch fragwürdiger ist, daß einige der Fehler in *Der Gipfel* offenbar nicht die Folge mangelnder Sorgfalt sind, sondern bewußte Entstellungen der Wahrheit mit der Absicht, meine Darstellung in *In eisige Höhen* zu diskreditieren. So berichtet DeWalt in *Der Gipfel* beispielsweise, wichtige Details in meinem im *Outside Magazin* erschienenen Artikel seien nicht überprüft worden, obwohl er wußte, daß der *Outside*-Redakteur John Alderman im Büro der Zeitschrift in Santa Fe persönlich und ausführlich mit Boukreev gesprochen hat, um die Richtigkeit meines gesamten Manuskripts vor der Veröffentlichung in der Zeitschrift zu bestätigen. Ich habe darüber hinaus im Verlauf zweier Monate persönlich mehrere Gespräche mit Boukreev geführt, bei denen ich alle Anstrengungen unternommen habe, die Wahrheit herauszufinden.

Die Boukreev/DeWaltsche Version der Ereignisse weicht in der Tat von derjenigen ab, die ich für wahr halte, aber *Outside* hat das veröffentlicht, was die Redakteure und ich für die tatsächliche Version halten, entgegen jener von Boukreev. Im Verlauf meiner vielen Interviews mit Boukreev habe ich festgestellt, daß seine Darstellung bestimmter Vorkommnisse von Mal zu Mal völlig anders ausfiel, was mich veranlaßte, an der Genauigkeit seines Erinnerungsvermögens zu zweifeln. Boukreevs Sicht einiger wichtiger Ereignisse wurde außerdem im nachhinein durch andere Zeugen widerlegt, vor allem durch Dale Kruse, Klev Schoening, Lopsang Jangbu, Martin Adams und Neal Beidleman. Für mich erwiesen sich, kurz gesagt, viele Erinnerungen Boukreevs als äußerst unzuverlässig.

Die vielleicht betrüblichste falsche Darstellung in *Der Gipfel* betrifft das Gespräch zwischen Scott Fischer und Jane Bromet (Fischers Agentin und Vertraute, die ihn bis zum Basislager begleitete), auf das in einem Zitat von Bromet auf den Seiten 257–258 angespielt wird. DeWalt gibt Bromets

Zitat so wieder, daß der falsche Eindruck entsteht, Fischer habe von Anfang an geplant, daß Boukreev nach Erreichen des Gipfels sofort wieder absteigen und seine Kunden im oberen Bereich des Everest zurücklassen solle. DeWalt unterstellt mir außerdem, diesen angeblichen Plan in *In eisige Höhen* nicht erwähnt zu haben, weil ich die Wahrheit auf hinterhältige Weise unterdrücken wollte.

Tatsächlich habe ich diesen sogenannten Plan in *In eisige Höhen* nicht erwähnt, weil ich zwingende Beweise dafür fand, daß ein solcher Plan überhaupt nicht existierte. Beidleman berichtete mir, daß er, falls es einen solchen Plan gegeben habe, definitiv nichts davon wußte, als das Team von Mountain Madness am 10. Mai zum Gipfel aufstieg, und er ist sich sicher, daß auch Boukreev nichts davon wußte. In dem Jahr unmittelbar nach der Tragödie erklärte Boukreev seine Entscheidung, vor seinen Kunden abzusteigen, ungezählte Male – im Fernsehen, im Internet, in Magazinen und Zeitungsinterviews. Aber bei all diesen Gelegenheiten gab er nicht ein einziges Mal zu verstehen, nach einem zuvor ausgearbeiteten Plan gehandelt zu haben. Vielmehr erklärte Boukreev selbst im Sommer 1996 während einem gefilmten Interview für ABC News, daß es keinen Plan gegeben habe. Dem Korrespondenten Forrest Sawyer sagte er, daß er bis zur Ankunft auf dem Gipfel »nicht wußte wie, was ist mein Plan. Ich muß die Situation sehen und dann entscheiden... Weil wir diesen Plan nicht gemacht haben.«

Sawyer, der Boukreev offenbar nicht folgen konnte, fragte eine Minute später: »Ihr Plan sah also vor, daß Sie, nachdem Sie alle überholt hatten, auf dem Gipfel warteten, bis die ganze Gruppe hochkam.«

Spöttisch wiederholte Boukreev, daß nichts im voraus festgelegt worden sei: »Es, es war eigentlich kein Plan. Wir haben keinen Plan gemacht. Aber ich muß die Situation sehen. Dann mache ich meinen Plan.«

In *Der Gipfel* zog es DeWalt vor, die Tatsache zu ignorieren, daß der einzige Beweis für seine Vermutung über einen im voraus festgelegten Plan Bromets Erinnerung an ein einziges Gespräch mit Fischer war. Im übrigen betonte Bromet selbst sowohl gegenüber DeWalt als auch mir, und zwar vor der Veröffentlichung unseres jeweiligen Buches, daß es falsch sei anzunehmen, Fischers Bemerkungen ließen darauf schließen, daß er so etwas wie einen richtigen Plan hatte. Bevor *Der Gipfel* veröffentlicht wurde, beklagte sich Bromet in einem Brief an DeWalt und die Redaktion von St. Martin's, DeWalt habe ihr Zitat auf eine Weise verwendet, die dessen Sinn entscheidend verändere. Sie machte deutlich, daß er ihre Worte manipuliert habe, damit es so aussehe, als ob das maßgebliche Gespräch zwischen ihr und Fischer einige Tage vor dem Gipfelaufstieg stattgefunden habe, während es in Wirklichkeit etwa drei Wochen vorher stattfand. Das ist kein unbedeutender Unterschied.

Wie Bromet in ihrem Brief an DeWalt feststellte, ist die veröffentlichte Fassung ihres Zitats in *Der Gipfel* »absolut falsch! Die Verfälschung verleitet die Leser hinsichtlich vieler sehr wichtiger Umstände, die zu dem Unfall führten, zu einem nicht zutreffenden Schluß. Aufgrund der Verfälschung... könnte der Leser glauben, daß Boukreevs Abstieg [vor seinen Kunden] fest geplant war... So wie dieses Zitat wiedergegeben ist, besteht die Gefahr, daß es Teil einer kalkulierten und verdrehten Erklärung für das Unglück wird, die nur den einen Zweck hat, Anatoli Boukreev von einem Fehlverhalten freizusprechen, indem anderen die Schuld gegeben wird... Bei der Ermittlung der Ursachen des Unglücks wurde diesem Zitat zuviel Beachtung geschenkt... Scott hat diesen Plan nie wieder angesprochen. Scott war ein sehr mitteilsamer Mensch. Wenn es sein ›Plan‹ gewesen wäre, hätte er mit Neal und Anatoli darüber gesprochen. (In späteren Gesprächen mit Neal sagte er mir, daß Scott keinen solchen Plan erwähnt hat.) Ich empfinde die Wiedergabe dieses Zitats als grob irreführend.«

Die entscheidenden Tatsachen bleiben unbestritten: Boukreev entschloß sich, am Tag des Gipfelaufstiegs keinen zusätzlichen Sauerstoff zu verwenden, und nachdem er den Gipfel erreicht hatte, stieg er viele Stunden vor seinen Kunden allein wieder ab und mißachtete damit die weltweit von professionellen Bergführern respektierten Grundregeln. Weitgehend untergegangen ist bei dieser Debatte darüber, ob Boukreev mit Fischers Einverständnis handelte oder nicht, daß Boukreevs Entscheidung, ohne Flaschensauerstoff zu führen, ihn letztlich dazu zwang, seine Kunden auf dem Gipfelgrat zurückzulassen und rasch abzusteigen. Durch seine Entscheidung, ohne Flaschensauerstoff aufzusteigen, hatte Boukreev den eigenen Handlungsspielraum eingeschränkt. Ohne Flaschensauerstoff hatte er nur eine vernünftige Wahl, am Gipfeltag schnellstens wieder nach unten zu kommen – was immer Fischer ihm zu tun erlaubt hatte oder nicht.

Das entscheidende Problem war nicht die Erschöpfung, es war die Körpertemperatur. Die Bedeutung von Flaschensauerstoff zur Vermeidung von Erschöpfung, Höhenkrankheit und geistiger Verwirrung in extremer Höhe ist allgemein bekannt. Weit weniger bekannt ist, daß Sauerstoff eine ebenso wichtige, wenn nicht noch größere Rolle als Schutz gegen die lähmende Wirkung der Kälte in großer Höhe spielt.

Als Boukreev am 10. Mai vor allen anderen seinen Abstieg vom Südgipfel begann, hatte er sich drei bis vier Stunden in einer Höhe von über 8700 Meter aufgehalten, ohne zusätzlichen Sauerstoff zu atmen. Den größten Teil dieser Zeit saß und wartete er in schneidend kaltem Wind und kühlte zunehmend aus, wie es jedem Bergsteiger in einer solchen Situation ergehen würde. In einer vor der Veröffentlichung von ihm selbst autorisierten Aussage in *Men's Journal* erklärte Boukreev: *Ich blieb etwa eine Stunde [auf dem Gipfel]... Es ist sehr kalt, natürlich, es nimmt einem die Kraft... In meiner Lage war es nicht gut, frierend herumzustehen, zu warten... Wenn man sich in dieser Höhe nicht bewegt, verliert man in der Kälte Kraft, und dann ist man nicht mehr in der Lage, irgendwas zu tun.*

Da er gefährlich auskühlte und Erfrierungen und Unterkühlung riskierte, war Boukreev gezwungen abzusteigen, nicht durch Erschöpfung, sondern durch massive Kälte. Um richtig einzuschätzen, wie die tödliche Windabkühlung in großer Höhe sich verschärft, wenn ein Bergsteiger keinen zusätzlichen Sauerstoff nimmt, denke man nur an das, was Ed Viesturs dreizehn Tage nach dem Unglück von 1996 widerfuhr, als er mit dem IMAX-Team zum Gipfel stieg. Viesturs brach am 23. Mai früh vom Lager IV zum Gipfel auf, etwa zwanzig oder dreißig Minuten vor seinen Gefährten. Er verließ das Lager vor allen anderen, weil er, wie Boukreev, keinen künstlichen Sauerstoff verwendete und Angst hatte, zu langsam zu sein und mit dem Filmteam nicht Schritt halten zu können, dessen Mitglieder alle mit Flaschensauerstoff aufstiegen (Viesturs, der in dem IMAX-Film eine Hauptrolle spielte, war 1996 nicht als Führer eingestellt).

Viesturs war jedoch so stark, daß niemand ihn einholte, obwohl er durch knietiefen Schnee spuren mußte. Da er wußte, daß es für David Breashears unbedingt wichtig war, ihn während des Gipfelaufstiegs zu filmen, machte Viesturs immer wieder halt und wartete so lange wie möglich, damit das Filmteam zu ihm aufschließen konnte. Aber sobald er sich nicht mehr bewegte, spürte er augenblicklich die Auswirkungen der kräftezehrenden Kälte – wenngleich der 23. Mai ein sehr viel wärmerer Tag als der 10. Mai war. Aus Angst, sich bei jeder dieser Gelegenheiten Erfrierungen oder Schlimmeres zuzuziehen, war er gezwungen weiterzusteigen, bevor seine Teamgefährten dicht genug an ihn herankommen konnten, um ihn zu filmen. »Ed ist mindestens genauso stark wie Anatoli«, erklärte Breashears einen Monat nach der Tragödie, »aber ohne Flaschensauerstoff kühlte er jedesmal aus, wenn er haltmachte, um auf uns zu warten.« Die Folge war, daß Breashears Viesturs oberhalb vom Lager IV nicht auf den Film bekam (die Aufnahmen von Viesturs am »Gipfeltag«, die im Film zu sehen sind, wurden zu einem späteren Zeitpunkt gedreht). Was ich hier klarmachen möchte, ist, daß Boukreev aus dem gleichen Grund in Bewegung bleiben mußte wie Viesturs: um nicht zu erfrieren. Ohne zusätzlichen Sauerstoff kann niemand – auch nicht die stärksten Bergsteiger der Welt – in den eisigen oberen Regionen des Everest herumtrödeln.

»Es tut mir leid«, beharrt Breashears, »aber es war höchst unverantwortlich von Anatoli, ohne Sauerstoff zu gehen. Egal wie stark man ist, wenn man den Everest ohne Sauerstoff besteigt, bewegt man sich an der Grenze. Man ist dann nicht mehr in der Lage, seinen Kunden zu helfen. Anatoli macht sich etwas vor, wenn er behauptet, er sei abgestiegen, weil Scott ihn nach unten geschickt habe, um Tee zu machen. Am Südsattel warteten die Sherpas, um Tee zu machen. Für einen Everest-Führer sollte es nur einen Platz geben, entweder bei seinen Kunden oder direkt hinter ihnen, und er sollte Flaschensauerstoff verwenden, damit er Hilfe leisten kann.«

Damit wir uns richtig verstehen: es herrscht weitgehend Einvernehmen unter den renommierten Höhenbergführern und den bedeutenden Fachleuten auf dem exklusiven Gebiet der Höhenmedizin/-physiologie, daß es für einen Bergführer ausgesprochen unverantwortlich ist, ohne Flaschensauerstoff jemanden auf den Everest zu führen. Zufälligerweise wies DeWalt bei den Recherchen für sein Buch einen Assistenten an, Dr. Peter Hackett anzurufen, einen der weltweit führenden Experten für die kräftezehrenden Auswirkungen extremer Höhen, um die fachkundige Meinung des Arztes zur Frage des zusätzlichen Sauerstoffs einzuholen. Dr. Hackett, der als Mitglied einer Forschungsexpedition 1981 selbst schon auf dem Gipfel des Everest stand, erklärte unmißverständlich, daß es in seinen Augen gefährlich und unklug ist, ohne Benutzung von Flaschensauerstoff am Everest zu führen, auch dann, wenn ein Bergsteiger so ungewöhnlich stark ist wie Boukreev. Bezeichnenderweise ging DeWalt, nachdem er Hacketts Meinung erfahren hatte, in *Der Gipfel* mit keinem Wort darauf ein.

Bei zahllosen Gelegenheiten auf Werbeveranstaltungen für ihr Buch versicherten Boukreev und DeWalt, daß Reinhold Messner, der erfolgreichste und angesehenste Bergsteiger unserer Zeit, Boukreevs Vorgehen am Everest gutgeheißen habe, auch seine Entscheidung, auf Flaschensauerstoff zu verzichten. Im November 1997 sagte Boukreev zu mir persönlich: »Messner sagt, ich hätte am Everest richtig gehandelt.« Auf Seite 266 von *Der Gipfel* nimmt DeWalt Bezug auf meine Kritik an Boukreevs Verhalten am Everest und zitiert ihn wie folgt: *Ich muß auch gestehen, daß mein empfindliches Ego durch die amerikanische Presse tief getroffen war. Ohne den Beistand europäischer Kollegen wie Rolf Dujmovits und Reinhold Messner hätte die amerikanische Sichtweise meiner beruflichen Eignung auf mich noch niederschmetternder gewirkt.*

Bedauernswerterweise hat sich diese Behauptung von Boukreev/DeWalt über die Zustimmung Messners, wie so viele andere Versicherungen in *Der Gipfel*, als unwahr erwiesen.

Im Februar 1998 sagte Messner bei einem Treffen mit mir in New York unmißverständlich ins Mikrofon, daß er der Meinung sei, Boukreev habe falsch gehandelt, als er vor seinen Kunden abstieg. Wenn Boukreev, so Messner auf dem Tonband, bei seinen Kunden geblieben wäre, hätte die Tragödie vielleicht ein ganz anderes Ende genommen. Messner erklärte: »Niemand sollte am Everest führen, ohne Flaschensauerstoff zu benutzen«, und Boukreev irre sich, wenn er denke, daß Messner seine Aktionen am Everest gutgeheißen habe.

Viele von uns, die im letzten Mai am Everest waren, haben Fehler gemacht. Wie ich einige Seiten vorher ausgeführt habe, hat mein Handeln möglicherweise den Tod zweier Teamgefährten mitverschuldet. Ich bezweifle nicht, daß Boukreev am Gipfeltag die besten Absichten hatte. Mich irritiert allerdings Boukreevs Weigerung, die Möglichkeit anzuerkennen, auch nur eine einzige falsche Entscheidung getroffen zu haben. Er hat nie zu erkennen gegeben, daß es vielleicht nicht die beste Entscheidung war, ohne Sauerstoff aufzusteigen oder vor seinen Kunden abzusteigen. Boukreev blieb bis zum Ende hartnäckig dabei, daß er wieder so handeln würde.

Auch wenn ich mich kritisch über einige von Boukreevs Handlungen geäußert habe, war ich doch stets sofort bereit anzuerkennen, daß er sich heldenhaft eingesetzt hat, als sich in den frühen Morgenstunden des 11. Mai die Katastrophe abspielte. Es besteht keine Frage, daß Boukreev unter beträchtlicher Gefahr für sich selbst Sandy Pittman und Charlotte Fox das Leben rettete – das habe ich bei vielen Gelegenheiten und an vielen Orten immer wieder betont. Ich zolle Boukreev unendliche Bewunderung dafür, daß er beim Sturm allein hinausging, als wir anderen alle hilflos in unseren Zelten lagen, und die verirrten Bergsteiger in Sicherheit brachte. Aber einige der Entscheidungen, die er vorher an diesem Tag und während der Expedition getroffen hatte, sind trotzdem fragwürdig und konnten von einem Journalisten einfach nicht übergangen werden, der sich dazu verpflichtet fühlte, umfassend und wahrheitsgetreu über das Unglück zu berichten.

Vieles von dem, was ich am Everest miterlebt habe, war bedrückend und wäre es auch dann, wenn es keine Katastrophe gegeben hätte. Ich war mit einem Auftrag nach Nepal geschickt worden und sollte speziell über geführte Expeditionen auf den höchsten Berg der Erde schreiben. Es war meine berufliche Pflicht, die Fähigkeiten der Führer und Kunden zu beurteilen und den Lesern einen sachkundigen Einblick zu vermitteln, wie eine geführte Besteigung des Everest abläuft. Ich bin außerdem der festen Überzeugung, auch eine Verpflichtung gehabt zu haben – gegenüber den anderen Überlebenden, den trauernden Familien, der geschichtlichen Dokumentation und meinen Begleitern, die nicht mehr heimkamen –, umfassend über das zu berichten, was 1996 am Everest geschehen ist, gleichgültig wie dieser Bericht aufgenommen würde. Das habe ich getan, im Ver-

trauen auf meine große Erfahrung als Journalist und Bergsteiger, um einen möglichst genauen und ehrlichen Bericht
zu geben.

Die Diskussion darüber, was sich 1996 am Everest tatsächlich ereignet hat, nahm am ersten Weihnachtsfeiertag 1997
eine schreckliche Wende, sechs Wochen nach der Veröffentlichung von *Der Gipfel*, als Anatoli Boukreev in einer Lawine
an der Annapurna, dem zehnthöchsten Berg der Erde, ums
Leben kam. Sein Tod wurde weltweit betrauert. Boukreev,
bei seinem Tod neununddreißig Jahre alt, war ein außergewöhnlicher Sportler mit ungeheurem Mut. Nach allem,
was man hört, war er ein bemerkenswerter, sehr schwieriger
Mensch.

Boukreev wuchs in einer bitterarmen Bergwerksstadt im
südlichen Ural auf. Der britische Journalist Peter Gillman
schrieb in der *London Mail*, daß Boukreevs Vater, als ersterer
noch ein Kind war, *sich mühsam mit der Schuhmacherei und
dem Reparieren von Uhren durchschlug. Es waren fünf Kinder in
einem engen Holzhaus ohne sanitäre Einrichtungen... Boukreev
träumte davon, dem allen zu entfliehen. Die Berge gaben ihm
Gelegenheit dazu.*

Als Neunjähriger lernte Boukreev klettern, und schon bald
wurden seine ungewöhnlichen körperlichen Vorzüge deutlich. Mit sechzehn bekam er eine begehrte Stelle in einem sowjetischen Bergsteigerlager in den kasachischen Bergen des
Tienshan. Mit vierundzwanzig wurde er Mitglied des erlesenen nationalen Bergsteigerteams, was ihm finanzielle Unterstützung, großes Ansehen sowie andere materielle und
immaterielle Vorteile brachte. 1989 bestieg er als Mitglied einer sowjetischen Expedition den Kangchenjunga, den dritt-
höchsten Berg der Welt, und wurde bei der Rückkehr in sein
Haus im kasachischen Almaty von Präsident Michail Gorbatschow zum sowjetischen Meister des Sports ernannt.

Wegen der Unruhen im Gefolge der neuen Weltordnung
sollte diese rosige Lage jedoch nicht lange währen. Gillman

schreibt: *Die Sowjetunion zerbrach. Zwei Jahre später gab Gorbatschow auf, und Boukreev – der erst kurz zuvor den Everest bestiegen hatte – sah Rang und Privilegien schwinden.* »*Alles war aus*«, berichtete er Linda Wylie [seiner amerikanischen Freundin]. »*Kein Geld – du hast angestanden um Brot...*« *Boukreev wollte sich jedoch nicht geschlagen geben. Wenn die kommunistische Ordnung untergegangen war, mußte er sich der neuen Welt der Privatwirtschaft anpassen und sein Kapital, sein bergsteigerisches Können und seine Entschlossenheit, einsetzen.*

In einem Nachruf auf Boukreev im Internet Anfang 1997 erinnerte sich seine Freundin Fran Distefano-Arsentiev:* *Das war eine schlimme Zeit [für Boukreev]; Lebensmittel bezahlen zu können war schon ein Luxus... Die einzige Möglichkeit für einen sowjetischen Bergsteiger, in den Himalaja zu kommen, bestand darin, sich dem Wettbewerb innerhalb des Systems zu stellen und dieses Vorrecht zu erringen. Die Freiheit, einfach in den Himalaja zu gehen, egal ob man dafür als Bergsteiger gut genug war oder nicht, stand nie zur Debatte. Es war ein Traum... Bevor Buka berühmt wurde, gab es eine Zeit, in der ihm nichts in den Schoß gelegt wurde. Aber er hielt hartnäckig an seinen Träumen fest, mit einer Kraft, wie ich sie noch nie kennengelernt hatte.*

Boukreev wurde so etwas wie ein Weltenbummler in Sachen Bergen und Geld, um über die Runden zu kommen. Um das Nötigste für seinen Lebensunterhalt zusammenzubekommen, verdingte er sich im Himalaja, in Alaska und Kasachstan als Bergführer, präsentierte in amerikanischen Klet-

---

* Fran Distefano-Arsentiev, die in Norwood, Colorado, wohnte, lernte Boukreev durch ihren Mann kennen, den bekannten russischen Bergsteiger Sergej Arsentiev. Im Mai 1998 erreichten Fran und Sergej gemeinsam den Gipfel des Everest über den Nordostgrat, ohne Flaschensauerstoff. Fran war damit die erste Amerikanerin, die den Everest ohne künstlichen Sauerstoff bestieg. Bevor sie jedoch oben standen, mußten die beiden drei Nächte ohne Flaschensauerstoff in über 8100 Meter Höhe verbringen und waren beim Abstieg gezwungen, eine vierte Nacht in noch größerer Höhe auszuharren – diesmal den Elementen vollkommen schutzlos ausgesetzt, ohne Sauerstoff, Zelt und Schlafsack. Das Schreckliche geschah – beide Bergsteiger starben, bevor sie die Sicherheit der unteren Lager erreichen konnten.

tershops Diashows und ging gelegentlich einer normalen Arbeit nach. Aber die ganze Zeit machte er damit weiter, einen außergewöhnlichen Rekord im Höhenbergsteigen aufzustellen, und kam seinem Ziel, alle vierzehn Achttausender zu besteigen, immer näher.

Sosehr Boukreev das Bergsteigen und die Berge liebte, er machte nie ein Hehl daraus, daß er nicht gern führte. In *Der Gipfel* sprach er ganz offen darüber (S. 289): *Ich wünsche mir sehr, ich wüßte eine andere Möglichkeit, meinen Unterhalt zu verdienen... Für mich ist es zu spät, einen anderen Weg zur Finanzierung meiner persönlichen Ziele zu finden. Und doch habe ich große Vorbehalte..., unerfahrenen Menschen Zutritt zur Bergwelt zu verschaffen.*

Und so brachte er weiterhin bergsteigerische Anfänger auf die hohen Gipfel, selbst nach den Schrecken und Auseinandersetzungen um das Unglück von 1996.

Im Frühjahr 1997, ein Jahr darauf, erklärte Boukreev sich bereit, ein Team indonesischer Armeeoffiziere zu führen, die hofften, die ersten Bürger ihres Inselstaates zu sein, die den Everest bestiegen – obwohl keiner der Indonesier irgendeine bergsteigerische Erfahrung besaß oder jemals Schnee gesehen hatte. Als Helfer für seine ungeübten Kunden heuerte Boukreev zwei äußerst fähige russische Bergsteiger an, Wladimir Bashkirov und Jewgenij Vinogradski, sowie Apa Sherpa, der schon siebenmal den Everest bestiegen hatte. 1997 führte, im Gegensatz zu 1996, das gesamte Team Flaschensauerstoff für den Gipfelsturm mit, auch Boukreev – wenngleich er darauf beharrte, daß es für ihn sicherer sei, »ohne Flaschensauerstoff aufzusteigen, um den plötzlichen Leistungsabfall zu vermeiden, der eintritt, wenn der Vorrat an künstlichem Sauerstoff erschöpft ist«. 1997 war Boukreev, was ebenfalls festzuhalten ist, am Tag des Gipfelaufstiegs nie mehr als ein paar Schritte von seinen indonesischen Kunden entfernt.

Das Team brach kurz nach Mitternacht am 26. April vom Südsattel zum Gipfel auf. Gegen Mittag erreichte der vor-

380

steigende Apa Sherpa den Hillary Step, wo er auf die Leiche von Bruce Herrod* stieß, der an einem alten Fixseil hing. Apa, Boukreev und die Indonesier stiegen an dem toten britischen Fotografen vorbei und kämpften sich langsam weiter zum Gipfel.

Es war bereits halb vier nachmittags, als Asmujiono Prajurit, der erste der Indonesier, Boukreev auf den Gipfel folgte. Sie blieben nur zehn Minuten oben, bevor sie wieder abstiegen, wobei Boukreev die beiden nächsten aufsteigenden Indonesier zwang umzukehren, obwohl einer von ihnen nur noch dreißig Meter vom Gipfel entfernt war. Die Gruppe schaffte es an dem Abend nur, bis zum Balkon abzusteigen, wo sie auf 8400 Meter ein erbärmliches Biwak aushalten mußte, aber dank Boukreevs Führung und weil es eine der seltenen Nächte ohne Wind war, gelangten alle am 27. April sicher zum Südsattel.»Wir hatten Glück«, räumte Boukreev ein.

Boukreev und Vinogradski unterbrachen ihren Abstieg zum Lager IV, um auf 8290 Meter die Leiche von Scott Fischer mit Steinen und Schnee zu bedecken. *Diese letzte Ehre galt einem Mann, von dem mir vor allem sein strahlendes Lächeln und seine positive Einstellung als ideale und liebenswerteste Verkörperung amerikanischen Wesens in Erinnerung bleiben wird* sagte Boukreev in *Der Gipfel. Ich selbst, der ich von eher schwieriger Natur bin, hoffe, seinem Gedächtnis gerecht zu werden, indem ich versuche, ein wenig nach seinem Vorbild zu leben.* Einen Tag darauf ging Boukreev über den Südsattel zum Rand der Kangshung-Flanke, wo er die tote Yasuko Namba suchte,

* Herrod hing mit dem Kopf nach unten im Seil. Offenbar war er beim Abseilen vom Hillary Step am Abend des 25. Mai 1996 nach hinten gekippt und hatte sich nicht mehr aufrichten können – vielleicht, weil er zu erschöpft war, vielleicht auch, weil er ohnmächtig wurde. Boukreev und die Indonesier rührten den Toten auf jeden Fall nicht an. Einen Monat später, am 23. Mai 1997, holte Pete Athans Herrod aus dem Seil, als er als Mitglied einer Expedition, die einen Film für das PBS Fernsehprogramm NOVA machte, zum Gipfel aufstieg. Bevor Athans ihn losschnitt, nahm er Herrods Kamera an sich, die dessen letzte Aufnahme enthielt: ein mit Selbstauslöser gemachtes Bild auf dem Everest.

sie, so gut es ging, mit Steinen bedeckte und einige ihrer persönlichen Sachen mitnahm, um sie ihrer Familie zu übergeben.

Einen Monat nach der Besteigung des Everest mit den Indonesiern versuchten Boukreev und Simone Moro, ein hervorragender dreißigjähriger italienischer Bergsteiger, eine Überschreitung von Lhotse und Everest in einem Zug. Die beiden brachen am 26. Mai zum Lhotse auf. Sie begleiteten acht Mitglieder eines anderen, russischen Teams, dem auch Wladimir Baschkirov angehörte – Boukreevs Freund, der ihm geholfen hatte, die Indonesier auf den Everest zu führen. Alle zehn Bergsteiger erreichten den Gipfel ohne zusätzlichen Sauerstoff, mehrere von ihnen jedoch erst am späten Nachmittag: Es war nach 16 Uhr, als Boukreev und Moro schließlich auf dem Gipfel ankamen.

Boukreev und Bashkirov litten zu diesem Zeitpunkt unter akuter Höhenkrankheit. Am frühen Abend funkte Boukreev nach unten, daß Bashkirov zusammengebrochen sei und dringend Flaschensauerstoff brauche. Sofort machten sich zwei russische Teamgefährten von ihrem Höhenlager mit Sauerstoffflaschen auf den Weg, aber sie kamen zu spät. Bashkirov starb oben an den Flanken des Lhotse.

Boukreev hatte einen weiteren Freund an die Berge verloren, ließ sich aber nicht von seinem Vorhaben abbringen, alle vierzehn Achttausender zu besteigen. Sechs Wochen nach dem Tod von Bashkirov unternahm Boukreev am 7. Juli 1997 eine Solobegehung des Broad Peak in Pakistan. Und genau eine Woche später gelang ihm im Eiltempo die Ersteigung des nahen Gasherbrum II. Um sein Ziel zu erreichen, mußte er jetzt nur noch drei Achttausender besteigen: Nanga Parbat, Hidden Peak und Annapurna I.

Im Spätsommer 1997 lud Boukreev Reinhold Messner ein, mit ihm im Tienschan ein wenig zur Erholung auf Berge zu steigen. Während Messners Aufenthalt bat Boukreev den legendären italienischen Alpinisten um Rat zu seiner Bergsteigerlaufbahn. Seit seinem ersten Besuch im Himalaja 1989 hatte Boukreev erstaunlich viele hohe Gipfel erstiegen. Bis auf zwei waren diese Anstiege jedoch alle auf den relativ oft begangenen und technisch wenig anspruchsvollen Normalrouten erfolgt. Messner erklärte ihm, wenn Boukreev zu den wirklich bedeutenden Bergsteigern der Welt gezählt werden wolle, müsse er das Schwergewicht auf steile, sehr schwierige und noch nicht begangene Routen legen. Boukreev beherzigte diesen Rat. Er beschloß, die Annapurna I über eine schon oft versuchte, aber noch nie durchstiegene Route an der gewaltigen Südflanke anzugehen und dabei einen berüchtigten Nebengipfel zu überschreiten, den Fang. Und um die Latte noch höher zu legen, beschloß er, den Aufstieg im Winter zu machen. Es würde ein äußerst ehrgeiziges und gefährliches Vorhaben werden, das extremes Klettern in großer Höhe bei unvorstellbarem Wind und eisiger Kälte erforderte. Selbst bei einem Aufstieg unter leichteren Bedingungen gilt die Annapurna als einer der gefährlichsten Berge der Welt: auf zwei Bergsteiger, die ihren Gipfel erreicht haben, kommt ein Toter. Wenn Boukreev die geplante Route schaffen würde, wäre ihm einer der kühnsten Anstiege in der Geschichte des Himalaja-Bergsteigens gelungen. Als Partner engagierte Boukreev Simone Moro, den jungen, starken Italiener, mit dem er den Lhotse bestiegen hatte – er verfügte über die technische Erfahrung, die Boukreev fehlte.

Ende November, kurz nach der Veröffentlichung von *Der Gipfel*, reisten Boukreev und Moro nach Nepal und flogen mit dem Hubschrauber zum Basislager an der Annapurna, begleitet vom kasachischen Kameramann Dimitri Sobolev. Der Winter hatte sich jedoch sehr früh eingestellt, und sie trafen auf ungewöhnlich viel Schnee, was das Vorwärtskommen am Berg verlangsamte und die Lawinengefahr drastisch erhöhte. Widerwillig entschlossen sie sich, den ursprünglichen Plan aufzugeben und eine sehr viel leichtere, aber immer noch schwierige und sehr gefährliche Route am Rand der Annapurnasüdflanke zu versuchen.

Nachdem sie auf 5100 Meter unterhalb der ersten schwierigeren Stellen das Lager I errichtet hatten, verließen Boukreev, Moro und Sobolev am ersten Weihnachtsfeiertag bei Sonnenaufgang ihr Zelt, um Fixseile in einer breiten Rinne anzubringen, bis hinauf zu einem Grat, der gut 800 Meter über ihrem Zelt verlief. Moro, der vorstieg, war gegen Mittag bis auf 60 Meter unter den Gratkamm gestiegen. Um 12.27 Uhr, als er anhielt, um etwas aus seinem Rucksack zu holen, hörte er ein heftiges Grollen. Er blickte nach oben und sah eine Lawine aus massiven Eisblöcken direkt auf sich zustürzen. Es gelang ihm noch, Boukreev und Sobolev etwas zuzurufen, die etwa 200 Meter unter ihm durch die Rinne aufstiegen, bevor die Wand aus Schnee und Eis ihn aus dem Stand riß und den Berg hinabbeförderte.

Einen Augenblick versuchte Moro, sich an das Fixseil zu klammern und den Sturz aufzuhalten, wobei er sich tiefe Rillen in die Finger und Handflächen brannte, doch es war vergeblich. Er purzelte schätzungsweise 800 Meter mit dem kaskadenartig herabstürzenden Eis abwärts und verlor das Bewußtsein, aber als die Schnee- und Eismassen auf einem sanften Hang über dem Lager I zum Stillstand kamen, befand sich Moro zufällig oben auf dem Lawinenkegel. Als er wieder zu Bewußtsein kam, suchte er verzweifelt nach seinen Gefährten, konnte aber keine Spur von ihnen entdecken. Auch Suchaktionen aus der Luft und am Boden in der darauffolgenden Woche waren erfolglos. Boukreev und Sobolev blieben verschollen.

Die Nachricht von Boukreevs Tod wurde weltweit mit ungläubigem Entsetzen aufgenommen. Er war sehr viel umhergereist und hatte überall Freunde. Sehr viele Menschen waren bestürzt, nicht zuletzt die Frau, mit der er sein Leben geteilt hatte, Linda Wylie aus Santa Fe in New Mexico.

Boukreevs Tod hat auch mich aus einer Reihe von Gründen sehr getroffen. Nach dem Unglück an der Annapurna erschien plötzlich vieles von der Debatte über die Vorkommnisse 1996 am Everest bedeutungslos, niederträchtig und abwegig. Ich dachte darüber nach, wieso es zwischen Boukreev und mir so weit hatte kommen können. Weil wir beide dickköpfig und stolz und kaum bereit waren, einer Auseinandersetzung aus dem Weg zu gehen, war unser Streit irgendwie völlig außer Kontrolle geraten.

Wünsche ich mir also nun, daß ich Boukreev in meinem Buch anders dargestellt hätte? Nein, ich denke nicht. Nichts von dem, was ich seit der Veröffentlichung von *In eisige Höhen* oder *Der Gipfel* erfahren habe, läßt mich annehmen, daß ich etwas falsch wiedergegeben habe. Was ich mir vielleicht wünsche, ist, daß ich etwas weniger aggressiv gewesen wäre in dem inzwischen bekannten Austausch von Briefen mit Boukreev, der kurz nach der Veröffentlichung meines ursprünglichen Everest-Artikels in *Outside* im September 1996 ins Internet gestellt wurde. Dieses Online-Gezänk brachte einen unglücklichen Ton in die Sache, der sich in den darauffolgenden Monaten verschärfte und die Diskussion stark polarisierte.

Auch wenn die Kritik, die ich in meinem *Outside*-Artikel und meinem Buch an Boukreev geübt habe, maßvoll war und durch aufrichtiges Lob ausgewogen wurde, fühlte sich Anatoli durch sie trotzdem verletzt und empört. Er und DeWalt reagierten mit Angriffen auf meine Glaubwürdigkeit und einigen sehr freien Auslegungen der Tatsachen. Um meine Integrität zu verteidigen, war ich gezwungen, belastendes Material preiszugeben, das ich bis dahin zurückgehalten hatte, um Boukreev nicht unnötig zu verletzen. Boukreev, DeWalt und St. Martin's Press reagierten mit verschärften persönlichen Angriffen auf mich, und ehe wir uns versahen, war die Debatte zu einem schmutzigen verbalen Krieg eskaliert.

Der Streit erreichte Anfang November 1997 auf dem Mountain Book Festival in Banff seinen Höhepunkt. Boukreev war einer der Diskussionsteilnehmer eines Forums bedeutender Bergsteiger. Ich hatte eine Einladung zur Teilnahme abgelehnt aus Angst, es könnte zu einem Schlagabtausch ausarten, machte aber den Fehler, mich unter die Zuhörer zu setzen. Das Ergebnis war, daß ich mich von Boukreev provozieren ließ und einige unbesonnene, sehr hitzige Worte durch den vollbesetzten Saal flogen. Ich bedauerte meine Unbeherrschtheit augenblicklich. Als die Diskussion zu Ende war und die Menge sich zerstreute, lief ich nach draußen, hielt nach Anatoli Ausschau und entdeckte ihn, wie er mit Linda Wylie über den Vorplatz des Banff Centers ging. Ich sagte ihnen, daß ich der Meinung sei, wir sollten persönlich miteinander reden und versuchen, die Situation zu bereinigen. Anatoli sträubte sich bei diesem Vorschlag und entgegnete, er werde zu spät zu einer anderen Veranstaltung kommen. Ich blieb jedoch hartnäckig, und schließlich war er einverstanden, mir ein paar Minuten zu opfern. Eine halbe Stunde standen er, Wylie und ich im kalten kanadischen Morgen und sprachen offen, aber ruhig über unsere Differenzen.

Einmal legte Anatoli mir die Hand auf die Schulter und sagte: »Ich bin dir nicht böse, Jon, aber du verstehst nicht.« Als unser Gespräch beendet war und jeder seiner Wege ging, waren wir zu dem Schluß gekommen, daß sowohl Anatoli als auch ich uns bemühen müßten, den Ton der Diskussion zu mildern. Wir stimmten überein, daß die Atmosphäre zwischen uns keineswegs so emotionsgeladen und feindselig sein mußte. Wir waren uns einig, in bestimmten Punkten nicht einig zu sein – vor allem in der Frage, ob es klug sei, am Everest ohne Flaschensauerstoff zu führen, und darüber, was zwischen Boukreev und Fischer bei ihrem letzten Gespräch am Hillary Step gesprochen wurde –, aber beide erkannten wir, daß wir in vielen anderen Fragen fast einer Meinung waren.

Auch wenn Boukreevs Koautor Mr. DeWalt weiterhin mit Freude Öl ins Feuer schüttete, war ich nach meiner Begegnung mit Anatoli in Banff eigentlich zuversichtlich, den Streit mit ihm beilegen zu können. Ich glaubte an ein Ende unserer Querelen. Doch sieben Wochen später starb Anatoli

an der Annapurna, und mir wurde klar, daß ich viel zu spät
mit meinen Bemühungen zur Versöhnung begonnen hatte.

JON KRAKAUER
BOULDER, COLORADO
AUGUST 1998

Die Zitate im Nachwort sind entnommen aus:
Anatoli Boukreev und G. Weston DeWalt: *Der Gipfel. Tragödie
am Mount Everest.* Deutsch von Dr. Ingrid Rothmann. Wil-
helm Heyne Verlag, München 1998.

Auswahlbibliographie

Armington, Stan. *Trekking in Nepal*. Schettler, 1985.

Bass, Dick, Frank Wells, Rick Ridgeway. *Seven Summits*. New York: Warner Books, 1986.

Baume, Louis C. *Sivalaya: Explorations of the 8000-Metre Peaks of the Himalaya*. The Mountaineers, Seattle 1979.

Cherry-Garrard, Apsley. *The Worst Journey in the World*. Carroll & Graf, New York 1989.

Dyrenfurth; G. O. *To the Third Pole*. Werner Laurie, London 1955.

Fisher, James F. *Sherpas: Reflections on Change in Himalayan Nepal*. University of California, Berkeley 1990.

Holzel, Tom, Audrey Salkeld. *The Mystery of Mallory and Irvine*. Henry Holt, New York 1986.

Hornbein, Thomas F. *Everest: The West Ridge*. The Sierra Club, San Francisco 1966.

Hunt, John. *The Ascent of Everest*. The Mountaineers, Seattle 1993.

Long, Jeff. *The Ascent*. William Morrow, New York 1992.

Messner, Reinhold. *Everest-Expedition zum Endpunkt*. BLV, München 1987.

Morris, Jan. *Coronation Everest: The First Ascent and the Scoop That Crowned the Queen*. Boxtree, London 1993.

Roberts, David. *Moments of Doubt*. The Mountaineers, Seattle 1986.

Shipton, Eric. *The Six Mountain-Travel Books*. The Mountaineers, Seattle 1985.

Unsworth, Walt. *Everest*. Grafton Books, London 1991.

Die Zitate sind folgenden deutschen Ausgaben entnommen:
S. 256: Joseph Conrad, *Lord Jim*. Deutsch von Fritz Lorch.
S. Fischer-Verlag, Frankfurt 1962.
S. 166: Joan Didion, *Das weiße Album*. Deutsch von Charlotte
Franke. Kiepenheuer & Witsch, Köln 1983.
S. 240: Reinhold Messner, *Der gläserne Horizont. Von Tibet zum
Mount Everest*. BLV Verlagsgesellschaft, München 1982.
S. 310: William Butler Yeats, *Werke Bd. 1*. Luchterhand, Neu-
wied 1970.

Inhalt

VORBEMERKUNG		9
DRAMATIS PERSONAE		13
KAPITEL EINS	Gipfel des Everest – 10. Mai 1996	25
KAPITEL ZWEI	Dehra Dun – 1852	33
KAPITEL DREI	Über Nordindien – 29. März 1996	53
KAPITEL VIER	Phakding – 31. März 1996	67
KAPITEL FÜNF	Lobuje – 8. April 1996	87
KAPITEL SECHS	Basislager des Everest – 12. April 1996	107
KAPITEL SIEBEN	Camp Eins – 13. April 1996	125
KAPITEL ACHT	Camp Eins – 16. April 1996	143
KAPITEL NEUN	Camp Zwei – 28. April 1996	165
KAPITEL ZEHN	Die Lhotse-Flanke – 29. April 1996	179
KAPITEL ELF	Basislager des Everest – 6. Mai 1996	191
KAPITEL ZWÖLF	Camp Drei – 9. Mai 1996	209
KAPITEL DREIZEHN	Südostgrat – 10. Mai 1996	227
KAPITEL VIERZEHN	Gipfel – 10. Mai 1996, 13.12 Uhr	239
KAPITEL FÜNFZEHN	Gipfel – 10. Mai 1996, 13.25 Uhr	255
KAPITEL SECHZEHN	Südsattel – 11. Mai 1996, 6 Uhr	277
KAPITEL SIEBZEHN	Gipfel – 10. Mai 1996, 15.40 Uhr	285
KAPITEL ACHTZEHN	Nordostgrat – 10. Mai 1996	303
KAPITEL NEUNZEHN	Südsattel – 11. Mai 1996, 7.30 Uhr	309
KAPITEL ZWANZIG	Genfer Sporn – 12. Mai 1996, 9.45 Uhr	327
KAPITEL EINUNDZWANZIG	Basislager des Everest – 13. Mai 1996	337
EPILOG	Seattle – 29. November 1996	355
NACHBEMERKUNG DES AUTORS		363
NACHWORT zur 15. Auflage		367
AUSWAHLBIBLIOGRAPHIE		388

MALIK

Bruno Baumann

Karawane ohne Wiederkehr

Das Drama in der Wüste Takla Makan.
Mit 135 Farbfotos. 318 Seiten. Geb.

Die Takla Makan in China ist mit 338.000 km² Ausdehnung die größte zusammenhängende Sandwüste der Welt. Extreme Temperaturschwankungen von mehr als 60° und verheerende Sandstürme machen dieses »Meer aus Sand« zu einem der feindseligsten und zugleich faszinierendsten Orte. Der erste, der das Unmögliche versuchte und sich an eine Durchquerung der Takla Makan wagte, war vor über 100 Jahren der schwedische Entdecker Sven Hedin. Obwohl er seine Karawane ins Verderben führte, wurde er zum Mythos, sein Buch »Durch Asiens Wüsten« zum Welterfolg und Klassiker, trotz aller Widersprüchlichkeiten und Rätsel.
Bruno Baumann, der jetzt das lebensgefährliche Unternehmen wiederholt hat, dokumentiert seine eigene Expedition – und legt auf erschütternde Weise offen, wie das Wüstendrama damals wirklich verlaufen sein muß. Baumanns umfangreiche Recherchen fördern nicht nur neue Zeugnisse Hedins zutage, sondern auch überraschende Aussagen von Nachfahren der einheimischen Expeditionsteilnehmer von 1895.

MALIK

Deborah Copaken Kogan
Das Abenteuer im Sucher

Aus dem Amerikanischen von Andrea Fischer
und Antje Kaiser. 397 Seiten. Geb.

Das Propellerflugzeug, das sie irgendwo im Dschungel von
Simbabwe abgesetzt hat, ist verschwunden, bevor sie den
Piloten nach dem Weg fragen kann. Mutterseelenallein,
ohne Kompaß und Landkarte, die Landebahn ein freies
Feld, kein Haus, keine Straße ...

Deborah Kogan begibt sich allen Warnungen zum Trotz in
den rücksichtslosen und nicht ungefährlichen Kampf um
das perfekte Foto, das es auf die Cover der internationalen
Magazine schafft. Selbstironisch und erfrischend direkt
erzählt sie von ihren einschlägigen Erfahrungen mit Männern, von Kriegsverletzungen und Waisenkindern, von
Liebe und Enttäuschung. Da ist Pascal, der ihr helfen soll,
an den Kriegsschauplatz zu kommen, doch der teilt zwar
gerne sein Bett mit ihr, nicht aber seine Story.
Mit Leidenschaft kämpft Deborah gegen das Image der
schwachen Frau, das ihr die Kollegen so gerne verleihen.
Bis sie Paul kennenlernt und plötzlich ganz neue Träume
in ihr wach werden.

MALIK

Malcolm MacPherson
Amys Reise

Die dramatische Rettung eines jungen Elefanten. Aus dem
Amerikanischen von Barbara Heller. 220 Seiten. Geb.

1988, Chariza Park in Simbabwe, Afrika. Erfüllt von Frieden und tiefer innerer Freude zieht die Herde der Elefantenkühe mit ihren Neugeborenen den Flußlauf des Sengwa herunter. Doch sie wandern ihrem Verderben entgegen, die afrikanischen Jäger verschonen bei ihrer grausamen Hinrichtung nur das hilflose Elefantenkalb. Vom Widerhall der Schüsse traumatisiert, verschlägt es das Tier in einer Transportkiste bis auf die Ranch von Bob Norris, einem der erfolgreichsten Rancher Nordamerikas. Norris, Texaco-Erbe und Pferdezüchter, ist Cowboy vom Scheitel bis zur Stiefelsohle. Und er liebt Tiere. In einem Moment seines Daseins, in dem er mit dem Sinn des Lebens hadert, legt ihm die Vorsehung eine kleine Elefantenwaise in den Schoß: Amy. Sein Herz befiehlt ihm, sich ihrer anzunehmen – doch er weiß nicht, welche Verpflichtung er mit der Freundschaft zu einem afrikanischen Elefanten eingegangen ist.
Duch einen Zufall stieß der Journalist und Autor Malcolm MacPherson auf die authentische Geschichte der Elefantenwaise Amy.

MALIK

John David Morley
Nach dem Monsun

Eine Kindheit in den britischen Kolonien.
Aus dem Englischen von Bernd Rullkötter. 286 Seiten. Geb.

David wird in Singapur geboren, in einer Krankenstation
dritter Klasse, in der Vögel durch das Zimmer fliegen und
der süße, modrige Duft der Tropen hängt. Doch die Welt
von Kindermädchen und Chauffeuren gehört bereits einer
vergangenen Epoche an. Das Empire ist im Verfall begriffen, die Kolonialbeamten werden nach Hause geschickt,
und so muß David die unter den Kolbenbäumen plaudern-
den Malaienfamilien, die Häuser auf Stelzen und den
warmen Tropenregen gegen die strenge Disziplin eines In-
ternates im Süden Englands tauschen. Der Schuldirektor,
dessen Holzbein hart auf den Boden aufschlägt, wird den
in der Fremde verwilderten Kolonialkindern den nötigen
britischen Geist einhauchen.

»Mit seiner Erzählung macht sich John David Morley auf
die Suche nach dem verlorenen Glück in einer verlorenen
Zeit. Ein seltener Lektüregenuß, unter dem beim Leser die
Erinnerung an die eigene Kindheit wieder lebendig wird.«
Johannes Willms

MALIK

Nicolas Vanier
Die weisse Odyssee

Aus dem Französischen von Reiner Pfleiderer.
320 Seiten mit 32 Seiten Farbbildteil. Geb.

In einer waghalsigen Unternehmung überwindet der Franzose Nicolas Vanier mit seinen Schlittenhunden endlose Schneewüsten, Gletscher, vereiste Berge und Seen. Er gleitet durch Stille, Einsamkeit und die gefrorene Schönheit der unberührten Wildnis. Es ist ein Kampf um Bewährung in einer harten und unerbittlichen Natur, aber auch eine Liebeserklärung an diese grandiose Winterlandschaft. Ganz Nordamerika verfolgt gebannt das Hundeschlittengespann auf seinem Weg quer durch Alaska und Kanada. Entlang der Strecke finden sich Einheimische und Trapper, die den Hundeschlittenpiloten unterstützen und immer wieder begeistert anfeuern. Und er schafft, was kaum möglich erschien: Nach 99 Tagen und 8600 Kilometern erreicht er sein Ziel auf der anderen Seite des Kontinents. Die Geschichte einer unerschütterlichen Freundschaft zwischen einem Menschen und seinen Hunden, die sich in der Auseinandersetzung mit einer gnadenlosen Natur bewährt.

PIPER

Joachim Feyerabend
Das Jahrtausend der Orkane

Warnsignale aus dem Himmel. 293 Seiten. Geb.

Stürme gehören zu den Naturgewalten, die der Mensch nicht
zähmen kann. Wenn ein Orkan tobt und seine Schneisen
schlägt, bleibt dem Menschen nur die Flucht. Woher kommen
die Stürme? Weshalb nimmt ihre Zahl und Zerstörungskraft
weltweit zu? Warum lassen sie sich häufig nicht einmal zuver-
lässig vorhersagen? Joachim Feyerabend beschreibt lebendig
und packend das Wüten der Stürme auf dem Globus. Zahlrei-
che zerstörerische Unwetter hat der passionierte Segler selbst
erlebt. Er wirft einen Blick zurück in die Geschichte und berichtet von den Jahrhundertstürmen auf See und über Land.
Und er erklärt, welche Arten von Stürmen es gibt, wo sie auf-
treten und wie sie entstehen. So gelingt ihm ein faszinierendes
Buch, das genauso fesselnd wie informativ ist. Doch Feyerabend warnt auch: Die Zahl der Stürme nimmt dramatisch zu.
Wir stehen vor einem Jahrtausend der Orkane...

PIPER

Hans Kammerlander
Bergsüchtig

Unter Mitarbeit von Walther Lücker. 347 Seiten
mit 141 Abbildungen, davon 85 in Farbe. Geb.

Hans Kammerlander, der hier von seinem spektakulären
Alleingang auf den Mount Everest erzählt, ist einer der
erfolgreichsten Extrembergsteiger der Welt. Er war der
erste, der vom Nanga Parbat mit Skiern abfuhr. Und er
ist noch immer der einzige Mensch, der die Skiabfahrt
vom Everest gewagt hat. Wer ist dieser Mann, der kein
Risiko scheut, der am Berg fast Übermenschliches leistet?
Packend erzählt er von seinem Leben zwischen Fels und Eis,
von dem Abenteuer und davon, warum er immer wieder
seine eigenen Grenzen überwinden muß, um das Unmögliche möglich zu machen. Der Umgang mit dem Risiko, der
Angst und dem Tod, der Unsinn des Achttausender-Touris-
mus, die Sucht nach dem Berg – Hans Kammerlander läßt
die Leser miterleben, warum es ihn seit früher Jugend
immer wieder in die steilsten Wände und auf die höchsten
Gipfel treibt.